DIREITO E JUSTIÇA

O livro é a porta que se abre para a realização do homem.

Jair Lot Vieira

ALF ROSS

PH.D. (Uppsala), JUR.D. (Copenhague), JUR.D. (Oslo)
Professor de Direito na Universidade de Copenhague

Direito e Justiça

3ª edição

Prefácio
ALAÔR CAFFÉ ALVES
Possui graduação, mestrado e doutorado em Direito pela USP (Universidade de São Paulo). Professor aposentado pela instituição, também lecionou pela Escola Superior do Ministério Público de São Paulo e pela PUC-SP (Pontifícia Universidade Católica de São Paulo). Atualmente, é coordenador do curso de direito das Faculdades de Campinas – FACAMP.

Revisão técnica
ALYSSON LEANDRO MASCARO
Professor da Faculdade de Direito da USP (Universidade de São Paulo), é livre-docente em Filosofia e Teoria Geral do Direito. Doutor em Filosofia e Teoria Geral do Direito pela USP. Atuou como professor emérito e implantador de cursos de graduação e pós-graduação em Direito em várias instituições. Autor, entre outros livros, de *Crise e Golpe* e *Estado e Forma Política* (Boitempo), *Filosofia do Direito* e *Introdução ao Estudo do Direito* (Atlas).

Tradução e notas
EDSON BINI
Consagrado e produtivo tradutor há mais de quarenta anos. Estudou filosofia na Faculdade de Filosofia, Letras e Ciências Humanas da USP (Universidade de São Paulo). Nesta época, década de 1970, iniciou sua atividade como tradutor e redator, além de se dedicar ao estudo da história das religiões. Trabalhou com o jornalista e escritor Ignácio de Loyola Brandão.
Realizou dezenas de traduções nas áreas da filosofia para as editoras Hemus, Ícone, Martins Fontes, Landy, Loyola e há quase vinte anos é tradutor da Edipro.

edipro

Copyright da tradução e desta edição © 2021 by Edipro Edições Profissionais Ltda.

Todos os direitos reservados. Nenhuma parte deste livro poderá ser reproduzida ou transmitida de qualquer forma ou por quaisquer meios, eletrônicos ou mecânicos, incluindo fotocópia, gravação ou qualquer sistema de armazenamento e recuperação de informações, sem permissão por escrito do editor.

Grafia conforme o novo Acordo Ortográfico da Língua Portuguesa.

3ª edição, 2021.

Editores: Jair Lot Vieira e Maíra Lot Vieira Micales
Coordenação editorial: Fernanda Godoy Tarcinalli
Produção editorial: Carla Bettelli
Edição de textos: Marta Almeida de Sá
Assistente editorial: Thiago Santos
Edição externa, diagramação e revisão: Verba Editorial
Capa: Studio Del Rey

Dados Internacionais de Catalogação na Publicação (CIP)
(Câmara Brasileira do Livro, SP, Brasil)

Ross, Alf, 1899-1979

    Direito e Justiça / Alf Ross ; tradução e notas Edson Bini. – 3. ed. – São Paulo : Edipro, 2021.

    Título original: On law and justice
    ISBN 978-65-5660-044-4 (impresso)
    ISBN 978-65-5660-045-1 (e-pub)

    1. Direito - Filosofia 2. Direito e ética 3. Justiça (Filosofia) 4. Positivismo I. Título.

21-63888   CDD-340.11

Índice para catálogo sistemático:
1. Direito e justiça : Filosofia 340.11

Maria Alice Ferreira - Bibliotecária - CRB-8/7964

São Paulo: (11) 3107-7050 • Bauru: (14) 3234-4121
www.edipro.com.br • edipro@edipro.com.br
@editoraedipro   @editoraedipro

Sumário

Apresentação à edição brasileira	11
Nota da tradução	19
Nota da revisão técnica	21
Prefácio à edição inglesa	23
Prefácio à edição espanhola	25

Capítulo I
Problemas da Filosofia do Direito

§ 1. Terminologia e Tradição	27
1.1. O Problema do Conceito ou Natureza do Direito	28
1.2. O Problema do Propósito ou Ideia do Direito	29
1.3. O Problema da Interação do Direito e a Sociedade	30
§ 2. A Natureza do Direito	32
§ 3. Análise Preliminar do Conceito de "Direito Vigente"	38
§ 4. Os Ramos do Estudo do Direito	45
4.1. Ciência do Direito	48
4.2. Sociologia do Direito	49
§ 5. Em lugar de "Filosofia do Direito", "Problemas Jusfilosóficos"	51
§ 6. Discussão	54

Capítulo II
O Conceito de "Direito Vigente"

§ 7. O Conteúdo do Ordenamento Jurídico	57
§ 8. A Vigência do Ordenamento Jurídico	62
§ 9. Verificação de Proposições Jurídicas Concernentes a Normas de Conduta	67
§ 10. Verificação de Proposições Jurídicas Concernentes a Normas de Competência	79

§ 11. Direito – Força – Validade 80
§ 12. Direito, Moral e outros Fenômenos Normativos 87
§ 13. Discussão: Idealismo e Realismo na Teoria Jurídica 92
§ 14. Discussão: Realismo Psicológico, Realismo
  Comportamentista e sua Síntese 99

Capítulo III
As Fontes do Direito
§ 15. Doutrina e Teoria das Fontes do Direito 103
§ 16. Legislação 106
§ 17. Precedentes (Jurisprudência) 112
§ 18. Costume 119
§ 19. A Tradição de Cultura *(Razão)* 125
§ 20. A Relação das Diversas Fontes com o "Direito Vigente" 129
§ 21. A Doutrina das Fontes do Direito 131
§ 22. Discussão 132

Capítulo IV
O Método Jurídico (Interpretação)
§ 23. Doutrina e Teoria do Método 137
§ 24. O Fundamento Semântico 140
§ 25. Problemas de Interpretação – Sintáticos 152
§ 26. Problemas de Interpretação – Lógicos 158
26.1. Inconsistência 158
26.2. Redundância 161
26.3. Pressuposições 162
§ 27. Problemas de Interpretação – Semânticos 163
§ 28. Interpretação e Administração da Justiça 165
§ 29. Os Fatores Pragmáticos na Interpretação 173
§ 30. Os Fatores Pragmáticos e a Técnica de Argumentação 180
§ 31. Discussão 183

Capítulo V
As Modalidades Jurídicas
§ 32. Terminologia da Linguagem Jurídica 187
§ 33. Uma Terminologia Melhorada 190
33.1. Dever e Faculdade 191
33.2. Liberdade e Não Faculdade 193

33.3. Sujeição e Potestade — 195
33.4. Imunidade e Impotência — 197
§ 34. Discussão — 197

Capítulo VI
O Conceito de Direito Subjetivo
§ 35. O Conceito de Direito Subjetivo como uma
   Ferramenta Técnica de Apresentação — 199
§ 36. Aplicação do Conceito de Direito Subjetivo a Situações Típicas — 204
§ 37. Aplicação do Conceito de Direito Subjetivo a Situações Atípicas — 207
§ 38. A Estrutura de um Direito Subjetivo — 213
§ 39. Discussão — 215

Capítulo VII
Direitos In Rem e Direitos In Personam
§ 40. Doutrina e Problemas — 219
§ 41. Direito de Disposição e Direito de Pretensão ou Faculdade — 222
§ 42. Proteção *In Rem* e Proteção *In Personam* — 226
§ 43. A Conexão entre Conteúdo e Proteção — 227

Capítulo VIII
As Divisões Fundamentais do Direito
§ 44. Direito Público e Direito Privado — 233
§ 45. O Direito Substantivo e o Direito Adjetivo — 238
§ 46. Discussão — 242

Capítulo IX
Os Fatos Operativos
§ 47. Terminologia e Distinções — 245
§ 48. A Disposição Privada — 248
§ 49. Promessa, Encargo e Autorização — 253

Capítulo X
Algumas Características da História do Direito Natural
§ 50. Crenças Populares Gregas: Homero e Hesíodo — 257
§ 51. Os Sofistas — 263
§ 52. Aristóteles — 267
§ 53. Os Estoicos e o Direito Romano — 270

§ 54. O Direito Natural dos Escolásticos (Tomás de Aquino)   273
§ 55. Racionalismo   276
§ 56. Direito Natural Disfarçado   280
§ 57. O Renascimento do Direito Natural   285

Capítulo XI
Análise e Crítica da Filosofia do Direito Natural
§ 58. Pontos de Vista Epistemológicos   289
§ 59. Pontos de Vista Psicológicos   293
§ 60. Pontos de Vista Políticos   295
§ 61. Pontos de Vista da Teoria Jurídica   296

Capítulo XII
A Ideia de Justiça
§ 62. A Justiça e o Direito Natural   299
§ 63. Análise da Ideia de Justiça   300
§ 64. Alguns Exemplos   306
§ 65. A Ideia de Justiça e o Direito Positivo   311
§ 66. A Exigência de Igualdade no Direito Vigente   316

Capítulo XIII
O Utilitarismo e a Quimera do Bem-Estar Social
§ 67. A Relação entre o Utilitarismo e o Direito Natural   319
§ 68. O Princípio da Maximização e suas Discordâncias com nossa Escolha Efetiva   322
§ 69. A Quimera do Bem-Estar Social   325

Capítulo XIV
Ciência e Política
§ 70. Conhecimento e Ação   327
§ 71. A Interação Mútua entre Crença e Atitude   330
§ 72. Desacordos Práticos: Argumento e Persuasão   335
§ 73. Ciência e Produção Política   345
§ 74. Discussão   355

Capítulo XV
O Domínio e a Tarefa da Política Jurídica
§ 75. Delimitação entre a Política Jurídica e as outras Políticas   357

§ 76. Política Jurídica de *Lege Ferenda* e de *Sententia Ferenda*   361
§ 77. O Fundamento Teórico da Política Jurídica   362
§ 78. A Tarefa da Política Jurídica: Enunciação das Premissas   364
§ 79. A Tarefa da Política Jurídica: Formulação de Conclusões   366

Capítulo XVI
Possibilidade da Política Jurídica: Entre o Destino e a Utopia
§ 80. Os Profetas do Destino Negam
     a Possibilidade da Política Jurídica   371
§ 81. A Escola Histórica   376
§ 82. O Historicismo Econômico de Marx   379
§ 83. Limitações da Política Jurídica e Estudo das Tendências   384

Capítulo XVII
O Papel da Consciência Jurídica na Política Jurídica
§ 84. Atitudes Baseadas em Necessidades (Interesses)   391
84.1. Interesses Individuais e Coletivos   393
84.2. Interesses Privados e Públicos   397
§ 85. Atitudes Morais   397
§ 86. O Papel da Consciência Jurídica na Política Jurídica:
     Três Postulados Fundamentais   402
§ 87. O Papel da Consciência Jurídica quando
     Faltam Considerações Práticas   407

Bibliografia   413

Apresentação
À Edição Brasileira

Aí tem o leitor, em mãos, uma obra que já granjeou grande prestígio no campo da jusfilosofia mundial. Finalmente, foi suprida uma carência sentida por todos nós da comunidade da língua portuguesa, com a tradução desta principal obra do dinamarquês Alf Ross (1899-1979) para o nosso vernáculo. Junto com os mais destacados trabalhos dos juspositivistas Kelsen, Hart e Bobbio, já traduzidos para o português, esta obra de Alf Ross completa o rol dos grandes nomes do positivismo jurídico que merecem ser estudados e analisados pela nossa comunidade científica do direito. Entre os grandes jusfilósofos escandinavos, Alf Ross, da chamada "escola de Copenhague", foi um dos mais expressivos representantes do realismo escandinavo, dentre os quais avultam Hägerström, Lundstedt, Olivecrona (escola de Uppsala), Jorgensen, Naess, Ofstad, Brusiin, etc. Esse realismo é muito variado quanto às linhas de conteúdo, mas pode-se divisar uma identidade básica no que respeita às preocupações antimetafísicas de seus próceres. Alf Ross recebe significativa influência do sueco Axel Hägerström (1868-1939), quem lhe fez ver o vazio das especulações metafísicas no campo do direito e da moral, bem como de Hans Kelsen (1881-1973), a quem agradece por tê-lo iniciado na filosofia do direito.

De Hägerström, fundador da escola de Uppsala, Ross herdou um conceito materialista da realidade e as tendências de crítica filosófica da linguagem, na esteira do movimento neoempirista que, antes da segunda Grande Guerra, grassava na Europa, por influência do Círculo de Viena e da escola de Cambridge. No âmbito da filosofia prática, em paralelo com as colocações sugeridas por Carnap, Ayer e Stevenson, e na mesma senda aberta por Hägerström, o nosso autor sustentará que os valores são subjetivos, expressões de sentimentos e desejos, e não vinculados a propriedades reais dos objetos. Por isso não cabe predicar-lhes a verdade ou a falsidade. Ainda por influência do fundador da escola de Uppsala, Ross critica a noção kelseniana de validez jurídica e defenderá uma reconstrução realista desse e de outros conceitos do direito, objetivando um conhecimento empírico dos mesmos.

De Kelsen, Ross, apesar das críticas à teoria pura do direito, assimila importantes elementos de sua teoria, como, por exemplo, a distinção entre normas e proposições jurídicas (da ciência jurídica); a coerção física como nota de identificação do direito; a negação de conhecimento objetivo sobre as questões morais; a importância das normas para caracterizar o direito e os juízes como destinatários das normas jurídicas.

Da corrente do neopositivismo ou neoempirismo lógico, Ross aceita os critérios de abordagem empírica do conhecimento e propugna explicitamente pela adoção do princípio de verificação, como base medular de sua construção científica do direito. Segundo essa posição, o nosso autor defende que a verdade e a falsidade de uma proposição jurídico-científica dependem de sua verificação e constatação na experiência sensível. Dessa corrente também acolhe a concepção da filosofia como método de análise lógico-linguística da ciência, negando à jusfilosofia pretensões ontologizantes e afirmando o emotivismo ético, com forte rejeição às correntes de inspiração metafísica. O professor dinamarquês segue igualmente as orientações analíticas do segundo Wittgenstein (das Investigações Filosóficas), florescentes em Oxford a partir dos anos 50. É facilmente notada esta influência em outra obra de Ross, *Lógica das Normas* (Directives and Norms), de 1968, especialmente do professor de filosofia moral daquela Universidade, Richard Mervyn Hare.

Vê-se, pelo exposto, que Ross é animado por convicções epistemológicas de clara filiação neoempirista, consignando que o verdadeiro caminho científico para a análise e conhecimento do direito deve ser percorrido pela firme compreensão a respeito das classes de proposições válidas cientificamente. Com efeito, na opinião de Ross, as proposições são distinguíveis em empíricas e apriorísticas. As proposições apriorísticas são verdadeiras tão só em virtude de sua forma e, por isso, são tautológicas ou analíticas, pois nada dizem a respeito do mundo. São as proposições das Matemáticas e da Lógica. Em razão da forma, estas proposições serão falsas se forem contraditórias. Isto se obtém sem o apelo à experiência, apenas com a força do pensamento por si mesmo, segundo sua estrutura lógica. De modo diverso, ainda seguindo os cânones do neoempirismo lógico, as proposições empíricas só possuem valor enquanto possam refletir a realidade dos fatos, devendo, portanto, ser verificadas por meio da experiência. Fora dessas duas classes de proposições de âmbito científico, restam enunciados carentes de sentido, uma vez que não podem ser submetidos aos princípios da lógica e da verificação empírica. Neste último caso, temos as proposições metafísicas que, seguindo o conselho de Hume, merecem ser jogadas na fogueira, pois só podem conter enganos e sofismas.

O professor Ross, ao perfazer o caminho científico do direito, seguirá esse esquema proposicional de forma incondicional, pois somente assim a ciência do direito que mereça ser desse modo considerada, isto é, como uma verdadeira ciência, pode estabelecer com segurança qual é o direito de um determinado país com relação a certos problemas, de modo objetivo, com base em fatos observáveis e segundo o método de verificação empírica.

Esta primeira edição em língua portuguesa de *Direito e Justiça* vem preencher uma grande lacuna, em nosso País, na linha da interpretação realista do direito, em sua vertente de caráter empirista. No prefácio à edição inglesa de *Direito e Justiça*, Ross afirma que a ideia principal do livro é desenvolver os princípios empiristas, no campo jurídico. Desta ideia surge a exigência metodológica de se seguir, no estudo do direito, aos tradicionais padrões de observação e verificação que animam toda a moderna ciência empírica. Esta orientação já estava solerte no pensamento de Ross por ocasião da publicação, em 1946, de sua conhecida obra *Para uma Ciência Realista do Direito – Crítica do Dualismo no Direito*, na qual parte de uma profunda dicotomia entre concepções jurídicas realistas e idealistas.

Os idealistas, segundo Ross, propugnam pela concepção de que o direito pertence principalmente ao mundo das ideias, onde a ideia de validez é captada imediatamente pela razão, desprezando o mundo dos fenômenos sensíveis (no tempo e no espaço) como algo básico na formação essencial do direito. Tais idealistas, no pensamento do professor dinamarquês, dividem-se em duas correntes. A dos idealistas axiológicos, que entendem a ideia de justiça como elemento constituinte substancial do direito, outorgando-lhe força obrigatória ou validez, bem como um ideal para apreciar e justificar o direito positivo e a dos idealistas formais, cujo paradigma é Kelsen, que afasta, na compreensão científica do direito, toda questão ética ou política (poder) do direito positivo, para considerá-lo vigente no mundo dos fatos. Porém, a descrição básica do direito não aponta para a ordem dos fenômenos materiais (relações sociais, poder político) ou para a dimensão axiológica (valores éticos) e sim para algo ideal compreendido como validez que resulta do encadeamento regressivo de dever ser, até a norma fundamental. Assim, para esta corrente idealista, a existência de uma norma jurídica equivale à captação imediata de sua validez, pela razão, conforme uma categoria formal de pensamento jurídico, sem nenhuma exigência de conteúdo.

Em face dessas posições, Ross procura superar a dicotomia entre validade e realidade, ao descartar a ideia de uma validez específica e racionalmente subsistente, seja como ideia material axiológica (justiça), seja como categoria formal de dever ser (validade). Eliminando qualquer apriorismo racionalista ou axiológico, o autor considera o direito, na interpretação de Enrico Pattaro, como um conjunto de fatos sociais, reduzido a um único mundo, o da realidade empírica. Segundo Pattaro, o direito e sua validez, em Ross, são estudados e compreendidos em termos de efetividade social. No âmbito do realismo, o professor italiano distingue um realismo antinormativista e outro normativista, localizando neste último o pensamento de Ross. Conforme a metodologia de Ross, na ciência jurídica deve-se sustentar que o direito é um fato social cuja existência e descrição somente podem ser equacionadas em termos puramente fáticos, sensíveis e empíricos, sem necessidade de se recorrer a princípios aprioristicos, morais, racionais ou ideológicos.

Ao tentar circunscrever o direito, Ross faz um grande esforço para subtrair-se de qualquer fórmula que possa induzi-lo ao pensamento ontológico, de índole metafísica. Descartando o pensamento metafísico, o professor dinamarquês combate os intentos para se descobrir, no mundo da realidade, uma essência ou natureza específica do direito. O direito é uma palavra que não designa uma natureza ontológica, um direito em si, mas é utilizada como instrumento semântico para descrever sistemas ou ordens normativas nacionais desenvolvidas que se apresentam empiricamente à nossa investigação científica. Rejeitando as definições ontológico-metafísicas e as definições persuasivas ou emotivas, Ross considera que a experiência jurídica é indicada por definições que apenas servem para assinalar certos ordenamentos normativos nacionais. Como bom empirista, não procura realidades essenciais ou substanciais no mundo dos fatos jurídicos; busca apenas referências que possam submeter-se ao tratamento empírico-científico do direito.

Nessa linha, o nosso autor diz que as regras de direito têm que se referir a ações definidas e realizadas por pessoas definidas. Porém, que ações e que pessoas são estas? A resposta rossiniana é: os juízes são os destinatários das normas e o objeto delas é o exercício da força. Nesta ordem, verifica-se aqui uma forte influência da teoria pura de Kelsen. O direito é uma ordem normativa que estabelece as condições do exercício da força e determina quem deve exercê-la. Nas palavras de Ross: "um ordenamento jurídico nacional é o conjunto de regras para o estabelecimento e funcionamento do aparato de força do Estado".

Neste sentido, são demarcadas as características que distinguem o fenômeno jurídico, como ocorrência normativa específica, dos demais fenômenos normativos (moralidade, religião, trato social, convenções, usos, regras políticas, etc.). A ordem jurídica estabelece, através da legislação, não só as normas de conduta, pelas quais se prescrevem as condições para aplicação da força física (sanções jurídicas), como também as normas de competência dirigidas a instituir um aparato de autoridades públicas (tribunais e órgãos executivos), com a função de aplicar as normas de conduta, objetivando o exercício legitimado da força. Vê-se, assim, que o elemento coercitivo e o elemento institucional perfazem as notas específicas de uma ordem jurídica nacional.

De grande significação para a teoria jurídica de Ross é também a questão da vigência jurídica. Afirmar a vigência de uma norma de direito implica dois elementos: um referente à efetividade real da norma, estabelecida pela observação externa; e o outro, referente ao modo como a norma é vivida internamente, enquanto motivadora da conduta, sentida como socialmente obrigatória. Nesse sentido, vigência significa que, dentro de uma comunidade determinada, as normas recebem adesão efetiva, porque os julgadores se sentem socialmente obrigados pelas diretivas nelas contidas e atuam segundo as mesmas, decidindo por consequência. As normas jurídicas enquanto vigentes são conteúdos de caráter diretivo, ideais e abstratos, que funcionam como esquemas racionais de interpretação ao permitirem compreender os comportamentos jurídicos e, dentro de certos limites, predizer o curso das decisões dos tribunais. Há uma correspondência mútua entre fenômenos jurídicos (direito em ação) e normas jurídicas (esquemas de interpretação). O direito vigente significa que suas normas são efetivamente obedecidas, singularmente no âmbito dos tribunais, precisamente porque elas sao vividas como socialmente obrigatórias pelos destinatários (juízes). O direito em ação (fenômenos jurídicos) consiste justamente na aplicação das normas pelos tribunais, cujo comportamento é entendido como um todo coerente de significado e motivação na utilização daqueles esquemas de interpretação. A vigência das normas jurídicas depende de que seus destinatários (juízes) ajustem suas condutas àquelas normas e que as experimentem como socialmente obrigatórias. Em resumo, a vigência jurídica exige um duplo requisito: a realidade social referente à conduta dos juízes (elemento social) exercendo legitimamente a força física, objeto das normas jurídicas, e a convicção dos juízes (elemento psicológico) de que aquelas normas são socialmente obrigatórias.

Por essa razão, Ross descarta o idealismo jurídico que se funda na distinção do mundo dos fatos da conduta (das relações sociais) e o mundo da validez racional do direito, propondo uma teoria jurídica de caráter realista, na medida em que vê no direito um fenômeno social determinado pela aplicação feita pelos tribunais. A vigência de uma norma jurídica significa que seu conteúdo ideal é ativo na vida jurídica da comunidade, como direito em ação. Enquanto na teoria pura de Kelsen, pergunta-se pela validade da norma cuja resposta se obtém por remissão à norma superior, no pensamento de Ross, a pergunta é pela vigência que se obtém por remissão ao comportamento de seus destinatários, com o sentimento de sua obrigatoriedade social. Nas palavras de Ross, "ao fazer da validade uma relação internormativa (a validade de uma norma deriva da validade de outra), Kelsen se impediu, desde o começo, de lidar com o cerne do problema da vigência do direito: a relação entre o conteúdo ideal normativo e a realidade social".

Ao defender uma noção psicossociológica (empírico-fática) da vigência jurídica, Ross atende ao seu propósito empirista de buscar o direito na realidade dos fatos, possibilitando-lhe o conhecimento científico. Entretanto, a sua posição é intermediária entre duas classes de realismo. A sua opção é uma tentativa de superar a alternativa entre o realismo psicológico da escola de Uppsala (Hägerström, Lundstedt, Olivecrona) e o realismo comportamentista americano (Holmes, Llewellyn, etc.). O realismo psicológico considera que a regra jurídica é assim qualificada porque é aceita pela consciência jurídica popular, que determina também, por consequência, as reações dos juízes, sendo portanto derivada e secundária a sua aplicação pelos tribunais. O direito, nesta hipótese, é aplicado porque é vigente (segundo critérios psicológicos). Ross objeta que a consciência jurídica, neste caso, é um conceito pertencente à psicologia individual, ficando o direito reduzido ao âmbito individual das opiniões subjetivas, emparelhado com o plano moral, bloqueando, por esse modo, o entendimento do direito como uma ordem nacional enquanto fenômeno intersubjetivo.

O realismo comportamentista (sociológico), por outro lado, converte a realidade do direito em fatos sociais, compreendidos nas ações (comportamentos) dos tribunais. Nas palavras de Holmes, "o direito são as profecias do que os tribunais farão de fato". Segundo essa corrente do realismo sociológico, uma norma jurídica está vigente se existem fundamentos suficientes para supor que será aceita pelos tribunais como base de suas decisões. Nesse sentido, a questão de se as regras de direito são ou não compatíveis com a consciência jurídica dominante é considerada como algo derivado ou secundário. O direito, nesta hipótese comportamentista, é vigente porque é aplicado. A principal objeção ao comportamentismo jurídico, sustentada por Ross, é a de que "não é possível fazer uma interpretação puramente comportamental do conceito de vigência porque é impossível predizer a conduta do juiz por meio de uma observação puramente externa do costume. O direito não é simplesmente uma ordem familiar ou habitual".

Essas duas vertentes teóricas do realismo jurídico são sintetizadas no pensamento de Ross, perfazendo o realismo psicossociológico. Segundo o professor dinamarquês, a sua opinião é comportamentista "na medida em que visa a descobrir consistência e previsibilidade no comportamento verbal externamente observado do juiz; e é psicológica na medida em que a aludida consistência constitui um todo coerente de significado e motivação, somente possível com base na hipótese de que em sua vida espiritual o juiz é governado e motivado por uma ideologia normativa cujo conteúdo nós conhecemos". Por isso, a vigência jurídica, no pensamento de Ross, é o resultado do encontro do fator comportamental, integrante da conduta dos tribunais ao exercerem a força contida nas regras de direito, e do fator psicológico, integrante do sentimento de obrigatoriedade social que acompanha o referido comportamento judicial.

Aí estão, pois, as linhas básicas do pensamento de Alf Ross, cuja obra *Direito e Justiça* agora tivemos o prazer de prefaciar, nesta primeira edição em português. Felicitamos a Edipro por esta iniciativa editorial que será, no limiar deste século XXI, certamente de grande utilidade e valia para os estudiosos do direito, em todos os níveis da vida acadêmica e profissional de nosso País.

São Paulo, janeiro de 2000

Alaôr Caffé Alves

Nota da tradução

A edição mais conhecida de Direito e Justiça não é a original (a dinamarquesa de 1953 – Om Ret og Retfoerdighed), *mas sim a tradução inglesa de Margaret Dutton (On Law and Justice) publicada em 1958 por* Stevens & Sons Limited, *Londres, logo publicada no ano seguinte pela* University of California Press, Berkeley.

A presente tradução para o português é baseada na tradução inglesa, mas tivemos o cuidado de pesquisar expressões e os principais conceitos emitidos por Ross com o original. Alguns exemplos: filosofia do direito (retsfilosofi) *– inglês* jurisprudence; *ciência do direito* (retsvidenskab) *– inglês* doctrinal study of the law. *Independentemente destas naturais diferenças idiomáticas, houve casos em que discordamos conceitualmente da tradução (diga-se, de passagem, excelente) de Dutton, do que é exemplo marcante o conceito gaeldende ret (que aparece numerosas vezes no texto), traduzido por* valid law *e que preferimos traduzir na literalidade por* direito vigente.

A despeito de nossas reservas, fomos fiéis a certas adjetivações de Ross na terminologia filosófica, como metafísico-religioso, filosofia metafísica, necessidade fatal *e outras impropriedades perpetradas por seu zelo de adepto do empirismo.*

No mais, solicitamos, de hábito, a complacência do leitor para nossas falhas e sua manifestação crítica para que possamos melhorar sempre.

Somos gratos, mais um vez, ao Departamento de Produção da Edipro e ao editor Alexandre Rudyard Benevides pela técnica e competência.

Finalmente agradecemos ao Prof. Alaôr Caffé Alves, pela preciosa apresentação que faz a esta obra, a Vinicius Lot Vieira pela oportuna sugestão editorial e a Dan Dixon, da University of California Press, *que, com simpatia e profissionalismo ímpar nos recepcionou e remeteu uma cópia da tradução inglesa de seu arquivo particular, já que praticamente não há mais exemplares disponíveis de* On Law and Justice.

Traços Biográficos do Autor

Alf Niels Christian Ross nasceu em 1899 em Copenhague, Dinamarca.

Formou-se em direito e sua tese de doutorado, Virkelighed og gyldighed i Retslaeren: en kritik af den teoretiske retsvidenskabs grundbegreber *(Uma crítica aos fundamentos teóricos da ciência do direito) é de 1934. Começou a lecionar em 1935.*

Foi PH.D. em Uppsala, JUR.D. em Oslo e JUR.D. em Copenhague, aposentando-se nesta última Universidade como professor de direito em 1974. Faleceu em 17 de agosto de 1979.

Em 11 e 12 de junho de 1999 comemorou-se na Dinamarca o centenário do nascimento de Alf Ross na Conferência Internacional sobre Filosofia do Direito.

Bauru, janeiro de 2000

Edson Bini

Nota da revisão técnica

A empreitada da publicação, pela primeira vez em língua portuguesa, da obra de Alf Ross Direito e Justiça é, sem dúvida, louvável e ao mesmo tempo complexa. Originalmente escrita em dinamarquês, mas sendo a sua principal versão a de língua inglesa, a tradução desta obra enfrenta os problemas linguísticos próprios de um mundo jurídico e filosófico diferente do nosso, notadamente por seus sistemas de common law *e suas características empiristas, de tal modo que é impossível obter-se, na comparação de três línguas – a dinamarquesa, a inglesa e a portuguesa – uma paridade perfeita de ideias, que as línguas não podem oferecer.*

Esta obra de Alf Ross, muito estudada nos meios acadêmicos e jurídicos brasileiros, já, de algum modo, foi incorporada às nossas ideias, principalmente naquele ramo denominado de "teoria geral do direito" ou então da sempre discutida "ciência do direito". A tradução mais próxima de nossa língua é a castelhana, feita pelo conhecido mestre argentino Genaro Carrió. Por conta disso, pode-se dizer, alguns termos de Alf Ross já se encontram, sem tradução, arraigados em nosso meio intelectual jurídico brasileiro e, creio, também português, como a palavra "validez" que, sem tradução mesmo do espanhol, os nossos alunos incorporaram ao seu vocabulário com tanta facilidade quanto a palavra validade, sua correlata de língua portuguesa.

Os problemas técnicos fundamentais da tradução da obra do jurista dinamarquês a uma língua latina, em grande parte, foram resolvidos por Carrió quando, parece que acertadamente, trata do valid *inglês como vigente em espanhol, o que pode – e deve – ser acompanhado na língua portuguesa como a melhor tradução do termo. Claro está que é impossível uma tradução perfeita mesmo por diferenças de base entre os sistemas de direito e os significados dos termos para cada qual deles. A excelente tradução em língua portuguesa de Edson Bini, em muitos aspectos demonstra maior fidelidade e acerto em relação aos originais que a própria tradução castelhana.*

O professor Tercio Sampaio Ferraz Jr., na sua conhecida e referencial obra Introdução ao Estudo do Direito, *apresentou pioneiramente e bem trabalhou, no Brasil, vários conceitos de Alf Ross. Sua tradução de alguns termos específicos da obra do jurista dinamarquês (faculdade, não faculdade, potestade e impotência, por exemplo), que não seguem uma absoluta paridade com outras traduções, nos parece, no entanto, muito mais feliz que a tradução literal dos termos. E, além disso, o fato de já estarem tais palavras muito usadas e consagradas por meio da obra do Prof. Tercio nos recomenda assim a sua utilização no presente livro.*

O público de língua portuguesa, de tal modo, tem na presente obra, descontadas as pequenas imprecisões intransponíveis das línguas, uma feliz tradução que parece bem representar, tecnicamente, as ideias expressas por esse livro de Ross. Acrescida da qualidade da apresentação do estimado Prof. Alaôr Café Alves, vem esta obra completar, na língua portuguesa, o quadro das grandes obras do positivismo jurídico do século XX.

São Paulo, janeiro de 2000

Alysson Leandro Mascaro

Prefácio à edição inglesa

Este estudo de autor escandinavo é apresentado ao público anglo-norte-americano na esperança de que venha a contribuir para o fortalecimento dos vínculos entre a cultura nórdica e as grandes tradições do mundo anglo-saxão. A iniciativa e o generoso patrocínio dos norte-americanos, especialmente a partir da Segunda Guerra Mundial, têm possibilitado um ativo intercâmbio de pessoas e ideias entre o Novo e o Velho Mundo. Sinto que nós, deste lado do oceano, temos uma obrigação permanente de contribuir em tudo que pudermos para essa comunicação. Particularmente no campo da ciência do direito surgem oportunidades para uma fértil cooperação e o mútuo estímulo. A partir da obra de John Austin e Oliver Wendell Holmes, o pensamento jurídico anglo-norte-americano tem sido dirigido a uma interpretação realista do direito, ou seja, uma interpretação de acordo com os princípios de uma filosofia empirista. Um empirismo semelhante tem dominado a teoria jurídica escandinava desde o tempo de Anders Sandöe Örsted (1778-1860) e Axel Hägerström (1868-1939). É graças a essa tendência comum que as tradições dessas duas partes do mundo têm se dissociado das doutrinas jusnaturalistas e outras ramificações da filosofia do direito idealista predominantes na Europa continental.

A principal ideia deste trabalho é levar no campo do direito os princípios do empirismo às suas conclusões últimas. Desta ideia emerge a exigência metodológica do estudo do direito seguir os padrões tradicionais de observação e verificação que animam toda a moderna ciência empirista, e a exigência analítica das noções jurídicas fundamentais serem interpretadas obrigatoriamente como concepções da realidade social, do comportamento do homem em sociedade e nada mais. Por esta razão é que rejeito a ideia de uma "validade" *a priori* específica que coloca o direito acima do mundo dos fatos e reinterpreto a validade em termos de fatos sociais; rejeito a ideia de um princípio *a priori* de justiça como guia para a legislação (política jurídica) e ventilo os problemas da política jurídica dentro de um espírito relativista, quer dizer, em relação a valores hipotéticos aceitos por grupos influentes na sociedade; e, finalmente, rejeito a ideia segundo a qual o conhecimento jurídico constitui um conhecimento normativo específico, expresso em proposições de *dever ser*, e interpreto o pensamento jurídico formalmente em termos da mesma lógica que dá fundamento a outras ciências empíricas (proposições de *ser*).

Não há, a meu ver, princípios definidos que determinem o domínio da ciência do direito – nenhum critério interno que determine onde termina a ciência do direito (como estudo doutrinal do direito) e começa a filosofia do direito. Numa grande medida essa questão será decidida pela tradição e inclinações pessoais. Da minha parte, tenho como importante tratar não somente de problemas de um elevado nível de abstração, como também de noções e questões com as quais o estudante de direito está familiarizado em função de seu trabalho em classe, nos tribunais ou na legislatura. Deste modo, espero demonstrar que a ciência do direito não é apenas uma atraente atividade mental *per se*, mas também um instrumento capaz de beneficiar qualquer advogado que queira entender melhor o que faz, e por que o faz.

Durante os mais de trinta anos em que me ocupei dos estudos jusfilosóficos, tenho, é claro, recebido orientação e inspiração procedentes de muitos lugares. Sem elas teria sido impossível escrever este livro. Tais débitos são esquecidos facilmente, o que me torna incapaz de apresentar uma lista completa. Mas devo mencionar dois mestres que tiveram para mim uma maior significação do que quaisquer outros: Hans Kelsen, que me iniciou na filosofia do direito e me ensinou, acima de tudo, a importância da coerência, e Axel Hägerström, que me abriu os olhos para o vazio das especulações metafísicas no campo do direito e da moral.

A edição dinamarquesa deste livro foi publicada em 1953. O caminho que conduziu à esta tradução e publicação foi longo e acossado por muitos obstáculos. Não poderia ter sido trilhado sem o infatigável concurso da tradutora, Margaret Dutton, de Londres e do editor, Max Knight da *University of California Press*. Sempre me lembrarei com gratidão do interesse com o qual ambos se dedicaram a minha obra e a diligência e os escrúpulos com os quais realizaram seu trabalho.

Por fim, desejo expressar minha gratidão às duas Fundações dinamarquesas que tornaram financeiramente possível esta tradução: *Rask-Örsted Fondet* e *Statens almindelige Videnskabsfond*.

Copenhague, setembro de 1958

Alf Ross

Prefácio à edição espanhola

Quando há alguns anos fui honrado com o convite para proferir conferências na Faculdade de Direito da Universidade Nacional de Buenos Aires, muito me impressionou o papel ali desempenhado pela filosofia do direito no ensino do direito. Deparei-me, entre colegas nesse campo, com um conhecimento, um interesse e uma compreensão muito maiores do que aqueles encontrados, geralmente, em meu país. Causou-me particular impressão o fato de tal interesse pela filosofia do direito não se restringir a um estreito círculo de especialistas nesse domínio, mas poder ser percebido, igualmente, em especialistas de outras áreas do direito, entre os estudantes e os advogados e até entre pessoas cultas estranhas ao estudo e à prática do direito.

A que se deve esse interesse?

Acredito que o estudo da filosofia deve encontrar em si mesmo sua recompensa, na medida em que satisfaz um inveterado anseio de clareza e nos permite saborear os puros prazeres do espírito. Se, além disto, esse estudo nos proporciona um entendimento mais completo do mecanismo e da lógica do direito e aumenta nossa capacidade para o cumprimento da tarefa, teórica e prática a que nos devotamos, tanto melhor.

Entrego este livro aos leitores de língua espanhola imbuído de um espírito de gratidão e de humildade. Sinto-me grato porque foi-me dada a oportunidade de propagar os frutos de estudos aos quais dediquei minha vida inteira, de difundir ideias que, estou convicto, constituem o fundamento de uma análise realista do direito positivo e de uma discussão inteligente acerca de sua reforma. Entrego o livro com humildade porque percebo plenamente a limitação e a frivolidade de meus esforços. É animado deste espírito que posso subscrever minha obra, como aquele velho pintor holandês, com as palavras: "De acordo com minhas possibilidades."

Estou em débito com muitos amigos da Argentina. Sem que isto signifique o esquecimento dos demais, desejo expressar meu reconhecimento a dois deles:

ao Prof. Dr. Ambrosio L. Gioja, a quem, mais do que a nenhum outro, se devem os meus contatos com a Universidade de Buenos Aires, e ao Prof. Dr. Genaro R. Carrió, que se encarregou da tradução deste livro. Minha falta de domínio do idioma espanhol me impede de opinar a respeito da qualidade da tradução, mas, a despeito disto, minha correspondência com Dr. Carrió, versando sobre diversos aspectos linguísticos associados à tradução, convenceu-me de que não poderia ter encontrado ninguém melhor capacitado para realizar essa delicada tarefa, que tanta perícia requer, do que ele. Agradeço cordialmente a ambos pela amabilidade e compreensão.

Copenhague, novembro de 1962

Alf Ross

Capítulo I
Problemas da Filosofia do Direito

§ 1. TERMINOLOGIA E TRADIÇÃO

Nos países de língua inglesa, *jurisprudence* é um ramo do conhecimento jurídico que se distingue de outros ramos por seus problemas, objetivos, propósitos e métodos. Esse termo *(jurisprudence)* é empregado vagamente para designar vários estudos gerais do direito distintos da matéria principal de ensino das faculdades de direito, nas quais são ministrados estudos doutrinários ordinários que visam a apresentar as regras jurídicas vigentes numa certa sociedade numa época determinada.

Esses vários estudos gerais designados como *jurisprudence* não detêm em comum elementos suficientes para que se possa organizá-los como pequenas ramificações do mesmo grande ramo do saber – abordam assuntos muito diferentes e refletem perspectivas filosóficas largamente distintas.

O termo *jurisprudence* não é em geral usado na Europa continental, sendo substituído por expressões como *philosophy of law* (filosofia do direito), *general science of law* (ciência geral do direito), *legal encyclopedia* (enciclopédia jurídica) e *general theory of law* (teoria geral do direito).

No âmbito dos estudos heterogêneos reunidos sob a designação *jurisprudence* pode-se discernir três áreas de investigação, e correspondentemente três escolas de investigação, a saber:

1.1. O Problema do Conceito ou Natureza do Direito

Esta área inclui outros conceitos fundamentais considerados compreendidos essencialmente no conceito do direito, como por exemplo, a fonte do direito, a matéria do direito, o dever legal, a norma jurídica, a sanção legal; é possível que sejam incluídos também conceitos não necessariamente "essenciais" como propriedade, direitos *in personam* e *direitos in rem*, pena, intenção, culpa, etc.

A escola de "filosofia do direito" (expressão que usaremos por ora para designar genericamente os trabalhos que discutimos) que concerne majoritariamente a esse grupo de problemas é conhecida como analítica, visto que procura analisar e definir conceitos tais como os mencionados acima. A escola analítica foi fundada pelo inglês John Austin, que proferiu uma série de conferências no *University College, Londres,* entre 1828 e 1832. Posteriormente foram publicadas com o título *The Province of Jurisprudence Determined*.[1]

Austin não foi muito famoso durante sua vida. Devido a razões de ordem financeira foi forçado a abandonar sua atividade como conferencista e por ocasião de sua morte era quase desconhecido. Logo depois as coisas mudaram incisivamente. Entre 1861 e 1863 sua viúva publicou uma edição nova e completa das conferências, a qual foi mais tarde objeto de sucessivas reimpressões. O método analítico de Austin deixou sua marca num número tão grande de estudiosos ingleses e norte-americanos até a atualidade, por exemplo, W. Markby,[2] S. Amos,[3] I. E. Holland,[4] E. C. Clark,[5] E. E. Hearn,[6] J. Salmond,[7] J. C. Gray[8] e G. W. Paton[9] que se pode falar de uma *Escola Analítica*.

---

1. Para um estudo de Austin, sua doutrina e influência, ver Alf Ross, *Theorie der Rechtsquellen*, 1929, cap. IV incluindo Apêndice A, em particular pp. 83-87.
2. *Elements of Law* (1871).
3. *Science of Jurisprudence* (1872).
4. *Jurisprudence* (1880).
5. *Practical Jurisprudence* (1883).
6. *Theory of Legal Duties and Rights* (1883).
7. *Jurisprudence* (1902).
8. *Nature and Sources of Law* (1909).
9. *Jurisprudence* (1946).

Somente no século XX que Austin exerceu influência sobre estudiosos do direito da Europa continental, de modo destacado o húngaro Felix Somlo[10] e o suíço Ernest Roguin.[11]

A Teoria Pura do Direito de Hans Kelsen,[12] a mais importante contribuição à filosofia do direito do século, pertence também à escola analítica. Historicamente, entretanto, não há conexão alguma entre a Teoria Pura do Direito e a escola de Austin.

Tomada como um todo a escola analítica leva o selo de um formalismo metódico. O direito é considerado um sistema de normas positivas, isto é, efetivamente vigorantes. A "ciência do direito" busca apenas estabelecer a existência dessas normas no direito efetivo independentemente de valores éticos e considerações políticas. Tampouco formula a escola analítica qualquer questão relativa às circunstâncias sociais penetradas pelo direito – os fatores sociais que determinam a criação do direito e seu desenvolvimento, e os efeitos sociais que se produzem ou se pretende produzir mediante normas jurídicas. Este formalismo encontrou destacada expressão nas obras de Kelsen. A "pureza" que ele exige da ciência do direito tem objetivo duplo: por um lado livrar a ciência do direito de qualquer ideologia moral ou política, de outro livrá-la de todo vestígio de sociologia, isto é, considerações referentes ao curso efetivo dos eventos. De acordo com Kelsen, a ciência do direito não é nem filosofia moral nem teoria social, mas sim teoria dogmática específica em termos normativos.

1.2. O Problema do Propósito ou Ideia do Direito

Esta área de investigação diz respeito ao princípio racional que concede ao direito sua "validade" ou "força obrigatória" e que constitui o critério para a "retidão" de uma norma jurídica. Geralmente se considera que a justiça é a ideia do direito, de onde surgem questões fundamentais acerca do teor e argumento do princípio de justiça; acerca da relação entre a justiça e o direito positivo; acerca do papel desempenhado pelo princípio de justiça na legislação, na administração do direito e assemelhados.

---

10. *Juristische Grundlehre* (1917).
11. *La Science Juridique Pure* (1925).
12. A última exposição completa de Kelsen é sua *Teoria Geral do Direito e do Estado* (1946). Pode-se encontrar uma versão concisa e de fácil leitura dos princípios fundamentais do sistema *kelseniano* na sua *Teoria Pura do Direito* (1953).

O ramo da filosofia do direito que considera mormente problemas dessa espécie é conhecido como jusfilosofia axiológica ou filosofia do direito natural. Modernamente a expressão *filosofia do direito* é com frequência reservada exclusivamente a esse ramo particular.

Essa escola de pensamento, que está estreitamente ligada à abordagem religiosa ou metafísico-filosófica, possui uma longa história. A filosofia do direito natural se estende da época dos primeiros filósofos gregos até os nossos dias. Esta filosofia atingiu seu apogeu clássico com os grandes sistemas racionalistas dos séculos XVII e XVIII. Após a reação histórica e positivista do século XIX, a filosofia do direito natural voltou a conquistar espaço no século XX. Fala-se num renascimento do direito natural. Seu fundamento filosófico repousa primeira e principalmente na escolástica católica que é perpetuada no direito natural do tomismo, e em vários desenvolvimentos dos sistemas de Kant e Hegel que encontraram adeptos particularmente na Alemanha e na Itália. As teorias do direito natural também encontraram fundamento em outras escolas filosóficas, a saber, no utilitarismo, filosofia da solidariedade, intuicionismo de Bergson, fenomenologismo de Husserl e outras mais. A história do direito natural é tratada no capítulo X.

1.3 O Problema da Interação do Direito e a Sociedade

Esta área de investigação inclui questões relativas à origem histórica e o desenvolvimento do direito; aos fatores sociais que em nossos dias determinam o teor variável do direito; à sua dependência da economia e da consciência jurídica popular e sua influência sobre estas; aos efeitos sociais de certas regras ou instituições jurídicas; ao poder do legislador em dirigir o desenvolvimento social; à relação entre o direito "vivo" (isto é, o direito tal como se desenvolve realmente na vida da comunidade) e o direito teórico ou dos livros; e às forças que de fato motivam a aplicação do direito em contraposição aos fundamentos racionalizados presentes nas decisões judiciais.

Esta escola de filosofia do direito é conhecida como histórico-sociológica. Pode-se subdividi-la em dois ramos, um predominantemente histórico e o outro predominantemente sociológico e psicológico. Semelhantemente à escola analítica, é de data relativamente recente. Sucedendo a alguns precursores do século XVIII (Vico, Montesquieu), a abordagem histórica do direito surgiu com a escola romântica alemã (Savigny e Puchta) tratadas na sequência nos parágrafos 56 e 81.

Na Inglaterra H. Maine[13] fundou uma escola de filosofia do direito histórica que se dedicou ao estudo da correlação entre lei e sociedade na antiguidade. Foi sucedido por J. Bryce,[14] D. Vinogradoff,[15] C. K. Allen[16] e outros. O enfoque sociológico representado por estudiosos como Émile Durkheim,[17] Léon Duguit,[18] Roscoe Pound,[19] N. S. Timasheff,[20] e Karl Llewellyn,[21] tem predominado na França e nos Estados Unidos. Interpretações psicológicas estão presentes nas obras de Jerome Frank,[22] Edward Robinson,[23] e outros.

Há uma grande quantidade de estudos especiais de sociologia do direito de considerável interesse, particularmente no campo da criminologia. Relatórios realizados por comissões e estudos práticos semelhantes constituem amiúde valiosas contribuições para a melhor compreensão dos fatos da vida jurídica e suas correlações. Trabalhos de caráter geral que respondem pelo nome de sociologia do direito[24] por vezes tendem a não ir além do enunciar de programas gerais ou a se revelarem eles mesmos filosofias do direito natural disfarçadas. Esta última tendência resulta do fato da sociologia ser em sua origem uma filosofia política disfarçada (parágrafo 56). Georges Gurvitch[25] constitui um exemplo típico; sua sociologia do direito tem pouco a ver com a

---

13. *Ancient Law* (1861) e *Early History of Institutions* (1875).
14. *Studies in History and Jurisprudence* (1901).
15. *Historical Jurisprudence* (1923).
16. *Law in the Making* (1927).
17. *De la Division du Travail Social* (1893).
18. *Les Transformations Générales du Droit Privé* (1912); *Les Transformations du Droit Public* (1913).
19. Para uma síntese das doutrinas de Pound a respeito das linhas sociais de desenvolvimento no moderno direito inglês e norte-americano (com referências bibliográficas completas), ver sua obra *Outlines of Lectures on Jurisprudence* (5ª ed., 1943), 43-49. Ver também Pound, *Social Control through Law* (1942), *Interpretations of Legal History* (1923), "Scope and Purpose of Sociological Jurisprudence", *Harv. L. Rev.* 24 (1911), 591.
20. *Introduction to the Sociology of Law* (1939).
21. K. N. Llewellyn e E. A. Hoebel, *The Cheyenne Way* (1942).
22. *Law and the Modern Mind* (1930).
23. *Law and the Lawyers* (1935).
24. Um dos mais conhecidos é *Grundlegung der Soziologie des Rechts*, de E. Ehrlich (1913). Adicionalmente pode-se mencionar os seguintes: *Introduction to the Sociology of Law*, de N. S. Timasheff (1939), *Rechtssoziologie*, de B. Horváth (1934), *Sociology of the Law*, de G. Gurvitch (1942) e *Theory of Legal Science*, de H. Cairns (1941).
25. Ver a nota anterior e meu exame crítico de Gurvitch em *Towards a Realistic Jurisprudence* (1946), cap. II, 8.

ciência empírica, detendo mais a natureza de uma interpretação metafísico-
-espiritualista dos conceitos do direito e justiça radicados no intuicionismo
de Bergson e na fenomenologia de Husserl.

Este sumário dos temas e tendências da literatura existente sobre filosofia
do direito (*jurisprudence*) nos conduz à questão de como deve ser definido racionalmente esse ramo do estudo do direito. Parece que essa questão só pode
ser respondida com base num exame geral das diversas abordagens através das
quais um estudo dos fenômenos jurídicos poderia ser tentado, selecionando-se
um entre eles que possa, em nossa opinião, ser racionalmente descrito como
jusfilosófico.

A esta altura, entretanto, assoma uma dificuldade. Por um lado não é possível formar uma opinião bem fundada das várias ramificações do estudo da
lei em sua totalidade enquanto não se tenha decidido qual é a natureza dos
fenômenos jurídicos; por outro lado, o problema do conceito ou natureza do
direito é, indubitavelmente, um dos principais problemas da filosofia do direito. Não há desacordo neste ponto. Tanto aqueles que centram sua atenção
principalmente na validade ideal do direito quanto aqueles que se preocupam
com a existência do direito na comunidade têm que necessariamente basear
suas teorias num conceito sobre a natureza geral do direito. Pareceria, por conseguinte, que não é possível indicar o objeto próprio da filosofia do direito enquanto não for descoberta uma solução para um de seus principais problemas.

Essa dificuldade pode ser superada pela apresentação a princípio de tão
somente uma tentativa de orientação sobre a natureza dos fenômenos jurídicos; num capítulo posterior apresentar-se-á uma investigação mais completa.

§ 2. A NATUREZA DO DIREITO

A questão da "natureza" do direito constitui um dos principais problemas
permanentes de qualquer filosofia do direito. Chega a ser estranho que ninguém, é o que parece, jamais tenha considerado digna de atenção a colocação
de tal questão, ou tenha ponderado sobre sua razão e sua importância. E, todavia, quando nos pomos a pensar nisso, a questão se mostra um tanto peculiar.
Quem pensaria em destinar o problema da "natureza" de fenômenos psíquicos
a um tratamento independente numa outra ciência que fosse distinta da psicologia? Ou o problema da "natureza" da natureza a qualquer ciência que não
fosse as ciências naturais? O que mais poderia ser dito a respeito da "natureza"
dos fenômenos psíquicos além do que emerge das descrições e explicações

fornecidas sobre eles pela psicologia? Ou acerca dos fenômenos da natureza além daquilo que emerge das diversas ciências naturais? Por que é a posição tão diferente com respeito ao direito? Por que é o problema da natureza do direito um problema que se encontra fora do âmbito da ciência jurídica, estritamente falando? O que há para ser dito sobre a "natureza" dos fenômenos jurídicos além do que emerge do estudo doutrinal do direito (ciência do direito), que tem esses próprios fenômenos como seu objeto? Para responder estas perguntas será conveniente realizar uma breve digressão linguística.

Entendo por *expressão linguística* uma organização consciente da linguagem na utilização real, oral ou escrita.

Distinto da expressão mesma como um fenômeno linguístico é o seu significado. É imperioso que se faça essa distinção visto que *expressões* diferentes podem ter o mesmo significado, bem como uma mesma expressão pode, de acordo com as circunstâncias, deter significados variados.

O significado pode ser de dois tipos, a saber, *expressivo* ou *sintomático* e *representativo* ou *semântico*.

Toda expressão linguística possui um significado expressivo, que é a manifestação ou sintoma de algo. Isto quer dizer que como um elo num todo psicofísico, a expressão se refere àquela experiência que lhe deu origem. Não importa o que eu diga, minha expressão tem que ter sido causada por circunstâncias emotivovolitivas que me impeliram a me expressar, um impulso para comunicar ideias aos outros ou uma emoção que espontaneamente requer expressão.

Certas expressões linguísticas possuem, adicionalmente, um significado representativo, quer dizer, a expressão *indica, simboliza* ou *representa* um estado de coisas. Não se trata de uma relação causal, mas lógica. Se digo, por exemplo, "meu pai está morto", esta expressão indica um certo estado de coisas.

Na sequência destas considerações preliminares, é possível agora estabelecer as seguintes distinções e concepções:

a) *Expressões que têm tanto significado expressivo quanto representativo, como, por exemplo, "meu pai está morto".* Seu significado expressivo será normalmente um impulso para comunicar o fato a uma outra pessoa. Em outras palavras: formular a expressão é normalmente a manifestação desse impulso. Dá-se o nome de *asserção* ao seu significado representativo – a asserção de que o estado de coisas é esse, a saber, que meu pai está morto. Essa asserção pode ser considerada abstraída da expressão e do contexto da experiência associados a ela. Sua verdade ou falsidade pode ser verificada.

b) Expressões que têm apenas significado expressivo. Se, por exemplo, grito "Ai!" porque me queimei ou digo a alguém "Feche a porta!", essas expressões não asseveram que dói, ou que me acho num estado em que desejo que a pessoa feche a porta. Essas expressões nada simbolizam, não têm significado representativo, mas são portadores diretos de uma "carga" emocional ou intencional. Expressam uma experiência, porém nada representam. Seu significado expressivo não pode ser separado da experiência.

Às vezes, como, por exemplo, quando grito "Ai!", a expressão não é feita intencionalmente e não visa a influenciar os outros, mas tem o caráter de um reflexo automático. Essas expressões são chamadas de *exclamações*. Por outro lado, quando digo a alguém "Feche a porta!", a expressão é produzida com a intenção (que ela expressa) de influenciar diretamente a outra pessoa de um modo definido – induzi-la a fechar a porta. O traço característico dela é ser a influência direta, quer dizer, é exercida pela força sugestiva ou pressão encerrada no próprio expressar, e não transmitida pela comunicação de uma asserção. Está claro que é também possível estimular impulsos para a ação mediante esse último método, por exemplo, dizendo a uma pessoa que sua casa está em fogo. Não há um termo geral para as expressões emotivovolitivas portadoras de intenção. A esta categoria pertencem fenômenos tão heterogêneos como ordenar, dirigir, sugerir, desejar, exortar, rogar, solicitar. Visto que é mais prático trabalhar com um termo geral, proponho para essa finalidade o termo "diretiva".

Em conformidade com isso, é possível distinguir entre três tipos de expressões linguísticas:[26]

1. *Expressões de asserção* (ou sumariamente asserções, com o que esta palavra, entretanto, se torna ambígua, já que significa tanto o expressar quanto o seu significado representativo), isto é, expressões com significado representativo;

2. *Exclamações*, isto é, expressões sem significado representativo e sem intenção de exercer influência; e

3. *Diretivas*, isto é, expressões sem significado representativo mas com intenção de exercer influência.

Numa certa medida, essas categorias correspondem à classificação gramatical: orações indicativas, interjeições e orações imperativas. Deve-se notar, contudo, que uma expressão linguística que aparece como uma oração no indicativo pode, muito bem, ser uma diretiva e não uma asserção. A oração "Você

---

26. Não julgo necessário investigar se é possível sustentar que a classificação é exaustiva, se, por exemplo, expressões interrogativas podem ser reduzidas a uma combinação de 1. e 2. ou 1. e 3.

levará esta carta ao posto do correio amanhã" poderia ser uma asserção, uma predição do que vai acontecer. Poderia, entretanto, a despeito de sua forma gramaticalmente indicativa, também ser entendida como uma diretiva (ordem). Agora, considerando tais antecedentes, formulamos a pergunta: à qual dessas categorias pertencem as orações encontradas nas regras jurídicas? Parece óbvio que devam ser diretivas,[27] e não exclamações nem asserções. As leis não são promulgadas a fim de comunicar verdades teóricas, mas sim a fim de dirigir as pessoas – tanto juízes quanto cidadãos particulares – no sentido de agirem de uma certa maneira desejada. Um parlamento não é um escritório de informações, mas sim um órgão central de direção social. Fica particularmente claro que as regras jurídicas, por seu teor lógico, são diretivas quando notamos que há regras jurídicas que contêm expressões comumente usadas em diretivas. É o caso, por exemplo, de normas penais que expressam que qualquer pessoa sob certas condições "deverão ser punidas" de um certo modo, e no direito civil regras que expressam que uma pessoa "tem que" ou "pode" fazer ou não fazer algo. O mesmo vale, entretanto, no caso em que uma regra jurídica se apresenta gramaticalmente no modo indicativo e aparentemente contém uma descrição (asserção). É o caso, por exemplo, quando se estabelece que uma obrigação (um dever ou uma responsabilidade) surge sob tais e tais condições. Embora um tal enunciado aparentemente possua a mesma estrutura de, à guisa de exemplo, a proposição da química de que sob *dadas condições se gera hidrogênio*, não pode haver dúvida de que o seu significado lógico não consiste em informar sobre fatos, mas sim prescrever um comportamento. A regra jurídica não é nem verdadeira nem falsa, é uma diretiva.

---

[27] A análise precedente supõe a condição simples de que a expressão procede de um autor individual. Não há tal indivíduo único por trás do direito. Isto, contudo, não faz nenhuma diferença. O que importa é que o direito funciona da mesma maneira que diretivas que procedem de um autor individual, e que a legislação carrega uma "intenção social" que pode ser encarada como análoga à intenção individual. Karl Olivecrona expressou essa ideia chamando as regras do direito de "imperativos independentes", ver *Law as Fact* (1939), págs. 42 e segs. Preferi o termo mais geral e neutro diretiva, visto que o vocábulo "ordem" (*imperativo*) está associado a ideias dificilmente apropriadas ao direito, particularmente em sua relação aos juízes e outras autoridades legais administrativas, que indubitavelmente consideram o direito como uma diretiva e não uma ordem. Nenhum dos termos específicos correntes empregados para designar expressões sem significado representativo mas com intenção de influenciar parece a mim inteiramente adequado na qualidade de termo descritivo do conteúdo do direito. A terminologia aqui usada evita essas dificuldades ao criar um termo geral para expressões desse tipo. No fundo não discordo de Olivecrona.

A seguir surge a questão de se as frases que lemos num livro de direito – ou em qualquer outra parte na qual se expressa o direito vigente – são logicamente diretivas. Aparentemente elas são porque parece não haver quaisquer diferenças entre as orações empregadas pelos escritores de direito e as que figuram nas normas jurídicas. A linguagem, por exemplo, de John Honnold em *Cases and Materials on the Law of Sales and Sales Financing* é exatamente a mesma do *Uniform Sales Act* e de outras leis. A despeito da similaridade deve haver, entretanto, uma diferença no significado lógico das mesmas orações nos dois contextos. Não resta dúvida de que as proposições num livro, pelo menos num certo grau, pretendem descrever, não prescrever.[28] Na medida em que a literatura jurídica pretende ser conhecimento do que é efetivamente o direito vigente, tem que consistir em asserções, não em diretivas. Toda proposição de um livro precisa ser entendida sob a condição geral de que o autor está expondo o direito vigorante dentro de um sistema legal específico, o direito de Illinois, o direito da Califórnia, a *common law*, etc. A proposição de um livro que *prima facie* apresenta o caráter de uma diretiva D tem, portanto, de modo a ser entendida como uma proposição não do direito, mas sobre o direito, que ser reformulada assim:

D é direito vigente (de Illinois, da Califórnia, etc.).[29]

---

28. Ver parágrafos 9 e 79.
29. A radical diversidade entre as normas jurídicas (ou seja, as regras jurídicas contidas nas leis ou extraídas de precedentes ou outras fontes do direito) e as proposições doutrinárias dos livros é claramente estabelecida aqui. As primeiras são diretivas (alógicas), as segundas são asserções (lógicas) que expressam que certas diretivas são direito vigente. Se não se tiver em mente essa diversidade com clareza e se as normas jurídicas forem colocadas no mesmo plano das proposições doutrinárias que a elas se referem, disto resultará necessariamente uma visão distorcida de umas e de outras.
A) Por um lado haverá uma tendência a imaginar que as proposições doutrinárias também consistem em diretivas ou normas. Isto se desenvolve na concepção que vê no estudo doutrinal do direito (ciência do direito) um conhecimento normativo. Essa designação sugere várias coisas. Ou (1) que a ciência do direito constitui um conhecimento que colima estabelecer normas; ou (2) que constitui um conhecimento que se expressa mediante normas, embora sem estabelecê--las, visto que as normas apresentadas são aquelas tidas como "positivamente dadas"; ou, finalmente, que o conhecimento do direito é um conhecimento concernente a normas. Somente este último significado é sustentável. Mas o termo "normativo", neste sentido compreendido, é linguisticamente impróprio, já que naturalmente insinua o significado indicado em (1) ou (2). O primeiro destes expressa o postulado jusnaturalista de um conhecimento que é a um tempo discernimento e exigência (parágrafo 70). O último corresponde ao ponto de vista de Kelsen, ao menos como exposto em seus primeiros trabalhos. Nestes (ver especialmente *Reine Rechtslehre* (1933), 21 e segs.) *Rechtsnorm* (norma jurídica) e *Rechtssatz* (proposição doutrinária) são coisas idênticas. *Das Sollen* (o "dever [ser]") é a forma categórica tanto para o próprio direito quanto

É importante enfatizá-lo aos estudantes ingleses e norte-americanos. Na língua inglesa inexiste uma distinção clara entre (a) o próprio direito enquanto regras jurídicas e (b) o conhecimento acerca do direito enquanto proposições acerca de regras jurídicas. Não há nenhuma expressão correspondente à expressão *science of law*, "ciência do direito" (*science du droit, Rechtswissenschaft*, etc.) usada na Europa continental. A expressão *legal doctrine* ("doutrina jurídica") refere-se mais a um corpo de regras do que ao conhecimento a respeito das regras. Como é importante para os propósitos da filosofia do direito operar com um termo que distinga claramente o conhecimento do direito do próprio direito, eu proponho a expressão *doctrinal study of law* ("ciência do direito") para o primeiro.

Atingimos agora o ponto que encerra a explicação do porquê constitui um problema a "natureza do direito" e o que é o significado desse problema. Percebemos que toda proposição que se apresenta no estudo doutrinário do direito (ciência do direito) contém como uma parte integrante o conceito "direito vigente" (de Illinois, da Califórnia, etc.). Por essa razão não é possível declarar de maneira precisa e completa o significado representativo de quaisquer dessas proposições enquanto não se torne patente o significado do conceito "direito vigente". Muito do aparente desacordo entre os autores de direito pode ser

---

para as proposições doutrinárias concernentes ao direito; e o conhecimento do direito é concebido como expressivo de normas, não descritivo de normas – como a expressão direta de normas e a imanente reivindicação destas à validade. Numa obra posterior (*General Theory of Law and State* (1945), 45, cf. 167) Kelsen claramente visa a uma distinção entre a norma jurídica como prescritiva e a proposição doutrinária (que ele chamou de regra jurídica) como descritiva. Mas a distinção não é elaborada com clareza. De um ponto de vista puramente linguístico parece enganoso designar uma proposição descritiva (uma asserção) mediante o nome "regra". Kelsen prossegue supondo ser a proposição doutrinária um pronunciamento de "o que deve ser" (*das Sollen*) e não um pronunciamento de "o que é" (*das Sein*) e continua empregando o nome norma (com o acréscimo "no sentido descritivo da palavra"). Ver a p. 43 e confrontar com a p. 163 na qual se nega que as proposições doutrinárias são normas. É confuso. Desconheço o que se entende por uma norma no sentido descritivo. Semelhantemente a todas as outras proposições descritivas, as da ciência do direito (estudo doutrinário do direito) têm que ser expressões do que "é" e não do que "deve ser" – têm que ser asserções, não diretivas (normas). Quando o estudo doutrinário do direito (ciência do direito) descreve certas normas como direito vigente, descreve certas realidades sociais, um certo conteúdo de ideias normativas como realmente experimentadas e realmente eficazes. Mas se isto for admitido, a distinção radical de Kelsen entre a ciência do que "é" (*Seinswissenschaft*) e a ciência do que "deve ser" (*Sollenswissenschaft*) cairá por terra. Para uma exposição mais elaborada dessa crítica, ver minha resenha de Hans Kelsen, *What is Justice?* na *California Law Review*, 45 (1957), 564 e segs.

atribuído ao fato de que suas obras estão tacitamente baseadas em distintas conjeturas em relação ao significado desse conceito.

Trata-se de problema peculiar ao estudo do direito. Não tem paralelo, por exemplo, na psicologia ou nas ciências naturais. Explica porque a "natureza do direito" constitui o principal problema da filosofia do direito. Despido de sua formulação metafísica, o problema da "natureza do direito" é o problema de como interpretar o conceito de "direito vigente" (de Illinois, da Califórnia, da *common law*) como uma parte constitutiva integrante de toda proposição do estudo doutrinário do direito (ciência do direito). Qual significado representativo deve ser atribuído a esse conceito? Este problema se encontra além da esfera do advogado profissional, pelo que é destinado à filosofia do direito.

§ 3. ANÁLISE PRELIMINAR DO CONCEITO DE "DIREITO VIGENTE"

Imaginemos que duas pessoas estão jogando xadrez, enquanto uma terceira observa.

Se o observador nada conhecer de xadrez não compreenderá o que está se passando. Com base em seu conhecimento de outros jogos provavelmente concluirá que se trata de algum tipo de jogo. Porém, não será capaz de compreender os movimentos individuais ou perceber qualquer conexão entre eles. Terá, menos ainda, qualquer noção dos problemas envolvidos por qualquer disposição particular das peças sobre o tabuleiro.

Se o observador conhecer as regras do xadrez, mas além disso não conhecer muito a respeito da teoria do jogo, sua experiência sobre o jogo dos outros mudará de caráter. Compreenderá que o movimento "irregular" do cavalo é o prescrito para essa peça. Estará em posição de reconhecer os movimentos

---

B) Por outro lado, a fusão de normas jurídicas e proposições doutrinárias do direito pode ter como resultado que se considerem as primeiras como da mesma natureza das últimas, quer dizer, como sendo asserções, expressões de um discernimento ou cognição, não de uma intenção. Assim Carlos Cossio, fundador da chamada teoria "egológica" do direito, afirma – (*Egologische Theorie und Reine Rechtslehre*, Österr. Z. f. öft. R. n.s. V (1952), 15 e segs., em particular 46-61; "Jurisprudence and the Sociology of Law," Col. L. R. 52 (1952), 356 e segs., particularmente p. 499) – que um código de leis não menos do que uma exposição científica do direito, é conhecimento, ciência; não no sentido da legislação se basear no conhecimento científico de um certo tipo – a regra do direito é em si mesma um discernimento, um conhecimento, a legislação em si mesma constitui um ato científico. A regra jurídica é o conhecimento jurídico que a comunidade tem de si mesma.

das peças em turno como movimentos prescritos pelas regras. Dentro de certos limites será capaz até de predizer o que acontecerá, pois sabe que os jogadores se revezam para executar um movimento, e que cada movimento tem que cair dentro do total de possibilidades permitidas pelas regras em qualquer dada disposição das peças. Mas, além disso, especialmente se os jogadores forem algo mais do que meros principiantes, muito do que ocorre lhe parecerá enigmático. Ele não entende a estratégia dos jogadores e não enxerga os problemas táticos da situação. Por que, por exemplo, o jogador não toma com suas peças brancas o bispo? Para um completo entendimento do jogo é essencial um conhecimento não apenas das regras do xadrez como também um certo conhecimento da teoria do jogo. A probabilidade de ser capaz de predizer o próximo movimento aumenta se se leva em conta não somente as regras do jogo, mas também a teoria do jogo e a compreensão que cada jogador possui dessa teoria. Finalmente, também será necessário levar em conta o propósito alimentado por cada jogador no jogo. Supõe-se normalmente que um jogador joga para ganhar. Porém, há, igualmente, outras possibilidades (por exemplo, deixar que seu oponente ganhe, ou experimentar e pôr à prova o valor de um determinado movimento).

Essas considerações do jogo de xadrez encerram uma lição interessante e peculiar. Temos aqui diante de nós uma série de ações humanas (os movimentos das mãos para alterar a posição de certos objetos no espaço), e nos é facultado supor que esses movimentos somados a outros processos corpóreos (respiração, processos psicofísicos, etc.) constituem um curso de eventos que segue certas leis biológicas e fisiológicas. Todavia, é óbvio que ultrapassa o limite de toda possibilidade razoável considerar esse curso de eventos de tal maneira que os movimentos individuais do xadrez possam ser explicados e preditos com uma base biológica e fisiológica.

O problema apresenta um aspecto inteiramente distinto se nos transportamos a um outro nível de observação e interpretamos o curso dos eventos à luz das regras e da teoria do xadrez. Certos elementos da totalidade da série dos eventos, nomeadamente, o movimento das peças, se destacam então como sendo ações relevantes ou significativas para o xadrez. O movimento das peças não é considerado como uma mera mudança de posição dos objetos no espaço, mas sim como movimentos do jogo, e este se transforma num todo coerente pleno de significação, porque os movimentos se motivam reciprocamente e são interpretados como ataque e defesa de acordo com os princípios teóricos do jogo. Se observarmos os jogadores entenderemos cada movimento executado por cada jogador do ponto de vista da consciência que eles têm das regras do xadrez associada ao conhecimento que supomos terem eles da teoria do jogo, e a da meta a que se propuseram no jogo. Ademais, é também possível ignorar as pessoas dos jogadores e entender o jogo por si só na sua significação abstrata (um jogo num livro de xadrez).

Cumpre notar que o "entendimento" no qual estamos aqui pensando é de um tipo distinto do causal. Não operamos aqui com leis de causalidade. Os movimentos não entretêm qualquer relação mutuamente causal. A conexão entre eles é instaurada por meio das regras e da teoria do xadrez. A conexão é de significado.

Pode-se afirmar, ademais, que a coparticipação (*fellowship*) constitui fator essencial num jogo de xadrez. Quero dizer com isso que os objetivos e interesses perseguidos e as ações por estes condicionadas só podem ser concebidos como um elo num todo maior que inclui as ações de uma outra pessoa. Quando dois homens cavam uma vala juntos, não estão fazendo nada que cada um deles não pudesse igualmente fazer por sua própria conta. No xadrez ocorre algo absolutamente contrário. Não é possível para uma pessoa por sua conta propor-se a meta de ganhar no xadrez. As ações que constituem o jogar xadrez somente podem ser efetuadas jogando-se em revezamento com uma segunda pessoa. Cada jogador tem seu papel a ser desempenhado, mas cada papel apenas logra significação quando o segundo jogador cumpre seu papel.[30]

A coparticipação é também revelada no caráter intersubjetivo das regras do xadrez. É essencial que recebam a mesma interpretação, ao menos da parte dos dois jogadores numa dada partida. Caso contrário, não haveria jogo, e os movimentos individuais permaneceriam isolados sem significação coerente.

Ora, tudo isso demonstra que o jogo de xadrez pode ser tomado como um simples modelo daquilo que chamamos de fenômeno social. A vida social humana numa comunidade não é um caos de ações individuais mutuamente isoladas. Adquire o caráter de vida comunitária do próprio fato de que um grande número de ações individuais (não todas) é relevante e tem significação relativamente a um conjunto de regras comuns. Tais ações constituem um todo significativo, guardando a mesma relação entre si como movimento e contramovimento. Aqui também há interação mútua, motivada pelas regras comuns do "jogo" social, que lhe conferem seu significado. E é a consciência

---

30. Em sua *Schachnovelle* Stephan Zweig apresenta uma interessante descrição de uma pessoa capaz de jogar xadrez consigo mesma. Explica-se indicando que ela desenvolveu esquizofrenia, de modo a ser capaz de atuar como duas pessoas distintas.

dessas regras que possibilita o entendimento, e numa certa medida, a predição do curso dos eventos.

Passarei agora a examinar mais de perto o que é realmente uma regra do xadrez e de que forma é possível estabelecer quais são as regras que regem o jogo de xadrez.

Refiro-me aqui às regras primárias do xadrez, as que determinam a disposição das peças, os movimentos, a "tomada", etc. e não às regras da teoria do xadrez.

No tocante a estas últimas algumas observações bastarão. Como outras regras técnicas, são obviamente enunciados hipotético-teóricos. Pressupõem a existência das regras primárias do xadrez e indicam as consequências que as diferentes aberturas e gambitos produzirão no jogo, na apreciação do ponto de vista da possibilidade de ganhar. Semelhantemente a outras regras técnicas, sua força diretiva está condicionada por um interesse, neste caso o interesse de ganhar a partida. Se não existe este interesse por parte de um jogador, então a teoria do jogo carece de importância para ele.

As regras primárias do xadrez, por outro lado, são diretivas. Embora sejam formuladas como asserções a respeito da "capacidade" ou "poder" das peças em se moverem e "tomar", fica claro que visam a indicar como deve ser jogado o jogo. Visam diretamente, isto é, não qualificadas por nenhum objetivo subjacente, a motivar o jogador; é como se lhe dissessem: joga-se assim!

Essas diretivas são sentidas por cada jogador como socialmente obrigatórias, quer dizer, o jogador não só se sente espontaneamente motivado ("ligado") a um certo procedimento como também está ao mesmo tempo seguro de que uma transgressão às regras provocará uma reação (protesto) de seu adversário. E deste modo, as regras primárias distinguem-se claramente das regras técnicas que formam a teoria do jogo. Um movimento estúpido pode suscitar espanto, porém não um protesto.

Por outro lado, as regras do xadrez não têm o matiz da moralidade, o que resulta do fato de que normalmente ninguém efetivamente deseja violá-las (parágrafo 85). O desejo de trapacear num jogo se deve ao fato do jogador visar a um objetivo que difere do mero propósito de ganhar de acordo com as regras do jogo; por exemplo, ele poder desejar ser alvo de admiração ou ganhar dinheiro. Este último objetivo está frequentemente presente num jogo de cartas e é notório que a exigência de respeitar as regras assume aqui um valor moral.

Como é possível, então, estabelecer quais regras (diretivas) regem o jogo de xadrez?

Poderíamos, talvez, pensar em abordar o problema sob o ângulo comportamental – limitando-nos ao que pode ser estabelecido pela observação externa das ações, descobrindo daí determinadas regularidades. Porém, desta maneira jamais conseguiríamos atinar com as regras do jogo. Jamais seria possível distinguir as práticas vigentes, nem sequer as regularidades condicionadas pela teoria do jogo, das regras do xadrez em sentido próprio. Mesmo após observar mil partidas ainda seria possível crer que contraria as regras abrir o jogo com um peão de torre.

O mais simples, talvez, seria deixar-se orientar por certos regulamentos dotados de autoridade, por exemplo, regulamentos aprovados em congressos de xadrez, ou pelas informações presentes em livros sobre xadrez que gozam de reconhecimento. Contudo, até mesmo isso poderia não ser o suficiente, porquanto não é certo que tais declarações recebam adesão na prática. Por vezes, as partidas, de fato, são jogadas de muitas maneiras diversas. Mesmo num jogo clássico como o xadrez variações desse gênero podem ocorrer (por exemplo, a regra referente a "tomada" *en passant* nem sempre recebe adesão). Consequentemente, esse problema de saber quais regras regem o *xadrez* tem que ser entendido, falando-se em termos estritos, na sua referência às regras que regem uma partida concreta entre duas pessoas específicas. São suas ações, e suas ações exclusivamente, aquelas que estão aglutinadas num todo significativo e regidas pelas regras.

Assim, só nos resta adotar um método introspectivo. O problema é descobrir quais regras sentem efetivamente os jogadores ser socialmente obrigatórias no sentido indicado acima. O primeiro critério é que sejam realmente efetivas no jogo e que sejam externamente visíveis como tais. Mas para que se decida se as regras que são acatadas são mais do que meros usos ditados pelo costume ou motivadas por razões de caráter técnico, é mister indagar aos jogadores por quais regras se sentem obrigados.

Em consonância com isso podemos dizer: uma regra de xadrez "é vigente", significando que dentro de uma dada coparticipação (que compreende fundamentalmente os dois jogadores de uma partida concreta) essa regra recebe efetiva adesão, porque os jogadores sentem a si mesmos socialmente obrigados pela diretiva contida na regra. O conceito de vigência (no xadrez) envolve dois elementos. Um deles se refere à efetividade real da regra que pode ser estabelecida pela observação externa. O outro se refere à maneira na qual a regra é sentida como motivadora, ou seja, socialmente obrigatória.

Há uma certa ambiguidade no conceito "regra de xadrez". As regras do xadrez carecem de realidade e não existem independentemente da experiência dos jogadores, isto é, de suas ideias sobre certos padrões de comportamento e a elas associada a experiência emocional de se acharem compelidos a obedecer. É possível abstrair o significado de uma asserção puramente como um conteúdo de pensamento ("2 + 2 são 4") da apreensão da mesma por uma dada pessoa num dado tempo; e precisamente de modo idêntico é também possível abstrair o significado de uma diretiva ("o rei tem o poder de mover-se uma casa em qualquer direção") a partir da experiência concreta diretiva. O conceito "regra de xadrez" em qualquer análise acurada precisa, portanto, ser dividido em duas partes: 1^a) as ideias experimentadas em torno de certos padrões de comportamento (acompanhadas das emoções que lhes são concomitantes) e 2^a) o conteúdo abstrato dessas ideias, as normas do xadrez.

As normas do xadrez são, pois, o conteúdo ideal abstrato (de natureza diretiva) que permite, na qualidade de um esquema interpretativo, a compreensão dos fenômenos do xadrez (as ações dos movimentos e os padrões de ação experimentados) como um todo coerente de significado e motivação, uma partida de xadrez; e conjuntamente com outros fatores e dentro de certos limites o predizer do curso da partida.

Os fenômenos do xadrez e as normas do xadrez não são mutuamente independentes como se uns e outras detivessem sua própria realidade; são aspectos diferentes de uma mesma coisa. Nenhuma ação biológico-física considerada em si mesma é um movimento do xadrez. Só adquire tal qualidade ao ser interpretada em relação às normas do xadrez. E, inversamente, nenhum conteúdo ideal de natureza diretiva tem por si mesmo o caráter de uma norma válida de xadrez. Só adquire essa qualidade pelo fato de que juntamente com outros conteúdos, pode ser efetivamente aplicado como um esquema interpretativo aos fenômenos do xadrez. Os fenômenos do xadrez se tornam fenômenos do xadrez exclusivamente quando colocados em relação com as normas do xadrez e vice versa.

O propósito dessa discussão sobre o xadrez neste ponto fica, indubitavelmente, claro. Aponta para a afirmação de que o conceito "norma vigente do xadrez" pode atuar como paradigma para o conceito "direito vigente", o que constitui o verdadeiro objeto de nossas considerações preliminares.

Pode-se também considerar o direito como consistindo parcialmente em fenômenos jurídicos e parcialmente em normas jurídicas em mútua correlação.

Se observarmos o direito como funciona na sociedade, descobriremos que um grande número de ações humanas é interpretado como um todo coerente de significação e motivação por meio de normas jurídicas que configuram um esquema interpretativo. *A compra uma casa de B.* Ocorre que a casa está cheia de cupins. A pede a B uma redução do preço de compra, mas B não concorda. A move uma ação contra B, e o juiz de acordo com o direito presente no contrato, ordena que B pague a A uma certa quantia num determinado prazo. B não o faz. A consegue que o juiz do condado confisque os bens móveis de B, os quais são então vendidos num leilão público. Essa sequência de eventos compreende toda uma série de ações humanas, do estabelecimento do direito contido no contrato ao leilão. A consideração biológico-física dessas ações não pode revelar qualquer conexão causal entre elas. Tais conexões ocorrem unicamente na esfera de cada indivíduo. Mas nós as interpretamos mediante o auxílio do esquema referencial do "direito vigente" como fenômenos jurídicos constituintes de um todo coerente de significado e motivação. Somente quando assim é feito cada uma dessas ações adquire seu caráter jurídico. A compra da casa por parte de A acontece por meio da expressão falada ou da escrita, porém estas apenas se tornam uma *compra* quando consideradas na sua relação com normas jurídicas. As várias ações se motivam reciprocamente tal como os movimentos do xadrez. O juiz, por exemplo, é motivado pelos papéis que A e B desempenham no negócio (e pelas circunstâncias adicionais a ele associadas, por exemplo, o estado da casa), bem como pelos precedentes vigentes na área do direito contratual. Todo o processo tem o caráter de um "jogo" regido por normas muito mais complicadas do que as do xadrez.

Com base no que foi dito, formulo a seguinte hipótese: o conceito "direito vigente" (de Illinois, da Califórnia, da *common law*) pode ser em princípio explicado e definido da mesma maneira que o conceito "norma vigente do xadrez" (para dois jogadores quaisquer). Quer dizer, "direito vigente" significa o conjunto abstrato de ideias normativas que serve como um esquema interpretativo para os fenômenos do direito em ação, o que por sua vez significa que essas normas são efetivamente acatadas e que o são porque são experimentadas e sentidas como socialmente obrigatórias.[31]

Pode-se, talvez, ter essa conclusão na conta de um lugar comum e pode parecer que um excessivo aparato de raciocínio foi empregado visando a esse fim. Isto poderia revelar-se verdadeiro se os problemas fossem abordados por uma pessoa que não alimentasse noções preconcebidas. Porém, não seria verdadeiro no caso de uma abordagem histórica. A grande maioria da totalidade dos autores de filosofia do direito até a atualidade tem sustentado que não é possível explicar o conceito "direito vigente" sem a referência à metafísica. O

---

31. Ou seja, pelo juiz e outras autoridades da justiça que aplicam o direito (parágrafo 8).

direito, de acordo com este ponto de vista, não se limita a ser um fenômeno empírico. Quando dizemos que uma regra do direito é "vigente" ou "válida", nos referimos não somente a algo fatual, a algo observável, mas também a uma "validade" de cunho metafísico. Supõe-se que essa validade seja um puro conceito da razão, de origem divina ou existente *a priori* (independente da experiência) na natureza racional do ser humano. E eminentes autores da filosofia do direito, que rejeitam tal metafísica espiritual, têm considerado, todavia, que a "validade" do direito só pode ser explicada por meio de postulados específicos.

Vista sob essa luz, nossa conclusão preliminar, estou confiante, não será classificada de lugar comum. Essa análise de um modelo simples é deliberadamente direcionada no sentido de suscitar dúvidas no que tange à necessidade de explicações metafísicas com respeito ao conceito do direito. A quem ocorreria buscar a validade das normas do xadrez numa validade *a priori*, numa ideia pura do xadrez concedida ao ser humano por Deus ou deduzida pela razão humana eterna? Tal pensamento é ridículo porque não tomamos o xadrez tão a sério como o direito, e assim é porque há emoções mais fortes vinculadas aos conceitos jurídicos. Mas isto não constitui razão para crer que a análise lógica deva adotar uma postura fundamentalmente diferente em um e outro caso.

Está claro que para lograr uma análise satisfatória do conceito de "direito vigente" é preciso ainda resolver muitos problemas. Mas não há necessidade de aprofundar esta matéria neste ponto. Esse estudo preliminar é suficiente a título de base para um exame dos vários ramos do estudo do direito e para determinar o lugar apropriado da filosofia do direito.

§ 4. OS RAMOS DO ESTUDO DO DIREITO

A distinção levada a cabo no parágrafo anterior entre os fenômenos jurídicos – ou melhor, *o direito em ação* – e as normas jurídicas forma a base para uma distinção correspondente entre os dois principais ramos do estudo do direito. Chama-se de *sociologia do direito*[32] o ramo que se ocupa do direito em ação, enquanto chama-se de *ciência do direito* o ramo que se ocupa das normas jurídicas.

O direito em ação e as normas do direito não são duas esferas de existência independentes, mas aspectos diferentes de uma mesma realidade.

---

32. Esta expressão é aqui empregada visando a abarcar também os estudos psicológicos e históricos do direito em ação.

Consequentemente, pode-se falar de dois pontos de vista, cada um deles pressupondo o outro.

A ciência do direito dirige sua atenção ao conteúdo ideal abstrato das diretivas, ignorando as realidades do direito em ação. A ciência do direito visa: a) à descoberta do conteúdo ideal – que poderíamos também chamar de *ideologia* – que funciona como o esquema interpretativo para o direito em ação e b) à exposição dessa ideologia como um sistema integrado. Visto que a ciência do direito se ocupa de normas, se pode denominá-la "normativa". Mas é mister que este termo não dê margem à confusão. Como foi delineado no parágrafo 2, as proposições cognoscitivas não podem, naturalmente, consistir em normas (diretivas). É necessário que consistam em asserções – asserções referentes a normas, o que, por sua vez, significa asserções que enunciam que certas normas detêm a natureza de "direito vigente". O caráter normativo da ciência do direito significa, portanto, que se trata de uma doutrina *que diz respeito a normas* e não uma doutrina *composta de normas*. Não objetiva "postular" ou expressar normas, mas sim estabelecer o caráter de "direito vigente" dessas normas. A ciência do direito é normativa no sentido de que é descritiva de normas e não no sentido de expressiva de normas (parágrafo 2, nota 29).

E, contudo, a ciência do direito jamais poderá ser separada da sociologia do direito. Embora a ciência do direito esteja interessada na ideologia, é sempre uma abstração da realidade social. Mesmo que o jurista não esteja interessado no nexo que liga a doutrina à vida real, esse nexo existe. Reside no conceito de "direito vigente" que, como foi mostrado, constitui parte essencial de todas as proposições doutrinárias, pois esse conceito, em consonância com nossa análise provisional, se refere à efetividade das normas enquanto constituintes de um fato social.

Ademais, uma ciência do direito que ignora a função social do direito tem que resultar insatisfatória quando julgada segundo o critério do interesse em predizer as decisões jurídicas. Como vimos, o conhecimento das normas primárias do xadrez só possibilitará a predição do curso de uma partida dentro de um quadro muito amplo. É o que ocorre porque os jogadores não são exclusivamente motivados pelas normas do xadrez, a saber, também são motivados por seu propósito ao jogar e as proposições teóricas do xadrez no tocante às consequências dos movimentos de acordo com as regras do jogo. O mesmo ocorre no direito. O juiz não é motivado exclusivamente pelas normas jurídicas; também o é pelos fins sociais e pelo discernimento teórico das conexões sociais relevantes ao atingir daqueles fins. Por esta razão, tem-se exigido da ciência do direito, em especial modernamente, que dirija sua atenção para as realidades da vida social. Isto demonstra, ademais, que a fronteira entre a ciência do direito e a sociologia do direito não é nítida, residindo sim numa relativa diferença de abordagem e interesse.

A sociologia do direito, por sua vez, dirige sua atenção para o direito concreto em ação, para o comportamento jurídico e as ideias jurídicas que operam nesse comportamento, e não pode ser separada da ciência do direito, tanto quanto esta não pode ser separada dela, a sociologia do direito. Os fenômenos sociais que constituem o objeto da sociologia do direito não adquirem seu caráter jurídico específico enquanto não são postos em relação com as normas do direito vigente.

A sociologia do direito como ramo científico é, todavia, tão nova e pouco desenvolvida que é difícil assinalar quais os problemas que lhe concernem. Falando em termos gerais, procura ela descobrir correlações invariáveis no direito em ação, enfocando o problema sob o ângulo da psicologia, da história e da sociologia geral. As normas jurídicas só podem indicar uma estrutura na qual se desenvolve o direito em ação, influenciado também pelos costumes, fatores econômicos e ideológicos, fins sociais e percepções extraídas da teoria social.

Quando se trata do direito em ação na vida real, é possível que um conjunto de normas jurídicas, por exemplo o que contém normas que regulam o divórcio, seja desenvolvido das maneiras mais variadas (talvez fosse mais adequado dizer que poder-se-ia "jogar" com essas normas de maneiras diferentes). Quem conheça somente as normas pouco conhece da realidade social correspondente. Na prática quais bases para o divórcio são invocadas nos diversos setores da sociedade? Que possibilidades existem de escapar às leis mediante o forjar de provas e que costumes têm sido desenvolvidos em conexão com isso? Com que favorecimento ou desfavorecimento os tribunais consideram as várias bases para o divórcio, particularmente quando apreciam a prova? Questões desta natureza, tocantes à viva e concreta realidade jurídica social são consideradas e tratadas na sociologia do direito.

Um campo de investigação que tem particular interesse para o estudo da sociologia do direito é a interação entre direito e sociedade. O que produz o respeito pelo direito, o qual permite ao legislador guiar a vida da comunidade? Que outros fatores entram em jogo e estabelecem um limite para o poder do legislador? Quais reações é possível presumir que serão provocadas pela aprovação de uma determinada lei? E, inversamente, quais forças sociais determinam o conteúdo e o desenvolvimento de um ordenamento jurídico? Que papel desempenham aqui as circunstâncias econômicas e as posturas ético-jurídicas dominantes? É o desenvolvimento do direito o produto de forças cegas ou desempenham o planejamento e o discernimento racional um papel nesse desenvolvimento?

Os dois ramos principais do estudo do direito – a ciência do direito e a sociologia do direito – podem ser subdivididos: a primeira em *ciência do direito no sentido mais estrito, história do direito* e *direito comparado*; a segunda em *sociologia fundamental do direito* e *sociologia do direito aplicada*.

4.1. Ciência do Direito

A) A ciência do direito no sentido mais estrito ocupa-se de um sistema de direito definido numa sociedade definida, por exemplo, o direito de Illinois vigente na atualidade. Tradicionalmente é, por sua vez, subdividida em muitos ramos de estudo, como será mostrado no capítulo VIII.

B) A história do direito descreve um direito vigente no passado e trata de seu desenvolvimento histórico. Difere da ciência do direito presente por dois modos adicionais.

1º) O momento presente é mais do que um mero ponto temporal disposto ao lado de todos os outros pontos no tempo. Distingue-se de todos os outros pelo fato de ser o ponto no tempo no qual o curso da realidade chegou e está na iminência de adentrar o futuro. O direito é apreendido nesta progressão. Qualquer exposição do direito vigente confinada a uma determinada data é um instantâneo (*snapshot*) que captou um corte transversal dessa corrente. Mas um corte transversal do "agora" é caracterizado pelas questões que estão abertas ao futuro. A questão de determinar qual é o direito de hoje (o que veremos logo na sequência no parágrafo 9) envolve sempre a questão de saber o que ocorrerá amanhã. Um fator codeterminante para este cálculo de predição é o que ocorreu ontem. O direito vigente jamais é um fato histórico, mas sim um cálculo com o olhar no futuro. Isto confere às proposições do estudo do direito de hoje um elemento fundamental de incerteza e resulta, na medida em que a certeza do cálculo diminui, numa fusão peculiar dos problemas do direito vigente com os problemas político-jurídicos[33] relativamente à criação do direito novo (parágrafo 9). A história do direito não apresenta características semelhantes. Aqueles problemas, que vistos com os olhos do passado estavam abertos, se acham hoje fechados. A história do direito, portanto, se ocupa exclusivamente com os fatos.

---

33. O significado desta expressão é explicado na sequência.

2º) Se, por um lado, a história do direito carece de contato com a política jurídica, por outro mantém contato mais estreito com a sociologia do direito.[34] Não só objetiva apresentar o direito num determinado momento como também descrever e explicar seu desenvolvimento. Estuda o desenvolvimento do direito em relação ao desenvolvimento de outros fenômenos sociais.

C) O direito comparado, como a história do direito, tem também um raio de ação mais amplo, não se limitando a apresentar o direito vigente em diferentes países. Pode ter seja caráter contemporâneo, seja caráter histórico. Pertence à primeira categoria quando investiga os efeitos sociais de diversos ordenamentos jurídicos, sendo neste caso um instrumento de política jurídica. Pertence à segunda categoria quando investiga as circunstâncias sociais capazes de explicar porque o direito se desenvolveu segundo diferentes linhas em diferentes sociedades. Ambos os tipos de direito comparado apresentam marcantes elementos sociológicos, visto incorporarem no estudo a relação entre o direito e a sociedade.

É evidente que a sociologia desempenha um papel tão importante tanto na história do direito quanto na ciência comparada do direito a ponto de tornar quase uma questão de preferência pessoal classificar essas duas subdivisões como parte da ciência do direito ou da sociologia do direito.

4.2. Sociologia do Direito

A) A sociologia fundamental do direito admite várias divisões: uma parte geral e muitos ramos especializados.

1º) A parte geral se ocupa das características gerais do direito em ação, sua estrutura e dinâmica sem referência a qualquer ramo particular do direito. A investigação pode ser dirigida *seja* a um certo tipo de comunidade – por exemplo, a moderna comunidade democrática – com vista ao estudo dos traços típicos da estrutura e função do direito em ação nesse meio, em particular a mecânica da motivação jurídica e a interação entre o direito e outras forças sociais (sociologia estática do direito), *seja* ao desenvolvimento histórico com vista à descoberta dos

---

34. A aparente falta de clareza que parece resultar do fato de se sustentar, como se sustenta mais adiante, que a política jurídica é sociologia do direito aplicada, desvanece quando se acrescenta que a sociologia que interessa ao político jurídico, e assim ao professor de direito, se ocupa dos problemas dos efeitos sociais do direito, enquanto a sociologia que interessa ao historiador do direito se ocupa dos fatores sociais que exercem influência sobre a evolução do direito.

princípios gerais que regem as relações entre o direito e o desenvolvimento da comunidade (sociologia dinâmica do direito).

2º) Os vários ramos especializados correspondem às esferas especiais do direito. A criminologia, a qual estuda o comportamento criminoso associado aos fatores individuais e sociais que o condicionam, corresponde ao direito penal; a ciência política, a qual estuda a vida política, particularmente as ideologias e instituições políticas, corresponde ao direito constitucional; as relações internacionais correspondem ao direito internacional e a ciência da administração ao direito administrativo. Até os dias de hoje nenhum outro ramo especial da sociologia do direito apareceu, mas se afiguraria inteiramente possível imaginar outros correspondentes ao direito que regulamenta a propriedade,[35] o direito das pessoas, o direito da família, etc.

B) A sociologia do direito aplicada, como as ciências naturais aplicadas, cobre um campo de estudo selecionado e organizado em conformidade com os problemas práticos. A ciência da agricultura, por exemplo, se ocupa das circunstâncias e problemas práticos que são relevantes à exploração do campo. Identicamente, a sociologia do direito aplicada se ocupa de fatos e relações que têm importância em referência aos problemas práticos da legislação. Ao se preparar uma certa reforma legislativa, a sociologia do direito aplicada descreve as condições predominantes na sociedade e analisa as mudanças que a nova legislação pode produzir. O resultado de tais estudos constitui valiosa orientação para o legislador ou para a pessoa que lida com os problemas do ponto de vista do legislador. Os estudos de sociologia do direito não ocorrem muito amiúde de maneira independente, mas como parte do trabalho oficial de reforma legislativa (relatórios de comissões e documentos análogos).

Mesmo quando o conhecimento sociológico jurídico dos efeitos das medidas legislativas sobre a sociedade é valioso para o legislador (o informando acerca das consequências da escolha entre várias alternativas), sua decisão depende também de seus objetivos imediatos e de sua filosofia social como um todo, ou seja, das metas e valores últimos que o legislador reconhece como padrões para a vida social e a atividade criadora de direito dele. O mesmo é verdadeiro também em relação ao juiz na medida em que direito novo é criado através da prática dos tribunais. A expressão "política jurídica" é introduzida para designar a atividade criadora de direito do legislador ou do juiz e a discussão racional dessa atividade.

---

35. Ver, por exemplo, Karl Renner, *The Institutions of Private Law and their Social Functions* (1949).

Seria supérfluo salientar que a política jurídica nada tem a ver com a política no sentido ordinário desta palavra.

A questão que se apresenta agora é saber até onde e de que maneira os problemas de política jurídica podem ser discutidos e solucionados racionalmente. Há uma ciência da política jurídica (uma ciência do direito *de lege ferenda et de sententia ferenda*) capaz de postular uma verdadeira filosofia dos valores que devem presidir a legislação? A aspiração da filosofia do direito natural é, com efeito, estabelecer tal "ciência do direito como deve ser". A segunda metade deste livro (capítulos X a XVIII) responde essa pergunta na forma negativa. Não há nenhuma ciência específica da política jurídica ou do direito natural. Na medida em que a política jurídica é determinada por um conhecimento racional, é ela sociologia do direito aplicada. De resto, é baseada em valorações que se encontram fora do âmbito do conhecimento racional (parágrafos 73 e 79).

§ 5. EM LUGAR DE "FILOSOFIA DO DIREITO", "PROBLEMAS JUSFILOSÓFICOS"

No parágrafo 1 descrevemos os três enfoques tradicionais da filosofia do direito (analítico, ético e histórico-sociológico), mas deixamos em aberto o problema de como deve ser definido esse ramo do estudo do direito. Dissemos que esse problema só pode ser solucionado com base num exame geral das diversas abordagens mediante as quais poderia tentar-se um estudo do direito. Esse exame acabou de ser realizado no parágrafo precedente. O resultado, entretanto, parece ser negativo na medida em que nenhum dos ramos do estudo do direito ali mencionados parece possuir aquele caráter filosófico que o autorizaria a receber o nome de "filosofia do direito" (no sentido mais amplo) ou *jurisprudence* nos países de língua inglesa.

É verdade que o que se denomina "*jurisprudence* histórico-sociológica" se enquadra na sociologia do direito tal como definida no parágrafo 4. Mas esse ramo (a sociologia do direito), quando desenvolvido como uma ciência empírica, carrega tão claramente a marca de uma ciência especializada entre outras, que seria injustificável elevá-lo sob o nome de *jurisprudence* ao nível de um estudo filosófico.

A denominada "filosofia do direito natural" ou "filosofia jusnaturalista" não consta no exame do parágrafo 4, o que se deve ao fato de que – o que será ventilado nos capítulos XI a XIII – o que atende por essa designação não passa de especulação metafísica sem justificação científica.

Dos ramos tradicionais da filosofia do direito, portanto, resta apenas o ramo analítico. Este ramo do estudo do direito parece realmente possuir um caráter verdadeiramente filosófico e merecer o nome de "filosofia do direito" ou *jurisprudence*. Mas este tampouco figura entre as diferentes abordagens esboçadas no parágrafo 4. Como explicá-lo?

Para suprir essa explicação é necessário formular algumas considerações gerais acerca da relação entre a filosofia e as ciências. A moderna filosofia baseada numa perspectiva empírica, a que subscrevo, adota o ponto de vista geral segundo o qual a filosofia carece de objeto específico seja coordenado àquele das várias ciências, seja distinto dele. Filosofia não é dedução a partir de princípios de razão por meio de que se nos revela uma realidade superior àquela dos sentidos. Tampouco é a filosofia uma extensão das ciências destinada a descobrir os componentes extremos da realidade. Não é, de modo algum, teoria, mas sim método, e este método é análise lógica. A filosofia é a lógica da ciência e seu objeto é a linguagem da ciência.

Disso se infere que a filosofia do direito não possui objeto específico coordenado ao objeto da "ciência do direito" – *o estudo do direito* – ou distinto desse objeto, nas suas várias ramificações. A relação da filosofia do direito com a ciência do direito é reflexa; a filosofia do direito volta sua atenção para o aparato lógico da ciência do direito, em particular para o aparato dos conceitos, visando a torná-lo objeto de uma análise lógica mais minuciosa do que aquela que lhe é dedicada pelos vários estudos jurídicos especializados. O filósofo do direito investiga problemas que com frequência constituem premissas tidas como pacíficas pelo jurista. Seu objeto é, predominantemente, os conceitos fundamentais de alcance geral tais como, por exemplo, o conceito de direito vigente, que, por essa razão, não é designado como tarefa particular a quaisquer dos muitos especialistas dentro do amplo domínio do direito.

O objeto da filosofia do direito não é o direito, nem qualquer parte ou aspecto deste, mas sim a ciência do direito. A filosofia do direito se acha, por assim dizer, um andar acima da ciência do direito e a olha "de cima".[36]

---

36. As proposições contidas nesta parte do texto concernentes à filosofia do direito situam-se num nível ainda mais alto. A proposição contida na primeira frase desta nota, referente às proposições que concernem à filosofia do direito, situa-se, por sua vez, num nível mais alto ainda, de sorte que poderíamos seguir *ad infinitum*. A ideia, por vezes sustentada, de que a série pode ser concluída por uma proposição que se refere a si mesma, é insustentável.

Os limites entre a ciência do direito e a filosofia do direito não são rígidos. A análise lógica realmente ocorre também latamente no âmbito do estudo tradicional do direito. Inexistem critérios internos que determinem onde finda a ciência do direito e começa a filosofia do direito. Pode-se apresentar uma delimitação do domínio desta última considerando-se o que a primeira obteve. Esta circunstância explica de que forma a corrente filosofia do direito (*jurisprudence*) inglesa abrange uma série de conceitos e problemas, tais como, por exemplo, *dolus, dolus eventualis, culpa*, intenção, o propósito da punição e as teorias penal, da propriedade, da posse, do contrato, da prova, do ônus da prova, etc., conceitos e problemas que na tradição norte-americana e na da Europa continental formam ordinariamente parte das diversas disciplinas jurídicas. Encontra-se a explicação no escasso desenvolvimento na doutrina inglesa de qualquer análise e elaboração de conceitos jurídicos. Por conseguinte, na Inglaterra a filosofia do direito (lá chamada de *jurisprudence*) chegou a ser o sítio onde quase todas as investigações fundamentais se reúnem. Em outros sistemas, não seria razoável atribuir um domínio tão amplo à filosofia do direito, pois isto conduziria a repetições. Portanto, só incluirei em minha exposição sobre a filosofia do direito os problemas que não são examinados na literatura jurídica corrente, ou que o são de forma insatisfatória.

Este fator relativo explica também porque não é conveniente falar de "filosofia do direito", já que esta expressão sugere um domínio de investigação sistematicamente restrito. Daí minha preferência pela expressão "problemas jusfilosóficos". Os interesses de cada estudioso, em parte, e em parte o desenvolvimento dos estudos jurídicos num dado tempo determinarão quais problemas serão submetidos à análise filosófica.

A análise jusfilosófica pode dirigir sua atenção a ambos os ramos do estudo do direito: a ciência do direito e a sociologia do direito. Como, contudo, o aparato lógico da sociologia do direito é, principalmente, idêntico ao empregado em outras sociologias (e na história), pareceria razoável circunscrever os problemas especificamente jusfilosóficos à consideração da ciência do direito. Esta conclusão, inclusive, é apoiada por fundamentos pedagógicos, já que uma análise filosófica da sociologia do direito careceria de valor como parte da educação jurídica tradicional. Dentro da sociologia do direito, todavia, a sociologia do direito aplicada detém uma posição especial devido à sua estreita ligação com a política jurídica (parágrafo 4 *in fine*). A discussão dos problemas de política jurídica desempenha um papel importante e crescente nos trabalhos dos autores da área e no ensino das faculdades de direito. Por esta razão, a análise lógica será também dirigida ao pensamento político-jurídico e à sociologia aplicada como parte dele.

Em consonância com isso, a exposição que se segue se enquadrará em duas seções principais: problemas jusfilosóficos na sua relação com a ciência do direito (capítulos II a IX) e problemas jusfilosóficos na sua relação com a política jurídica (capítulos X a XVIII).

§ 6. DISCUSSÃO

Penso que a relação entre minha interpretação da natureza e tarefa da filosofia do direito por um lado, e os pontos de vista tradicionais, por outro, ficou suficientemente clara mediante o exposto nos parágrafos anteriores. Diante disto, limitar-me-ei aqui a traçar algumas observações suplementares.

Se descartei a filosofia do direito natural como falta de justificação científica, não faço, decerto, objeções aos estudos histórico-sociológicos desde que efetuados de acordo com princípios empíricos e não sejam especulação metafísica disfarçada. A interpretação histórico-sociológica da filosofia do direito foi rejeitada com o fundamento sistemático de que os estudos desse tipo possuem todos os traços característicos de uma ciência especializada e, portanto, não devem ser mesclados ao enfoque analítico e considerados pertinentes à filosofia do direito. Isto, entretanto, não significa negar a importância das investigações sociológicas para a filosofia do direito concebida como análise de conceitos jurídicos. Estas são importantes e é imperioso que sejam se se presume, como eu o faço, que todas as proposições acerca do direito se referem, em última análise, a uma realidade social. O fundamento da filosofia do direito tem que ser uma perspectiva sociológica.

Julius Stone oferece uma definição eclética da tarefa da filosofia do direito, a qual inclui problemas lógico-analíticos, problemas éticos e problemas sociológicos.[37] Seu princípio norteador é que a filosofia do direito estuda o direito à

---

37. *The Province and Functions of Law* (1946), cap. I, parágrafos 11 a 13. Definições ecléticas semelhantes podem ser encontradas nas obras de muitos autores ingleses e norte-americanos, tais como Vinogradoff, Pound, Keeton, Kocourek, Hohfeld, Wigmore, Timasheff, às vezes como em Stone, camufladas por um esquema de classificação pretensamente racional. Ver Stone, *op. cit.*, cap. I, parágrafos 8 e 9. Josef L. Kunz, "Zur Problematik der Rechtsphilosophie um die Mitte des zwanzigsten Jahrhunderts," *Öster. Z. f. öft. R.*, n. s. IV (1951), 1 *et seq.*, afirma que todas as três tendências são ramos de igual *status* da mesma ciência, filosofia do direito ou *jurisprudence*.

luz da lógica, da ética e da sociologia. O princípio em si não é claro e se traduz num agregado de materiais heterogêneos sem coesão orgânica. Stone escreveu um livro colossal despendendo tremenda laboriosidade e prodigiosa erudição, porém não produziu nenhuma teoria coerente.

Capítulo II
O conceito de
"Direito Vigente"

§ 7. O conteúdo do ordenamento jurídico

No capítulo anterior, tomando como base uma análise do jogo de xadrez e suas regras, formulei uma hipótese de trabalho segundo a qual tem que ser possível definir e explicar o conceito de "direito vigente" em princípio da mesma forma que o conceito de "norma vigente do xadrez". A tarefa a ser empreendida agora é tentar desenvolver essa hipótese transformando-a numa teoria da significação da expressão "direito vigente".

A hipótese de trabalho infere que as normas jurídicas, como as normas do xadrez, servem como um esquema interpretativo para um conjunto correspondente de atos sociais, o direito em ação, de tal modo que se torna possível compreender essas ações como um todo coerente de significado e motivação e predizê-las dentro de certos limites. Esta capacidade do sistema se funda no fato de que as normas são efetivamente acatadas porque sentidas como socialmente obrigatórias.

A elaboração dessa hipótese requer a resposta a duas questões:

1^a) Como o corpo individual de normas identificado como um ordenamento jurídico nacional se distingue do ponto de vista de seu conteúdo de outros corpos individuais de normas, tais como as normas do xadrez, do *bridge* ou da cortesia?

2ª) Se a validade de um sistema de normas, *lato sensu*, significa que o sistema, devido à sua efetividade, pode servir como um esquema interpretativo, como aplicar esse critério ao direito?

A primeira questão será discutida neste parágrafo, a segunda nos parágrafos 8 a 10.

Consideremos, mais uma vez, por um momento, o jogo de xadrez. Não faz sentido, obviamente, querer definir as regras do xadrez distinguindo-as, por exemplo, das regras do tênis, do futebol ou do *bridge*. "As regras do xadrez" é a designação de um conjunto individual de normas que constituem um todo coerente e significativo. Do mesmo modo que John Smith é o nome de um indivíduo que não pode ser definido, mas pode ser destacado, "regras do xadrez" é o nome de um conjunto individual de normas que não são definidas mas são destacadas: estas são as regras do xadrez. Na prática não há dificuldade em manter as regras do xadrez distintas das regras do tênis, do futebol, do *bridge* ou quaisquer outras normas sociais. O problema da definição só surgirá se tivéssemos que classificar as regras do xadrez juntamente com as regras do futebol e as regras do *bridge* sob o título único de "regras de jogos". Teríamos então que indagar que característica em qualquer sistema individual de normas é decisiva para determinar se o incluímos ou não sob esse título. Esse problema de definição não surgirá se quisermos apenas expor as regras do xadrez. Para fazermos isto não é necessário conhecer coisa alguma acerca do que há de comum entre as regras do xadrez e outros sistemas individuais de regras que poderiam ser classificados conjuntamente sob o título "regras de jogos".

Ocorre precisamente o mesmo no direito. "Direito dinamarquês" é o nome de um conjunto individual de normas que constituem um todo coerente significativo, e que, portanto, não comportam definição, mas podem ser destacadas. "Direito dinamarquês", "direito norueguês", "direito sueco", etc., correspondem aos vários conjuntos individuais de regras dos jogos. O problema da definição só surgirá se tivéssemos que classificar esses vários sistemas individuais associativamente sob o título "direito" ou "ordenamento jurídico". Mas também é verdade aqui que esse problema da definição não surgirá se desejarmos somente expor o direito dinamarquês vigente. Para isso não é necessário conhecer coisa alguma do que esse sistema de normas tem em comum com outros sistemas de normas passíveis de ser classificados associativamente sob o título "direito" ou "ordenamento jurídico".

Visto que pretendemos restringir a filosofia do direito ao estudo de conceitos que estão pressupostos na ciência dogmática do direito, o problema de uma definição de "direito" ("ordenamento jurídico") é estranho à filosofia do direito. Jamais compreendeu-se isso. Acreditou-se que para definir a esfera de trabalho do jurista era necessário produzir uma definição do direito que o distinguisse de outros tipos de normas sociais. Esse erro foi cometido porque não se entendeu que direito nacional vigente constitui um todo individual. O que nele está incluído depende da coerência de significado nele presente. O vocábulo "direito" não é comum a uma classe de regras de direito, mas sim a uma classe de ordenamentos jurídicos individuais. A experiência também o confirma, pois na prática não é geralmente[1] difícil para um jurista determinar se uma regra do direito faz parte do direito nacional ou se pertence a um sistema distinto de normas – por exemplo, a outro ordenamento nacional, às regras do xadrez ou à moralidade.

Porém, mesmo a questão da definição do "direito" (*ordenamento jurídico*) saindo assim do âmbito da filosofia do direito (como foi esboçado aqui), a existência de uma tradição a respeito e o desejo de oferecer um quadro geral justificam algumas considerações sobre o assunto. No parágrafo 12 retornarei a este ponto novamente. Por ora, quero apenas antecipar o parecer, que é fundamental, de que nenhum interesse particular (exceto a conveniência) se prende à forma como se define o conceito. As intermináveis discussões filosóficas tocantes à "natureza" do direito se fundam na suposição de que o direito extrai sua "validade" específica de uma ideia *a priori*, e que a definição do direito é, portanto, decisiva para determinar se uma dada ordem normativa pode apresentar a reivindicação ao "título honorífico" do direito. Se abandonarmos essas pressuposições metafísicas e as posturas emocionais nelas envolvidas, o problema da definição perderá o interesse. A função da ciência do direito é expor um certo sistema individual e nacional de normas. Existem vários outros sistemas individuais que em maior ou menor grau se lhe assemelham, por exemplo, outros sistemas nacionais, o direito internacional, a ordem social de uma comunidade primitiva que não possui organização alguma que a estabeleça ou a preserve, a ordem de um bando de criminosos, a ordem mantida pelo poder ocupante num país ocupado, etc. Todas estas ordens ou sistemas são fatos, quer nos agradem ou não. De qualquer modo, necessitamos de um termo para descrever esses fatos, e trata-se puramente de questão terminológica destituída de quaisquer implicações morais, se para esse propósito elegemos o termo "direito" ou qualquer outro termo. Não seria conveniente afastarmos o uso do termo "direito" relativamente aos sistemas que não nos agradam. Que

---

1. Ocasionalmente podem surgir dúvidas. Ver parágrafo 10.

a ordem que prevalece numa quadrilha, por exemplo, seja denominada "ordenamento jurídico" (direito da quadrilha) é um problema que, considerado cientificamente (quer dizer, a palavra "direito" sendo liberada de sua carga emotivo-moral) não passa de uma questão arbitrária de definição. Asseverou-se que o sistema de violência de Hitler não era um ordenamento jurídico, e o "positivismo" jurídico foi acusado de traição moral por sua admissão não crítica de que tal ordem era direito.[2] Contudo, uma terminologia descritiva nada tem a ver com aprovação ou condenação moral. Embora eu possa classificar uma certa ordem como "ordenamento jurídico", é possível para mim ao mesmo tempo ter como meu dever moral mais elevado derrubar essa ordem. Esta mistura de pontos de vista descritivos e atitudes morais de aprovação que caracteriza a discussão do conceito de direito é um exemplo daquilo que Stevenson chama de "definição persuasiva".[3]

É o bastante para o inútil problema da definição do conceito de "direito" ou "ordenamento jurídico". Posso voltar agora à questão de como um ordenamento jurídico individual nacional se distingue em conteúdo de outros corpos individuais de normas.

Um ordenamento jurídico nacional, como as normas do xadrez, constitui um sistema individual determinado por "uma coerência interna de significado", e nossa tarefa é indicar no que consiste isso. Enquanto se trata das regras do xadrez, o caso é simples. A coerência de significado é dada pelo fato de que todas elas, direta ou indiretamente, se referem aos movimentos executados pelas pessoas jogando a partida de xadrez. Se as regras jurídicas terão, analogamente, de constituir um sistema, terão analogamente que guardar referência com ações definidas realizadas por pessoas definidas. Mas que ações são estas e quem são estas pessoas? Esta pergunta só pode ser respondida estabelecendo-se mediante uma análise das regras comumente tidas como um ordenamento jurídico nacional, a quem são dirigidas e qual é o seu significado.

As normas jurídicas podem ser divididas, de acordo com seu conteúdo imediato, em dois grupos: *normas de conduta* e *normas de competência*. Ao primeiro grupo pertencem as normas que prescrevem uma certa linha de ação, por exemplo, a regra da Lei Uniforme de Instrumentos Negociáveis (*Uniform Negotiable Instruments Act*), seção 62, que prescreve que aquele que aceita um

---

2. "Gesetzliches Unrecht und übergesetzliches Recht," *Anhang 4 in* Gustav Radbruch, *Rechtsphilosophie* (4ª ed., 1950), 347 e segs.
3. Charles L. Stevenson, *Ethics and Language* (1944), 206 e segs.

instrumento negociável se obriga a pagar de acordo com o teor de sua aceitação. O segundo grupo contém as normas que criam uma competência (poder, autoridade) – são diretivas que dispõem que as normas que são criadas em conformidade com um modo estabelecido de procedimento serão consideradas como normas de conduta. Uma norma de competência é, deste modo, uma norma de conduta expressa indiretamente. As normas da Constituição concernentes à legislatura, por exemplo, são normas de conduta expressas indiretamente que prescrevem comportamento de acordo com as normas ulteriores de conduta que sejam criadas por via legislativa.

A quem são dirigidas as normas de conduta? O *Uniform Negotiable Instruments Act*, seção 62, por exemplo, prescreve aparentemente como uma pessoa que aceitou uma letra de câmbio deverá se comportar. Porém, este enunciado não esgota o significado normativo de tal norma; na verdade, não chega sequer a se aproximar do que é realmente relevante. A seção 62 é, ao mesmo tempo, uma diretiva aos tribunais quanto a como, num caso que se enquadre nessa regra, deverão exercer sua autoridade. É óbvio que é somente isto que interessa ao jurista. Uma medida legislativa que não encerre diretivas para os tribunais só pode ser considerada como um pronunciamento ideológico-moral sem relevância jurídica. Inversamente, se a medida contiver uma diretiva para os tribunais, não haverá necessidade de dar aos indivíduos particulares instruções adicionais relativas à sua conduta. São dois aspectos do mesmo problema. A instrução (diretiva) ao particular está implícita no fato de que ele sabe que reações pode esperar da parte dos tribunais em dadas condições. Se desejar evitar essas reações, tal saber o levará a se conduzir da forma que está de acordo.

As normas do direito penal são redigidas dessa maneira. Nada dizem a respeito da proibição aos cidadãos de cometerem homicídio, limitando-se a indicar ao juiz qual será a sentença em tal caso. Nada impede, em princípio, que as regras do *Negotiable Instruments Act* ou quaisquer outras normas de conduta, sejam formuladas do mesmo modo. Isto mostra que o conteúdo real de uma norma de conduta é uma diretiva para o juiz, enquanto a instrução (diretiva) ao particular é uma norma jurídica derivada ou norma em sentido figurado, deduzida daquela.[4]

---

4. Esta questão volta a ser discutida no parágrafo 11, onde é explicado que as normas jurídicas em sentido figurado também cumprem uma função ideologicamente motivadora independente do receio das sanções.

As normas de competência são redutíveis a norma de conduta, tendo, portanto, que ser também interpretadas como diretivas aos tribunais.

A sentença é a base da execução. Seja qual for a forma que a sentença possa assumir, ela constitui potencialmente o exercício de força física contra uma pessoa que não quer agir de acordo com o teor da sentença.

Um "juiz" é uma pessoa qualificada de acordo com as regras que regem a organização dos tribunais e a designação ou eleição dos juízes. Deste modo, as regras do direito privado (dirigidas aos juízes) estão integradas às regras do direito público. O direito em sua totalidade determina não só – nas regras de conduta – em que condições o exercício da força será ordenado, como também determina as autoridades públicas, os tribunais, estabelecidos para ordenar o exercício da força.[5]

O corolário natural disso e que confere ao exercício público da força seu efeito e significado especial é que o direito ao exercício da força física é, em todos os aspectos essenciais, o monopólio das autoridades públicas. Naqueles casos nos quais existe um aparato para o monopólio do exercício da força, dizemos que há um Estado.

Em síntese: um ordenamento jurídico nacional é um corpo integrado de regras que determina as condições sob as quais a força física será exercida contra uma pessoa; o ordenamento jurídico nacional estabelece um aparato de autoridades públicas (os tribunais e os órgãos executivos) cuja função consiste em ordenar e levar a cabo o exercício da força em casos específicos; ou ainda mais sinteticamente: um ordenamento jurídico nacional é o conjunto de regras para o estabelecimento e funcionamento do aparato de força do Estado.

§ 8. A VIGÊNCIA DO ORDENAMENTO JURÍDICO

O ponto de que partimos é a hipótese de que um sistema de normas será *vigente* se for capaz de servir como um esquema interpretativo de um conjunto correspondente de ações sociais, de tal maneira que se torne possível para nós compreender esse conjunto de ações como um todo coerente de significado e motivação e, dentro de certos limites, predizê-las. Esta capacidade do sistema

---

5. Os fatos se revelam um tanto mais complicados porque em alguns casos relativamente raros, a força pode ser ordenada diretamente por órgãos administrativos sem a intervenção dos tribunais.

se baseia no fato das normas serem efetivamente acatadas porque são sentidas como socialmente obrigatórias.

Ora, quais são esses fatos sociais que como fenômenos jurídicos constituem a contrapartida das normas jurídicas? Têm que ser as ações humanas regulamentadas pelas normas jurídicas. Estas, como vimos, são, em última análise, normas que determinam as condições sob as quais a força será exercida por meio do aparato do Estado; ou, concisamente: normas que regulamentam o exercício da força ordenado pelos tribunais. Conclui-se disso que os fenômenos jurídicos que constituem a contrapartida das normas têm que ser as decisões dos tribunais. É aqui que temos que procurar a efetividade que constitui a vigência do direito.

Em conformidade com isso, um ordenamento jurídico nacional, considerado como um sistema vigente de normas, pode ser definido como o conjunto de normas que efetivamente operam na mente do juiz, porque ele as sente como socialmente obrigatórias e por isso as acata. O teste da vigência é que nesta hipótese – ou seja, aceitando o sistema de normas como um esquema interpretativo – podemos compreender as ações do juiz (as decisões dos tribunais) como respostas plenas de sentido a dadas condições e, dentro de certos limites, podemos predizer essas decisões – do mesmo modo que as normas do xadrez nos capacitam a compreender os movimentos dos jogadores como respostas plenas de sentido e predizê-los.

A ação do juiz é uma resposta a muitas condições determinadas pelas normas jurídicas, *digamos*, que se tenha celebrado um contrato de venda, que o vendedor não tenha entregado a coisa vendida, que o comprador a tenha reclamado oportunamente, etc. Ademais, todos esses fatos condicionantes ganham seu significado específico como atos jurídicos através de uma interpretação feita à luz da ideologia das normas. Por esta razão, poderiam ser abrangidos pela expressão *fenômenos jurídicos* no seu sentido mais lato ou *direito em ação*.

Todavia, somente os fenômenos jurídicos no sentido mais restrito – a aplicação do direito pelos tribunais – são decisivos para determinar a vigência das normas jurídicas. Contrastando com as ideias geralmente aceitas, é mister enfatizar que o direito supre as normas para a conduta dos tribunais, e não para aquela dos indivíduos particulares. A efetividade que condiciona a vigência das normas só pode, portanto, ser buscada na aplicação judicial do direito, não o podendo no direito em ação entre indivíduos particulares. Se, por exemplo, proíbe-se o aborto criminoso, o verdadeiro teor do direito consistirá numa diretiva ao juiz segundo a qual ele deverá, sob certas condições, impor uma pena por aborto criminoso. O fator decisivo que determina que a proibição é direito vigente é tão somente o fato de ser efetivamente aplicada pelos tribunais nos casos em que transgressões à lei são descobertas e julgadas.[6] Não faz diferença se as pessoas acatam a proibição ou com frequência a ignoram. Esta indiferença se traduz no aparente paradoxo segundo o qual quanto mais é uma regra acatada na vida jurídica extrajudicial, mais difícil é verificar se essa regra detém vigência, já que os tribunais têm uma oportunidade muito menor de manifestar sua reação.[7]

No que precede as expressões "o juiz" e "os tribunais" foram usadas indiscriminadamente. Quando nos referimos a um ordenamento jurídico presume-se que estamos lidando com um conjunto de normas que são supraindividuais no sentido de que são normas particulares da nação, variáveis de nação para nação, e não de um juiz individual para outro, razão pela qual é indiferente referir-se ao "juiz" ou aos "tribunais". Na medida em que o juiz individual é motivado por ideias particulares, pessoais, estas não podem ser atribuídas ao direito da nação, ainda que constituam um fator a ser obrigatoriamente considerado por quem esteja interessado em prever uma decisão jurídica concreta.

Quando o fundamento da vigência do direito é buscado nas decisões dos tribunais, pode parecer que o encadeamento do raciocinar esteja atuando de forma circular, visto que é possível alegar que a qualificação do juiz não é meramente uma qualidade fatual, já que deriva necessariamente do direito vigente, em particular das regras do direito público que regem a organização dos tribunais e a designação dos juízes. Antes de poder verificar se uma certa regra do direito privado é direito vigente, portanto, precisarei estabelecer o que é direito vigente nesses outros aspectos. E qual o critério para isso?

A resposta é que o ordenamento jurídico forma um todo integrando as regras do direito privado às regras do direito público. Fundamentalmente, a vigência é uma qualidade atribuída ao ordenamento como um todo. O teste da vigência está no sistema na sua integridade, utilizado como um esquema

---

6. O termo "tribunais" deve ser aqui entendido como um termo de sentido amplo para designar as autoridades encarregadas da prevenção e punição dos crimes: polícia, Ministério Público e tribunais. Se a polícia regularmente se omitir quanto à investigação de certas transgressões, ou se os agentes do Ministério Público regularmente se omitirem quanto a formular uma denúncia ou acusação, o direito penal perderá seu caráter de direito vigente, não obstante sua aplicação ocorra muito intermitentemente nos tribunais.

7. Para a aplicação deste ponto de vista ao direito internacional, ver Alf Ross, *Textbook of International Law* (1947), parágrafos 24 e 28, IV.

interpretativo, fazer-nos compreender, não só a maneira de agir dos juízes, mas também que estão agindo na qualidade de *juízes*. Não há ponto de apoio de Arquimedes para a verificação, nenhuma parte do direito que seja verificada antes de qualquer outra parte.[8]

O fato de que fundamentalmente o ordenamento jurídico inteiro sofre verificação não exclui a possibilidade de investigar se uma regra individual definida é direito vigente. Simplesmente quer dizer que o problema não pode ser solucionado sem referência ao "direito vigente" como um todo. Estes problemas de verificação mais particulares são discutidos nos parágrafos 9 e 10.

O conceito de vigência do direito repousa, de acordo com a explicação apresentada nesta seção, em hipóteses que concernem à vida espiritual do juiz. Não é possível determinar o que é direito vigente por meio de recursos puramente comportamentais, ou seja, pela observação externa da regularidade nas reações (costumes) dos juízes. Ao longo de um extenso período o juiz pode ter manifestado uma certa reação típica; por exemplo, pode ter imposto penas por aborto criminoso. De súbito, essa reação muda porque uma nova lei foi promulgada. A vigência não pode ser determinada recorrendo-se a um costume mais geral, externamente observável, nomeadamente, o de "obedecer o legislador", pois não é possível a partir da observação externa identificar o "legislador" que está sendo obedecido. A observação puramente externa poderia levar à conclusão de que se obedece às pessoas, mencionadas nominalmente, que no momento da observação eram membros da legislatura. Mas um dia também a composição desta sofrerá mudança. Pode-se prosseguir dessa maneira ascendendo até a Constituição, mas nada há que impeça que um dia a Constituição seja também mudada.

Nada se obtém, pois, mediante uma interpretação comportamental. O comportamento de mudança do juiz somente pode ser compreendido e predito mediante interpretação ideológica, isto é, por meio da hipótese de uma certa ideologia que anima o juiz e motiva suas ações.

---

8. Nada há de peculiar no fato do ordenamento, como um todo, entrar em jogo para a verificação. O mesmo princípio é aplicado também no domínio das ciências naturais. A verificação de uma lei natural particular tem lugar na pressuposição de que muitas outras são verdadeiras. O problema consiste em saber se a lei particular é compatível com o sistema até então aceito. Mas nada é estabelecido ao abrigo de dúvidas. Nada há que impeça que experiências novas nos obriguem a revisar todos os pontos de partida até então aceitos. É sempre o todo sistemático, em sua plenitude, que permanece o critério final na decisão do que deverá ser tido como verdadeiro.

Uma outra forma de expressar o mesmo é dizer que o direito pressupõe não só regularidade com respeito ao comportamento do juiz, como também sua experiência de estar submetido às regras. O conceito de vigência envolve dois pontos: em parte o acatamento regular e externamente observável de um padrão de ação, e em parte a experiência desse padrão de ação como sendo uma norma socialmente obrigatória. Nem todo costume externamente observável no jogo de xadrez constitui expressão de uma norma vigente de xadrez. Não o é, por exemplo, o costume de não abrir com um peão ou torre; igualmente nem toda regularidade externa e observável nas reações do juiz é a expressão de uma norma vigente do direito. Pode ser, por exemplo, que entre os juízes tenha se desenvolvido o costume de punir unicamente com multas certas transgressões à lei, embora o encarceramento também esteja autorizado. Cumpre, nesta oportunidade, acrescentar que os costumes dos juízes exibem um pronunciado pendor para se transformarem em normas obrigatórias, e que, neste caso, um costume seria interpretado como expressão do direito vigente. Mas isso não ocorre enquanto o costume não for mais que um hábito de fato.

Este aspecto dúplice do conceito de direito vigente explica o dualismo que sempre caracterizou esse conceito na corrente teoria metafísica do direito. Segundo esta teoria "direito vigente" significa tanto um ordenamento efetivo quanto um ordenamento que possui "força obrigatória" derivada de princípios *a priori*; o direito é ao mesmo tempo algo real no mundo dos fatos e algo válido no mundo das ideias (parágrafo 13). Não é difícil perceber que esse dualismo no ponto de vista pode acarretar tanto complicações lógicas quanto epistemológicas que encontram expressão em muitas antinomias na teoria do direito.[9] Tal dualismo conduz coerentemente à afirmação metafísica de que a existência mesma é válida em seu ser íntimo (Hegel).[10] Como a maioria das construções metafísicas, a construção relativa à validade imanente do direito positivo repousa sobre uma interpretação incorreta de certas experiências, neste caso a experiência de que o direito não é meramente um ordenamento fatual, um puro hábito, mas sim um ordenamento que é experimentado como sendo socialmente obrigatório. A concepção tradicional, portanto, se dela removermos a metafísica, pode vir em apoio de meu ponto de vista, na medida em que se opõe a uma interpretação puramente comportamental da vigência do direito.

---

9. A demonstração destas antinomias é o tema principal de meu livro *Towards a Realistic Jurisprudence* (1946).
10. *Ibid.*, p. 42, e Alf Ross, *Kritik der sogenannten praktischen Erkenntnis* (1933).

§ 9. VERIFICAÇÃO DE PROPOSIÇÕES JURÍDICAS CONCERNENTES A NORMAS DE CONDUTA

No parágrafo 2 foi indicada a diferença entre o conteúdo de significado das normas jurídicas elas mesmas e aquele das proposições doutrinárias referentes às normas jurídicas. As normas jurídicas são diretivas, as proposições doutrinárias são asserções cuja relação com essas diretivas podem ser indicadas como se segue:

A (asserção) = D é direito vigente, no qual, por exemplo D = a *Uniform Negotiable Instruments Act*, seção 62.

No parágrafo 7 foi mostrado que um ordenamento jurídico nacional constitui um sistema individual de normas cuja unidade pode ser buscada no fato de que, direta ou indiretamente, todas elas são diretivas concernentes ao exercício da força pela autoridade pública. No parágrafo 7 nos ocupamos, portanto, do D da fórmula acima.

No parágrafo 8 voltamos nossa atenção à parte da fórmula em que D é caracterizado como "direito vigente" e mostramos que esta caracterização se referia a uma correspondência entre o sistema de normas ao qual pertence D, e uma realidade social, a saber, a aplicação do direito pelos tribunais. A correspondência é tal que aplicando o sistema de normas como um esquema interpretativo nos capacitamos a compreender as ações dos tribunais como respostas plenas de sentido a dadas condições, e dentro de certos limites a predizer essas ações.

Neste parágrafo e no seguinte investigaremos com maior rigor o método para comprovar se uma norma dada é direito vigente, o que é idêntico a comprovar a verdade da asserção doutrinária correspondente. A situação irá variar de algum modo segundo nos ocupemos de normas diretas de conduta ou normas de competência, e a investigação será dividida, consequentemente, em duas partes. Neste parágrafo examinaremos as normas diretas de conduta e no próximo as normas de competência.

Constitui um princípio da moderna ciência empírica que uma proposição acerca da realidade (contrastando com uma proposição analítica, lógico-matemática) necessariamente implica que seguindo um certo procedimento, sob certas condições, certas experiências diretas resultarão. Por exemplo, a proposição "isto é giz" implica que se observarmos o objeto sob um microscópio, certas qualidades estruturais se farão visíveis; se eu verter ácido sobre ele, o resultado será certas reações químicas; se o friccionarmos contra um quadro negro surgirá uma linha, e assim por diante. Esse procedimento é chamado de procedimento de verificação e diz-se que a soma das implicações verificáveis constitui o "conteúdo real" da proposição. Se uma asserção qualquer – por exemplo, a asserção de que o mundo é governado por um demônio invisível – não envolver qualquer implicação verificável, diz-se tratar-se de uma proposição destituída de significado lógico; é desterrada do domínio da ciência como asserção metafísica.[11]

A interpretação da ciência do direito exposta neste livro repousa no postulado de que o princípio da verificação deve se aplicar também a este campo do conhecimento, ou seja, que a ciência do direito tem que ser reconhecida como uma ciência social empírica. Isto significa que não devemos interpretar as proposições acerca do direito vigente como proposições que aludem a uma validade inobservável ou "força obrigatória" derivada de princípios ou postulados *a priori*, mas sim como proposições que se referem a fatos sociais. É mister evidenciar quais são os procedimentos que permitem verificá-las, ou quais são as implicações verificáveis delas.

Nossa interpretação, baseada na análise precedente, é que o conteúdo real das proposições da ciência do direito se refere às ações dos tribunais sob certas condições. O conteúdo real, por exemplo, da proposição que afirma que a seção 62 do *Uniform Negotiable Instruments Act* é direito vigente de Illinois, é a asserção de que sob certas condições os tribunais de tal Estado atuarão de acordo com o teor dessa seção. Esse teor é uma diretiva ao juiz para que ordene ao sacado pagar a letra que aceitou mas que deixou de pagar no dia do vencimento (parágrafo 7).

Em conformidade com isso diz-se amiúde que uma regra é direito vigente quando é aplicada na prática dos tribunais. Mas este é um enunciado grosseiro e vago, que requer uma análise mais precisa em diversos aspectos.

1º) Primeiramente, não está claro o que quer dizer o uso do tempo presente "é aplicada". Refere-se isto a decisões jurídicas passadas, a decisões presentes ou a decisões futuras?

---

11. Ver, por exemplo, Victor Kraft, *Einführung in die Philosophie* (1950), 68 e segs., que apresenta uma boa introdução às ideias fundamentais da moderna filosofia científica. No texto acima, por uma questão de conveniência, utilizei o termo "verificação". Visto que uma confirmação definitiva da verdade de uma proposição científica não é possível, seria mais preciso falar em "comprovação" (*testing*).

Se alguém indaga qual é o direito vigente hoje em relação a uma determinada matéria, o que indubitavelmente deseja saber é como serão decididos os conflitos presentes se submetidos aos tribunais. Neste caso obviamente não interessa saber quais regras até agora os tribunais têm seguido ao elaborar suas decisões, a menos que haja razão para crer que continuarão atuando do mesmo modo. Inversamente, uma regra pode ser considerada direito vigente a despeito de não ter sido até agora aplicada pelos tribunais, por exemplo caso se trate de uma lei recentemente promulgada. É considerada vigente se sob algum fundamento além da prática prévia dos tribunais houver razão para supor que a regra será aplicada em qualquer decisão jurídica futura.

Por conseguinte, um enunciado sobre o direito vigente da atualidade não se refere ao passado. Por outro lado, tampouco parece se referir ao que ainda está por vir. Afirmar o que é direito vigente na atualidade não pode implicar na intenção de prever a maneira na qual os tribunais reagirão em vinte anos caso uma ação sobre o ponto de nosso interesse não seja instaurada antes desse tempo. O estado do direito poderá ter mudado nesse ínterim. E, em princípio, o mesmo se mostra verdadeiro ainda que a decisão esteja mais próxima.

Além disso, não sabemos se uma futura decisão jurídica sobre o ponto de nosso interesse será tomada algum dia.

Tais reflexões nos conduzem forçosamente à conclusão de que os enunciados que concernem ao direito vigente da atualidade têm que ser entendidos como enunciados alusivos a decisões futuras hipotéticas submetidas a certas condições: se se instaurar uma ação em relação à qual a regra jurídica particular apresenta relevância, e se nesse ínterim não houve nenhuma modificação no estado do direito (quer dizer, nas circunstâncias que condicionam nossa asserção de que a regra é direito vigente), tal regra será aplicada pelos tribunais.

As condições indicadas determinam, ao mesmo tempo, o método de verificação. Para verificar uma proposição acerca do direito vigente é preciso satisfazer as condições prescritas e observar a decisão. O fato de que eu próprio possivelmente não esteja numa posição para pôr em marcha esse processo carece de relevância. O significado de uma asserção está satisfatoriamente definido se ela puder, em princípio, ser verificada, isto é, independentemente de dificuldades técnicas ou obstáculos. Por exemplo, a proposição de que *a face oculta da lua é coberta de florestas* detém, portanto, um significado certo, embora não tenhamos sido capazes até agora de observar essa face da lua. Acresça-se a isto que dispomos de todas as razões para considerar falsa a proposição visto não ser compatível com muitas hipóteses bem verificadas relativas às condições reinantes na lua. É possível elaborar uma argumento paralelo com respeito à asserção de que uma medida legislativa que foi derrogada logo após sua aprovação, sem ter sido aplicada, foi direito vigente durante o período intermediário. Embora não tenhamos podido verificar a asserção por meio de observação direta, com base em muitas outras pressuposições bem verificadas relativas à mentalidade dos juízes, dispomos de boas razões para considerar a asserção verdadeira.

2º) Em segundo lugar, requer-se uma definição mais exata do que significa a regra ser aplicada pelos tribunais. Se tomarmos a seção 62 mencionada anteriormente, seu "ser aplicada" não pode se referir a uma sentença de um determinado teor, por exemplo, que se ordene ao sacado pagar a letra, já que é possível que em conformidade com outras regras jurídicas possa ele opor uma contestação sustentável. Poderia ocorrer, por exemplo, que se tratasse de um menor ou que o detentor do documento tivesse cometido algum ato que tenha prejudicado seus direitos.[12] A seção 62 obviamente pertence a um todo coerente de significado associado a várias outras regras jurídicas. Consequentemente, sua "aplicação" na prática jurídica só pode significar que nas decisões nas quais se supõe existirem os fatos condicionantes de tal regra, esta forma parte essencial do raciocinar que funda a sentença e que, portanto, a regra em questão constitui um dos fatores decisivos que determinam a conclusão a que chega o tribunal.

É possível combinar as definições mais precisas expostas em 1. e 2. na fórmula seguinte: o conteúdo real da asserção

A = seção 62 do Uniform Negotiable Instruments Act constitui direito vigente na atualidade num certo Estado é uma predição no sentido de que se ante os tribunais desse Estado se instaura uma ação na qual se afirma a existência dos fatos condicionantes de tal seção 62, e se no ínterim não houve modificações nas circunstâncias que constituem o fundamento de *A*, a diretiva ao juiz, contida naquela regra, será parte essencial do raciocinar em que se funda a sentença.

A é considerada como verdadeira se dispomos de boas razões para supor que essa predição será cumprida.

Mesmo após terem sido ditadas uma ou mais decisões que verificam *A*, *A* continuará sendo, em princípio, uma predição incerta relativamente a decisões jurídicas do futuro. A questão da verdade de *A* não está ainda resolvida

---

12. Não são levadas em conta aqui as regras de procedimento que estabelecem a exclusão provisional de certas contestações num caso tocante a letras de câmbio.

de forma definitiva. Suponhamos que *At* representa a asserção *A* formulada no tempo *t*. Uma decisão jurídica subsequente ditada no tempo *t* certamente verifica *A*, mas não *At1*. A decisão simplesmente supre apoio adicional à hipótese de que *A* ainda é, isto é, agora no tempo *t1*, direito vigente. Apesar de tudo que ocorreu e que ocorre, o enunciado que alude ao direito do presente sempre mantém referência com o futuro.

A verdade de *A* não pressupõe que estejamos em posição de predizer com razoável certeza o resultado de uma futura ação jurídica concreta, mesmo se estivermos de posse dos fatos relevantes. Em primeiro lugar, o resultado dependerá da prova produzida e da avaliação de que será objeto. Como, por exemplo, as testemunhas se comportarão no tribunal, e que impressão terá o juiz de sua confiabilidade? A avaliação da prova é, em tão grande medida, condicionada subjetivamente, que esta razão por si só elimina toda possibilidade de calcular antecipadamente com certeza o resultado de casos nos quais há fatos controvertidos.[13] E, ademais, a interpretação das regras jurídicas oferece pontos vitais de incerteza, os quais serão examinados no capítulo IV. Finalmente, as ideias do juiz acerca do que é o direito vigente não constituem o único fator que o motivam.

Este último ponto é particularmente interessante, já que o grau em que o juiz é motivado por outros fatores além dos fatores ideológico-jurídicos é decisivo para o valor prático da ciência do direito, a qual se ocupa da ideologia normativa pela qual o juiz é animado. Um conhecimento desta ideologia (e sua interpretação) nos capacita, portanto, a calcular antecipadamente com considerável certeza o fundamento jurídico de certas decisões futuras, fundamento que aparecerá nos argumentos. Mas que relação existe entre os argumentos e a sentença (parte dispositiva), a qual naturalmente é o que realmente desejamos predizer?

---

13. Este ponto de vista foi enfaticamente defendido por Jerome Frank; ver, por exemplo, *Courts on Trial* (1949), que destaca os fatores de inconfiabilidade inerentes às observações e depoimentos da testemunha e resultantes, ainda, das inclinações pessoais do juiz ao valorar o testemunho. A afirmação que se segue é característica desse modo de ver de Frank: "É provável que as simpatias e antipatias do juiz se revelem ativas relativamente às testemunhas. Seu próprio passado pode ter criado nele uma reação favorável ou desfavorável em relação às mulheres, ou mulheres louras, ou homens com barba, ou sulistas, ou italianos, ou ingleses, ou encanadores, ou sacerdotes, ou bacharéis, ou democratas. Um certa contração do rosto, tosse ou gesto pode suscitar lembranças, agradáveis ou desagradáveis. Essas lembranças do juiz ao ouvir uma testemunha acometida por tal contração facial, tosse ou gesticulação, podem afetar a escuta inicial do juiz, ou sua recordação posterior, do que foi dito pela testemunha, ou a importância e credibilidade que o juiz atribuirá ao depoimento da testemunha." (*op. cit.*, 151).

No que respeita a essa questão há grande diversidade de opiniões. O ponto de vista tradicional não questiona que a sentença (parte dispositiva) seja o resultado do raciocínio realizado nos argumentos. A decisão, de acordo com essa opinião, é um silogismo. Os argumentos contêm as premissas, a sentença (parte dispositiva), a conclusão. Em oposição a este parecer, alguns estudiosos de época mais recente têm sustentado que o raciocínio feito nos argumentos não passa de uma racionalização da sentença (parte dispositiva). Com efeito – dizem – o juiz toma sua decisão em parte guiado por uma intuição emocional e em parte com base em considerações e propósitos práticos. Uma vez estabelecida a conclusão, o juiz encontra uma adequada argumentação ideológica jurídica que justifique sua decisão. Usualmente isto não será difícil para ele. A variedade das regras, a incerteza de sua interpretação e a possibilidade de elaborar construções diversas sobre as matérias em debate geralmente permitirão que o juiz encontre uma roupagem jurídica plausível com que revestir sua decisão. A argumentação jurídica encerrada nos considerandos do silogismo não passa de uma fachada que visa a dar suporte à crença na objetividade da decisão.[14]

Não procurarei aqui aquilatar os méritos dessas teorias conflitantes, mas simplesmente salientar a relevância por elas detida no tocante à questão do valor prático da ciência do direito. Fica claro que se o ponto de vista tradicional é admissível, o conhecimento acadêmico do direito vigente e de sua interpretação proporciona o melhor fundamento possível – com a exceção das questões da prova – para predizer o resultado das futuras decisões jurídicas. Se é possível predizer as premissas jurídicas, também é possível predizer a conclusão. Segundo a teoria antagônica, o conhecimento da ideologia jurídica é de pouca valia porque não motiva os juízes. Aliás, duvida-se se é de algum modo possível

---

14. Tais pontos de vista têm sido sustentados mormente pelo grupo de juristas norte-americanos conhecidos como "realistas do direito" e especialmente pelo subgrupo chamado por Frank, *op. cit.*, 73, de "céticos da regra" em sua contraposição com os "céticos dos fatos". A título de exemplos que ilustrem esses pontos de vista, consultar os primeiros trabalhos do próprio Frank, particularmente *Law and the Modern Mind* (1930), 100 e segs., e "What Courts do in Fact", III, *L. R.*, 26 (1932), 645 e segs. Ver também Felix S. Cohen, "Transcendental Nonsense and the Functional Approach," *Col. L. R.* 35 (1935), 809 e segs.; Karl N. Llewellyn, "A Realistic Jurisprudence – the Next Step," *Col. L. R.* 30 (1930), 431 e segs.; John Dickinson, "Legal Rules: Their Function in the Process of Decision," *University of Pennsylvania L. R.* 79 (1931), 833 e segs.. B. N. Cardozo em vários escritos expôs uma crítica equilibrada dos exageros do realismo, ressaltando em particular a diferença entre "casos correntes" e "casos excepcionais". Ver *Selected Writings* (1947), 7 e segs., 20, 160, 177, 212. Na mesma linha, ver também o valioso tratado de Lon L. Fuller "American Legal Realism," *Proceedings of the American Philosophical Society*, 76 (1936), 191 e segs.

atingir uma autêntica compreensão do que sucede quando um juiz toma uma decisão e granjear conhecimento de como predizer o resultado de disputas legais. De uma maneira ou outra, esses problemas são propriamente os objetos de estudo de disciplinas que são distintas da ciência do direito.

Se a asserção doutrinária de que uma certa regra é direito dinamarquês vigente é, de acordo com seu conteúdo, uma predição de que a regra será aplicada em decisões jurídicas futuras, segue-se daí que as asserções dessa natureza jamais poderão pleitear certeza absoluta, podendo apenas ser mantidas com um maior ou menor grau de probabilidade dependente da força dos pontos sobre os quais se apoiam os cálculos a respeito do futuro. Essa probabilidade pode ter um valor que varia entre a certeza virtual e a ligeira probabilidade. Esta incerteza introduz nas proposições jurídicas um elemento de relatividade que é essencial manter em vista, mas que a filosofia do direito tradicional passa por alto ou nega.

De acordo com o ponto de vista tradicional, afirmar que o direito vige ou vale é atribuir-lhe uma qualidade irredutível derivada de princípios *a priori* ou postulada como um pré-requisito do conhecimento jurídico. A validade de uma norma particular é derivada da norma superior de acordo com a qual foi criada – em última instância, do direito natural ou de uma hipótese inicial pressuposta ou norma básica (parágrafo 13). Com tais premissas, obviamente, o conceito de validade tem que ser absoluto: uma regra jurídica vale ou não vale. Pareceria que os escritos jurídicos continuam predominantemente baseados em tais pressuposições. Em verdade, a asserção de que uma regra é direito vigente é altamente relativa. Pode-se também dizer que uma regra pode ser direito vigente num maior ou menor grau, o qual varia com o grau de probabilidade mediante o qual podemos predizer que será aplicada. Este grau de probabilidade depende do material de experiência sobre o qual é edificada a predição (fontes do direito). A probabilidade é elevada e a regra detém um correspondente elevado grau de vigência se a predição se baseia numa doutrina bem estabelecida apoiada numa série ininterrupta de precedentes incontroversos; ou se se baseia numa injunção legislativa cuja interpretação foi estabelecida numa prática extensa e coerente. Por outro lado, a probabilidade é baixa, e a regra detém um correspondente baixo grau de vigência se a predição de baseia num precedente único e dúbio ou mesmo em "princípios" ou "razão". Entre estes dois extremos se estende uma escala de variações intermediárias. Consequentemente, é enganoso tratar as várias fontes do direito como se possuíssem o mesmo *status*. Qualquer exame honesto do problema exige uma classificação gradativa que distinga as áreas nas quais podemos, com grande probabilidade, expressar uma opinião acerca do que é direito vigente daquelas nas quais nossos pontos de vista não vão além da mera conjectura.

A análise precedente teve por meta a interpretação do conteúdo real das proposições detentoras do caráter de asserções de que uma certa regra é direito vigente.

Um outro problema é determinar em que medida a ciência do direito, tal como se apresenta nas exposições correntes dos ordenamentos jurídicos nacionais, consiste realmente em asserções desse tipo. É o problema de determinar em que medida a ciência do direito é conhecimento do direito vigente no sentido definido na análise precedente.

Não resta dúvida que a intenção dos autores de direito é enunciar o direito tal como ele é (como um fato). Mas apenas uns poucos autores se restringem a isso. Em casos nos quais o estado do direito não é determinado com um alto grau de certeza, estando ainda aberto a novos desdobramentos no futuro, a maioria dos juristas não se contentará em calcular quais resultados se afiguram como os mais prováveis, tratando sim de exercer influência nos resultados influenciando o juiz. Apelando para a consciência jurídica e considerações práticas, os autores tentam estabelecer uma certa interpretação do direito na esperança de que seus pronunciamentos influenciarão as decisões jurídicas futuras. Nesta medida, consequentemente, suas expressões não são asserções, mas diretivas (parágrafo 2), que assumem a forma de conselhos, solicitações, recomendações ao juiz quanto a como deve ele decidir o caso em pauta. São diretivas *de sententia ferenda*.

Assim, o conteúdo típico dos trabalhos doutrinários pode ser catalogado como se segue:

1º) asserções cognoscitivas referentes ao direito vigente dotadas de um maior ou menor grau de probabilidade;

2º) diretivas não cognoscitivas;

3º) asserções cognoscitivas referentes a fatos históricos, econômicos e sociais e a circunstâncias que atuam como argumentos para 1. ou para 2.

O papel relativo de 1. + 3. e 2. + 3., respectivamente, *isto é*, do conteúdo cognoscitivo-jurídico e político-jurídico da doutrina, variará de acordo com o propósito prático da exposição e de acordo com a personalidade do autor. Minha impressão é que, ao menos nos países escandinavos, a maioria dos juristas considera o aspecto político da doutrina, as diretivas *de sententia ferenda* (que não devem ser confundidas com diretivas *de lege ferenda*) como a parte mais essencial de seus trabalhos. Seu interesse principal tem cunho prático, não teórico. Consideram-se mais políticos (no sentido mais lato) do que teóricos, embora seja naturalmente verdadeiro que sua política se funda em observações científicas, representadas na categoria 3. do catalogado acima.

Nos parágrafos 73 e 79 tratarei do debate programático sobre se a doutrina deve abster-se de emitir diretivas, ou se, de todas as maneiras, deve dar conta de suas valorações práticas e dos pressupostos que lhes subjazem. Aqui, contudo, tratarei da dificuldade de traçar uma linha fronteiriça nítida entre pronunciamentos que pertencem à esfera da teoria jurídica e à esfera da política jurídica. Essa dificuldade é oriunda de uma peculiaridade que caracteriza todas as ciências sociais na sua diferença das ciências naturais.

Se um astrônomo prevê um eclipse do sol, esta previsão não exerce qualquer influência nos eventos astronômicos aos quais a previsão se refere. Não há conexão causal entre os fenômenos mentais que constituem a previsão (e a crença em sua verdade) e os movimentos do sol e da lua. A previsão é verdadeira ou falsa na dependência do eclipse ocorrer ou não.

Em 1950 foi previsto que os comunistas marchariam contra Berlim ocidental em junho. É possível que essa previsão fosse verdadeira no sentido de que uma marcha desse tipo fora decidida. Poder-se-ia supor razoavelmente que a marcha teria ocorrido não tivesse sua própria previsão provocado contramedidas por parte das potências ocidentais, cujo resultado foi que a previsão, que era "efetivamente" verdadeira se tornasse a si mesma falsa. Ao contrário, é possível imaginar que um economista preveja um aumento nos preços em circunstâncias que não garantam essa pressuposição, e que a previsão, portanto, tenha que ser classificada como falsa. Mas a mera proclamação de uma previsão desse gênero poderia produzir o aumento dos preços, visto que os consumidores tratariam de se precaver contra uma tal contingência – transformando assim a previsão falsa em previsão verdadeira.[15]

É evidente que essas circunstâncias peculiares se originam do fato de que a previsão, sua proclamação e o crédito a ela atribuído por outras pessoas constituem em si mesmos uma parte da entidade social à qual a previsão se refere. A vida da comunidade não pode ser estudada com a mesma objetividade com a qual se estuda os movimentos dos planetas ou uma paisagem sob vista aérea.

---

15. Após escrever isto conheci a obra de R. K. Merton, *Social Theory and Social Structure* (2ª ed., 1951), na qual (pp. 179 e segs.) são cunhadas as expressões "autoconfirmadoras" (*self-fulfilling*) e "autodestruidoras" (*self-destroying*) se referindo a previsões. Ver também Ernst Topitsch, "Sozialtheorie und Gesellschaftsgestaltung," *Archiv für Rechts-und Sozialphilosophie*, XLII (1956), 171 e segs., 187.

Isso significa que a "história", o curso da vida social, é, em princípio, indeterminada. No máximo é apenas possível prever tendências prováveis. Mas toda previsão de uma tendência é, ao mesmo tempo, um fator que se presta ele mesmo ou a fomentar essa tendência ou a opor-se a ela, sendo assim um fator político, o que significa, por sua vez, que nas ciências sociais é fundamentalmente impossível estabelecer uma nítida distinção entre a teoria e a intervenção política.[16]

Portanto, não é possível traçar uma nítida linha divisória entre os enunciados cognoscitivos concernentes ao direito vigente e a atividade político-jurídica.

Em primeiro lugar, fica claro que é difícil traçar essa linha divisória, inclusive, no tocante à intenção de quem formula o enunciado. Nos problemas jurídicos, onde é possível dispondo apenas de um baixo grau de probabilidade prever a reação dos tribunais, o autor de direito pode adotar uma ou outra das posturas a seguir. Ou se identifica com os tribunais, na tentativa de conjeturar as valorações que possam ser orientativas dos tribunais e calcular a solução mais provável, ou segue suas próprias valorações a fim de descobrir a solução a que ele próprio chegaria se estivesse na posição do juiz. No primeiro caso sua atitude é cognoscitiva e seu enunciado, teórico, ainda que o valor de probabilidade do mesmo seja baixo. No segundo caso, sua postura é política e seu enunciado é uma diretiva calculada para influenciar o juiz quanto ao que deve ser direito vigente. Na prática, contudo, essa diferença de postura frequentemente não será consciente, porque o jurista – com acerto ou erroneamente – identifica suas próprias valorações com as do tribunal. Não raro, o jurista não tem ciência sequer do caráter condicional e problemático dessas pressuposições; não as atribui a si mesmo ou aos tribunais, operando com elas como algo a ser tido como pacífico – uma atmosfera cultural que circunda igualmente o próprio jurista e os juízes dos tribunais. Nestas circunstâncias o resultado prático será idêntico, seja a atitude teórica ou política. A interpretação que o jurista aceitará, caso se veja forçado a decidir, será determinada por seu temperamento. Alguns juristas darão prioridade à avaliação política: se sentirão intérpretes ou porta-vozes de uma ideologia e reconhecerão, portanto, que sua atividade não é cognoscitiva,

---

16. Sabe-se sobejamente que na física nuclear não é possível separar com nitidez a observação física da intervenção no observado. Mas esta circunstância e suas consequências são fundamentalmente distintas das que ocorrem nas ciências sociais. Na física nuclear a própria observação influencia seu objeto; nas ciências sociais o conhecimento adquirido mediante a observação e a proclamação desse conhecimento produzem o efeito.

exceto no que tange à investigação dos fatos e circunstâncias que constituem as premissas para sua avaliação. No que toca a outros, o fator teórico será dominante: verão em suas interpretações valorativas o extremo mais questionável do cálculo de o que é direito vigente. Na falta de certos indícios eles supõem que sua interpretação valorativa representa a conjetura mais provável quanto à maneira como efetivamente reagirão os tribunais.

Em segundo lugar – e este é o ponto crucial, o paradoxo próprio de todas as ciências sociais – é imperioso, também, que consideremos que a despeito de ser a intenção puramente teórica, limitando-se a prever qual regra mais provavelmente será a aceita pelos tribunais, a interpretação, todavia, tal qual qualquer outra previsão científica social, é em si mesma um fator político-jurídico. Os argumentos que dão respaldo à interpretação, hipoteticamente aquela que o tribunal aplicará, são passíveis (ainda que a hipótese fosse originalmente falsa) de exercer uma influência sobre os tribunais, e, desse modo, transformar a hipótese em verdadeira.

Conclusão: asserções referentes ao direito vigente são, de acordo com seu real conteúdo, uma previsão de futuros eventos sociais. Estes estão fundamentalmente indeterminados e não é possível formular a seu respeito previsões isentas de ambiguidade. Toda previsão é, ao mesmo tempo, um fator real passível de influenciar o curso dos acontecimentos e, nessa medida, um ato político. Consequentemente, em termos fundamentais a ciência do direito não pode ser separada da política jurídica.

Seria, entretanto, equivocado interpretar esse enunciado como escusa metodológica que justificasse toda mescla de cognição e política. O ponto decisivo para o bom método jurídico não é tanto ser a interpretação oferecida como parecer subjetivo ou asserção objetiva; o que importa é o jurista oferecer suas interpretações com o entendimento de que não podem ser enunciadas como direito vigente com a mesma certeza de quando estão envolvidas regras firmemente estabelecidas, e de que o grau de certeza em muitos casos é tão pequeno que seria mais natural não se falar em direito vigente, mas simplesmente em pareceres e sugestões aos juízes. O jurista não deve procurar enganar a si mesmo ou aos outros passando por alto que há diferentes graus de certeza.

Pode-se objetar que a interpretação precedente do "direito vigente" subordina a teoria à prática, exclui a possibilidade de criticar uma decisão jurídica como equívoca e que, portanto, contraria as ideias correntes. Em virtude disso essa interpretação não pode se arvorar em ser uma adequada elaboração do conceito de "direito vigente" com o significado que com efeito lhe é atribuído no pensamento jurídico.

Essa objeção se funda numa incompreensão. As ideias aqui desenvolvidas não impedem que se qualifique uma decisão como equívoca. Uma decisão é equívoca, isto é, está em desacordo com o direito vigente se, depois de tudo considerado, inclusive a própria decisão e as críticas que ela pode suscitar, se afigurar o mais provável que no futuro os tribunais não acatem essa decisão. Em alguns casos é possível prever isso com um alto grau de certeza, por exemplo, se for óbvio ter o tribunal aplicado por erro uma lei derrogada.

A origem dessa incompreensão está, evidentemente, no erro, criticado anteriormente neste mesmo parágrafo, de considerar que a questão da vigência de uma regra fica resolvida quando foi ditada uma decisão que verifica essa regra. O problema do que é o direito vigente jamais se refere à história passada, mas sempre ao futuro.

Em princípio, a situação permanece inalterável mesmo quando a decisão equívoca é acompanhada por uma ou mais decisões em idêntico sentido. Mas é lógico que quanto mais decisões houver, particularmente se emanam do supremo tribunal do país, menos fundamento haverá para uma asserção segundo a qual é improvável que os tribunais acatem essa linha no futuro.

Diante de uma prática estabelecida dos tribunais é forçoso que a teoria capitule, como é forçoso que capitule no caso de uma nova legislação do direito. Os autores que insistem em chamar uma regra de "direito vigente", não obstante admitam que na prática se obedece "equivocamente" a uma regra distinta, se limitam a proferir palavras vazias.[17]

---

17. No tocante a este ponto, ver Alf Ross, *Theorie der Rechtsquellen* (1929), cap. III, 3 e 4, a respeito da escola exegética francesa de meados do século XIX. Em 1934 escreve Ancel (*Journal of the Society of Comparative Legislation*, fevereiro de 1934, 1): "Os autores têm o hábito de dar suas próprias interpretações do direito, que por vezes contrariam as soluções dos tribunais, mas que eles consideram, todavia, como a única expressão real do direito francês. Em muitos pontos importantes... há uma doutrina dos tribunais e uma doutrina dos autores. Assim, é possível encontrar na França um direito que é impresso nos livros e ensinado nas universidades e que, não obstante, muito difere e chega até a contrariar o direito que é aplicado pelos tribunais. Atualmente os autores não se limitam a enunciar suas opiniões, expondo também o parecer da jurisprudência, embora ainda assim apresentem prioritariamente as soluções deles como as únicas soluções jurídicas." (citado de C. K. Allen, *Law in the Making*, 4ª ed., 1946, 167-168).

§ 10. VERIFICAÇÃO DE PROPOSIÇÕES JURÍDICAS CONCERNENTES A NORMAS DE COMPETÊNCIA

Normas de competência são normas de conduta indiretamente formuladas. Consequentemente, sua verificação, em princípio, pode ser explicada nas mesmas linhas que indicamos para as normas de conduta no parágrafo anterior. Assim, à guisa de exemplo, o conteúdo real do enunciado que afirma que as regras constitucionais referentes ao poder legislativo são direito vigente é uma previsão de que as normas de conduta criadas pela legislação em conformidade com a Constituição serão aplicadas pelos tribunais. Esta interpretação, contudo, só é possível sob certas condições.

É possível se as normas de competência tiverem como efeito a anulabilidade. Isto significa que os tribunais devem aplicar somente as regras de conduta criadas de acordo com as condições estabelecidas nas normas de competência. Se essas condições não forem satisfeitas, os tribunais colocarão essas normas de lado, como nulas. Este não é o lugar para discutirmos em que medida as normas de competência produzem esse efeito. Bastará deixarmos registrado que isso é o que comumente ocorre com as normas que regulam a competência dos indivíduos particulares e da administração, enquanto vários ordenamentos jurídicos resolvem a questão diferentemente quando se trata das normas que regulam a competência do poder legislativo. Em alguns países os tribunais têm o poder de revisar a validade das leis.

A interpretação também é possível, mesmo na ausência de qualquer efeito de anulabilidade, se as normas de competência têm como efeito a responsabilidade. Isto significa que os tribunais — talvez um tribunal especial — devem ordenar sanções contra o responsável pelo excesso de competência. É o caso que ocorre quando um procedimento especial de *impeachment* é instituído visando a conferir efetividade à responsabilidade de um ministro por violação de regras constitucionais.

Se, entretanto, uma norma de competência não tem um ou outro desses efeitos, sua interpretação como norma de conduta indiretamente formulada dirigida aos tribunais não é possível. Tal pode ser o caso de umas poucas regras constitucionais, por exemplo, a regra da Constituição dinamarquesa, a qual exige que toda lei seja lida três vezes no Parlamento. Isto acarreta a consequência de que tais regras não podem ser consideradas como direito vigente no sentido que definimos aqui, porque de modo algum podem elas ser interpretadas como detentoras de diretivas aos tribunais para o exercício da força. Se, contudo, tais regras imperfeitas são comumente consideradas como integrantes do ordenamento jurídico, é porque possuem a mesma força moral-ideológica da regras do direito vigente (parágrafo 11). A questão é puramente terminológica e de pouca monta.

§ 11. DIREITO – FORÇA – VALIDADE

O precedente se baseia no entendimento de que um ordenamento jurídico nacional é um corpo de regras concernentes ao exercício da força física. Segundo um ponto de vista largamente difundido, a relação entre o direito e a força é definida de outra maneira: o direito, nesse ponto de vista, é constituído por regras que são respaldadas pela força.

Essa posição está fundada na consideração daquelas normas que no parágrafo 7 são chamadas de normas de conduta derivadas e em sentido figurado, tais como, por exemplo, a seção 62 do *Negotiable Instruments Act* entendido segundo seu conteúdo direto como uma diretiva ao aceitante de uma letra de câmbio. Com referência a elas, pode-se razoavelmente dizer que são respaldadas pela força: se o aceitante não pagar no dia do vencimento da letra, incorrerá no risco de juízo, sentença e execução.

E, no entanto, essa interpretação das normas do direito é inadmissível, já que se apoia em pressuposições falsas e conduz a conclusões inaceitáveis.

Apoia-se na pressuposição de que a diretiva da seção 62 dirigida ao aceitante da letra de câmbio é uma coisa, e a diretiva ao juiz para que respalde essa regra pela força, é uma segunda coisa independente. Entretanto, o que temos aqui não são duas normas distintas, mas sim dois aspectos da mesma norma. É dirigida ao juiz e condiciona a aplicação da compulsoriedade à conduta do aceitante, o que dá origem a um efeito reflexo: cria um motivo para que o aceitante da letra evite uma conduta que desencadeará o uso da força. Em outras palavras, cria um motivo para que o aceitante pague.

A interpretação segundo a qual o direito é constituído por regras respaldadas pela força é inadmissível por outra razão: resultaria na exclusão, do domínio do direito, de partes essenciais que estão indissoluvelmente conectadas às normas de conduta em sentido figurado, as quais têm o respaldo da força.

Em primeiro lugar, tal interpretação excluiria todas as normas de competência, visto não serem estas respaldadas pela força. Com base no ponto de vista que estamos criticando, sempre constituiu um problema saber como ser capaz de reconhecer como direito grandes áreas do direito constitucional e administrativo que são compostas de normas dessa espécie. Razões de coerência lógica nos obrigam a negar que tais áreas do direito possuam caráter jurídico, o que é disparatado, não tanto porque contradiz concepções correntes, mas porque tais normas – na qualidade de normas de conduta indiretamente formuladas – se acham numa coesão inseparável de significado com as normas de conduta diretas.

Em segundo lugar, essa interpretação alijaria as próprias normas que respaldam a aplicação do direito, nomeadamente, as normas secundárias que garantem as normas primárias de conduta. Não é possível evitar esta conclusão frisando que essas normas secundárias são elas mesmas respaldadas pela força mediante um conjunto de normas terciárias. Na maior parte dos casos, não haverá uma realidade social que corresponda a essa interpretação; ademais, ela meramente posterga o problema, já que não podemos seguir *ad infinitum* dispondo norma atrás de norma.

É forçoso, portanto, que insistamos que a relação das normas jurídicas com a força consiste no fato de que se referem à aplicação da força, e não que são respaldadas pela força.[18]

Intimamente ligada a esse problema está a questão sociológico-jurídica dos motivos que levam os seres humanos a agir de uma maneira lícita. Este problema escapa ao propósito deste livro, porém o abordaremos sumariamente aqui.

Como será sugerido de modo mais minucioso na sequência (parágrafos 84 e 85), os motivos humanos podem ser divididos em dois grupos principais: 1. impulsos fundados em necessidades, nascidos a partir de um certo mecanismo biológico e experimentados como "interesses", e 2. impulsos inculcados no indivíduo pelo meio social e experimentados como um imperativo categórico que o "obriga" sem referência aos seus "interesses", ou mesmo em conflito direto com estes. Os motivos do segundo grupo são, por isso, facilmente interpretados em termos metafísicos como uma revelação na consciência de uma "validade"

---

18. No que tange a este ponto de vista, estou em débito com Hans Kelsen. Ver, por exemplo, seu *Allgemeine Staatslehre* (1925), 17. Ponto de vista idêntico também é sustentado por Karl Olivecrona em *The Law as Fact* (1939), 134 e segs.

superior, que como "dever" se contrapõe à "natureza sensual humana" e aos interesses que surgem a partir desta. Ora, que papel desempenham essas experiências de motivos na vida jurídica da comunidade?

No que diz respeito às normas jurídicas em sentido próprio, isto é, as normas dirigidas ao juiz e que funcionam como padrões para sua decisão, é mister que definitivamente se tenha como pacífico que o juiz é motivado, primeira e principalmente, por impulsos desinteressados, pelo puro sentimento do dever, e não pelo temor das sanções legais ou por quaisquer outros interesses. As sanções legais que atingem a um juiz em função da forma como executa suas tarefas somente são possíveis em casos de desvios judiciais extremos (suborno e similares) e dificilmente têm um papel efetivo na prática. O motivo que leva os juízes a respeitar as normas não se encontra, portanto, na justiça retributiva. No que toca aos juízes dos tribunais superiores, o interesse em granjear ou preservar certa reputação profissional e fazer carreira pode desempenhar um papel, mas raramente o decisivo. Se os tribunais forem considerados coletivamente, encabeçados pela Corte Suprema, não haverá apelação possível contra as decisões que, de fato, adotem. A meu ver, é mister ter como ponto pacífico acima de qualquer dúvida (embora eu admita que é difícil suprir uma prova meticulosa disto) que jamais seria possível edificar um ordenamento jurídico eficaz se não existisse no seio da magistratura um sentimento vivo e desinteressado de respeito e obediência pela ideologia jurídica em vigor. É mister supor que as normas jurídicas em sentido próprio são observadas tão "voluntariamente" como as normas do xadrez.

A questão é mais complicada se voltarmos nossa atenção para as normas de conduta em sentido figurado, ou seja, aquelas que podem ser derivadas das normas de conduta propriamente ditas, por exemplo, a seção 62 do *Uniform Negotiable Instruments Act* segundo seu conteúdo direto. A consciência de que o comportamento contrário a essas normas de conduta traz consigo o risco de juízo, sentença e execução, indiscutivelmente gera um forte motivo para agir de uma maneira lícita. Isto é claramente confirmado pelo aumento dos crimes em circunstâncias excepcionais, quando a polícia e os tribunais não funcionam normalmente.[19] Mas esta não é a razão única. A maioria das pessoas obedecem ao direito não só por receio da polícia e das sanções sociais extrajurídicas (perda da reputação, da confiança, etc.), mas também por acato desinteressado ao direito. O cidadão comum, também, é animado – num maior

---

19. Assim aconteceu na Dinamarca durante os sete meses da ocupação alemã.

ou menor grau – por uma atitude de acato ao direito, à luz do qual os governantes aparecem como "poderes legítimos" ou "autoridades", as exigências do direito como credoras de acato e a força que é exercida em nome do direito não é considerada como mera violência, mas sim justificada na qualidade do que respalda o direito. Quando as regras do direito estão bem estabelecidas, essa atitude se torna automática, de sorte que nenhum impulso surge no sentido de contrariar o direito. É presumível que apenas algumas poucas pessoas tiveram alguma vez que reprimir o desejo de cometer um assassinato.[20]

Esse componente de motivação desinteressada, de cunho ideológico, é com frequência descrito como consciência moral produzida pela tradicional observância do ordenamento jurídico. A ambiguidade do termo "moral" (parágrafo 12) pode gerar mal-entendidos. É verdade que a atitude que consideramos pode ser genuinamente reprovadora do ato ilícito, porém isso não é essencial. Comumente, essa atitude encerra mais caráter formal: é dirigida às instituições e importa o reconhecimento de sua "validade" como tais, independentemente do fato das exigências nas quais se manifestam poderem ser aprovadas como "moralmente certas" ou "justas". O direito é o direito, e tem que ser observado – dizem as pessoas – e aplicam esta máxima mesmo aos casos nos quais as exigências do direito estão em conflito com ideias de justiça aceitas. Para distinguir esta atitude da genuína atitude "moral", a expressão *consciência jurídica "formal" ou "institucional"* será aqui empregada para as primeiras, enquanto as últimas serão chamadas de *consciência jurídica "material" ou "moral"*.

Naturalmente, há um limite para o hiato possível entre as duas atitudes de consciência jurídica. Quando este limite é alcançado, o respeito dirigido ao governo e ao direito é substituído por uma consciência revolucionária. Um cálculo estratégico das possibilidades de êxito determinará que essa consciência rebelde force a coisa e atinja o conflito franco. Se o tempo para a revolução não estiver, contudo, ainda maduro, a tarefa tática será solapar a ordem social existente mediante obstrução e propaganda.

Aqueles que estão submetidos a um regime efetivo de força nem sempre o experimentam como válido. Nos casos em que um regime efetivo existente não recebe aprovação ideológica na consciência jurídica formal dos governados (submetidos), sendo sim obedecido unicamente por temor, estes não o experimentam como um "ordenamento jurídico", mas sim como um ditado de força

---

20. Para uma discussão minuciosa da função motivadora ideológica do direito, ver Olivecrona, *op. cit.*, 150 e segs.

ou violência. O governante não é, então, "autoridade" ou "poder legítimo", e sim um perpetrador de violência, um tirano, um ditador. Isto se aplica, por exemplo, à população de um país ocupado e à sua atitude ante o regime de força que é sustentado unicamente pelo poderio militar, ou às minorias permanentes (nacionais, religiosas, raciais) hostis à maioria governante.[21]

Essas reações emocionais são as experiências que dão à palavra *law* (e ainda mais ao alemão *Recht* e ao francês *droit*) o matiz emocional que faz da mesma um "título de honra" (parágrafo 7); e elas são a fonte da noção metafísica de "validade" como uma qualidade moral-espiritual atribuída a um "ordenamento jurídico" em contraposição a um "regime de violência". De um ponto de vista "cognoscitivo-descritivo", e este tem que ser o ponto de vista da filosofia do direito como uma atividade teórica, é impossível, todavia, distinguir entre um "ordenamento jurídico" e um "regime de violência", porque a qualidade de validade que se prestaria para caracterizar o direito não é uma qualidade objetiva do ordenamento ele mesmo, mas apenas uma expressão da maneira na qual o ordenamento é experimentado por um indivíduo. O mesmo ordenamento, portanto, pode ser para uma pessoa um "ordenamento jurídico" e para outra, um "regime de violência". Seria possível, por certo, limitar o conceito de direito por meio de uma caracterização psicológica social objetiva, de tal modo que só chamaríamos um ordenamento de "jurídico" se recebesse aprovação ideológica da maioria das pessoas submetidas a ele. Entretanto, não vejo nenhuma vantagem nisto, sendo, na verdade, uma desvantagem ligar o conceito a um critério difícil de ser manejado na prática. Ademais, recebendo ou não aprovação, o ordenamento é um fato que requer descrição e que pode ser descrito exatamente da mesma maneira que é descrito um "ordenamento jurídico", isto é, como normas concernentes ao exercício da força. Como assinalamos no parágrafo 7, uma tal terminologia descritiva é destituída de quaisquer consequências morais.

Temor e respeito, os dois motivos que caracterizam a experiência do direito, estão reciprocamente relacionados.[22]

A força exercida pela polícia e as autoridades executivas não se baseia exclusivamente em fatores físicos, tais como de homens à sua disposição, seu treino e armamento, mas também em fatores ideológicos. Conspirassem em

---

21. A respeito das minorias permanentes, ver Alf Ross, *Why Democracy?* (1952), pp. 191-192.
22. Esta ideia é desenvolvida mais minuciosamente em meu livro *Towards a Realistic Jurisprudence* (1946), cap. IV, 3.

conjunto todo os cidadãos particulares e seriam indubitavelmente mais fortes do que a polícia. Mas isto não acontece. O cidadão acatador da lei respeita a polícia. O poder da polícia baseia-se, majoritariamente, nesse respeito em conjunção com o sentimento que a própria polícia tem de que está exercendo a sua autoridade "em nome da lei". Para generalizar, pode-se dizer que os meios físicos de compulsão têm sempre que ser operados por seres humanos. O controle dos meios de compulsão depende, portanto, do poder ou domínio de que são detentores os seres humanos que operam esses meios. Este domínio, por sua vez, pode estar parcialmente – mas nunca inteiramente – baseado na força. Em última instância, devem existir normas para o exercício da força que não são, elas mesmas, respaldadas pela força, mas que são acatadas em virtude de um respeito isento de temor. Um homem forte mediante a força física por si só pode lograr o domínio sobre uns poucos outros seres humanos. Em sociedades de qualquer tamanho que pressuponha um aparato organizado do poder operado por outros seres humanos, isso não é possível. Nenhum Hitler pode aterrorizar uma população sem que, ao menos no âmbito do grupo que maneja o aparato da força, haja uma obediência em alguma medida voluntária. Em última análise, todo poder tem uma base ideológica.[23]

O poder compulsivo do direito é, deste modo, uma função de sua "validade". Inversamente, esta última é também uma função da força efetivamente exercida. Posto que a obediência é fortalecida pelo costume, toda ordem mantida de fato, incluso aquela que se apoia principalmente na mera força, tende a se transformar numa ordem ideologicamente aprovada. Este é o fenômeno que foi descrito pelo filósofo do direito alemão Georg Jellinek como "a força normativa do realmente existente." Todo poder soberano *de jure* tem como antecessor um poder soberano *de facto*. "O tempo que a tudo dá remédio", como diz o brocardo popular, também cumpre sua obra nesta esfera.

O temor e o respeito, por um lado, a força e a "validade", por outro, se condicionam reciprocamente, e isto vale tanto para uma análise estática da vida jurídica num determinado momento quanto para uma descrição histórica evolucionista. Nenhum dos dois fatores precede ao outro.

---

23. No mesmo sentido, R. M. MacIver em *The Web of Government* (1947), 16: "A força não pode, por si só, manter um grupo unido. Um grupo pode dominar pela força o resto da comunidade, mas o grupo inicial, já submetido ao governo antes que este pudesse dominar, não está aglutinado pela força. Os conquistadores podem impor sua vontade por meio da força sobre os conquistados, mas os conquistadores foram eles próprios primeiramente unidos por algo distinto da força... Em todo governo constituído algum tipo de autoridade se acha por trás da força."

Estas observações pretendem arrojar nova luz ao velho problema da relação entre o direito e o poder, que tem dado lugar a muitíssimas especulações metafísicas. Segundo o ponto de vista metafísico tradicional, o direito e o poder estão diametralmente em oposição. O direito é o idealmente válido, um sistema de normas obrigatórias e a soberania é a capacidade de criar direito e obrigar aos outros. O poder é um fato social, o domínio sobre seres humanos, a capacidade para motivá-los a agirem de acordo com a vontade daquele que exerce o poder. Nesta base é possível fiar uma dialética interminável acerca da relação entre o direito e o poder. Para sua realização, o direito necessita o poder "por trás" de si. Porém, como pode isto ocorrer sem que o direito capitule ante o poder? Como é possível que o poder crie direito? Rende-se este à espada?

Um ponto de vista realista não vê o direito e o poder como opostos. Se por poder social entendemos a possibilidade de dirigir as ações de outros seres humanos, então o direito é um instrumento de poder, e a relação entre os que decidem o que há de ser o direito e os que estão submetidos a esse direito é uma relação de poder. O poder não é alguma coisa que se posta "por trás" do direito, mas sim alguma coisa que funciona por meio do direito. O problema que em termos metafísicos é formulado como uma questão sobre as relações externas entre o direito e o poder, é, na realidade, uma questão tocante à relação entre o temor e o respeito como motivos que integram as relações de poder político-jurídicas – em suma, a questão que acabou de ser discutida.

De acordo com os recursos e a técnica empregados no exercício do poder é possível distinguir diversas formas típicas do poder, a título de exemplos: o poder da violência, o poder econômico, o poder espiritual e o poder da personalidade.[24] O poder político ou poder do Estado é o poder exercido mediante a técnica do direito ou, em outras palavras, mediante o aparato do Estado, que é um aparato para o exercício da força. Mas a função desse aparato está, como vimos, condicionada por fatores ideológicos, a consciência jurídica formal. O poder daqueles que controlam o aparato do Estado está subordinado ao fato de que eles ocupam as posições chaves que, de acordo com a Constituição, outorgam a competência jurídica para exercer esse poder. Todo poder político é competência jurídica. Não existe um poder "nu", independente do direito e de sua base.

Não é necessário, decerto, que o fundamento ideológico de um regime político compreenda a totalidade da população de governados. Na nossa geração

---

24. Ver Bertrand Russell, *Power* (1938).

a experiência demonstrou tragicamente que é possível para um grupo relativamente pequeno, animado por uma consciência revolucionária, apoderar-se do aparato existente do Estado, mudar o seu pessoal e exercer um domínio que a maior parte da população tem como um regime de violência e terror.

§ 12. DIREITO, MORAL E OUTROS FENÔMENOS NORMATIVOS

No parágrafo 7 asseveramos que se o problema é considerado cientificamente, quer dizer, se a palavra "direito" é libertada de sua carga emocional, carece então de interesse particular a forma como se define o conceito de "direito" ou "ordenamento jurídico". Em si mesmo não tem importância se a designação "ordenamento jurídico" é aplicada a certos sistemas individuais de normas. Os sistemas nem ganham nem perdem por serem designados como "jurídicos". O único ponto importante é estar ciente das similaridades e diferenças existentes.

Com essas ideias em mente, prefiro reservar a expressão "ordenamento jurídico" aos sistemas normativos que tenham as mesmas características essenciais de um ordenamento jurídico nacional moderno bem desenvolvido, sem atribuir, contudo, nenhum critério ideológico à expressão, ou seja, sem conferir relevância ao fato de que tal ordenamento é experimentado como um "ordenamento válido" ou um "regime de violência".

O conceito de "direito" ou "ordenamento jurídico" pode, em consonância com isso, ser caracterizado por dois pontos.

Em primeiro lugar, o direito consiste em regras que concernem ao exercício da força. Vista em relação às normas jurídicas derivadas ou normas jurídicas em sentido figurado, a força aparece como uma sanção, isto é, como uma pressão para produzir o comportamento desejado. Logo, quando na sequência dissermos que as normas do direito são sancionadas pela força, e outras normas por outros meios, isto deverá ser entendido como uma maneira conveniente de falar, mesmo não sendo inteiramente correta.

Em segundo lugar, o direito consiste não só em normas de conduta, mas também em normas de competência, as quais estabelecem um conjunto de autoridades públicas para aprovar normas de conduta e exercer a força em conformidade com elas. Devido a isto, o direito tem o que podemos denominar caráter institucional. Funciona através de uma maquinaria jurídica que visa à legislação, o juízo e a execução, e se afigura, portanto, ante os olhos do indivíduo como algo objetivo e externo. É a expressão de uma comunidade supraindividual, uma ordem social, enraizada numa consciência jurídica formal.

Os outros fenômenos normativos podem ser classificados segundo suas características correspondentes relativas a esses dois pontos. Diferem em parte segundo o caráter da sanção, e em parte segundo tenham ou não caráter institucional.

A) Há fenômenos normativos que exibem uma estrutura institucional semelhante à do direito, mas que são baseados em sanções distintas da força física.

1) As associações e organizações privadas de vários tipos se baseiam amiúde num sistema de regras que possuem um caráter institucional semelhante àquele do direito e que frequentemente recebem a designação de constituição ou lei da associação (estatutos, regulamentos internos). A associação pode conter órgãos legislativos, bem como executivos e judiciários. Diferem do direito (conforme definimos este termo: uma designação sinônima de "ordem normativa do Estado moderno") pelo fato da sanção não consistir em força física. O monopólio desta está nas mãos do Estado. Uma associação pode muito bem impor aos seus membros sanções disciplinares de vários tipos, mas jamais poderá pô-las em execução mediante o emprego da força. A sanção mais grave é a expulsão e as outras sanções derivam da expulsão. Pode suceder ser possível executar uma pena de multa da maneira ordinária segundo a sentença de um tribunal. Porém, nesta hipótese, a execução tem lugar porque o direito do país reconheceu ou incorporou o "direito" da associação.

As regras de jogos de vários tipos guardam estreita semelhança com as regras das associações. Um jogo pode ser considerado como uma associação temporária de duas ou mais pessoas com o propósito de entretê-las jogando-se segundo certas regras. Tem lugar uma legislação rudimentar na medida em que os jogadores estão de acordo ou chegam a um acordo quanto às regras a serem seguidas. Frequentemente, há também um juiz (*umpire, referee*) que pode impor penas. Aqui também a sanção mais grave é a expulsão (da "associação"), isto é, o juiz interrompe o jogo e expulsa aquele que violou a regra.

2) Também o direito internacional possui um caráter institucional. Há métodos institucionais procedimentais tanto para o estabelecimento de normas gerais quanto para a decisão jurídica de controvérsias. Por outro lado, o direito internacional, como o direito das associações, carece de regras institucionais para a aplicação de sanções mediante a força física. Na comunidade dos Estados, inexiste, por certo, o monopólio da força. Se a parte perdedora não acata uma decisão no campo do direito internacional, a sanção se limita a uma reprovação pública por sua atitude.

B) Em toda comunidade há uma tradição cultural viva que encontra expressão em ideias mais ou menos uniformes sobre a conduta que cumpre assumir numa dada situação. Como será demonstrado na sequência com maiores detalhes (parágrafo 85), essas ideias são inculcadas no indivíduo durante seu período de crescimento através da pressão do seu ambiente social. Desde a tenra infância (ou seja, desde que é um bebê), a criança é exposta a um bombardeio de impressões que moldam sua postura. Aprende a comer e beber, a falar, a assear-se, a dizer "como vai?", a apertar as mãos das pessoas, a não dizer mentiras ou praguejar, a ser trabalhador e cumprir a palavra empenhada. E assim a criança cresce, por assim dizer dentro de um vasto conjunto de regras de vida que ela absorve gradualmente e que se manifestam como atitudes automáticas que, em dadas situações, levam o selo da validade. Estas regras são *sensivelmente* vividas como regras morais quando entram em conflito com os desejos do indivíduo. Se não houver conflito, são experimentadas como convenção; por exemplo, as regras de polidez, da urbanidade, do vestir, etc.

Embora essas regras tenham uma origem social, sendo, portanto, mais ou menos uniformes entre povos que vivem no mesmo meio social, constituem, não obstante, fenômenos individuais. Não se acham ligadas a normas de competência que instituem autoridades comuns capacitadas a determinar e estabelecer normas gerais e autorizar sanções por conta da comunidade. No domínio da moral e dos usos convencionais não há legislador e, igualmente, não há juiz. Cada indivíduo decide por si o que julga moral ou apropriado. Do mesmo modo, a reprovação, a qual é a sanção para as violações da moral e dos usos convencionais,[25] procede de cada indivíduo e não de uma autoridade comum. Por conseguinte, não há moral ou convenção com "vigência nacional", mas unicamente atitudes individuais mais ou menos paralelas, dentre as quais algumas podem ser caracterizadas como "predominantes" ou "típicas" num determinado meio social. Quando a palavra "moral" é usada como uma designação para as normas de conduta que são aprovadas pelo indivíduo em sua consciência, não é possível falar da "moral" como fenômeno objetivo da mesma maneira que é possível falar do "direito". Quando no uso corrente da linguagem se fala da "moral" como se fosse um sistema objetivo de normas

---

25. A exclusão dos círculos sociais refinados, o ridículo e reações similares, são também expressões qualificadas de reprovação e não destinadas a ser instrumentos de pressão.

análogo ao "direito" está se pagando tributo a uma interpretação metafísica da consciência como revelação de princípios *a priori*, autoevidentes da razão.

No direito, o temor da sanção e o sentimento de se achar obrigado pelo que é válido operam conjuntamente como motivos integrantes da mesma ação; na moral e na convenção, ao contrário, os motivos correspondentes se integram cada um de acordo com sua maneira e independentemente um do outro. O motivo que interessa, o temor da sanção motivam uma pessoa a agir de um tal modo que não a faça merecer a reprovação das outras. O motivo desinteressado, o sentimento de um impulso interior rumo ao que é "correto" a motiva a agir de uma tal maneira que ela própria aprove sua ação.

Essa motivação dupla se evidencia de forma particularmente clara na moral, onde pode facilmente ocorrer que o juízo moral de uma pessoa seja diferente daquele de outras e que a sua consciência, portanto, a induza a agir de uma maneira que sabe ser reprovada pelo ponto de vista que prevalece no seu meio. É menos evidenciada quando se trata de convenção visto que as divergências individuais são, neste caso, menos importantes. Todavia, a situação tem que ser fundamentalmente a mesma. A reação a uma transgressão a um uso convencional procede de cada indivíduo isolado e devemos presumir, portanto, que cada indivíduo tem uma postura imediata pessoal acerca do que é apropriado.

Os fenômenos normativos mencionados podem ser mostrados sob forma de tabela[26] como se segue:

	Sanção		
	força física	expulsão	reprovação
Fenômeno institucional	direito	lei da associação	direito internacional
Fenômeno individual	Ex.: regras da vingança privada – não existem no Estado moderno que monopoliza a força	moral usos convencionais	

---

26. Esta tabela não pretende ser exaustiva.

A palavra "moral" é não raro tomada num sentido mais lato do que o indicado aqui. Tende-se a chamar de morais todos os impulsos desinteressados que são experimentados com o timbre de "validade" ou "sentimento de achar-se obrigado". Tomada a palavra moral neste sentido, a consciência jurídica formal tem caráter moral e os fenômenos morais são parte essencial dos fenômenos jurídicos.[27] A realidade é um tanto mais complicada do que se afigura na tabela. A força, reação jurídica, tem ao mesmo tempo, normalmente, o caráter de reprovação pública, pois constitui um sinal de que a conduta que origina a reação é socialmente indesejável. Tal conduta é qualificada assim como *violação* e a contrária como *dever*. No entanto, a reação nem sempre tem esse caráter. É imperioso traçar uma distinção entre sanções repreendedoras e sanções não repreendedoras. À falta desta distinção, que se baseia na função ideológico-moral da sanção, não seria possível entender a diferença entre responsabilidade por culpa (em lato sentido) e responsabilidade objetiva, ou a diferença entre as sanções penais, por um lado, e as normas para a segurança comunitária e as normas fiscais, por outro lado.[28]

O problema da relação entre direito e moral não pode ser formulado sob forma de uma comparação entre dois sistemas análogos de normas. Pelo contrário, é preciso mostrar como está relacionado o sistema institucional do direito com as atitudes morais individuais que predominam na comunidade jurídica. É óbvio que é necessário haver um grau considerável de harmonia entre um e outras, já que um e outras estão radicados em valorações fundamentais comuns, na tradição cultural da comunidade. O ordenamento jurídico e as atitudes morais se acham também em relação de cooperação recíproca. As instituições do direito constituem um dos fatores do meio ambiente que moldam as atitudes morais individuais. Estas últimas, por sua vez, constituem parte dos fatores práticos que, através da *consciência jurídica moral* contribuem para moldar a evolução do direito.

Por outro lado, certas diferenças típicas se manifestam resultando numa difícil comparação real entre o direito e a moral. As regras jurídicas tendem a ficar cristalizadas em conceitos que visam a lograr certeza e objetividade na administração da justiça. Este é um aspecto da ideia de justiça (parágrafo 65). Porém, as atitudes morais são o resultado da reação do indivíduo em situações concretas. Ainda que mediante esse processo se desenvolvam certas máximas que são aceitas

---

27. Este uso da linguagem ocorre quando o direito internacional é descrito por alguns autores como uma mera ordem moral. Isto não pode significar que o direito internacional seja caracterizado como uma pura questão pessoal de consciência.
28. *Cf.* parágrafos 32 e 33 e Ross, *Towards a Realistic Jurisprudence* (1946), cap. VII, seção 6.

como norteamentos morais, elas não são *sentidas* como regras obrigatórias, mas apenas como generalizações empíricas, sujeitas à mudança quando necessário, se uma situação for considerada em toda sua plenitude de concreção. Este é o verdadeiro significado do adágio "princípios são feitos somente para serem transgredidos." Se meditarmos sobre uma máxima moral corrente, por exemplo, a exigência de veracidade, descobriremos de imediato que não pode ser aceita como *absoluta*, como crê ingenuamente o *Rearmamento Moral*. A máxima precisa ser adaptada à luz de múltiplas circunstâncias, as quais o sentimento moral não pode nem deseja racionalizar em regras fixas classificadas de acordo com conceitos. A experiência moral sempre assume suas manifestações mais vivas na decisão concreta ajustada a uma situação particular e a esta situação exclusivamente.

É por isso que a tendência do direito para uma racionalização sob a forma de conceitos só é obtenível às expensas do desejo moral de alcançar soluções adequadas aos casos concretos. Nesta medida, portanto, o direito e a moral se encontram em perpétuo e indissolúvel conflito. Costuma-se dizer que a suprema justiça pode constituir uma injustiça suprema. Quando o direito cede diante das pressões do desejo moral de soluções adequadas aos casos concretos, e diminui sua objetividade conformando-se às *circunstâncias particulares*, falamos de *moralização* do direito ou de *equidade* em oposição ao direito estrito (*strictum jus*). Com frequência o ajuste ou adequação ocorre simplesmente porque as regras do direito prescrevem que o juiz se oriente pelos padrões morais correntes.

O direito e a moral diferem consideravelmente quanto aos seus efeitos na vida social. Visto que o direito é um fenômeno social, uma ordem integrada comum que busca o monopólio da força, é sempre uma ordem para a criação de uma comunidade que colima a manutenção da paz. Em certo sentido, pode-se afirmar que o *propósito* do direito é a paz, na medida em que todo ordenamento jurídico, qualquer que seja seu conteúdo, é produtor de paz – embora não passe de paz da prisão. A moral, por outro lado, é um fenômeno individual, podendo com a mesma facilidade arrastar os seres humanos ao conflito ou uni-los. Ideias morais conflitantes, por certo, podem constituir uma fonte de discórdia do tipo mais profundo, mais perigoso e menos controlável.

§ 13. DISCUSSÃO: IDEALISMO E REALISMO NA TEORIA JURÍDICA

A interpretação do conceito *direito vigente* oferecida nos capítulos precedentes difere incisivamente do ponto de vista tradicional predominante na teoria jurídica da Europa continental: pode ser caracterizada como teoria jurídica realista em contraposição à teoria jurídica idealista.

Esta última se apoia na suposição de que existem dois *mundos* distintos, aos quais correspondem dois métodos diferentes de conhecimento. De um lado, o *mundo da realidade*, que abarca todos os fenômenos físicos e psíquicos no tempo e no espaço que apreendemos por meio da experiência dos sentidos; de outro, o *mundo das ideias ou validade* que abarca vários conjuntos de ideias normativas absolutamente válidas (a verdade, o bem e a beleza) que apreendemos *imediatamente* por meio de nossa razão. Este último conhecimento é, assim, independente da experiência dos sentidos e, portanto, denominado *a priori*.

A teoria jurídica idealista também supõe que o direito pertence a ambos os mundos. O conhecimento do direito, por conseguinte, está simultaneamente fundado tanto na experiência externa quanto no raciocínio *a priori*. O direito é um fenômeno de realidade na medida em que seu conteúdo constitui um fato histórico que varia de acordo com o tempo e o lugar, que foi criado por seres humanos e que depende de fatores externos de poder. Entretanto, que esse conteúdo tenha *validade* como direito é algo que não pode ser observado na experiência. Não cabem descrições ao que se deve entender por *validade*. Este é um conceito *a priori*, dado numa intuição direta e irredutível da razão. Mas a validade não é meramente uma qualidade percebida por intuição; é também uma exigência ou pretensão, que obriga de forma absoluta à ação humana e à vontade humana. Somente aquele que acata a exigência válida age *corretamente*. Esta *correção*, tal como a própria validade, tampouco admite explicação ou prova; trata-se, simplesmente, de outro aspecto do conceito de validade.

A diferença entre o direito e a moral pode, segundo o ponto de vista idealista, ser expressa da seguinte maneira: enquanto a norma moral se origina na pura razão, inclusive no seu conteúdo, a validade do direito se vincula a um conteúdo terreno e temporal – o direito *positivo* com seu conteúdo historicamente determinado. A moral é pura validade; o direito é simultaneamente fenômeno e validade, uma intersecção entre a realidade e a ideia, ou a revelação de uma validade da razão no mundo da realidade.[29]

Há duas variedades principais de idealismo que podem ser denominadas a *material* e a *formal*.

---

29. Ver Ross, *Towards a Realistic Jurisprudence* (1946), cap. II.

A variedade material, poder-se-ia dizer, toma o idealismo a sério. A ideia específica que se manifesta no direito é a ideia de justiça. Não só outorga um ideal para apreciação do direito positivo, como também constitui o direito, isto é, é o princípio inerente a este que lhe confere sua força obrigatória ou validade como tal. Em virtude disso, limita o que pode ser reconhecido como direito. Uma ordem eficaz (sustentada no mundo dos fatos) que não satisfaz essas exigências mínimas, derivadas da ideia de justiça, ou que não é sequer uma tentativa de realizar a justiça, não é reconhecida como detentora do caráter do direito, sendo qualificada como mero regime de violência. Pontos de vista deste jaez têm sido hegemônicos na teoria do direito natural desde os tempos mais remotos até a atualidade (capítulo X).

A variedade formal, que encontrou sua expressão mais completa no sistema de Hans Kelsen, dissocia-se terminantemente da censura ética que o direito natural exerce sobre o direito positivo. Aceita, sem reservas, como direito qualquer ordem vigente no mundo dos fatos. Todavia, sustenta que de acordo com o significado que lhe é inerente, o conhecimento do direito não visa à descrição de algo fatual, mas sim à apreensão do que é válido. A apreensão da existência de uma norma é a mesma coisa que a apreensão da validade dela. Contudo, a validade de uma norma jamais pode derivar-se de um fato natural, mas apenas de outra norma superior. Um decreto real, à guisa de exemplo, é válido não por ser promulgado pelo rei, mas por ser promulgado de acordo com uma lei que estabelece que tais regras deverão ser tidas como válidas. Assim, a fim de encontrar a validade dos atos jurídicos é mister que recorramos a uma hierarquia de normas. A validade da lei está fundada na validade da Constituição. Para explicar a validade da Constituição é necessário postular uma norma ainda superior que, diz Kelsen, é pressuposta. Trata-se da norma básica (*Grundnorm*), ou hipótese inicial, cuja única função é outorgar validade à Constituição. O conhecimento do direito, portanto, através de todas as etapas, consiste em enunciados normativos acerca do que deve ser válido, e não em enunciados acerca do que efetivamente ocorre. O pensamento jurídico, de acordo com Kelsen, é pensamento em termos de "o que deve ser" (*sollen*) e não de "o que é" (*sein*); a ciência do direito é uma doutrina normativa e não uma teoria social.

Nessa variante do idealismo, a validade é reduzida a uma categoria formal do pensamento isenta de qualquer exigência relativamente ao conteúdo material que é apreendido sob essa forma de categoria. A norma básica é destituída de qualquer matiz ético. Ajusta-se à ordem que está de fato em vigor e não é mais do que um postulado no sentido de que essa ordem possui validade.[30]

A *Reine Rechtslehre* (*Teoria Pura do Direito*) é uma conquista singular na moderna filosofia do direito. Distingue-se por sua notável agudeza, dialética brilhante e lógica inexorável. A doutrina de Kelsen, mais do que qualquer outra realização individual, criou uma escola de pensamento e exerceu uma profunda influência na teoria jurídica recentemente. São poucos os filósofos do direito de nosso tempo que, direta ou indiretamente, consciente ou inconscientemente, não estão em débito com Kelsen. O poder de inspiração de sua obra não se deve a quaisquer ideias revolucionárias mas à coerência por meio da qual ele desenvolve as premissas do positivismo jurídico. Estas podem ser formuladas em duas proposições básicas: *1ª*) o direito é um conteúdo ideal normativo estabelecido mediante atos históricos humanos, mas que em si difere destes; *2ª*) o direito possui validade por direito próprio, isto é, independentemente de sua concordância com postulados éticos. Sobre estas bases Kelsen desenvolveu sua teoria pura do direito, ou seja, uma teoria independente da sociologia e também da ética e da política. A ciência do direito é uma doutrina normativa específica, e não é nem conhecimento da realidade nem direito natural.

As principais obras de Kelsen são: *Hauptprobleme der Staatsrechtslehre* (1911), *Allgemeine Staatslehre* (1925) e *General Theory of Law and State* (1945). Este último trabalho contém, inclusive, uma bibliografia detalhada de seus numerosos outros escritos e de outros trabalhos concernentes à ciência pura do direito. Em sua *Théorie pure du droit* (1953) ele próprio fez uma exposição sintética dos principais pontos do sistema.

O pensamento que se encontra na base do realismo jusfilosófico está vinculado ao desejo de entender o conhecimento do direito de acordo com as

---

30. Nos meus livros *Theorie der Rechtsquellen*, 1929, cap. I e IX e *Towards a Realistic Jurisprudence*, 1946, cap. II, seç. 6, está presente um exame mais amplo das ideias de Kelsen, ao qual remeto o leitor. Ver também *supra*, parágrafo 2, nota 29, onde se alude à obscura distinção kelseniana entre normas jurídicas e proposições sobre normas jurídicas; e *infra*, parágrafo 79, onde nos referimos à teoria kelseniana da interpretação. Em minha crítica ao livro de Kelsen, *What is Justice?*, publicada na *California Law Review*, t. 45 (1957), 564 e segs., formulei um exame crítico de sua noção de validade.

ideias sobre a natureza, problemas e método da ciência tais como elaborados pela moderna filosofia empirista. Várias tendências filosóficas – o empirismo lógico, a escola de Uppsala, a escola de Cambridge e outras – têm fundamento comum na rejeição da metafísica, no conhecimento especulativo baseado numa apreensão *a priori* pela razão. Há somente um mundo e um conhecimento. Toda a ciência está, em última instância, interessada no mesmo corpo de fatos, e todos os enunciados científicos sobre a realidade, isto é, aqueles que não têm cunho puramente lógico-matemático, estão sujeitos à prova da experiência.

Do ponto de vista de tais pressupostos é inadmissível uma *validade* específica, seja em termos de uma ideia material *a priori* de justiça, seja como uma categoria formal. As ideias de validade são construções metafísicas erigidas com base numa falsa interpretação da *força obrigatória* experimentada na consciência moral. Como todas as outras ciências sociais, a ciência do direito tem que ser, em última análise, um estudo dos fenômenos sociais, a vida de uma comunidade humana; e a tarefa da filosofia do direito deve consistir na interpretação da *vigência* do direito em termos de efetividade social, isto é, de uma certa correspondência entre um conteúdo normativo ideal e os fenômenos sociais. Neste capítulo, tento demonstrar como essa tarefa pode ser realizada.

Na teoria norte-americana do direito o termo "realismo" é empregado primordialmente num sentido distinto do aqui indicado, a saber, para designar uma postura cética ante conceitos jurídicos e regras jurídicas e o papel que desempenham na administração da justiça (parágrafo 9, nota 14). Ao mesmo tempo, todavia, a escola norte-americana do pensamento também é *realista* no sentido no qual empregamos o termo, na medida em que vê no direito um fenômeno social determinado pela aplicação do direito pelos tribunais. Na vanguarda do realismo norte-americano esteve Oliver Wendell Holmes ('The Path of the Law,' *Harv. L. R.* 10 [1897], 457 e segs., reimpresso em *Collected Papers* [1920] e John Chipman Gray (*The Nature and Sources of Law* [1909]). Entre os mais conhecidos representantes dessa escola estão Jerome Frank (*Law and the Modern Mind* [1930]; *Courts on Trial* [1950]), K. N. Llewellyn ('Some Realism about Realism,' *Harv. L. R.* 44 [1931], 1222; (com E. A. Hoebel, *The Cheyenne Way* [1942] e Underhill Moore ('Rational Basis of Legal Institutions,' *Co. L. R.* 23 [1923], 609; 'An Institutional Approach to the Law of Commercial Banking,' *Yale L. R.* 38 [1929], 703). Uma bibliografia será encontrada em E. N. Carlan, *Legal Realism and Justice* (1941). Quanto a um estudo introdutório, ver, por exemplo,

W. Friedmann, *Legal Theory* (2ª ed., 1949), 189 e segs. Para um estudo crítico, ver, por exemplo, Cardozo, *Selected Writings* (1947), 7 e segs.; Lon L. Fuller, 'American Legal Realism,' *Proceedings of the American Philosophical Society*, vol. 76 [1936], 191 e segs., e A. Ross, *Towards a Realistic Jurisprudence* (1946), 59 e segs. A tendência na teoria do direito que qualifica a si mesma como sociologia do direito consiste majoritariamente em idealismo disfarçado (parágrafo 1, notas 24 e 25).

Esta é a posição relativa das duas principais tendências na filosofia do direito, ou seja, o idealismo metafísico e o realismo científico. A batalha final entre elas não pode ser travada no domínio da própria filosofia do direito, tendo sim que ser travada no campo da filosofia geral. A controvérsia entre o idealismo e o realismo na filosofia do direito se dissolve, necessariamente, em problemas fundamentais de epistemologia. No que a estes tange, tudo que o filósofo do direito pode fazer é indicar as linhas principais do fundamento filosófico que dá sustentação à sua teoria. Estou convencido, além disso, de que a metafísica desaparecerá gradualmente do campo do direito assim como quase desapareceu do domínio das ciências naturais: não tanto devido aos argumentos lógicos contra ela formulados, porém mais porque o interesse nas construções metafísicas desvanece paulatinamente na medida em que se desenvolve uma ciência regular que demonstra seu próprio valor. Quem hoje em dia pensaria em *refutar* a crença na pedra filosofal? Deixemos que os mortos enterrem os seus mortos.

Por outro lado, compete à filosofia do direito executar uma crítica do idealismo em sua aplicação aos problemas teóricos do direito. Uma das grandes dificuldades do idealismo jurídico tem sido explicar como é possível que o ato de legislação, no seu caráter de fenômeno social, pode produzir algo que não sejam efeitos sociais, a saber, obrigações válidas de uma natureza *a priori*. Se o idealismo for tomado a sério, quer dizer, se com relação a certas regras ou ordenamentos, se lhes nega caráter jurídico porque não se harmonizam com um ideal pressuposto de justiça, isso conduzirá a uma limitação inconveniente do conceito de direito. Constitui princípio elementar de ciência a necessária definição de um objeto de acordo com qualidades objetivas e não de acordo com quaisquer avaliações. É irrelevante, por exemplo, que as leis de Hitler contra os judeus ou certas leis estrangeiras que autorizam a poligamia sejam consideradas incompatíveis com a ideia do direito; resta ainda o cumprimento inescapável da tarefa prática de expor essas regras realmente efetivas em conexão com o sistema no qual ocorrem. Parece-me absurdo exprimir reprovação moral pela exclusão desses temas do domínio da ciência do direito. A ideia do direito, se é que a admitimos, pode, portanto, no máximo ser uma ideia reguladora jurídico-política, porém não um elemento constitutivo do conceito do direito. Caso se intente debilitar a pretensão do idealismo dizendo que, em todo o caso, o direito positivo tem que consistir numa tentativa de realizar a justiça, isso introduzirá entre os fatos objetivos do direito um fator subjetivo de intenção de difícil explicação. As tentativas podem lograr êxito ou falhar. É a tentativa malograda também direito? A interpretação se afiguraria tão arbitrária quanto se alguém pretendesse sustentar que um cão constitui uma tentativa malograda de criar um gato.

Finalmente, caso se rejeite radicalmente toda censura ética, como faz Kelsen, e se aceite simplesmente como direito a ordem que tem efetividade, a validade específica como categoria formal se transforma em algo supérfluo. Kelsen faz uma tentativa de determinar a natureza do direito positivo prescindindo da realidade psicológica e social. A impossibilidade disto se patenteia ao chegarmos na hipótese inicial (norma básica ou *Grundnorm*). Enquanto permanecermos nos degraus inferiores do ordenamento jurídico, será possível retardar o problema da validade da norma nos remetendo a uma norma superior. Entretanto, este procedimento não pode ser empregado ao chegarmos à hipótese inicial. A esta altura a questão da relação da norma com a realidade se torna inevitavelmente urgente. Se se pretende que o sistema faça sentido, está claro que a hipótese inicial não poderá ser selecionada arbitrariamente. O próprio Kelsen afirma que esta tem que ser escolhida de tal modo que abranja o sistema que se acha efetivamente em vigor. Mas então fica claro que, na realidade, a efetividade é o critério do direito positivo; e que a hipótese inicial, uma vez que sabemos que é direito positivo, apenas cumpre a função de outorgar-lhe validade que é exigida pela interpretação metafísica da consciência jurídica, embora ninguém saiba no que consiste tal validade. A hipótese inicial é a fonte última de que emana a validade, que se estende através de todo o sistema. Poder-se-ia passar tudo isso por alto como uma construção supérflua mas inócua se dela não resultasse o fechamento dos olhos a uma rigorosa análise do critério de efetividade. Ao fazer da validade uma relação internormativa (a validade de uma norma deriva da validade de outra), Kelsen se impediu, desde o começo, de lidar com o cerne do problema da vigência do direito: a relação entre o conteúdo ideal normativo e a realidade social.[31]

---

31. Ver Ross, *Towards a Realistic Jurisprudence*, 1946, cap. II, seç. 6 e a crítica ao livro de Hans Kelsen *What is Justice?*, publicada na *California Law Review*, t. 45, 1957, 564 e segs.

§ 14. DISCUSSÃO: REALISMO PSICOLÓGICO, REALISMO COMPORTAMENTISTA E SUA SÍNTESE

Todas as teorias realistas concordam em interpretar a vigência do direito como em termos de efetividade social das normas jurídicas. Uma norma vigente difere de um mero projeto de lei ou de uma petição de reforma legislativa porque o conteúdo ideal normativo da norma vigente é ativo na vida jurídica da comunidade – há um direito em ação que corresponde ao direito nas normas. Resta definir com maior precisão esse "ser ativo". Neste ponto as teorias divergem. Há duas abordagens que poderiam ser denominadas como o *ramo psicológico* e o *ramo comportamentista* do realismo jurídico.

O realismo psicológico descobre a realidade do direito nos fatos psicológicos. Uma norma é vigente se é aceita pela consciência jurídica popular. O fato desta regra ser também aplicada pelos tribunais é, de acordo com esse ponto de vista, derivado e secundário, uma consequência normal da consciência jurídica popular que é, inclusive, determinante das reações do juiz. O critério efetivo não é a aplicação como tal, mas sim o fator determinante por trás dela.

Segundo esse ponto de vista, portanto, para comprovar se uma dada regra é direito vigente, devemos proceder a certas investigações sociopsicológicas. Teremos que nos indagar se a regra é aceita pela consciência jurídica popular. Somos informados que essa investigação pode ser fácil se a regra for encontrada numa lei adotada de forma constitucional; isto porque a consciência jurídica popular sustenta, acima de tudo, como seu conteúdo indireto e formalizado, a crença de que o direito é direito e que tem que ser obedecido. O público geralmente aceita que qualquer coisa estabelecida em conformidade com a Constituição se arvora objeto titular a ser respeitado como direito.[32]

Contudo, a consciência jurídica popular não está atada à lei. Pode acontecer que uma lei não seja aceita pela consciência jurídica popular e assim não se transforma em direito vigente. Do mesmo modo, quando um precedente pela

---

32. Para outros detalhes, ver Karl Olivecrona, *Law as Fact* (1939), 51 e segs. Numa certa medida, o realismo ideológico se assemelha ao idealismo formal de Kelsen segundo o qual a validade do direito é derivada dedutivamente da Constituição (e da hipótese inicial). A diferença pareceria ser simplesmente que enquanto Kelsen considera a ideologia constitucional como uma hipótese normativa autônoma em abstrato e dissociada da realidade social, Olivecrona frisa que é o conteúdo de concepções psicológicas reais que existem nas mentes dos seres humanos.

primeira vez estabelece uma regra, a decisão não passa de uma tentativa de criar direito. O que é decisivo é a aceitação da regra por parte da consciência jurídica. "A única pedra de toque ou critério possível para a existência de uma regra jurídica é o seu confronto com a consciência jurídica popular" (Knud Illum). Admite-se que a consciência jurídica do homem da rua é demasiadamente precária para valer como critério e que, por conseguinte, é preciso levar em conta a consciência jurídica dos juristas profissionais do país, mormente a dos autores de direito. Estes são os guardiães da herança da tradição jurídica nacional e é mister que seja a opinião deles que, em caso de dúvida, decida o que é direito vigente.

Pontos de vista semelhantes a estes animaram, em tempos mais longínquos, a escola histórico-romântica (Savigny, Puchta, parágrafo 81) e recentemente foram defendidos pelo autor dinamarquês Knud Illum. Ideias similares, a despeito de menos elaboradas, podem também ser encontradas nas obras do filósofo do direito sueco, Karl Olivecrona.

A objeção principal ao realismo psicológico é que consciência jurídica é um conceito que pertence à psicologia do indivíduo. Ao vincular o conceito de direito vigente à consciência jurídica individual, esse ramo do realismo converte o direito num fenômeno individual que se acha num plano idêntico ao da moral. Basta que pensemos em problemas como aborto, traição, aplicação de impostos a cooperativas ou liberdade comercial para constatarmos quão diversificada pode ser a consciência jurídica, inclusive entre os juristas. O próprio Illum não recua diante da conclusão lógica de que fundamentalmente há tantas variedades de direito quanto homens familiarizados com a tradição jurídica. Sobre esta base não seria possível falar de um ordenamento jurídico nacional tal como não é possível falar de uma moral nacional; ter-se-ia que dizer que há simplesmente uma opinião jurídica predominante.

Uma tal definição é inaceitável. É preciso pressupor que, ao menos dentro de certos limites, é possível definir um ordenamento jurídico nacional como um fenômeno externo intersubjetivo e não como uma mera opinião subjetiva que pode ser medida por meio de uma pesquisa de opinião Gallup entre os professores de direito. Se há razões plausíveis para supor que uma dada regra será adotada pelos tribunais do país como fundamento para suas decisões, então essa regra é direito nacional vigente, tal como entendem os juristas geralmente essa expressão, e são irrelevantes as opiniões que possam existir na consciência jurídica do professor Illum ou na de qualquer pessoa.

O realismo comportamentista encontra a realidade do direito nas ações dos tribunais. Uma norma é vigente se houver fundamentos suficientes para se supor que será aceita pelos tribunais como base de suas decisões. O fato de tais normas se compatibilizarem com a consciência jurídica predominante é, segundo esse ponto de vista, derivado e secundário; trata-se de um pressuposto normal, porém não essencial, da aceitação por parte dos tribunais. A oposição entre este ponto de vista e a teoria psicológica pode ser assim expressa: enquanto esta última define a vigência do direito de tal sorte que somos forçados a dizer que *o direito é aplicado porque é vigente*, a teoria comportamentista define o conceito de tal modo que somos obrigados a dizer *o direito é vigente porque é aplicado*.[33]

Pontos de vista semelhantes têm desempenhado um importante papel no realismo norte-americano, o qual remonta a Oliver Wendell Holmes, que já em 1897 enunciou a tão citada frase: "O que entendo por direito, e sem nenhuma outra ambição, são as profecias do que os tribunais farão de fato."[34]

---

33. As duas frases em itálico não exprimem qualquer divergência no tocante a fatos, mas indicam que a frase "ser vigente" é definida de maneiras distintas em cada uma das duas frases.

34. "The Path of the Law", *Harvard Law Review*, t. 10 (1897), 457 e segs., publicado em *Collected Papers* (1920). Essa linha de pensamento foi seguida por John Chipman Gray (*The Nature and Sources of Law*) (1909), que definiu o direito como "as regras que os tribunais... formulam para a determinação dos direitos e deveres," e fez a notável afirmativa de que "o direito de uma grande nação é constituído pelas opiniões de meia dúzia de velhos senhores, alguns deles, pode-se conceber-lo, de inteligência bastante limitada," porquanto "se meia dúzia de senhores constituem a mais alta corte de um país, nenhuma regra ou princípio que eles se recusem a seguir será direito nesse país." *Op. cit.*, 84 e 125. A partir deste ponto a ideia foi conduzida às suas conclusões lógicas extremas por Jerome Frank – *Law and Modern Mind*, 1930 – a saber, à conclusão de que o direito não consiste em absoluto em regras, mas tão só na soma total das decisões individuais. "Podemos agora arriscar uma definição rudimentar e provisória do direito do ponto de vista do homem médio: para qualquer pessoa particular leiga, o direito, relativamente a qualquer conjunto particular de fatos, constitui uma decisão de um tribunal no tocante a esses fatos na medida em que essa decisão afeta essa pessoa. Enquanto um tribunal não tiver se pronunciado sobre esses fatos, não existirá direito sobre o ponto. Antes de tal decisão, o único direito disponível é a opinião dos advogados acerca do direito aplicável a essa pessoa e a esses fatos. Essa opinião referencial não é realmente direito, mas meramente uma conjetura do que decidirá o tribunal. O direito, portanto, acerca de uma dada situação, é (a) direito efetivo, isto é, uma decisão específica passada referente a dita situação ou (b) direito provável, isto é, uma conjetura quanto a uma decisão específica futura." *Op. cit.*, 46. Benjamin Cardozo não aprova os excessos do realismo, mas aceita a ideia fundamental: "Eu contemplo um vasto e pouco preciso conglomerado de princípios, regras, costumes, usos e padrões morais, prontos para ser incorporados numa decisão conforme certo processo de seleção a ser praticado por um juiz. Se estiverem estabelecidos de sorte a justificar, com razoável certeza, a previsão de que encontrarão o respaldo do tribunal no caso de sua autoridade ser questionada, então direi que são direito." *Selected Writings* (1947), 18. Para um exame e crítica mais minuciosos de Gray e Frank, ver Alf Ross, *Towards a Realistic Jurisprudence* (1946), 59 e segs.

E, todavia, não é possível fazer uma interpretação puramente comportamental do conceito de vigência porque é impossível predizer a conduta do juiz por meio de uma observação puramente externa do costume. O direito não é simplesmente uma ordem familiar ou habitual (parágrafo 8).

Só é possível atingir uma interpretação sustentável da vigência do direito por meio de uma síntese do realismo psicológico e do realismo comportamental, que foi o que tentei explicitar no presente capítulo. Minha opinião é comportamentista na medida em que visa a descobrir consistência e previsibilidade no comportamento verbal externamente observado do juiz; é psicológica na medida em que a aludida consistência constitui um todo coerente de significado e motivação, somente possível com base na hipótese de que em sua vida espiritual o juiz é governado e motivado por uma ideologia normativa cujo conteúdo nós conhecemos.

Capítulo III
As Fontes do Direito

§ 15. Doutrina e teoria das fontes do direito

No capítulo anterior chegamos à conclusão de que o conteúdo real da asserção

$A = D$ é direito vigente

é uma previsão de que D, sob certas condições, será adotada como base para decisões em disputas jurídicas futuras.

A experiência mostra que tal previsão é realmente possível dentro de certos limites, embora o grau de probabilidade com o qual pode ser feita possa variar consideravelmente.

Ora, se, como nas regras do xadrez, um ordenamento jurídico nacional consistisse num pequeno número de normas simples, concisas e invariáveis, poder-se-ia supor simplesmente que a previsibilidade dependeria do fato de essas normas estarem, num momento determinado, presentes de modo ativo na mente do juiz.

Mas este não é o caso. Um ordenamento jurídico nacional não é apenas uma vasta multiplicidade de normas, estando, ao mesmo tempo, sujeito a um contínuo processo de evolução. Em cada caso, por conseguinte, o juiz tem que abrir caminho através das normas de conduta que necessita como fundamento para sua decisão. Se, a despeito de tudo, a previsão for possível, terá que sê-lo porque o processo mental pelo qual o juiz decide fundar sua decisão em uma regra de preferência a outra não é uma questão de capricho e arbítrio, variável de um juiz para outro, mas sim um processo determinado por posturas e conceitos, por uma ideologia normativa comum, presente e ativa nas mentes dos juízes quando atuam como tais. É verdade que não podemos observar diretamente o que ocorre na mente do juiz, porém é possível construir hipóteses no tocante a isso, e o valor delas pode ser comprovado observando-se simplesmente se as previsões nelas baseadas foram acertadas.

Essa ideologia é o objeto da doutrina das fontes do direito. Constitui o fundamento do ordenamento jurídico e consiste em diretivas que não concernem diretamente ao modo como deverá ser resolvida uma disputa legal, mas que indicam a maneira pela qual um juiz deverá proceder a fim de descobrir a diretiva ou diretivas decisivas para a questão em pauta.

Está claro que essa ideologia só pode ser observada na conduta efetiva dos juízes. É a base para as previsões da ciência do direito no que respeita à maneira pela qual os juízes reagirão no futuro. A ideologia das fontes do direito é a ideologia que, de fato, anima os tribunais, e a doutrina das fontes do direito é a doutrina que concerne à maneira na qual os juízes, efetivamente, se comportam. Partindo de certas pressuposições, seria possível desenvolver diretivas quanto a como deveriam proceder na eleição das normas de conduta nas quais baseiam suas decisões. Porém, é evidente que a menos que sejam idênticas às que são, de fato, seguidas pelos tribunais, tais diretivas são destituídas de valor como fundamentos para previsões relativas à conduta futura dos juízes e, por isso mesmo, não servem para determinar o que é direito vigente. Qualquer doutrina normativa das fontes do direito que não se adeque aos fatos carece de sentido se pretender ser algo mais que um projeto de um direito novo e melhor. A doutrina das fontes, como qualquer outra doutrina acerca do direito vigente, é descritiva de normas e não expressiva de normas; é uma doutrina que se refere a normas, não uma doutrina que consiste em normas.

A expressão metafórica tradicional "fontes do direito" se deve à ideia de que a ideologia que examinamos consiste em diretivas ao juiz que lhe ordenam a aplicar regras criadas de acordo com certos modos específicos de procedimento. Daqui basta um passo à frente para este modo de procedimento ser concebido como fonte. O direito brota de certos procedimentos específicos do mesmo modo que a água brota de uma fonte. Esta concepção se coaduna às regras do direito legislado, visto que estas são definidas, decerto, como regras criadas pelo procedimento de legislação, sendo natural designar a legislação como a *fonte* de todo direito que existe sob a forma de regras legisladas. A metáfora se revela menos apropriada ao precedente, ao costume e à *razão* como *fontes* adicionais do direito, já que estas palavras não indicam três procedimentos adicionais para a criação do direito que concedam ao juiz um produto elaborado tal como faz a legislação. Metaforicamente falando, podemos, talvez, dizer que a legislação concede um produto acabado, pronto para ser utilizado, enquanto o precedente e o costume proporcionam somente semimanufaturados que requerem acabamento pelo próprio juiz, e a *razão* apenas produz certas matérias-primas a partir das quais o próprio juiz tem que elaborar as regras de que necessita.

Nestas circunstâncias, é somente com dificuldade e receio que se poderia formular antecipadamente um conceito de "fontes do direito" que incluísse elementos tão diversos como a legislação, o costume, o precedente e a *razão*. Em todo caso, ter-se-ia que enfatizar que a designação "fonte do direito" não pretende significar um procedimento para a produção de normas jurídicas. Esta característica pertence exclusivamente à legislação. Se quisermos, contudo, formular um conceito de "fontes do direito" – que não seja em si mesmo necessário para dar conta da ideologia a que estamos aludindo – teremos que defini--lo de uma maneira mais imprecisa. Por "fontes do direito", por conseguinte, entender-se-á o conjunto de fatores ou elementos que exercem influência na formulação do juiz da regra na qual ele funda sua decisão; acresça-se que esta influência pode variar – desde aquelas *fontes* que conferem ao juiz uma norma jurídica já elaborada que simplesmente tem que aceitar até aquelas outras que lhe oferecem nada mais do que ideias e inspiração para ele mesmo (o juiz) formular a regra que necessita.

Considerando-se que a ideologia das fontes do direito varia de um sistema jurídico para outro, descrevê-la é tarefa da ciência do direito *(a doutrina das fontes do direito)*. Esta tarefa, como vimos, somente pode ser realizada por meio do estudo minucioso da maneira como procedem de fato os tribunais de um país visando a descobrir as normas em que baseiam suas decisões. E a tarefa da filosofia do direito só pode consistir, neste caso, em estabelecer e identificar os tipos gerais de fontes do direito que, em conformidade com a experiência, aparecem em todos os sistemas jurídicos maduros (*a Teoria das Fontes do Direito*).

Diversas abordagens se apresentam como o fundamento de uma classificação generalizadora desse tipo. Seria possível, por exemplo, caracterizar os vários tipos de fontes segundo o papel dominante que desempenharam na evolução histórica do direito. Deste ponto de vista o precedente e a *razão* são caracterizáveis como as fontes que sempre desempenharam um papel considerável, que corresponde às ideias de justiça formal e material, o costume e a legislação, como as fontes cujo papel tem variado grandemente, sendo o costume a fonte predominante no direito primitivo e a legislação, no direito moderno.

Neste livro, entretanto, o fundamento será outro, a saber, o grau de objetivação dos diversos tipos de fontes. Por isto entendo eu o grau no qual elas apresentam ao juiz uma regra formulada, pronta para sua aplicação ou, inversamente, o grau no qual lhe apresentam um material que será transformado numa regra somente após uma ativa contribuição de labor por parte do juiz.

Consoante a isso, o esquema de classificação será o seguinte:

1º) o tipo de fonte completamente objetivada: as formulações revestidas de autoridade (legislação no sentido mais amplo);

2º) o tipo de fonte parcialmente objetivada: costume e precedente;

3º) o tipo de fonte não objetivada, *livre*: a *razão*.

§ 16. LEGISLAÇÃO

A fonte mais importante no direito da Europa continental, atualmente, é constituída, sem dúvida, pelas normas sancionadas pelas autoridades públicas. Com efeito, os juízes se sentem obrigados, em alto grau, ante as declarações da legislatura e a doutrina ideológica oficial assevera que o direito legislado (em lato sentido) possui força obrigatória absoluta. Na prática, entretanto, os tribunais, aberta ou sub-repticiamente, por vezes, desconsideram as regras legislativas discordantes da consciência jurídica material predominante.[1] Na mente dos juízes, como na dos outros cidadãos, há um limite para o possível hiato entre a consciência jurídica institucional e a consciência jurídica material (parágrafo 11). De modo particular, as regras jurídicas antigas podem perder vigência porque já não se acham em harmonia com as novas condições e ideias. Diz-se, então, que a lei foi abolida por *desuetudo*.

Historicamente, o crescimento de uma legislatura constitui um fenômeno estranho (parágrafo 18) e muito tempo levou para que as autoridades do direito legislado lograssem reconhecimento geral. Afirma Allen[2] que ainda no século XIV não era incomum, na Inglaterra, os juízes se recusarem franca e prontamente a aplicar o direito legislado. Houve luta pela supremacia na criação do direito entre a *common law* e o Parlamento,[3] conflito que era ideologicamente sustentado pela doutrina do direito natural. No caso Bonham[4] em 1610, Coke (C. J.) defendeu o direito dos juízes da *common law* declarar nula

---

1. Ver, à guisa de exemplo, Jean Crutz, *La Vie du Droit et l'Impuissance des Lois* (1908).
2. *Law in the Making*, 4ª ed., 1946, 365 e segs.
3. Ver também W. Friedmann, *Legal Theory*, 2ª ed., 1949, 50 e segs.
4. "Transparece nos nossos livros que em muitos casos a *common law* se acha acima das leis do Parlamento e, às vezes, as declara absolutamente nulas, pois quando uma lei do Parlamento se opõe

uma lei do Parlamento, mas após a revolução de 1688 a supremacia absoluta do Parlamento foi reconhecida.⁵ Blackstone, em 1765, pôde, não obstante, pagar um tributo verbal à doutrina do direito natural, ao sustentar que nenhuma lei é válida se opor-se à natureza e à razão, mas, na prática, reconheceu a competência absoluta e irrestrita do Parlamento.⁶

O direito legislado é direito sancionado, ou seja, foi criado por uma resolução de certos seres humanos e, por isso, pressupõe normas de competência que indicam as condições nas quais isso pode ocorrer. Cabe à doutrina das fontes do direito expor e explicar essas normas de competência. A teoria das fontes do direito deve se restringir à elucidação de certos traços característicos do direito legislado.

Toda sanção em exercício de uma competência é conhecida sob a designação comum de *legislação*. Tomada em sentido amplo, a palavra legislação compreende não apenas a Constituição (se escrita) e as leis do Parlamento, mas também todo tipo de normas sancionadas subordinadas e autônomas, não importa com que nome se as designe: ordens do Conselho, regras e ordens estatutárias, regulamentos de autoridades locais, de corporações autônomas, de igrejas, etc.

Uma norma do direito legislado recebe sua autoridade das normas de competência que definem as condições sob as quais a sanção terá força legal. Estas condições podem ser divididas em dois grupos.

As condições formais de competência definem o procedimento para a sanção da norma, o que inclui a identificação das pessoas qualificadas para adotar as diversas etapas do procedimento. O procedimento legislativo, exemplificando, exige que as diversas etapas na Câmara de Representantes e no Senado sejam cumpridas por pessoas que, segundo as leis eleitorais e o resultado das eleições, estejam qualificadas como membros de uma casa e de outra.

As condições materiais definem o objeto ou conteúdo da norma que pode ser sancionada mediante o procedimento indicado.

Combinando ambos os conjuntos de condições nos é possível dizer que uma norma sancionada detém força legal se tiver sido ditada por uma

---

à razão ou à justiça comum, ou seu cumprimento é repugnante ou impossível, a *common law* a colocará sob seu controle e a declarará nula", 1610, 8 Co. C.P., 114a.
5. Ver, porém, *Goschen contra Stonington* (1822), 4 Conn. 209, 225, quando o juiz Hosmer põe ainda em dúvida a onipotência do Parlamento; ver também Julius Stone, *The Province and Function of Law* (1950), 226, 8.
6. *Commentaries* (1765), II, 41-43.

autoridade que acatou o procedimento regular e que tenha operado nos limites de sua competência material.

A competência para sancionar normas não está geralmente limitada a uma única autoridade. Parte do direito que é criado mediante leis consiste em novas normas de competência que constituem novas autoridades, as quais, por sua vez, podem ser competentes para estabelecer outras autoridades. Deste modo, surge um complicado sistema de autoridades em vários níveis. Uma autoridade cuja competência é determinada por normas criadas por outra autoridade situa-se num nível inferior a esta última. Duas autoridades cujas competências respectivas foram criadas pela mesma autoridade superior, situam-se no mesmo nível e gozam de *status* idêntico.

Chamemos a autoridade que estamos considerando de A_1; A_1 foi constituída segundo um conjunto de regras de competência (formais e materiais). Se chamarmos estas regras de C_1, C_1 terão que ter sido sancionadas por uma autoridade superior A_2 ou não. Se foram sancionadas por A_2, A_2 terá que ter sido constituída por C_2, que por sua vez têm que ter sido sancionadas por A_3, ou não. Visto que a série de autoridades não pode ser infinita, é forçoso concluir que em última instância as normas mais altas de competência não podem ser sancionadas, tendo que ser pressupostas. A linha de pensamento pode ser ilustrada do seguinte modo:

A_3 – constituída por C_3 – não sancionadas por uma autoridade.
A_2 – constituída por C_2 – sancionadas por A_3
A_1 – constituída por C_1 – sancionadas por A_2

A_3 é a autoridade suprema e, consequentemente, tem que ser necessariamente constituída por normas de competência que não foram sancionadas por nenhuma autoridade, sendo, porém, pressupostas.

As normas que constituem uma autoridade A e sua competência são, ao mesmo tempo, normas que determinam como pode ser reformado o direito criado por A. As normas constituintes determinam as condições para a validade das normas subordinadas e, consequentemente, regem tanto sua sanção como sua reforma. Inversamente, as normas formuladas para a reforma do direito criado por A são, ao mesmo tempo, normas que constituem A. As normas que regulam a maneira de legislar, por exemplo, são, simultaneamente, normas que indicam de que forma pode ser reformada uma lei (nomeadamente, por uma nova lei). E, inversamente, as normas da Constituição que regem o procedimento especial para a reforma da Constituição são, ao mesmo tempo, normas que estabelecem uma autoridade constituinte distinta da legislativa.

A pequena tabela apresentada supra mostrou que uma certa autoridade era suprema e que as normas que constituem essa autoridade não podiam, portanto, ter sido sancionadas por nenhuma outra autoridade, tendo sim que existir como uma ideologia pressuposta. Isto significa que não existe norma superior que determine as condições para sua sanção e reforma válidas. De um ponto de vista jurídico, portanto, é impossível emitir qualquer juízo no tocante ao modo como pode ser alterada a ideologia constituinte superior pressuposta. E, no entanto, esta muda, seja mediante revolução, seja mediante evolução. Mas em ambos os casos o fenômeno da mudança é um fato sociopsicológico puro que se acha fora do âmbito do procedimento jurídico.

Nos Estados Unidos, a autoridade suprema é o poder constituinte instituído pelas regras estabelecidas no art. V da Constituição. Estas regras encarnam o mais elevado pressuposto ideológico do ordenamento jurídico norte-americano, porém não podem ser consideradas como sancionadas por nenhuma autoridade e não podem ser reformadas por nenhuma autoridade. Qualquer reforma do art. V da Constituição que na prática se leve a cabo é um fato *ajurídico*, e não criação do direito por meio de um procedimento que tenha sido instituído.

Estou, decerto, ciente de que se objetará que todos os políticos que ocupam posições de autoridade atuam, de fato, na suposição de que o art. V da Constituição pode ser juridicamente reformado, e que só pode o ser por meio de um certo procedimento, a saber, o indicado no próprio art. V. Certamente aceito este modo de ver como um fato sociopsicológico que exercerá uma grande influência no curso efetivo da vida política; entretanto, tal circunstância não é uma razão para modificar a análise lógica precedente.

Só há um meio possível de objetar o raciocínio expresso na tabela acima. Poder-se-ia sustentar que certa autoridade, por exemplo A_3, pode ser estabelecida em normas sancionadas por ela mesma, o que equivale a dizer que é possível que uma norma determine as condições para sua própria sanção, incluindo a maneira pela qual pode ser modificada. Uma *reflexividade* desse tipo, contudo, constitui uma impossibilidade lógica, sendo, de ordinário, assim reconhecida pelos lógicos.[7] Uma proposição não pode referir-se a si mesma. Seria possível oferecer uma prova completa disso, mas este não é o lugar adequado para tal. Penso que se admitirá não ser possível imaginar a legislatura

---

7. Ver, por exemplo, Jørgen Jørgensen, "Some Reflections on Reflexivity," *Mind* LXII (1953), 289 e segs.

constituída por lei e a lei não poder estabelecer as condições para sua própria reforma. As regras para isto precisam necessariamente estar num nível que seja superior em um degrau ao nível da lei. Entretanto, se admitir-se isto para a lei, ter-se-á que admitir algo análogo para a Constituição. A Constituição, tal como a lei, não pode expressar as condições para sua própria reforma. O art. V da Constituição, portanto, não é logicamente parte da Constituição, mas compreende normas pressupostas de um plano mais elevado, as quais, por sua vez, não podem estabelecer as condições para sua própria reforma. Se tais condições existissem, estariam estabelecidas num plano ainda mais elevado. Mas, não existem de fato. O art. V da Constituição não é direito legislado, mas sim pressuposto.

Que se adicione a isso que se o art. V da Constituição é reformado na prática por um procedimento que se conforma com suas próprias regras, não é possível considerar o novo "art. V" como derivado do anterior, ou como válido porque é dele derivado. Uma tal derivação pressupõe a validade da norma superior e daí a existência continuada da mesma, e por meio de derivação não se pode estabelecer uma nova norma que contrarie a que lhe serviu de fonte. Isto será mais fácil de ser entendido se examinarmos um caso menos complicado do que as regras do art. V da Constituição.

Se um monarca absoluto outorga uma "Constituição livre", o significado jurídico deste ato pode ser interpretado de duas maneiras distintas. É possível considerar que a nova Constituição possui validade em virtude do poder absoluto do monarca que a outorgou, o qual prossegue assim como autoridade suprema. A norma básica anterior, portanto, continua sendo válida e a nova ordem pode ser revogada a qualquer momento pelo mesmo poder absoluto que a outorgou. Nenhuma alteração ocorreu no pressuposto essencial do sistema, em sua ideologia fundamental.

Contudo, a "nova" Constituição também pode ser outorgada pelo monarca com a intenção de que não seja revogável. Neste caso, não podemos considerar que deriva de seu poder absoluto. Não é possível que na conclusão de uma inferência dedutiva válida surja algo que se ache em conflito com as premissas. A ideia de que o rei entrega seu poder soberano ao povo, como alguém que entregasse um objeto tangível, se funda em ideias de soberania puramente mágicas.

Resulta que: ou a "nova" Constituição deriva da antiga (e neste caso não há realmente uma *nova* Constituição, pois o poder absoluto do rei continua invariável), ou a nova Constituição substituiu a anterior, mas neste caso não pode ser derivada dela. A determinação de qual destas duas interpretações é apropriada em dadas circunstâncias históricas não se respalda em considerações de lógica jurídica, mas exclusivamente na ideologia política que se aplica de fato.

A situação é semelhante no caso das regras mais complicadas do art. V da Constituição. Segundo esse artigo uma emenda constitucional exige a ratificação de três quartos dos Estados. Se por meio desta maioria se decide que no futuro será exigida uma ratificação de quatro quintos dos Estados, a nova regra relativa a emendas não pode ser considerada como derivada da anterior, do contrário, seria possível emendar a nova norma básica por meio do mesmo procedimento utilizado para criá-la, isto é, por uma maioria de três quartos, e a regra atual de emendas continuaria sendo a norma mais elevada do sistema.

Tudo isso, como dito, não nega o fato sociopsicológico de que um novo "art. V" será mais facilmente aprovado se for adotado o procedimento estabelecido nas regras do art. V da Constituição.

Em suma: todo sistema de direito legislado (no lato sentido) baseia-se necessariamente numa hipótese inicial que constitui a autoridade suprema, mas que não foi criada por nenhuma autoridade. Existe apenas como uma ideologia política que forma o pressuposto do sistema. Qualquer emenda via procedimento jurídico estabelecido só é possível dentro do sistema, cuja identidade é determinada pela hipótese inicial. Toda mudança nesta última, isto é, toda transição de um sistema para outro, é um fenômeno extrassistemático, uma mudança fática sociopsicológica na ideologia política dominante e não pode ser descrito como criação jurídica mediante um procedimento. Ao mesmo tempo, é difícil imaginar que o art. V da Constituição seja alterado, salvo num processo que se assemelhe ao procedimento jurídico determinado pelo próprio art. V. As forças políticas são dominadas, de fato, por ideias que não podem ser expressas racionalmente, mas tão só em termos mágicos: o procedimento estabelecido no art. V é o ato mágico que, com exclusividade, pode soltar o laço criado pelo próprio artigo, com apenas uma possível reserva. Se na prática se revelasse impossível a reforma do art. V em conformidade com suas próprias regras, seria possível, talvez, recorrer com êxito a uma ideologia ainda mais fundamental em apoio à mudança: o direito do povo norte-americano de dar-se a qualquer tempo uma Constituição.

Em The Age of Jackson (1946), p. 410, Arthur M. Schlesinger recorda uma tentativa interessante, embora infrutífera, de recorrer ao poder constituinte fundamental do povo. Por volta de 1840, no Estado federativo de Rhode Island (possuidor de uma Constituição que era, se comparada com a dos outros Estados, muito conservadora), surgiu um movimento popular sob a liderança de Thomas Wilson Dorr que exigia a extensão do direito de voto e outras reformas liberais da Constituição. O governo conservador permaneceu firme nos seus direitos exclusivos, diante do que Dorr recorreu ao poder soberano do povo, como fundamento de todo governo. Em consequência dessa estratégia houve em 1841 duas assembleias constituintes rivais: uma convocada apressadamente pelo governo para abrandar os ânimos do povo e uma segunda, que não foi o resultado de um procedimento legítimo, tendo buscado sua legitimação diretamente no poder constituinte do povo. Neste contexto, o passo seguinte foi a aprovação de duas Constituições. A Constituição popular obteve apoio esmagador num plebiscito e Dorr formou um governo, fazendo-se nomear como governador. Nenhum dos dois governos se mostrou disposto a ceder. Em 1842 ocorreu um conflito armado e Dorr foi vencido. Fugiu do Estado e centenas de seus adeptos foram presos. No ano seguinte tentou retornar secretamente, mas foi imediatamente preso e processado. Foi condenado à prisão perpétua em regime de trabalhos forçados. A despeito do malogro de seu plano, este fortaleceu o movimento liberal. Em 1845 Dorr foi posto em liberdade e em 1854 sua sentença foi anulada.

§ 17. PRECEDENTES (JURISPRUDÊNCIA)

Com certeza pode-se ter como pacífico que os precedentes, isto é, as decisões jurídicas anteriores, desempenharam sempre um papel importante na decisão relativa a uma disputa legal perante um tribunal. O fato de que num caso anterior de caráter similar se tenha escolhido uma certa regra como fundamento da decisão, constitui um forte motivo para que o juiz baseie a decisão presente na mesma regra. Além de tal procedimento poupar tempo, dificuldades e responsabilidades ao juiz, esse motivo está estreitamente relacionado à ideia de justiça formal, a qual em todos os tempos parece ter sido um elemento essencial da administração de justiça: a exigência de que os casos análogos recebam tratamento similar, ou de que cada decisão concreta seja baseada numa regra geral (parágrafo 63).

Por outro lado, razões de peso podem ser dadas para a ruptura com práticas anteriores, particularmente, sob condições sociais em mudança e em relação a áreas do direito nas quais a legislação, contudo, não tem interferido para atualizar as normas. Em tais circunstâncias, atribuir demasiado valor ao precedente será considerado formalismo, como uma ênfase excessiva nas exigências de justiça formal às expensas da "equidade" material.

Tal como se afirmou no parágrafo 15, a doutrina das fontes do direito se ocupa daqueles fatores que de fato influem no comportamento do juiz, visto que somente eles podem nos auxiliar na previsão de suas reações futuras. Consequentemente, a única coisa importante para a doutrina das fontes do direito é o papel motivador que o precedente efetivamente desempenha, e não a doutrina oficial que nos diz se o juiz pode levar em consideração os precedentes e, caso possa, nos informa se está ou não *obrigado* por eles. Esta doutrina tem estado submetida a uma grande gama de variações nas diferentes épocas e diferentes sociedades.

Associativamente às grandes codificações, o legislador, na vã esperança de preservar sua obra, tem proibido, amiúde, a interpretação das normas e que a prática dos tribunais se desenvolva como fonte do direito. Já Justiniano proibiu decisões de acordo com precedentes (*non exemplis, sed legibus judicandum est*).[8] No Código Prussiano (*Allgemeines Landrecht*) de 1794 encontramos preceitos similares. Na Dinamarca, depois da aprovação do Código Dinamarquês, em 1683, proibiu-se que os advogados citassem precedentes perante a Corte Suprema. A medida foi rescindida em 1771. Essas proibições drásticas se provaram ineficazes, tornando preponderante na Europa continental o ponto do vista de que no interesse da certeza das decisões prévias dos tribunais superiores, em particular as da Corte Suprema, deviam ser respeitadas, embora não dispusessem de *força obrigatória* formal como acontecia com o direito legislado.

A doutrina anglo-saxônica é totalmente distinta.[9] Já no século XIII tornou-se usual citar precedentes e no seu famoso *Note Book*, Bracton colecionou dois mil casos, quase certamente para finalidade prática. Originalmente não se entendia que o juiz estivesse obrigado por eles. A doutrina anglo-saxônica desenvolveu-se muito gradualmente e assumiu uma forma mais definida nos séculos XVII e XVIII. Porém, a ausência de uma organização hierárquica homogênea dos tribunais e o estado das coleções jurídicas impediram que a doutrina alcançasse seu pleno desenvolvimento. Estas deficiências foram remediadas

---

8. Código 7, 45, 13.
9. Ver, por exemplo, C. K. Allen, *Law in the Making*, 4ª ed. (1946), 151 e segs.

recentemente no século XIX. A doutrina atualmente objeto de reconhecimento geral, denominada *stare decisis* pode ser sintetizada como segue:

1) Um tribunal é obrigado pelas decisões dos tribunais superiores e na Inglaterra a Câmara dos *Lords* e a Corte de Apelações estão obrigadas por suas próprias decisões.

2) Toda decisão relevante pronunciada por qualquer tribunal constitui forte argumento passível de pleitear respeitosa consideração.

3) Uma decisão somente é obrigatória com respeito a sua *ratio decidendi*.

4) Um precedente não perde vigência, embora os precedentes muito antigos não sejam, em princípio, aplicáveis às circunstâncias modernas.

Não é fácil decidir em que medida os juízes ingleses e norte-americanos – em harmonia com a doutrina da "força obrigatória" – atribuem, na realidade, maior importância ao precedente em suas decisões do que seus colegas da Europa continental, o que não pode ser tomado por pressuposto.

Por um lado, é fato que os juízes anglo-saxões, sem se sentirem obstados pela doutrina de *stare decisis*, frequentemente desconsideram os precedentes que não se coadunam mais com as novas condições. A maior prova disso reside no fato de que a *common law* que se desenvolveu através da prática dos tribunais não é atualmente a mesma de cem anos atrás. Houve mudanças e continuam havendo. Não se trata de algo incompatível com a doutrina de *stare decisis*. O decisivo ao considerar essa doutrina, não é o problema ideológico de determinar se os precedentes possuem, na realidade, força obrigatória ou não, mas sim saber se a doutrina fornece a este respeito critérios objetivos tais, que ao apreciar a força motivadora das decisões anteriores, seja possível falar de uma limitação genuína à liberdade do juiz, o que tem que ser negado, em particular por duas razões.

a) Em primeiro lugar, como já indicamos, um precedente só é considerado obrigatório na medida em que concerne a *ratio decidendi* subjacente à decisão.[10] Por isso se entende o princípio geral de direito que tem que ser introduzido como premissa para dar suporte à decisão. Contudo, ao determinar o princípio básico de um caso, o juiz não se encontra obrigado pelas declarações feitas pelo juiz que o decidiu; considera-se que o segundo juiz tem direito de interpretar a decisão à luz de sua própria razão.[11] Mas é óbvio que uma decisão poderia

---

10. Ver Allen, *ibid.*, 227 e segs.; G. W. Paton, *Jurisprudence* (1946), 159-161.
11. "Quando se trata de lei criada por caso de precedência e inexiste norma legislada, o juiz não se acha submetido à enunciação da regra jurídica feita pelo juiz anterior, nem sequer na suposição de que a regra tenha sido enunciada no *controlling case*. Tal enunciado constitui simples *dictum*,

ser encarada como derivada de uma grande variedade de regras gerais, tudo conforme os fatos do caso que julgamos relevantes.

Um autor norte-americano[12] cita o seguinte exemplo:

O pai de A a induz para que não se case com B, com quem A prometeu se casar. O juiz decide que o pai não é responsável perante B por sua atitude. Esta decisão pode fundar-se numa série de proposições de amplitude crescente. Eis a seguir algumas:

1ª) O pai tem o direito de induzir suas filhas a violar promessas de casamento.

2ª) Os pais (quer dizer, o pai e a mãe) têm tal direito.

3ª) Os pais (quer dizer, o pai e a mãe) têm tal direito tanto no tocante às filhas quanto aos filhos.

4ª) Todas as pessoas têm o direito de induzir às demais a violar promessas de casamento.

5ª) Os pais (pais e mães) têm tal direito relativamente a qualquer promessa feita por seus filhos (filhos e filhas).

6ª) Todas as pessoas têm tal direito relativamente a qualquer promessa feita por qualquer pessoa.

Ainda quando muitas dessas interpretações possíveis acham-se além do que, pensamos, poderia um juiz sustentar, é inegável que o juiz detém considerável liberdade para interpretar a *ratio decidendi* de tal sorte que um precedente invocado não constitua necessariamente um obstáculo à decisão que, por outros motivos, deseja ele ditar. Neste ensejo, a citação a seguir é oportuna:

> *Em qualquer tentativa de descobrir quais são os fatos relevantes surgem muitas dificuldades. Assim, em* Donoghue contra Stevenson[13] *decidiu-se que um fabricante de cerveja de gengibre tinha o dever, perante o consumidor, de impedir que restos decompostos de caracóis causassem transtornos gástricos no consumidor. Teria sido absurdo*

---

o que quer dizer que o juiz do caso presente pode julgar irrelevante a existência ou a ausência de outros fatos que os juízes anteriores consideraram importantes. Não é o que foi proposto pelo juiz anterior que tem importância; pelo contrário, é o que o juiz do caso presente, tentando ver o direito como um todo dotado de razoável grau de consistência, pensa que deve ser a classificação *determinante*." Edward H. Levi, *An Introduction to Legal Reasoning* (1949), 2. — "Qualquer caso constitui precedente detentor de autoridade somente para um juiz que, como resultado de sua própria reflexão, decide a favor dessa autoridade," Jerome Frank, *Courts on Trial* (1949), 279.

12. H. Oliphant, "A Return to *Stare Decisis*", *Amer. Bar Ass. Jo.*, t. 14 (1928), 71 e segs., 159 e segs.

13. 1932, A. C. 562.

restringir a ratio *à cerveja de gengibre. Mas restringia-se a regra a gêneros alimentícios? Ou a coisas capazes de causar dano à vida, à saúde ou à integridade física? Tinha relevância o fato de não ter havido possibilidade de uma inspeção intermediária por parte do varejista? Ou era suficiente que a* res *tivesse chegado ao consumidor sujeita ao mesmo defeito, não existindo probabilidade comercial de uma inspeção intermediária? Muitas decisões foram necessárias para a elaboração do significado real da doutrina. O Prof. Goodhart sugere que um fato é relevante a menos que seja considerado explícita ou implicitamente irrelevante, porém a dificuldade consiste em descobrir o que é o implícito. Em verdade, não podemos, frequentemente, descobrir o ponto relativamente ao qual um caso tem força obrigatória, a não ser que o consideremos na sua relação com casos anteriores ou posteriores. Um caso, por assim dizer, indica um ponto no gráfico, mas para traçar a curva do direito necessitamos de uma série de pontos.*[14]

b) Em segundo lugar, mesmo quando o juiz não deseje discutir a *ratio decidendi* de um precedente, lhe é possível distinguir o caso presente do anterior. As circunstâncias efetivas nunca são idênticas. O próprio juiz aquilata quais entre elas são relevantes e pode eludir um precedente citado se sustentar que num aspecto ou outro o caso em pauta difere do anterior, de modo a não ser obrigado pelo precedente.[15]

Por conseguinte, a doutrina de *stare decisis* não passa, na realidade, de uma ilusão. Trata-se de uma ideologia mantida por certas razões com o intuito de ocultar aos seus propugnadores e aos demais a livre função criadora de direito detida pelos juízes, e transmitir a impressão falaciosa de que estes apenas aplicam o direito existente, o qual pode ser determinado em virtude de um conjunto de regras objetivas como indica a doutrina de *stare decisis*.[16]

---

14. Citação de G. W. Paton, *Jurisprudence* (1946), 160.
15. Este resultado pode ser obtido "limitando um caso aos seus fatos particulares". "E quando constatamos que isso é afirmado acerca de um caso passado, sabemos que de fato o caso foi superado (*overruled*). Só um convencionalismo, um convencionalismo de algum modo, absurdo, impede que em tais casos se recorra a uma pura e simples superação (*overruling*)."
16. A despeito de Allen ser adepto da doutrina tradicional segundo a qual o juiz é obrigado pelos precedentes, admite que cabe ao próprio juiz decidir se, nas circunstâncias que se apresentam, existe tal obrigação. "Dizemos que é obrigado pelas decisões de tribunais superiores – e, sem dúvida, é. Entretanto, o tribunal superior não acorrenta o juiz – é ele que acorrenta a si mesmo. O juiz tem que decidir se o caso a ele citado se ajusta às circunstâncias em pauta e se encarna precisamente o princípio por ele buscado. O mais modesto dos oficiais do judiciário

Por outro lado, é também um fato que mesmo supondo-se que o precedente não possua força obrigatória, os juízes da Europa continental são influenciados, em grande medida, por decisões anteriores, e apenas esporádica e relutantemente se afastam da prática aceita. Porém, também neste caso é difícil descobrir o que realmente acontece, em parte porque amiúde os considerandos não mencionam o precedente, e, em parte, porque com frequência as novas linhas jurisprudenciais não aparecem como um abandono da prática anterior abertamente admitido. Não houve no continente europeu um predomínio de uma ideologia correspondente à anglo-americana, presumivelmente em virtude do papel muito mais substancial que desempenha aqui a legislação como fonte do direito. O desejo de ver o juiz obrigado por um direito objetivamente determinado, estabelecido de antemão, é satisfeito aqui pela doutrina da força obrigatória absoluta da lei.

Diante dessas circunstâncias, é forçoso reconhecer que não existem pontos para comparação direta entre os dois sistemas no tocante ao papel que, de fato, o precedente desempenha como fator de motivação na prática judicial. A única coisa que podemos afirmar com alguma certeza é a proclamada ideologia, porém isto não indica como são efetivamente as coisas.

E, contudo, é possível apontar várias circunstâncias de fato que, em escala muito maior que a ideologia, podem explicar a diferença entre os dois sistemas e mostrar porque o precedente e a legislação desempenham um papel diferente em cada um deles.

Primeiramente, contemplamos o papel tradicionalmente protagonizado na evolução do direito pelo jurista acadêmico e a legislação sistemática. Cumpre buscar a diferença fundamental entre os dois sistemas nesse ponto. Na tradição da Europa continental o direito é, em ampla medida, um produto acadêmico, ostentando por isso num grau correspondente, o timbre do pensamento acadêmico e sua tendência à análise sistemática e à racionalidade. Com firme fundamento na tradição do direito e por meio do pensamento racional, busca-se chegar a princípios gerais que sirvam de diretrizes e sistematizar as normas jurídicas em conformidade com esses princípios. Ausentes a tradição acadêmica e os estudiosos do direito, os quais têm desempenhado o seu papel desde o tempo dos glosadores até a atualidade, as codificações da Europa ocidental

---

tem que decidir por si mesmo se é ou não obrigado nas circunstâncias particulares do caso, por qualquer decisão determinada da Câmara dos Lords." C. K. Allen, *Law in the Making*, 4ª ed. (1946), 247-248.

seriam inconcebíveis. Na Inglaterra, por outro lado, foi o jurista prático – o juiz – quem exerceu a influência preponderante no desenvolvimento do direito, o qual, assim, evoluiu nas linhas de um método experimental. Por meio de um processo gradual de tentativa e erro de um caso para outro, buscou-se formular uma *doutrina* para expressar o direito que rege uma certa esfera da vida. Só nos tempos modernos surgiu uma tendência para sistematizar e generalizar o material jurídico desenvolvido daquela forma. Sob a pressão do número esmagador de precedentes que ameaçam detonar as bibliotecas, os norte-americanos têm produzido uma série de *restatements*, ou seja, codificações no padrão europeu, porém desprovidas de autoridade oficial. Esses *restatements* são o produto de extensos trabalhos coletivos realizados por estudiosos do direito. Na Inglaterra, igualmente, os trabalhos doutrinários de sistematização desempenham um papel crescente. A próxima etapa no desenvolvimento será, talvez, uma codificação detentora de autoridade, via legislação. Então desaparecerá a diferença real entre o direito da Europa continental e o anglo-americano, embora a doutrina de *stare decisis* permaneça inalterada.

É compreensível que a concepção do precedente como uma fonte do direito *provida de autoridade* tenha se originado num sistema no qual o direito se desenvolveu através da prática dos tribunais, e no qual a legislação desempenhou um papel secundário. Contudo, como fiz notar, não se pode ter por certo que a doutrina de *stare decisis* reflete uma situação efetiva, no sentido de que os juízes anglo-americanos se sentem obrigados pela jurisprudência (precedentes) num maior grau que seus colegas da Europa continental. Pelo contrário, seria possível supor que os juízes do continente europeu não se sentem responsáveis pela evolução do direito em medida idêntica aos seus colegas anglo-americanos, estando, sim, inclinados a deixar nas mãos do legislador qualquer tentativa de reforma, ao menos naquelas esferas jurídicas que tradicional e regularmente estão submetidas à legislação. Se assim fosse, resultaria que, contrariamente ao que proclama a ideologia oficial, o juiz estaria, de fato, menos disposto a afastar-se dos precedentes.

Junte-se a isso que a maneira tradicional de redigir as decisões exerce uma importante influência no peso que, na prática, se atribui ao precedente. Os pareceres dos juízes ingleses destacam-se devido a sua ampla discussão dos pontos de vista jurídicos que fundamentam a decisão. Embora segundo a doutrina oficial, tais raciocínios não sejam obrigatórios para interpretar a *ratio decidendi* da decisão, é óbvio que de fato assumem grande importância. Oferecem ao novo juiz um copioso acervo de material para lhe servir de orientação. A prática da Europa continental segue linhas distintas. Na Dinamarca, por exemplo, existe a tendência de expressar o raciocínio dos pareceres nos termos mais concretos e menos comprometedores possíveis. O resultado natural é que as decisões perdem valor como precedentes orientativos.

Outro fator é a quantidade e acessibilidade da jurisprudência (precedentes). O hábito de recorrer à jurisprudência nos escritos e petições dos advogados requer coletâneas de registros analíticos contendo excertos de decisões numa escala que é desconhecida nos países da Europa continental.

§ 18. COSTUME

É fato sociológico notório que a vida de um povo primitivo é regida nos seus mais ínfimos detalhes pelo costume. Há normas consuetudinárias sobre a maneira de caçar, de pescar e de fazer a guerra, no que toca à divisão do saque, às relações sexuais, o relacionamento social, as boas maneiras, o cumprimento das cerimônias religiosas e mágicas, etc. O costume é um modo de conduta que é geralmente seguido e que é experimentado como *obrigatório*, qualquer transgressão suscitando reações de reprovação por parte da tribo. Tais reações partem originalmente do grupo como um todo, podendo assumir uma grande variedade de formas: desde a pena de morte, o castigo corporal e a expulsão da tribo até a manifestação do desprezo público e a exposição ao ridículo.[17]

Tal como observou Abraham Tucker, "é um argumento constante entre as pessoas comuns que uma coisa tem que ser feita e deve ser feita porque sempre foi feita." As crianças mostram respeito ao consuetudinário, o mesmo ocorrendo com os selvagens. Se alguém indaga a um cafre porque faz isto ou aquilo, ele responderá: "Como posso explicá-lo? Nossos antepassados sempre procederam assim." A única razão que os esquimós podem apresentar como explicação para alguns de seus costumes, aos quais acatam por receio de má fama entre os seus é: "os antigos assim faziam e, consequentemente, é preciso assim fazer." No comportamento do aleutiano que "se envergonha se for surpreendido fazendo algo que não se costuma fazer em sua comunidade" e no terror do europeu médio de parecer singular reconhecemos a influência da mesma força do hábito.[18]

Mesmo entre os povos muito primitivos pode-se, por vezes, encontrar um chefe, um grupo de anciões, um conselho de sacerdotes ou um tribunal de

---

17. Ver Edward Westermarck, *The Origin and Development of the Moral Ideas*, I (1924), 170 e segs.
18. *Ibid*, p. 159.

algum tipo, que, em caso de dúvidas, decide que sanções devem ser aplicadas.[19] Isto poderia ser considerado como o primeiro gérmen de uma *autoridade pública*. A partir daí desenvolve-se paulatinamente um poder judicial organizado e estabelecido e, posteriormente, grupos especiais, cuja função é legislar e executar as decisões compulsoriamente. Deste modo cria-se gradativamente um mecanismo jurídico e um sistema de autoridades públicas que reivindicam o monopólio do exercício da força. Assim, de forma gradual, o direito e o costume se diferenciam: por um lado, as normas que são respaldadas pelo exercício organizado da força, e por outro, as normas que só encontram respaldo nas reações espontâneas não violentas (desprezo, exposição ao ridículo, etc.).

É evidente que o poder judicial sempre precede o legislativo. O juiz formava originariamente seu juízo de acordo com as regras tradicionais do costume. Paulatinamente, à medida que surgiam situações novas, o juiz foi *descobrindo* o que era correto ou adequado, isto é, as regras tradicionais foram adaptadas e desenvolvidas segundo o espírito tradicional para atender às novas necessidades. Através da prática dos tribunais, no decorrer do tempo, uma torrente herdada de ideias jurídicas vivas (que brotavam na consciência do povo ou, ao menos, na dos especialistas em questões de direito) assumiu expressão e se consolidou.

No que tange ao direito primitivo, portanto, não nos cabe perguntar se o costume é uma fonte do direito, e o sendo, por que é. O costume é o ponto de partida natural da evolução jurídica. Sob a perspectiva da evolução histórica, o grande problema é mais exatamente o da gênese de um poder legislativo, ou seja, como aconteceu de nascer e perdurar a ideologia de que certas pessoas possuem autoridade para proclamar novas normas que serão aceitas como *válidas* pelos juízes e pelos súditos.[20] Este problema aponta para a origem de uma ideologia política e constitui um tema de sociologia jurídica e não de filosofia do direito. Aceitamos o desenvolvimento de um poder legislativo como um fato.

É de se supor que o grosso da legislação consistiu, num primeiro momento, em codificar o direito que já era vigente. Foi somente de modo lento e gradual que a legislação passou a ser um instrumento social e político colimando o

---

19. *Ibid*, p. 173.
20. "Os índios norte-americanos, às vezes, dizem: 'Outrora não havia lutas por territórios de caça ou de pesca. Não havia, então, lei, de modo que todos faziam o que era correto.' A expressão deixa claro que outrora eles não se consideravam submetidos a um controle social imposto do exterior." Ruth Benedict, *Pattern of Culture*, Mentorbook ed., 1946, 233.

regramento consciente e deliberado da vida da comunidade. Enquanto o costume determinou originariamente o direito, com o transcorrer do tempo o direito determinou de maneira cada vez mais crescente o costume. Mas é fácil perceber que o poder do legislador de moldar o desenvolvimento do direito foi limitado. Nos casos em que a divergência entre o direito e as ideias jurídicas herdadas mostrou-se muito acentuada, o direito foi incapaz de modificar a consciência jurídica e se converteu em letra morta.

À medida que o direito foi se tornando progressivamente mais fixo através da legislação e da prática dos tribunais, o costume como fonte do direito foi perdendo terreno. Presentemente, o costume – salvo nos usos comerciais – tem importância secundária.

O costume como fonte do direito suscita um problema que ocupou e continua a ocupar um lugar na história da filosofia do direito que é desproporcional ao lugar que ocupa o costume nas comunidades jurídicas modernas. Parece óbvio que nem todo costume pode ser considerado fonte do direito. Diz-se que somente o costume jurídico o é, e este é caracterizado por um elemento especial em termos de experiência psicológica, chamado *opinio necessitatis sive obligationis,* um sentimento de estar obrigado, ou uma convicção de que o comportamento exigido pelo costume é também um dever legal.

Essa explicação, todavia, pode não ser correta. Todo costume, inclusive aquele que me leva a apresentar-me com uma roupa apropriada, é sentido como obrigatório, e o comportamento que se opõe a ele, como algo merecedor de reprovação. Este sentimento e esta reação definem o costume como algo distinto da mera convenção e da prática comum. O costume jurídico, tampouco, pode ser caracterizado pela convicção de que a conduta exigida por ele seja um dever legal, convicção que necessariamente equivale à expectativa de que o costume terá que ser aceito pelos tribunais como um padrão que sirva para fundar decisões. Tal convicção não pode surgir arbitrariamente, tendo, sim, que ser motivada e justificada por alguma qualidade inerente ao costume que é considerado obrigatório, e que o distingue de outros costumes. A convicção do caráter jurídico do costume tem, necessariamente, que derivar de um critério objetivo e o costume não pode ser definido por essa convicção, tal como o ferro não pode ser definido dizendo-se que é a substância que geralmente é considerada ferro.

É mister que busquemos a explicação do costume como fonte do direito de acordo com nosso esquema da história da evolução do direito. Originalmente, todas as relações da vida comum no grupo social se achavam igualmente submetidas ao regramento não organizado do costume, mas a diferenciação de um ordenamento jurídico fundado na aplicação da força física dividiu essas relações. Extensas esferas da vida da comunidade se tornaram objeto de regramento jurídico. Outras esferas, nas quais se considerou desnecessária a aplicação de medidas de força, ficaram regradas pelos usos convencionais, com sanções que se restringiam à pressão não violenta. Um costume jurídico é simplesmente um costume regulador numa esfera da vida que está (ou que chega a estar)[21] sujeita ao regramento jurídico. Essa teoria esclarece que razões tem o juiz para levar esses costumes em consideração e esclarece também porque a reação do juiz pode ser antecipada por aqueles que praticam o costume. A *opinio necessitatis* caracterizadora de todo costume está vinculada à expectativa de uma reação social de reprovação, de uma forma ou outra, contra aquele que viola o costume. Numa esfera de vida que se acha submetida ao regramento jurídico, tal expectativa assume esta forma: sanções legais são previstas se a questão é levada aos tribunais. Assim, neste campo, o sentimento geral de achar-se obrigado (*opinio necessitatis*) combina-se com uma expectativa que, certamente, pode ser qualificada como atitude ético-jurídica.

Uma decisão norueguesa refere-se ao caso do proprietário de um sítio em Trysil que apresentou uma demanda sustentando que, segundo o costume daquela região, os pequenos proprietários tinham o direito de se apropriarem da madeira caída que se encontrava em terra alheia. A existência desse costume não foi aceita, porém se o fosse, teria constituído um caso conspícuo de costume jurídico, já que as questões relativas à propriedade são reguladas pelo direito.

É costume jurídico um uso vigente no comércio de madeira segundo o qual tem-se como pagamento à vista o pagamento feito dentro dos trinta dias da data da fatura, e o é porque a questão referente ao ensejo do pagamento está sujeita ao regramento jurídico.

Inversamente, o costume que requer o uso da beca na cerimônia de formatura na Universidade não é um costume jurídico, já que nos limites da decência as questões de vestimento não são normalmente regidas pelo direito (todavia, uma *opinio necessitatis sive obligationis* bastante definida está certamente ligada a esse costume). Porém, quando em casos excepcionais a maneira de vestir

---

21. Penso aqui que uma esfera de vida até esse momento fora do campo do direito é submetida ao regramento deste por meio da prática dos tribunais.

é regida pelo direito, como ocorre no caso dos uniformes, é possível que surjam costumes jurídicos dentro de tais esferas particulares.

Num sistema jurídico evoluído, no qual a diferença entre direito e usos convencionais pode ser considerada completa, normalmente não resta dúvidas, portanto, quanto a quais costumes são tidos como fonte do direito. Pode haver incerteza, contudo, em particular relativamente aos costumes comerciais com respeito à existência de um determinado costume, isto é, se existe como ordem ante a qual as pessoas se sentem obrigadas, e cuja violação merece reprovação geral, ou se, pelo contrário, o padrão de comportamento não passa de um hábito ou uso convencional sem nenhuma qualidade normativa, a qual existe, por exemplo, por razões de conveniência técnica. A maioria de nós, por exemplo, acendemos a luz quando escurece e nos agasalhamos quando faz frio, mas o fazemos sem nos sentirmos obrigados pelo costume, além de não haver reprovação geral se alguém agir diferentemente. A distinção entre costume e prática comum (uso convencional), contudo, nem sempre é fácil. Pode ser difícil decidir, por exemplo, se a concessão de um preço regular, de um serviço ou de um benefício similar, é simplesmente uma conveniência (quer dizer, um método geral de competição) ou um costume.

Nos sistemas jurídicos primitivos, por outro lado, não é possível traçar uma linha divisória nítida entre os costumes jurídicos e os que não o são, porque a diferenciação entre as esferas de vida regradas pelo direito e as liberadas aos usos convencionais não foi consumada. As condições se acham, entretanto, num estado evolutivo, sendo tarefa própria do juiz (e do legislador) decidir quais costumes serão transformados em direito e quais não serão. É o que ocorre numa grande medida com o direito internacional. É difícil decidir se um costume internacional será aceito como direito ou simplesmente considerado como parte da *comitas gentium*. Muitos costumes relacionados à atividade diplomática e às demonstrações honoríficas entre Estados têm esse caráter, e o problema de determinar quais costumes devem ser aceitos como direito só pode ser solucionado por decisões futuras ou pela codificação.

Por conseguinte, no Estado moderno, um costume jurídico indica que em certas situações determinadas regras jurídicas, que são normalmente aplicáveis, não são observadas por setores mais ou menos grandes da população, os quais acatam, em contrapartida, a regra consuetudinária. As leis gerais reguladoras da propriedade podem ceder, por exemplo, diante um costume (local) que autorize a apropriação da madeira caída em terra alheia. Ora, não é difícil um tal efetivo estado de coisas poder levar um juiz a apoiar-se no costume para construir uma decisão. Um parecer formado sobre esse fundamento se ajustará melhor às ideias e expectativas das partes e, consequentemente, será considerado justo e apropriado. Robustecerá a confiança nos tribunais e o sentimento de certeza, como o leigo entende esta expressão, isto é, como concordância entre a decisão e as expectativas da consciência jurídica popular.[22] Por outro lado, também é concebível que o juiz considere que o costume é tão contrário aos princípios jurídicos fundamentais (tão irrazoável) que se negue a aceitá-lo.

A razão básica em virtude da qual o juiz leva em consideração o costume é o elemento psicológico – o sentimento de obrigação e validade – com o qual a conduta consuetudinária é experimentada. A conduta exterior, por outro lado, é apenas significativa como indicação externa e visível, e prova, de que esse sentimento existe com tal seriedade e força que é capaz de prevalecer sob forma efetiva dentro de um determinado grupo. Encaradas as coisas deste modo, o juiz não tem porque exigir que o costume tenha sido observado durante um certo lapso de tempo, quando as circunstâncias oferecerem fundamento suficiente para se crer que chegou a predominar uma atitude ético-jurídica dotada de um certo grau de estabilidade. Quando a exigência da conduta exterior e do fator tempo se debilitam, o costume como fonte do direito conduz imperceptivelmente a situações nas quais o juiz é motivado por uma nova concepção jurídica da comunidade, mesmo quando tal concepção não tenha encontrado expressão em nenhum costume.

Há um domínio particular no qual a doutrina tradicional de que o costume tem que haver sido observado por um longo tempo para ser reconhecido como jurídico, é evidentemente inadequada. Os costumes relativos ao comércio – especialmente os costumes ou usos comerciais de uma forma de comércio em particular – não são, de ordinário, muito antigos. A despeito disso, é obrigatório, além de constituir uma prática jurídica geral, levá-los em consideração ao interpretar os contratos.

A doutrina tradicional do direito consuetudinário, como a doutrina inglesa do precedente, empenha-se em estabelecer sob quais condições objetivas o juiz está obrigado por um costume. Desde a época do desenvolvimento dessa doutrina na teoria romano-canônica dos séculos XII a XVI (período dos glosadores) até o presente, os pormenores da formulação daquelas condições certamente sofreram variação: a ideia subjacente, contudo, tem permanecido

---

22. A certeza jurídica, no sentido que lhe atribui o profissional, significa o grau de probabilidade com o qual o jurista versado pode calcular de antemão as reações do tribunal.

idêntica, a saber, que é possível enunciar critérios objetivos para determinar quando um costume é *obrigatório*. Para o direito inglês Allen formulou as condições que se seguem.[23]

O costume tem que:

1) ser imemorial, isto é, ter existido, pelo menos, desde o ano 1189. Quando o costume foi vigente por um longo tempo, presume-se que tenha existido desde aquela data;

2) ter sido acatado continuamente;

3) ter sido exercido pacificamente e *nec clam nec precario*;

4) ter sido sustentado pela *opinio necessitatis*;

5) ser certo, e

6) ser razoável, implicando, entre outras coisas, que não tenha que ser incompatível com os princípios fundamentais da *common law* e do direito legislado.

Se houver provas de que tais condições são satisfeitas (diz Allen), o juiz terá o dever de declarar que o costume é direito válido. Esta doutrina – como a doutrina do precedente – é uma ideologia, cuja função consiste em ocultar a liberdade e a atividade jurídica criadora do juiz. É óbvio que as condições estabelecidas, particularmente em 4) e 6) facultam ao juiz ampla liberdade para o seu parecer.

§ 19. A TRADIÇÃO DE CULTURA (RAZÃO)

No parágrafo anterior procurei mostrar como o direito se desenvolveu originariamente a partir de costumes da tribo até que fosse gradualmente estabelecido por meio da prática dos tribunais e a legislação. O direito criado dessa maneira é chamado de *direito positivo*. Esta expressão sugere a existência do direito sob a forma de normas objetivamente fixas. Essa positividade é mais manifesta no direito legislado, isto é, o direito que encontrou formulação verbal revestida de autoridade. Porém, o direito criado por casos de precedência, especialmente se houver uma prática há muito existente, também possui um elevado grau de positividade, mesmo quando careça de formulação verbal revestida de autoridade.

---

23. Allen, *op. cit.*, 127 e segs.

O direito legislado não é, está claro, um *fiat* arbitrário emitido pelo legislador. O poder deste é um poder sobre as mentes dos seres humanos e se apoia na consciência jurídica institucional (parágrafo 11). Mas há um limite para a possível discordância entre o respeito leal ao direito legislado, de um lado, e do outro, os costumes tradicionais da comunidade e a tradição cultural em que se sustentam. Os costumes populares não são nem absolutos nem fundamentais, mas sim manifestações de uma fonte ainda mais profunda. No seio de todo povo há uma tradição comum viva de cultura que anima todas as formas manifestas da vida do povo, seus costumes e suas instituições jurídicas, religiosas e sociais. É difícil descobrir a natureza e essência dessa tradição. Pode-se falar de um conjunto de valorações, mas esta expressão é enganosa porque é capaz de sugerir princípios de conduta e padrões formulados de maneira sistemática. Seria melhor dizer que sob a forma de mito, religião, poesia, filosofia e arte vive um espírito que expressa uma filosofia de vida, que é uma íntima combinação de valorações (atitudes, parágrafo 70) e uma cosmogonia teórica, incluindo uma teoria social mais ou menos primitiva. Entretanto, seria errôneo pensar, com base nesta distinção abstrata, que a tradição comum de cultura é algo composto, em parte, por posturas valorativas e, em parte, por uma concepção teórica da realidade. O mito é um credo sobre a criação e a natureza do mundo, o poder dos deuses e suas vidas, as origens de um povo, sua história, destino e missão, a luta entre o mal e o bem, a origem da vida e seu significado, o lugar da humanidade em relação aos deuses e à natureza. A religião, a poesia, a filosofia e a arte ocupam-se, de distintas maneiras, dos mesmos objetos. E todos eles são, em idêntica medida, a expressão de ideais, de modos de vida e de crenças teóricas. O conceito de *credo* é caracterizado precisamente por essa dualidade. Um credo é uma crença teórica cuja função principal é expressar uma filosofia de vida.

A tentativa de distinguir entre uma apreensão não valorativa e uma atitude valorativa – o princípio norteador da ciência – é um fenômeno muito posterior que ocorre dentro de uma esfera particular de cultura, o qual é cultivado por um pequeno círculo de especialistas, amiúde com escasso êxito.

A tradição cultural não é imutável. O fator de mudança em seu desenvolvimento pareceria ser um certo discernimento de tipo mais ou menos científico que lentamente surge da experiência. Desta provém, por um lado, uma mudança de técnica em todas as fases da vida – métodos de produção, métodos bélicos, métodos político-administrativos, etc. – e por outro lado, uma revisão crítica dos mitos fundamentais. Ambas atuam de modo reflexo sobre a tradição cultural.

Limito-me aqui a assinalar esses fatos elementares – cuja descrição adequada pode ser encontrada em trabalhos de sociologia da cultura[24] – a fim de deixar claro quão pouco realista é esse tipo de positivismo jurídico que restringe o direito às normas estabelecidas pelas autoridades e crê consistir a atividade do juiz apenas numa aplicação mecânica de tais normas. Podemos comparar essas normas positivas a cristais que se depositaram numa solução saturada que se conservam graças a essa solução, mas que se destruiriam se fossem colocados num líquido diferente; ou podemos compará-las a plantas que morrem quando são arrancadas do solo nutriente no qual cresceram. As normas jurídicas, tal como toda outra manifestação objetiva da cultura são incompreensíveis se as isolarmos do meio cultural que lhes deu origem. O direito está unido à linguagem como veículo de transmissão de significado e o significado atribuído aos termos jurídicos é condicionado de mil maneiras por tácitas pressuposições sob forma de credos e preconceitos, aspirações, padrões e valorações, que existem na tradição cultural que circunda igualmente o legislador e o juiz.

No cumprimento de sua missão o juiz se acha sob a influência da tradição cultural porque é um ser humano de carne e osso e não um autômato, ou melhor, porque o juiz não é um mero fenômeno biológico, mas também um fenômeno cultural. Vê em sua atividade uma tarefa em serviço da comunidade. Deseja descobrir uma decisão que não seja o resultado fortuito da manipulação mecânica de fatos e parágrafos, mas sim algo que detenha um propósito e um sentido, algo que seja *válido*. A tradição cultural adquire primordialmente significado porque o juiz lê e interpreta o direito no espírito deste (ver próximo capítulo). Mas, a tradição cultural pode também atuar como uma *fonte do direito* direta, isto é, pode ser o elemento fundamental que inspira o juiz quando este formula a regra na qual baseia sua decisão.

É possível surgir uma situação na qual o juiz seja incapaz de encontrar entre as fontes positivas alguma regra passível de ser tomada como fundamento para sua decisão. Ele sempre pode proferir sua sentença a favor do demandado com base em que "não há norma detentora de autoridade" que sustente a reivindicação do demandante. Tal seria, provavelmente, o resultado se, por exemplo, A instaurasse um processo contra seu vizinho B visando a obter uma ordem judicial para que ele removesse uma estátua instalada no jardim de B,

---

24. Ver, por exemplo, Ruth Benedict, *Patterns of Culture* (1934). Quanto à palavra *mito*, ver R. M. MacIver, *The Web of Government* (1948), 3 e segs. e 447 e segs.

cuja baixa qualidade artística a torna intolerável para A, que pode vê-la através de sua janela. Entretanto, o resultado não seria necessariamente o mesmo se A pretendesse que se proibisse a B utilizar a história da vida dele, A, como tema de um filme. Talvez neste caso um parecer a favor do demandado se afigurasse insatisfatório aos olhos do juiz, visto que tal resultado, quem sabe, não se harmonizasse com as posturas e pontos de vista inerentes à tradição jurídica e cultural que determina a reação emocional do juiz. Nesta conjetura, o juiz poderia sentir-se pouco inclinado a rechaçar a demanda porque "não há norma detentora de autoridade" que lhe dê apoio. A ausência de toda norma detentora de autoridade é sentida como uma falta, um defeito ou *lacuna* no direito que o juiz deve preencher. Ele o fará decidindo a questão concreta colocada na forma que aquilate como justa, e ao mesmo tempo, se empenhará em justificar sua decisão destacando os pontos do caso que lhe pareçam relevantes. E assim, inspirado pelas ideias fundamentais da tradição jurídica e cultural, o juiz formará, como se fosse experimentalmente, uma regra jurídica geral. Mediante uma série de decisões referentes a circunstâncias análogas, os perfis dessa regra irão adquirindo fixidez gradualmente e fará sua aparição um direito de precedentes criado pelo juiz.

Ao preparar assim o caminho para um novo direito, o juiz pode se deixar orientar diretamente por seu *senso de justiça,* ou pode tentar racionalizar sua reação por meio de uma análise das considerações práticas com base num cálculo jurídico-sociológico dos efeitos presumíveis de uma regra geral ou outra. Mas, também, neste último caso a decisão surgirá de uma valoração fundada nos pressupostos da tradição jurídica e cultural. O que denominamos *razão* ou *considerações práticas* é uma fusão de uma concepção da realidade e de uma atitude valorativa (parágrafo 78).

A premência do tempo, contudo, impedirá na maioria dos casos todo estudo teórico mais profundo das condições sociais implicadas na questão jurídica que o juiz tem que decidir. Entregue às suas próprias forças, o juiz terá que confiar principalmente no que sente intimamente. Porém, em relação a isso, a doutrina pode contribuir para a prática com uma valiosa ajuda, pois é precisamente tarefa da doutrina, em considerações feitas *de sententia ferenda,* reunir e sistematizar aqueles conhecimentos e valorações de fatos sociais e circunstâncias correlatas que podem constituir uma contribuição valiosa ao progresso do direito através da prática dos tribunais.

É imperioso, portanto, que se rejeite o positivismo, porque falta-lhe compreensão no tocante à influência da atmosfera cultural na aplicação do direito. Por outro lado, com a mesma firmeza precisamos rejeitar a postura antipositivista corrente que interpreta o fundamento não positivista das normas positivas em termos metafísicos, *quer dizer,* como um direito natural baseado num discernimento racional *a priori*. Bastará, a esta altura, consultar o parágrafo 13 e o capítulo XI. A palavra *positivismo* é ambígua. Pode significar tanto *o apoiado na experiência* quanto *o que está formalmente estabelecido*. A reação contra o positivismo, que parece ser uma característica predominante da moderna filosofia do direito, se justifica em relação ao último desses significados, mas não em relação ao primeiro. Uma doutrina realista das fontes do direito apoia-se na experiência, porém reconhece que nem todo direito é direito positivo no sentido de *formalmente estabelecido*.

§ 20. A RELAÇÃO DAS DIVERSAS FONTES COM O "DIREITO VIGENTE"

Geralmente admite-se como ponto pacífico que uma lei que foi devidamente sancionada e promulgada é, por si mesma, direito vigente, isto é, independentemente de sua ulterior aplicação nos tribunais. Inversamente, é provável que raramente se pensa que o que pode ser derivado da *razão* tenha, tão só por isso, caráter de direito vigente; somente o reconhecimento na prática dos tribunais confere tal caráter ao produto da *razão*. No que concerne ao costume, há aguda divergência de opiniões. A doutrina mecanicista tradicional do direito consuetudinário pressupõe que o costume, se preencher as exigências para seu reconhecimento como costume jurídico, é direito por si mesmo, da mesma maneira que o é uma lei. Outros sustentam que o costume não se converte em direito enquanto não for formulado com autoridade e reconhecido pelos tribunais.[25] Graças a este reconhecimento, o costume recebe um *novo status*, deixa de ser algo simplesmente fatual para transformar-se em direito vigente. No direito da Europa continental não se coloca o problema relativo aos precedentes, já que ali estes não são reconhecidos como uma fonte genuína de direito (no sentido metafísico). No direito anglo-americano admite-se geralmente que os precedentes (a jurisprudência) são, por si mesmos, direito vigente.

---

25. Esta é a linha que, seguindo Austin, adotou a doutrina inglesa. Ponto de vista idêntico é sustentado por Lambert na França e por uma modesta minoria de autores na Alemanha. *Cf.* bibliografia de obras sobre direito consuetudinário incluída em Alf Ross, *Theorie der Rechtsquellen* (1929), 435 e segs.

Essas questões são ordinariamente abordadas da seguinte maneira: em que medida o direito existe já criado na própria fonte (na legislação, no costume, no precedente, na *razão*) e em que medida é o juiz que o cria?

À luz de nossa análise do conceito de direito *vigente* (parágrafos 8 a 10) não será difícil, acredito, compreender que o que examinamos aqui, como se fosse da elaboração de um produto material, se refere, na realidade, ao grau de probabilidade com o qual é possível prever a influência motivadora de uma fonte sobre o juiz.

Considerar que a lei é direito por si mesma significa que, geralmente e num grau de probabilidade muito próximo da certeza, podemos predizer que será aceita pelo juiz. Inversamente, as regras derivadas da *razão* não são consideradas diretamente como direito por si mesmas, porque aqui só podemos fazer conjeturas a respeito da reação dos tribunais. A controvérsia concernente à metamorfose do costume em direito reflete o fato de que embora haja pontos objetivos que dão apoio a um prognóstico, ao mesmo tempo o juiz goza de ampla liberdade para aceitar ou rejeitar o costume.

Trata-se de uma diferença de grau. Mesmo uma lei pode, consoante as circunstâncias, ser desconsiderada pelo juiz. Isto fez Gray negar que as leis, como tais, são direito. Segundo Gray, não passam de um fator de motivação, uma tentativa de criar direito e não podemos conhecer o resultado da tentativa até constatarmos se os tribunais aceitam a lei e como a interpretam. Por isso, afirma esse autor que o direito consiste unicamente naquelas regras que são aplicadas pelos tribunais, e que, todo o direito, portanto, é criação do juiz.[26] Entretanto, este ponto de vista é ilógico. Quais regras são *aplicadas na prática* é observado no comportamento dos tribunais até o presente, o que implica, por conseguinte, que Gray faz referência aos precedentes como a fonte que por si mesma cria direito. Contudo, não entendo porque Gray não adota, relativamente aos precedentes (jurisprudência) como fonte, a mesma posição que adota frente à lei. Também aqueles não passam de fatores motivadores e não sabemos com certeza nenhuma que influência terão sobre as decisões jurídicas futuras. O problema se reduz ao seguinte: se uma regra tiver somente que ser reconhecida como direito vigente se pudermos dizer com certeza que será aplicada pelos tribunais no futuro, então nenhuma regra poderá ser reconhecida como direito vigente. Tal foi a conclusão a que chegaram Jerome Frank e outros

---

26. John Chipman Gray, *The Nature and Sources of Law* (1909), 84, 125 e alhures. *Cf. supra*, parágrafo 14, nota 3, e Alf Ross, *Towards a Realistic Jurisprudence* (1946), 59 e segs.

realistas norte-americanos, ao afirmarem que o direito não consiste em regras, mas sim exclusivamente no conjunto das decisões jurídicas específicas.[27]

§ 21. A DOUTRINA DAS FONTES DO DIREITO

A caracterização dos diversos tipos de fontes feita no parágrafo anterior é tema próprio de uma teoria geral das fontes do direito. Cabe à doutrina das fontes do direito, como parte da ciência do direito (parágrafo 15) fornecer uma descrição minuciosa de cada uma das fontes e de sua importância relativa no âmbito de um ordenamento jurídico específico.

Tal descrição é particularmente significativa no que toca à legislação (no sentido mais lato) como fonte. Todos os ordenamentos jurídicos modernos contêm uma copiosa série de normas referentes aos diversos procedimentos para formular regras de direito, a relação recíproca entre os diversos níveis do direito legislado, desde a Constituição até os contratos particulares, a promulgação e colocação em vigor das leis, a delegação do poder legislativo, a anulabilidade, o controle judicial, etc. Todos estes são elementos da doutrina das fontes do direito, mesmo quando não são agrupados sob esse título, mas sejam incluídos sob títulos designativos variados: direito constitucional, direito administrativo, direito dos contratos.

Por outro lado, é praticamente impossível desenvolver de maneira análoga uma doutrina das fontes do direito não legislado, porque como resulta do que dissemos, não é possível indicar as condições objetivas para que ocorra a influência motivadora dos costumes, do precedente e da razão. As tentativas de enunciar tais condições não passam, na realidade, de racionalizações ideológicas para preservar a ficção de que o juiz unicamente aplica direito objetivamente existente. Neste campo, a doutrina das fontes do direito tem que limitar-se a indicar em termos imprecisos o papel desempenhado pelas diversas fontes num ordenamento jurídico específico.

A esse respeito, pode haver grandes variações. Enquanto a legislação desempenha um papel preponderante no direito europeu continental, o direito anglo-americano continua baseado no precedente (jurisprudência), embora haja uma tendência crescente em sistematizar e inclusive, talvez, em codificar o direito baseado em casos precedentes. No direito primitivo, o costume é a

---

27. Jerome Frank, *Law and the Modern Mind* (1930), 46, 132. *Cf. supra*, parágrafo 14, nota 3, e Alf Ross, *ibid.*, 68 e segs.

fonte primária, como ainda é no direito internacional, ainda que atualmente acompanhado por uma tendência à estabilização, que se acentua, e que se manifesta tanto no desenvolvimento de um direito criado por caso de precedência quanto por codificação.

A *razão* – aquela criação de direito que sem qualquer objetivação de maneira direta se respalda em atitudes culturais fundamentais, valorações e padrões, aparece especialmente no período que sucede a uma revolução. Até que os vencedores revisem o direito legislado e o reformulem de acordo com o espírito da revolução, exige-se do juiz que ele se inspire diretamente na mitologia e filosofia sociais do novo regime. Depois da revolução bolchevique, a filosofia de Marx e a *consciência revolucionária da classe trabalhadora* vieram a desempenhar o papel de fonte suprema do direito, tal como o fizeram a ideologia do *Führer* e *Mein Kampf* de Hitler na Alemanha posterior à revolução nazista.[28] À medida que as condições gradualmente se estabilizam e voltam à normalidade, essa tendência cede espaço para um maior respeito pelo direito legislado.

§ 22. DISCUSSÃO

Como enfatizado no parágrafo 15, uma doutrina realista das fontes do direito tem que se ocupar da ideologia que efetivamente anima os tribunais, que os motiva na busca das normas que irão adotar como fundamento de suas decisões. Tal ideologia só pode ser descoberta estudando-se a conduta efetiva dos tribunais.

Segundo o ponto de vista corrente, entretanto, a doutrina das fontes do direito é normativa, não descritiva (mais exatamente: expressiva de normas, e não descritiva de normas). Visa a prescrever como está o juiz obrigado a comportar-se e não a descrever como ele realmente se comporta. Entretanto, a que tipo de dever se refere essa doutrina? E de qual norma obrigatória esse dever deriva?

Parece óbvio que o dever aludido não pode ser concebido como um mero dever moral, pois, de maneira diversa, a doutrina das fontes do direito pertenceria à filosofia moral e seu conteúdo seria uma questão de consciência. Está claro não ser esta a intenção de tal doutrina.

---

28. No que concerne aos decretos soviéticos de 27 de novembro de 1917 e de 18 de março de 1918, ambos remetendo o juiz à consciência revolucionária, ver John N. Hazard no *British Journal of Sociology*, IV (1953), 1-2.

Contudo, parece igualmente impossível considerar o dever uma obrigação jurídica do juiz no mesmo sentido, por exemplo, em que um devedor se encontra no dever de pagar sua dívida; pois, um dever jurídico como este, por sua vez, teria que se fundar numa regra de direito derivada de uma fonte jurídica. Para determinar, portanto, o que é uma fonte do direito teríamos que pressupor um conhecimento das fontes do direito, o que é um círculo vicioso. Este defeito se faz patente quando a doutrina das fontes do direito é desenvolvida com base na interpretação de normas positivas, tais como, por exemplo, o Código Civil suíço, art. 1º, ou o art. 38 do Estatuto da Corte Internacional de Justiça.[29] Nestes exemplos é pressuposto que o direito legislado e os tratados, respectivamente, são obrigatórios para os tribunais, o que precisamente forma parte dessa doutrina das fontes do direito que, se supõe, deve ser deduzida daquelas normas.

O mesmo pode-se dizer, em princípio quando, como por vezes ocorre, ao desenvolver a doutrina das fontes do direito se tenha afirmado que sua autoridade não emana do direito escrito, mas sim da chamada *razão*, quer dizer, quando a doutrina se desenvolve valorando qual atitude é recomendável como a mais conveniente em vista de considerações diversas.[30] Por mais interessantes e bem fundadas que sejam tais recomendações, são irrelevantes para uma descrição do direito vigente se os tribunais realmente não atuarem segundo aqueles pontos de vista.

Frequentemente, entretanto, a doutrina normativa das fontes do direito não se refere a um dever imposto pelo direito positivo nem a um dever baseado na *razão*. A ideia, de acordo com os pressupostos da filosofia do direito idealista, é que o direito em si possui uma validade inerente e supraempírica, ou força obrigatória, e que a fonte do direito é precisamente o fator do qual essa validade flui. É, portanto, a mesma coisa algo ser uma fonte do direito e o juiz estar obrigado a aplicá-lo.

---

29. Por exemplo, Max Gmür, *Die Anwendung des Rechts nach Art. 1 des schweizerischen Zivilgesetzbuches* (1908); Erich Danz, *Einführung in die Rechtssprechung* (1912); Géza Kiss, "Gesetzesauslegung und ungeschriebenes Recht," *Iherings Jahrbücher* LVIII (1911); e "Theorie der Rechtsquellen in der angloamerikanischen Literatur," *Arch. f. bürgl. Recht*, XXXIX (1913), 265 e segs. *Cf.* também Alf Ross, *Theorie der Rechtsquellen* (1929), 321-322 conjuntamente com a nota 14. O método do direito positivo é comum nos estudos das fontes do direito internacional.
30. Philip Heck, *Gesetzesauslegung und Interessenjurisprudenz* (1914) representa essa tendência. Ver, ademais, Alf Ross, *Theorie der Rechtsquellen* (1929), cap. XIII, 2, onde numerosos exemplos são citados.

Não há aqui, pois, pressuposição de nenhuma norma distinta da própria fonte do direito, que obrigue o juiz a acatar a fonte. O dever do juiz é somente uma outra expressão da ideia de que o direito por si mesmo, isto é, independentemente de toda sanção física, possui *força obrigatória* ou *validade* supraempírica.

Adotada essa linha de pensamento, não pode haver vária fontes independentes de direito. A unidade do conceito de direito ficaria destruída se tivesse que assumir, por um lado, que uma lei é *válida* porque foi sancionada por uma autoridade com poder de comando, e por outro lado, que o costume é *obrigatório* porque foi produzido pela consciência jurídica dos súditos. Segundo o aludido conceito de *validade* do direito, tem que haver uma fonte, e somente uma, de força obrigatória, e todas as outras fontes têm que ser consideradas em relação a ela.

A doutrina tradicional das fontes do direito consiste principalmente em especulações tais como estas: de onde extraem as diferentes fontes do direito sua *força obrigatória*, qual é, em última instância, a fonte suprema de toda a *validade do direito* e que conclusões podemos extrair, portanto, com respeito à força relativa dessas fontes entre si (por exemplo, se um costume pode abolir uma lei, se a livre criação do direito pode ocorrer não só *praeter legem* como também *contra legem*, etc.). Tudo isto é tão ocioso quanto especulativo. Pode-se mencionar aqui, com brevidade, umas poucas teorias em voga.

a) No continente europeu, seguramente por influência do sistema político da monarquia absoluta, a doutrina positivista tem sido predominante. Segundo ela, em toda comunidade existe uma vontade soberana, que é a fonte suprema de toda validade jurídica. A expressão dessa vontade, o direito legislado, é, consequentemente, a fonte suprema do direito. Ao seu lado só se admite o costume e a razão pois sua força obrigatória é buscada num reconhecimento – expresso ou tácito, especial ou geral – da parte do legislador.[31]

b) Segundo a teoria jusnaturalista, a fonte de validade do direito é a ideia de direito ou a ideia de justiça, como princípio racional *a priori*. O direito legislado, por conseguinte, somente possui força obrigatória absoluta na medida em que é uma realização, ou uma tentativa de realização, da ideia do direito. Visto que se pressupõe que o direito natural, embora com algumas reservas, exige obediência às autoridades estabelecidas da

---

31. Com respeito à chamada *Gestattungstheorie*, ver Ross, *ibid.*, pp. 430 e segs.

comunidade, as consequências práticas da teoria se adequam aos fatos. Mas, insiste-se firmemente na inadequação do direito escrito, e as deduções científicas a partir da ideia do direito constituem uma fonte importante e independente ao lado do direito legislado.[32]

c) A escola romântica ou histórica do direito (parágrafos 56 e 81) acreditou encontrar a fonte fundamental da força obrigatória do direito não em uma vontade soberana nem em princípios racionais abstratos, mas sim na consciência jurídica popular revelada na história e na vida de uma nação. O costume – como espelho do espírito popular – é, consequentemente, a fonte suprema do direito. A legislação é possível não como um ato arbitrário da vontade soberana, mas unicamente como uma tentativa de conceitualizar a consciência jurídica do espírito popular.

---

32. A título de exemplo típico, pode-se citar a teoria de Gény das fontes do direito; ver em Alf Ross, *ibid.*, cap. III, 5-7.

Capítulo IV
O Método Jurídico
(Interpretação)

§ 23. DOUTRINA E TEORIA DO MÉTODO

No capítulo II foi explicado como as proposições doutrinárias tocantes ao direito vigente segundo a fórmula...
A = D é direito vigente
podem ser interpretadas como previsões no sentido de que sob determinadas condições os tribunais tomarão D como base para suas sentenças. No capítulo III buscou-se explicar o papel que desempenha a ideologia das fontes do direito na sua relação com essas previsões.

A doutrina não se restringe, entretanto, a proposições que respondem àquela fórmula. Encerra, por exemplo, proposições referentes à interpretação de D, isto é, daquelas normas que são consideradas direito vigente. Tais enunciados interpretativos, podemos dizê-lo em caráter provisório, pretendem determinar o significado da diretiva, indicando mais especificamente sob quais circunstâncias terá que ser aplicada, e em tal caso como o juiz deverá se comportar. O art. 67 da Constituição dinamarquesa, por exemplo, garante a liberdade religiosa aos cidadãos. Sustenta-se que a palavra *cidadãos* deve aqui ser interpretada no sentido inclusivo tanto dos nacionais da Dinamarca quanto aqueles que não o são, o que significa que ao aplicar o art. 67, o juiz não deve atribuir importância alguma à nacionalidade da pessoa que recorre ao direito de professar seu culto.

Devemos agora examinar se esses enunciados, referentes à interpretação, podem ser considerados como asserções sobre o que é *interpretação vigente* análogas às asserções acerca do que é *direito vigente*. Se este for o caso, então também esses enunciados, de acordo com seu conteúdo real, serão entendidos como previsões, *quer dizer*, previsões no sentido de que tal interpretação terá a adesão dos tribunais quando a regra em questão for adotada como base para a decisão de um caso jurídico específico.

Uma previsão desse tipo pode apoiar-se em precedentes. Neste caso, o pronunciamento referente à interpretação pode ser equiparado aos pronunciamentos acerca do direito vigente.

Quando os precedentes não proporcionam um critério provido de autoridade, é preciso indagar se mediante o estudo da prática dos tribunais podem ser descobertos certos princípios – uma certa ideologia – que, de fato, guiam os tribunais na sua aplicação de regras gerais a casos específicos. Se isto for possível, então também o será considerar as proposições doutrinárias a respeito da interpretação como asserções acerca da *interpretação vigente*, isto é, previsões que nos dizem como será aplicada a regra pelos tribunais. Na medida, contudo, em que a interpretação não pretende se basear em princípios de interpretação *vigentes*, ela é política jurídica e não ciência do direito.

Temos que analisar, portanto, a prática dos tribunais e nos empenharmos em descobrir os princípios ou regras que realmente os norteiam no trânsito da regra geral à decisão particular. Denomina-se esta atividade *método jurídico*, ou, no caso da aplicação do direito formulado (direito legislado em lato sentido), *interpretação*.

Poderíamos adiantar que não é possível enunciar uma ideologia do método com a mesma precisão de uma ideologia das fontes do direito, especialmente no que diz respeito à interpretação do direito legislado. Regras fixas não podem ser formuladas. O máximo que se pode atingir é, digamos, um estilo de método ou estilo de interpretação. Diante disso, o grau de certeza das asserções concernentes à interpretação vigente é muito baixo. Assim sendo, como foi assinalado no parágrafo 9, os pronunciamentos teóricos referentes ao direito vigente confundem-se com diretivas de política jurídica. Portanto, é compreensível que muitos juristas não atribuam à sua interpretação o caráter de enunciados teóricos quanto a como aplicar o juiz o direito, mas sim o de conselhos e instruções ao juiz a respeito da forma como deve fazê-lo. É indubitável, contudo, que inclusive um jurista cuja intenção é político-jurídica se deixa guiar, consciente ou inconscientemente, pelo estilo ou espírito do método que realmente é *vigente* nos tribunais. Se não o fizer, suas interpretações não terão possibilidade de ser atendidas pelos tribunais. Por outro lado, quanto mais sua interpretação política for inspirada pelo mesmo espírito e estilo que animam o método dos tribunais, maior será a probabilidade dos tribunais se deixarem ser influenciados por esse aconselhamento. A interpretação do jurista se tornará *verdadeira* e, não obstante sua intenção em contrário, também poderá ser considerada como uma previsão acerca da forma na qual os tribunais aplicarão efetivamente o direito. Na interpretação do direito vigente demonstra-se com máxima clareza que a ciência do direito e a política jurídica não podem, em última análise, ser separadas.

Tal como a doutrina das fontes do direito, uma doutrina do método que se proponha a servir como norteamento da interpretação, tem que se referir à maneira como se comportam de fato os tribunais na aplicação do direito vigente a situações específicas. A doutrina do método deve ser descritiva, não normativa (descritiva de normas, não expressiva de normas). Está claro que nada impede que, partindo de alguns axiomas pressupostos, sejam estabelecidas diretivas acerca de como os tribunais devem proceder na aplicação prática do direito. Entretanto, tal doutrina normativa do método seria o esboço de um estado diferente do direito, sem valor como norteamento para a interpretação doutrinária ou para os cálculos do jurista prático acerca da maneira como será resolvida uma determinada disputa legal pelos tribunais.

O estudo do método, identicamente ao das fontes do direito, precisa ser dividido numa *parte doutrinária* e uma *teoria geral*. A primeira investiga o método seguido pelos tribunais num ordenamento jurídico específico, e constitui uma porção da ciência do direito. Tal como não há uma ideologia universal das fontes do direito, também não há um método universal. A tarefa da teoria geral do método só pode consistir em: *1)* explicar certas pressuposições fatuais dos problemas dos métodos e *2)* subsumir e caracterizar dentro de uma tipologia geral vários estilos de método e interpretação que realmente ocorrem.

As ideologias das fontes do direito e do método estão intimamente ligadas, e por esta razão fica claro que o estudo doutrinário do método tem que assumir um caráter diferente nos diversos sistemas. Os problemas do método têm que assumir uma forma diferente, por exemplo, num sistema como o inglês, no qual os precedentes (jurisprudência) constituem a fonte predominante do direito, comparativamente a um sistema em que a legislação é a fonte principal.

No primeiro sistema, o juiz não se encontra diante de uma formulação revestida da autoridade de uma regra geral de direito. O problema do método, portanto, consiste em como extrair uma regra geral dos precedentes existentes e aplicá-la ao caso a ser decidido. A situação se complica pelo fato da regra geral com frequência se alterar no curso desse desenvolvimento de um caso para outro. Haver continuidade ou alteração dependerá do juiz, ao examinar as semelhanças e as diferenças entre o caso presente e o precedente, entender que os fatos relevantes podem ser classificados segundo os mesmos conceitos pressupostos no precedente, ou em outras palavras, decidir que é mister introduzir uma distinção com o auxílio de outros conceitos. Neste último caso, a regra geral adquiriu um conteúdo distinto. No começo de uma linha de precedentes, a regra geral pressuposta terá, de ordinário, um conteúdo muito pouco definido. Uma *doutrina* não foi ainda cristalizada. Por isso a tarefa que tem diante de si o juiz não consiste tanto em aplicar uma regra geral a um caso específico, mas em decidir se o caso difere do precedente de tal maneira que existam fundamentos para chegar a uma decisão distinta. O *raciocínio jurídico* (método jurídico) num sistema como esse é *raciocínio por via de exemplos*, e a técnica de argumentação exigida por esse método visa a mostrar as semelhanças e diferenças exibidas pelos casos e asseverar que as diferenças são ou não são relevantes.[1]

No segundo sistema, no qual a legislação é a fonte predominante do direito, o método possui o caráter de interpretação de um texto provido de autoridade. A atenção se concentra aqui na relação existente entre uma dada formulação linguística e um complexo específico de fatos. A técnica de argumentação exigida por esse método visa a descobrir o significado da lei e a sustentar que os fatos dados são abarcados por ele ou não.

Esta última é a forma típica que os problemas do método assumem nos sistemas jurídicos da Europa continental. A contribuição para uma teoria geral do método presente neste capítulo limita-se à interpretação do direito legislado (em lato sentido).

§ 24. O FUNDAMENTO SEMÂNTICO[2]

Toda interpretação do direito legislado principia com um texto, isto é, uma fórmula linguística escrita. Se as linhas e pontos pretos que constituem o aspecto físico do texto da lei são capazes de influenciar o juiz, assim é porque possuem um significado que nada tem a ver com a substância física real. Esse significado é conferido ao impresso pela pessoa que por meio da faculdade da visão

---

1. Ver o excelente estudo realizado por Edward H. Levi, *An Introduction to Legal Reasoning* (1949).
2. Recentemente temos assistido ao desenvolvimento da *semântica geral*, a qual se ocupa da linguagem como meio de expressão e comunicação, sua importância no que se refere à ação e compreensão, a função das palavras como símbolos e seu valor emocional, além de outros problemas correlatos. Uma ampla literatura se formou em torno do tema. Uma introdução popular recomendável é *Language in Thought and Action*, de S. I. Hayakawa (1949). Entre as obras mais conhecidas, pode-se também mencionar: C. K. Ogden e I. A. Richards, *The Meaning of Meaning* (8ª ed., 1946); C. Morris, *Signs, Language and Behavior* (1946); A. Korzybski, *Science and Sanity* (2ª ed., 1941); M. Black, *Language and Philosophy* (1949); C. L. Stevenson, *Ethics and Language* (1945); Arne Naess, *Interpretation and Preciseness*, I-V (1947-1951); Stephen Ullman, *Words and their Use* (1951).

experimenta esses caracteres. A função destes é a de certos símbolos, ou seja, eles *designam (querem dizer)* ou *apontam para* algo que é distinto deles mesmos. Há muitas coisas que têm uma função simbólica no seio de pessoas de um grupo determinado. Certos distintivos usados por um oficial indicam sua posição ou patente; um emblema na lapela demonstra que aquele que o usa pertence a uma certa associação; a foice e o martelo são o símbolo de uma convicção política; os químicos convencionaram que o H significa hidrogênio, o O, oxigênio e assim por diante. Os carteiros, os militares, os policiais, os escoteiros, os sacerdotes, os reis e muitas outras pessoas envergam vestes ou condecorações que simbolizam sua ocupação, dignidade ou posto. Em todas as partes, tanto nas comunidades primitivas quanto nas mais civilizadas, nos defrontamos com símbolos dos tipos mais diversos.

É possível fazer uma distinção entre *signos* e *símbolos*. A umidade da terra é um signo (sinal) de que choveu recentemente, o trovão um signo do raio, o pranto de uma criança um sinal de que aconteceu algo desagradável a ela. A diferença entre signo e símbolo consiste no fato de que o signo (sinal) é *natural* enquanto o símbolo é *artificial*, um produto elaborado por seres humanos. Mais exatamente, a significação do signo está contida simplesmente em meu conhecimento do curso da natureza e da interação das coisas. Sabendo por meio da experiência que A e B ocorrem ordinariamente juntos, tomo A (a umidade da terra, o trovão, o pranto da criança) como signo de B (a chuva, o raio, a experiência desagradável). Uma luz vermelha que se alterna com uma verde e uma amarela num cruzamento viário é, para uma pessoa que tem o conhecimento necessário, o signo de uma instalação elétrica e de um mecanismo que acende e apaga as luzes numa certa ordem regular. Todavia, o fato da luz vermelha ser também símbolo de uma restrição policial relativamente ao cruzamento depende de uma convenção que poderia, perfeitamente, ter conferido ao vermelho um significado diferente. Todos os símbolos são convencionais, isto é, a conexão entre o símbolo e o que ele simboliza é produzida por seres humanos através de acordo ou uso (costume).[3]

---

[3] Muitos enganos e problemas ilusórios da filosofia metafísica se originam da crença de que as palavras representam objetivamente determinados conceitos ou ideias cujo significado deve ser descoberto e descrito pela filosofia. Partindo dessa concepção, que remonta ao idealismo de Platão e à teoria da definição de Aristóteles (parágrafo 52), o filósofo se pergunta o que "são realmente" a "verdade", a "beleza", a "bondade", etc. e crê ser possível estabelecer definições verdadeiras. A filosofia tradicional do direito, seguindo esse modelo, tem considerado que sua principal tarefa é fornecer uma definição do "conceito de direito".

De todos os sistemas de símbolos, a linguagem é o mais plenamente desenvolvido, o mais eficaz e o mais complicado. A linguagem pode manifestar-se como uma série de formas auditivas ou visuais (fala e escrita). O significado atribuído a estas formas é claramente convencional. Nada impediria que a palavra *gato* fosse empregada para designar o animal doméstico de quatro patas que faz *"uau, uau"* e *cão* para designar o que faz *"miau"*. O significado atribuído aos símbolos linguísticos é determinado pelos costumes da comunidade referentes às circunstâncias nas quais se considera adequado emitir certos sons. Aqueles que cresceram junto aos costumes de uma comunidade de língua portuguesa estão tão habituados a eles que julgam adequado dizer "Olhe, é um gato" ao se aproximar o animal doméstico que mia, embora julgue a mesma expressão inteiramente deslocada se usada para se referir ao animal que ladra.*

Os costumes ou normas linguísticas que estabelecem a função simbólica da linguagem só podem ser descobertos por meio de um estudo do modo pelo qual as pessoas se expressam. Por *expressão* entendo a unidade linguística mínima que é portadora de significado por direito próprio. "Olhe, é um gato" é uma expressão. É, em sua integridade, a portadora de um significado. A comunicação linguística entre os seres humanos ocorre por meio de tais unidades e, consequentemente, devem constituir o ponto de partida para o estudo da função simbólica da linguagem.

É importante frisá-lo, pois de outra maneira pode-se facilmente cair no erro de pensar que o significado de uma expressão é o resultado da adição total dos significados das palavras individuais que a formam. As palavras individuais carecem de significado independente, possuindo apenas um significado

---

* Após a morte de Alf Ross (1979), a filologia, a filosofia da linguagem, a semiologia e a linguística, assumiram definitivamente posição marcante. Os trabalhos, teses ou teorias de Ferdinand de Saussure, Herbert Marcuse, Jacques Derrida, Michel Foucault, filósofos existencialistas como Martin Heidegger e outros, revelaram uma complexidade da linguagem ainda muito maior do que aquilo que Ross indica nesta obra. A afirmação de cunho generalizador, por exemplo, de que *o significado das formas da linguagem é claramente convencional*, é discutível, pois só se pode afirmá-lo categoricamente com relação às línguas *conceituais*, por assim dizer. Refiro-me à quase totalidade das línguas modernas, cujos alfabetos e formação abstrata das palavras permitiram a criação de conceitos puros, no que se aplica precisamente o exemplo dos conceitos de *gato* e *cão*. É o que ocorre nas línguas matrizes arianas como o sânscrito, o grego e o latim, nas semíticas (hebraico, aramaico, árabe, etc.) e nos idiomas modernos em geral, nos quais os milhares de palavras encerrando conceitos são formados pela combinação múltipla e diferenciada de aproximadamente 23 letras do alfabeto. Entretanto, se pensarmos em certas línguas primitivas (*e.g.* escrita cuneiforme) e, mais particularmente, nas línguas ideográficas como o egípcio (hieroglífico), o chinês e várias línguas asiáticas, a questão linguística assume outra dimensão. São línguas não

abstraído das expressões nas quais aparecem. Se alguém diz *gato* isoladamente, isto nada significa. Não é uma expressão, a menos que a palavra, de acordo com as circunstâncias (por exemplo, se farejo o ar e olho inquisitivamente ao redor) possa ser interpretada como uma forma abreviada de um juízo como "deve haver um gato aqui perto."

Que significa a palavra *mesa*? A resposta só pode ser dada estudando um grande número de expressões nas quais apareçam essa palavra. Tal é o procedimento adotado na elaboração de um dicionário. Coleta-se uma imensa quantidade de material que consiste em expressões que constituem exemplos de usos da palavra.

O contexto mostrará a referência com a qual a palavra tem sido usada em cada caso individual. Anotando-se assim cada referência individual surgirá uma campo de referência correspondente à palavra, que pode ser comparado com um alvo. Em torno do centro haverá uma densidade de pontos, cada um dos quais marcando um impacto na referência. Rumo à periferia a densidade decrescerá gradualmente. A referência semântica da palavra tem, por assim dizer, uma zona central sólida em que sua aplicação é predominante e certa, e um nebuloso círculo exterior de incerteza, no qual sua aplicação é menos usual e no qual se torna mais duvidoso saber se a palavra pode ser aplicada ou não. Não duvido por um só instante que posso chamar de *mesa* o móvel junto ao qual estou sentado e sobre o qual escrevo. Do mesmo modo, usarei a palavra para outros objetos semelhantes, porém de tamanho inferior: a mesa do quarto das crianças, a mesa da casa de bonecas. Entretanto, não há um limite quanto à pequenez do objeto? Em outros casos, parece que é a função, e não a

---

alfabéticas nas quais não existem conceitos puros. Os ideogramas do *kandji* são milhares de representações (cada uma para uma coisa) e presumivelmente se originaram da observação da natureza – inicialmente a representação gráfica de uma coisa que chamamos *conceitualmente* em português de *montanha* era um desenho tosco que imitava uma montanha; com o transcorrer do tempo esse desenho rudimentar (ideograma) que copiava a natureza – uma concreção e não uma abstração – foi sendo graficamente aprimorado, a ponto de se distanciar nos seus contornos do original da natureza. Num sentido ou outro, nota-se que o ideograma é essencialmente uma imitação, uma *representação* (exclusiva) de uma coisa natural (mesmo sofrendo um processo de abstração posterior) e não um *símbolo* com significado convencional, facultativo e preestabelecido, uma abstração pura artificial. Isto vale para a linguagem escrita, considerando-se que a fonética tem papel secundário nas línguas ideográficas. O fato de nós, ocidentais, darmos *nomes* (nossa manifestação cultural é profusa e profundamente verbal e conceitual) aos *ideogramas* (por exemplo, *yama* ao ideograma que representa *montanha*) não nivela a língua ideográfica com a conceitual. Na verdade, a discussão sobre a natureza da linguagem é antiga, sendo um tema já ventilado por Platão no *Crátilo*. (*N.T.*)

forma, o que determina o uso linguístico. "Colocamos a mesa?", pergunto ao meu companheiro de viagem no compartimento de trem, referindo-me aqui a uma prancha suspensa. Normalmente não descreveríamos uma caixa de madeira como uma mesa. Porém, se por falta de algo melhor, pus uma toalha sobre ela e aí depositei a comida, poderei certamente dizer que "a mesa está pronta". Podemos chamar de mesa uma mesa de operações ou só se pode usar a expressão composta?

Não vem ao caso, portanto, indagar o que "é realmente" uma mesa.[4] Se em certos casos duvido se algo é ou não uma mesa, esta dúvida não revela falta de conhecimento acerca da *natureza* do objeto; nasce simplesmente do fato de que não estou seguro se estará em conformidade com o uso aplicar a palavra *mesa* para designar o objeto particular. Esta hesitação, por sua vez, resulta do fato de ser possível empregar a palavra dessa maneira em certas expressões e certas circunstâncias, porém não em outras expressões e em outras circunstâncias. Vimos, por exemplo, que em certas circunstâncias posso descrever uma caixa de madeira como uma mesa enquanto, está claro, geralmente não o faça.

Essas observações sobre a palavra *mesa* valem para todas as palavras no uso ordinário cotidiano. É válido para elas seu significado ser *vago*, ou seu campo de referência ser indefinido, consistindo numa zona central de aplicações acumuladas que se transforma gradualmente num círculo de incerteza que abarca possíveis usos da palavra sob condições especiais não típicas.

A maioria das palavras não tem um campo de referência único, mas sim dois ou mais, cada um deles construído sob forma de uma zona central à qual se acrescenta um círculo de incerteza. Tais palavras são chamada de *ambíguas*. Em inglês isto vale, por exemplo, para a palavra *nail*.*

Em síntese, os seguintes axiomas se aplicam às palavras no uso cotidiano:

---

4. Ver a nota 2 deste capítulo.

* Que significa tanto *unha* quanto *prego*. Neste caso a ambiguidade ocorre com as palavras homógrafas, isto é, de grafia igual mas significado diferente. Este fenômeno linguístico (*manga* designa uma fruta e uma parte da vestimenta) se manifesta praticamente em todas as línguas, mas de maneira bastante variável. Em línguas de vocabulário ordinário pouco rico (como o inglês), nas quais as palavras suportam grande carga semântica (basta atentar para o enorme leque e gama de significações da notória palavra *get* para percebê-lo), o fenômeno é muito mais comum, a significação correta sendo, via de regra, definida pela posição e função da palavra na oração, ou seja, pela sintaxe, o contexto em que a palavra aparece na oração. Nas línguas declinadas, como o latim e o alemão, a incidência é bem menor e, portanto, os casos de ambiguidade relativamente escassos. (*N.T.*)

1º) O significado possível de toda palavra é vago; seu campo de referência possível é indefinido.

2º) A maioria das palavras é ambígua.

3º) O significado de uma palavra é determinado de modo mais preciso quando é considerada como parte integrante de uma expressão definida.

4º) O significado de uma expressão – e com isso o significado das palavras contidas na mesma – é determinado de modo mais preciso quando a expressão é considerada na conexão em que é formulada. Esta conexão pode ser linguística (o contexto) ou não linguística (a situação). Com base em 3. e 4. é possível formular a seguinte generalização: o significado de uma palavra é uma função da conexão – expressão, contexto, situação – na qual a palavra aparece. Visando a analisar com maior rigor o papel que desempenha a conexão, vejamos alguns exemplos.

A palavra inglesa *nail* pode referir-se a uma parte do corpo humano e a um artigo de uso geral. Na expressão *my nail hurts* ("minha unha dói" ou "meu prego produz dor") pareceria claro que a palavra é usada no primeiro sentido visto que só nesse sentido a expressão parece ter um significado razoável. Partimos da hipótese, portanto, da razoabilidade do significado da expressão. Com base nessa hipótese, a interpretação espontânea é a mais óbvia, porém não a única. É possível imaginar circunstâncias nas quais uma interpretação diversa seja a indicada; por exemplo, se a expressão é formulada quando duas pessoas estão tentando verificar se dói se picarem com tipos diferentes de pregos.

O mesmo é aplicável à maneira na qual o significado de uma expressão é especificado pelo contexto ou pela situação. Se tomarmos a frase *the nail is too long* ("a unha está longa demais" ou "o prego é longo demais") isoladamente, será impossível descobrir com qual significado é empregada a palavra *nail*. Entretanto, se pelo contexto ou a situação ficar claro que a expressão é formulada como preliminar de um pedido de alguém para que lhe cortem as unhas, então não caberá dúvida alguma.

De tudo isso podemos deduzir que o papel desempenhado pelas conexões na determinação do significado consiste em elas proporcionarem um fundamento para se decidir, com base em certas hipóteses, qual das diversas interpretações – cada uma delas possível se só se leva em conta o uso linguístico – é a mais provável. A interpretação por conexão não se apoia no uso linguístico e não utiliza como ferramentas as palavras empregadas, mas sim outros dados. Trabalha com todos os fatos, hipóteses e experiências que podem lançar luz sobre o que uma pessoa buscou comunicar. A interpretação por conexão é um estudo de prova circunstancial que lembra o trabalho de um detetive que investiga um crime.

Em função de tudo isso, é imperioso decidir o que pode ser aceito, conforme as circunstâncias, como contexto e situação. O contexto se estende até onde se possa supor que uma expressão foi formulada tendo outra em mente, e que o autor desejou que ambas se aplicassem de forma conjunta. Frequentemente se tem por certo, não sem otimismo, que isso é o que ocorre com todas as expressões que aparecem numa mesma obra científica. Contudo, se as primeiras obras de um autor são tomadas como dados de interpretação, é preciso que se leve em conta que suas opiniões, juntamente com sua terminologia e seu estilo, podem ter se alterado com o decorrer do tempo. No campo jurídico, é usual considerar que as expressões que aparecem numa mesma lei (decreto, contrato, etc.) formam parte do mesmo contexto. Se são levadas em consideração disposições legais antigas associadas a outras mais recentes, as mesmas reservas devem ser feitas. A situação abrange todos os fatos e circunstâncias que podem indicar qual era a intenção do autor, incluindo assim sua orientação política, suas ideias filosóficas, as características das pessoas a quem eram dirigidas suas declarações, a razão provável que o moveu a proferi-las, os gestos, as expressões faciais, e ênfase, etc., além de toda a situação fatual, física e social de vida que condicionou a expressão.

A atividade que colima expor o significado de uma expressão se denomina *interpretação*. Esta palavra é utilizada também para designar o resultado de tal atividade. A interpretação pode assumir duas formas. Pode ser executada de sorte que o significado de uma expressão seja definido mais claramente por meio de uma descrição formulada em palavras ou expressões diferentes, cujo significado seja menos vago; ou de uma tal maneira que ante um conjunto de fatos concretos experimentados sob forma definida, seja possível decidir com um *sim*, um *não* ou um *talvez* se o conjunto de fatos constitui ou não uma referência que corresponde à expressão. Tomemos, por exemplo, a expressão *quando se combina ácido clorídrico e zinco libera-se hidrogênio*. Uma interpretação do primeiro tipo visará a explicar mediante palavras, de modo mais completo, o que é que deve ser entendido por cada uma das expressões usadas. Poderia, por exemplo, mostrar que "*se combina*" significa que o zinco é posto em contato com o ácido, mas não, por exemplo, que um pedaço de zinco e um frasco de ácido clorídrico são embrulhados um ao lado do outro num pedaço de papel. Uma interpretação do segundo tipo pretenderá decidir se um certo curso de fatos *satisfaz* o significado da expressão, de modo que se possa afirmar que nos achamos na presença de fatos que a expressão designa. A interpretação do primeiro tipo chama-se *interpretação por significado* e a do outro tipo, *interpretação por referência*.

O princípio condutor para toda interpretação é o princípio da função primária determinativa de significado da expressão como uma entidade e as conexões nas quais ela aparece. O ponto de partida de toda compreensão é a expressão como entidade, tal como é experimentada pela pessoa que a recebe numa situação concreta definida. A partir deste ponto, a interpretação pode prosseguir, em parte para uma análise dos elementos que constituem a expressão: as palavras individuais e sua conexão sintática, e em parte para uma análise do contexto no qual aparece a expressão e da situação em que foi formulada.

Na primeira análise, isto é, aquela que se dirige ao significado das palavras, é importante entender que o significado de uma expressão não é construído como um mosaico com o significado das palavras individuais que a compõem; pelo contrário, o significado que a análise é capaz de atribuir aos elementos individuais é sempre uma função do todo no qual aparecem. Com frequência nos defrontamos com a opinião de que a interpretação da lei pode ou tem que tomar como ponto de partida o significado ordinário das palavras tal como resulta de seu uso. Este parecer é enganoso. Não existe tal significado. Somente o contexto e o desejo de descobrir um significado *bom* ou *razoável* em relação a uma dada situação determinam o significado das palavras individuais. Mas, frequentemente não nos apercebemos da função do contexto. Se em uma das entradas de uma exposição de gado houver um aviso que diz: "Entrada somente para criadores com animais", ninguém imaginará que o aviso autoriza o ingresso de criadores que carreguem consigo seus canários. É fácil passar por alto o fato de que a palavra *animal* recebe aqui uma interpretação condicionada pela situação e o propósito, a qual é muito mais restrita do que uma definição do significado da palavra segundo o uso. E evidente que em outras situações a palavra poderia incluir os canários.

Na segunda análise, referente ao contexto e à situação em que a expressão é formulada, as coisas são um tanto diferentes. A conexão externa da expressão não é dada de modo imediato associada a esta. O contexto não é apreendido simultânea, mas sucessivamente. Quando leio um livro, não é verdade que não confiro nenhum significado à primeira frase enquanto não ler a obra inteira. Entretanto, de todo modo, o contexto é codeterminativo. Acontece com frequência minha compreensão das primeiras páginas do livro terem mudado quando eu o termino e recomeço sua leitura. Ocorre uma curiosa *vibração interpretativa*. Minha compreensão das primeiras frases codetermina a compreensão das seguintes. Mas minha apreensão do livro na sua totalidade, que surge como resultado, pode ter um efeito retroativo modificador que influencia minha compreensão das frases individuais e isto, por sua vez, oferece a possibilidade de minha concepção do todo poder acabar alterada, e assim sucessivamente. Algo semelhante pode ocorrer no que diz respeito ao papel da situação na qual a expressão foi formulada.

Na linguagem cotidiana, o contexto e a situação constituem os fatores mais importantes na determinação do significado. Entretanto, não são os únicos. O significado das palavras é relativo ou dependente num plano totalmente distinto, que poderíamos chamar de *sinonímico* ou *sistemático*. Isto quer dizer que o significado de uma palavra é determinado com maior precisão se a compararmos a outras palavras que possam ocupar o mesmo lugar numa frase e que ofereçam um *campo de significado* mais amplo. Por exemplo, a escala de adjetivos *ardente, quente, cálido, tépido, fresco, frio, gelado*. Ao comparar uma determinada palavra com outras que lhe são próximas ou com palavras opostas, poderemos determinar sua posição relativa num campo de significado. O significado, por exemplo, da palavra *propósito* numa dada expressão, é definido de maneira mais precisa imaginando quais outras palavras podem ser inseridas no mesmo lugar na expressão e então determinando a posição relativa ocupada por *propósito* no campo de significado deslindado dessa maneira (acidente, negligência, grave negligência, propósito, intenção, premeditação deliberada e assim sucessivamente). No tocante à linguagem cotidiana, todavia, o método sinonímico jamais pode substituir o contexto e a situação como fundamento da interpretação. A linguagem científica, por outro lado, é caracterizada por uma tendência a cultivar a formação pura de conceitos sistemáticos, tornando-se assim independente do contexto e da situação. Contudo, foi só na linguagem mais elevada da linguagem científica, na linguagem simbólica das matemáticas puras que esse esforço obteve pleno êxito. Visto que as diretivas jurídicas estão predominantemente cunhadas na terminologia da linguagem cotidiana, o contexto e a situação são os auxiliares fundamentais para a interpretação judicial. O método sinonímico-sistemático somente desempenha o papel mais modesto que lhe cabe em outros usos linguísticos não científicos.

Uma interpretação, de um tipo ou outro, geralmente não nos conduzirá a um resultado preciso e isento de ambiguidade. Consideremos os exemplos seguintes transcritos do filósofo norueguês Arne Naess.[5] Alguns estudantes

---

5. Arne Naess, *Interpretation and Preciseness*, I (1947), 51.

acreditavam que mais de 25% dos candidatos que num certo ano haviam tentado ser aprovados num exame de filosofia tinham fracassado. Neste enunciado a frase *mais de 25% dos candidatos tinham fracassado* pode ser interpretada, ao menos, das seguintes maneiras distintas:

1) Mais de 25% dos candidatos que se inscreveram para o exame não obtiveram nota suficiente para serem aprovados.

2) Mais de 25% dos candidatos que efetivamente se apresentaram para o exame não foram aprovados. (Alguns candidatos não compareceram por motivo de doença, etc.)

3) Mais de 25% dos candidatos que se apresentaram para fazer o exame e não deixaram a sala após ter lido as questões, não foram aprovados. (Alguns candidatos pretendiam tentar, mas desistiram imediatamente diante das questões que lhes pareceram demasiado difíceis).

4) Mais de 25% dos candidatos que tentaram resolver as questões não foram aprovados.

5) Mais de 25% dos candidatos que entregaram as questões não foram aprovados.

A opinião dos estudantes se referia à qual desses significados possíveis? Há duas razões para esta pergunta provavelmente não poder ser respondida. Em primeiro lugar, é possível que ocorra que uma interpretação baseada no contexto e na situação não conduza a resultado algum, tal como é possível ocorrer que um detetive não seja capaz de descobrir provas concludentes que permitam identificar o autor de um assassinato. Em segundo lugar, pode ocorrer que o resultado negativo se deva ao fato dos próprios estudantes não estarem perfeitamente cientes do que exatamente queriam dizer. Isto pode transparecer se os interrogarmos a respeito, porque poderão reconhecer que não lhes haviam ocorrido as várias possibilidades e, portanto, que não haviam se decidido por nenhuma delas. Numa situação como esta, não é possível que o detetive solucione o assassinato pela simples razão de não ter sido cometido assassinato algum. Diante desses casos, Naess diria que o tema a ser interpretado possui menos "precisão de intenção" ou "profundidade de intenção" do que as interpretações possíveis.

Uma imprecisão de intenção não é necessariamente uma falha do autor. Provavelmente um certo grau de imprecisão é sempre inevitável, porquanto é possível imaginar, em todos os casos, determinações cada vez mais sutis. O propósito prático de uma expressão determina o grau de precisão de intenção apropriado. É perfeitamente sensato dizer a um motorista que a distância entre New York e Boston é 184 milhas. É verdade que a intenção pode ser aprofundada por meio de precisão interpretativa (de que ponto de New York até que ponto de Boston, e assim sucessivamente), de sorte que podemos exprimir a distância em polegadas. Entretanto, na prática isto não viria ao caso.

Se por uma razão ou outra (quer dizer, seja porque é impossível localizar provas concludentes, ou a intenção carece de suficiente profundidade), não é possível prosseguir com a interpretação além de um ponto que deixa em aberto muitas possibilidades, o intérprete deverá desistir. Se ele, contudo, optar por uma possibilidade particular, não dará o próximo passo no âmbito de uma interpretação, mas sim tomará uma decisão motivada por considerações alheias ao desejo de apreender o significado de uma expressão. A interpretação de diretiva, em especial, requer decisões dessa espécie. Se há uma regra, por exemplo, no sentido de que quando mais de 25% dos candidatos são reprovados nos exames de filosofia, o chefe do departamento deve tomar certas medidas, então este pode ver-se forçado a eleger uma ou outra das possíveis interpretações especificadas. Neste caso, o chefe do departamento toma uma decisão que nada tem a ver com a interpretação da diretiva.

É frequente se fazer uma distinção entre as chamadas *interpretação subjetiva* e *interpretação objetiva*, no sentido de que a primeira visa a descobrir o significado que se buscou expressar, isto é, a ideia que inspirou o autor e que este quis comunicar, enquanto a segunda visa a estabelecer o significado comunicado, isto é, o significado contido na comunicação como tal, considerada como um fato objetivo. Um trabalho literário ou científico, por exemplo, pode ser interpretado buscando-se atinar com o que o autor realmente pensou e desejou expressar, ou pode ser considerado uma manifestação intelectual objetiva, divorciada de seu autor, caso em que a interpretação busca descobrir o significado que a obra pode transmitir a uma pessoa que a lê. De modo idêntico, uma promessa pode ser interpretada tendo em vista o que o promitente realmente tencionou expressar (mesmo quando tenha se expressado mal), ou tendo em vista o significado que suas palavras podem ter transmitido ao destinatário.

Encarada assim como um contraste absoluto entre intenção e comunicação, entre o que se quer dizer e o que se diz, a distinção é insustentável. Por um lado, a intenção, sendo um fenômeno de consciência interno do autor, é fundamentalmente inacessível. O que entendemos por interpretação subjetiva é, na realidade, a interpretação que atingimos quando tomamos em consideração não apenas a expressão linguística, como também todos os outros dados relevantes: o contexto e a situação, que incluem as opiniões políticas e filosóficas do autor, o propósito declarado e o propósito presumido que o guiou na formulação da expressão, etc. Podemos, inclusive, interrogá-lo, e sua resposta proporcionará dados interpretativos adicionais. Por outro lado, a comunicação como tal não tem um significado objetivo preciso, a compreensão que suscita aos demais variando com os dados de interpretação que o destinatário considera. A diferença entre interpretação subjetiva e objetiva, portanto, não deverá ser buscada no contraste entre os propósitos da interpretação (*o significado tencionado em oposição ao significado comunicado*). Toda interpretação parte da comunicação e busca atingir a intenção. A diferença depende dos dados tomados em consideração ao interpretar. A interpretação subjetiva se vale de todas as circunstâncias que podem lançar luz sobre o significado, particularmente, todas as circunstâncias pessoais e de fato ligadas à composição da expressão e a sua declaração. A interpretação objetiva restringe os dados aos discerníveis pelo destinatário na situação em que ele se acha ao apreender a expressão. A diferença é mais significativa quando a situação na qual a expressão é apreendida difere da situação na qual foi formulada. Se, por exemplo, o objeto da interpretação é uma obra literária do passado, uma interpretação subjetiva investigará as opiniões culturais básicas do período e a vida do autor, com a esperança de encontrar aí indícios para a compreensão da obra; uma interpretação objetiva, em contrapartida, prescindirá de tudo isso e procurará compreender a obra a partir de seu conteúdo ideal *imanente*, o que não quer dizer, entretanto, que a interpretação objetiva é puramente linguística. Tal como salientaremos nos parágrafos seguintes, a crença numa *interpretação literal* é uma ilusão. A interpretação se apoia sempre em outros fatores, em particular em conjeturas acerca da *ideia*, o *propósito* ou a *intenção* associados à obra. A própria consciência do fato de que alguém está se ocupando de um poema, de uma obra científica, de uma lei, etc., é em si importante. A interpretação objetiva simplesmente se recusa a investigar a intenção estudando a maneira pela qual a obra foi produzida. Deste modo, a interpretação objetiva – contrastando obviamente com o que a terminologia autorizaria a crer – adquire um tom de maior imprecisão e arbitrariedade que a interpretação subjetiva. A interpretação *objetiva* de obras poéticas como o *Fausto*, de Goethe ou o *Hamlet*, de Shakespeare, tende a transformar-se em *subjetiva* no sentido de que chega a ser a expressão do que épocas diferentes têm visto nessas obras.

A interpretação objetiva pode chegar a ser uma construção ideal em conflito direto com a intenção do autor. As diversas interpretações de Kant, por exemplo, não colimam verificar o que Kant *realmente quis dizer*; inclusive a resposta deste, se fosse possível interrogá-lo, não seria decisiva para determinar qual das interpretações é a *correta*. Estas interpretações, por assim dizer, atravessam a obra do autor e possuem uma profundidade intencional maior que a da própria obra. Apoiam-se num ideal de consistência lógica interna ao sistema que não diz respeito aos fatos, e apontam para um significado hipotético-ideal, mais do que para o significado de Kant como fato histórico-psicológico. Entretanto, esse *atravessar com o pensamento* pode se realizar de mais de uma maneira, segundo o que é considerado de maior importância no sistema. As interpretações desse tipo são, pois, valorativas e criadoras e ultrapassam os limites de uma interpretação genuína, no sentido em que esta palavra foi aqui entendida.

§ 25. PROBLEMAS DE INTERPRETAÇÃO – SINTÁTICOS

O princípio orientativo para toda interpretação, tal como vimos no parágrafo 24, é o princípio da função primária determinativa de significado das expressões como entidade e das conexões em que elas aparecem (*princípio de entidade*). Isto deve ser considerado ao se distinguir os diferentes grupos de problemas de interpretação: problemas sintáticos, lógicos e semânticos (em sentido estrito). É mister lembrarmos que estamos falando de abstrações analíticas, e que os problemas de interpretação aqui abordados de maneira isolada, na realidade, são sempre apreendidos como partes orgânicas dentro da conexão de significado captada de forma simultânea ou sucessiva.

O significado de uma expressão depende da ordem das palavras e da maneira em que se acham conectadas. Os problemas que concernem à conexão das palavras na estrutura da frase chamam-se *problemas sintáticos de interpretação*.

O princípio de entidade se aplica também à interpretação sintática. Assim, como as palavras não têm em si mesmas uma referência exata, tampouco as conexões sintáticas têm uma inequívoca função determinativa de significado. Também aqui o sentido *natural* é condicionado por fatores não linguísticos: o desejo de descobrir um significado *bom* ou *razoável* que se harmonize com aquele que o contexto e a situação indicam como tais.

Os problemas sintáticos de interpretação, que eu saiba, não foram objeto de uma exposição e análise sistemáticos. O presente estudo não tem esta pretensão. Meu propósito é simplesmente estimular a compreensão de problemas desse tipo oferecendo alguns exemplos. Decerto os estudos sistemáticos seriam importantes para a interpretação das leis e, em particular, para a redação destas.

a) Frases adjetivais (orações adjetivas):
1.a) Foi uma tentativa de encontrar uma solução *que* satisfizesse a todos. *(It was an attempt at finding a solution* that *would satisfy everyone.)*
1.b) Foi uma tentativa de encontrar uma solução *que*, todavia, não teve êxito. *(It was an attempt at finding a solution* that *was not successful, however.)*
2.a) Ninguém pode ter um tutor *que* seja mais jovem do que ele. *(Nobody can have a guardian* who *is younger than himself.)*
2.b) Ninguém que não tenha ao menos 21 anos de idade pode ser nomeado tutor. *(Nobody can be appointed a guardian* who *is not at least twenty-one years old.)*

Esses exemplos mostram que não há regras sintáticas que especifiquem o antecedente de uma oração relativa. Contudo, os exemplos não deixam margem à dúvida porque só há uma interpretação capaz de produzir um significado razoável. Porém, em outros casos o significado pode provocar dúvidas. Se dissermos, por exemplo:

3) Instigação ao crime que *foi cometido num país estrangeiro não é incluída (Incitement to crime* which *has been committed in a foreign country, is not included),* não saberemos com certeza se é a instigação ou o crime que terão sido cometidos num país estrangeiro.* A interpretação, neste caso, tem que se apoiar em dados não linguísticos, principalmente em informações sobre o propósito da regra. Se o intérprete permitir que suas preferências pessoais decidam a questão, excederá os limites de uma interpretação autêntica (parágrafo 24).

b) O problema de se os adjetivos e frases adjetivais (orações adjetivas) qua lificam duas ou mais palavras:

---

* O autor está se referindo a um problema de sintaxe de uma oração adjetiva relativa instaurada pelo conectivo (pronome relativo) *que* (numa correta construção gramatical preestabelecida). Ross esbarra aqui numa dificuldade filológica, o que não é de se surpreender porque ele não conhecia bem as línguas românicas ou latinas, nas quais (o português, por exemplo) a mera substituição do pronome *que* por *a qual* ou *o qual* e a variação verbal eliminariam o problema da interpretação. É necessário, portanto, entender sua análise num âmbito idiomático circunscrito ao inglês (e extensivo às línguas anglo-saxônicas em geral, como o dinamarquês e o norueguês), no qual a oração subordinada adjetiva é exclusivamente introduzida por *that, who* ou *which,* que são pronomes neutros (sem gênero e número). Por outro lado, se removêssemos o pronome relativo no português, teríamos uma segunda solução, ainda devido à variação de gênero e número: *a instigação a um crime* cometido (cometida) *num país estrangeiro...* Em inglês o problema permanece porque os verbos (no caso, *committed*) também são invariáveis quanto a gênero e número. *(N.T.)*

4.a) Livros e jornais *que* contêm figuras indecentes não devem ser importados. *(Books and newspapers* which *contain indecent pictures must not be imported.)*

4.b) Oficiais e soldados rasos *que* tenham sido alistados há mais de seis meses têm direito a um soldo extra. *(Officers and privates* who *have been conscripted more than six months are entitled to extra allowances.)*

5.a) Homens e mulheres *jovens que* tenham sido aprovados no exame podem ser designados. *(Young men and women* who *have passed the qualifying examination can be appointed.)*

5.b) Homens e mulheres *jovens que* tenham prestado serviços nas organizações auxiliares femininas podem ser designados. *(Young men and women* who *have served in the WACS can be appointed.)*

6.a) O Rei pode fazer projetos *de* lei e outras medidas serem introduzidos no Parlamento. *(The King may cause proposals* for *statutes and other measures to be introduced in the parliament.)*

6.b) O Conselho se ocupa de projetos *de* leis e outras matérias importantes. *(The Council deals with proposals* for *statutes and other matters of importance.)*

Estes exemplos demonstram que não há regras fixas que definam quando um adjetivo, um pronome relativo ou uma preposição se referem somente a uma palavra e quando se referem a mais de uma. Nesses exemplos, o significado é satisfatoriamente claro à luz da exigência de um significado *razoável*. Ao interpretar-se 4.a., entretanto, o propósito presumível do legislador ou a própria atitude do intérprete terão que desempenhar um papel, e em 4.b será decisivo para a interpretação verificar se de acordo com o contexto é possível que os oficiais sejam *alistados*. Em outros casos, podem surgir sérias dúvidas.

7) No contexto *agências e instituições de caridade* (charitable institutions and agencies) a expressão *de caridade* (charitable) se refere, de acordo com o uso ordinário da língua, tanto às *agências quanto às instituições*. Porém, dúvidas poderão surgir se além do conectivo, houver uma palavra que qualifique o primeiro membro, como ocorre na frase *instituições de caridade ou organizações com pessoa jurídica* (charitable institutions or incorporated organizations). Assim, no caso escocês *Symmers' Trustees contra Symmers*, 1918 S. C. 337, em que os fideicomissários receberam instruções para dividir o remanescente entre "tais instituições de caridade ou agências merecedoras de sua escolha" *(such charitable institutions or deserving agencies as they may select)*, decidiu-se que o legado era nulo por falta de certeza pois a descrição "instituições merecedoras" *(deserving institutions)* tinha que ser entendida independentemente de

"instituições de caridade" (*charitable institutions*) e, assim, o legado não era exclusivamente de caridade.[6]

8) Temos um outro exemplo nas seguintes palavras do *British Road Traffic Act* de 1930, parágrafo 11, 1:

"Se uma pessoa conduzir um veículo motorizado por uma estrada de maneira descuidada, ou a uma velocidade ou de uma maneira perigosa ao público, *tendo em conta todas as circunstâncias do caso, inclusive a natureza, estado e uso da estrada, e a densidade do tráfego que ocorre realmente na ocasião, ou que razoavelmente poder-se-ia esperar na estrada*, será responsável etc..."

"Parece ter sido aceito sem problemas que as palavras *em itálico* se referem tanto à condução descuidada quanto à velocidade e a maneira de conduzir (ver, por exemplo, Elwes contra Hopkins, 1906, 2 K. Bl; *Justices' Manual* (1950), vol. II, p. 2.056. Entretanto, relativamente a uma lei australiana de redação similar, decidiu-se no caso *Kane contra Dureau* (1911) V.D.R. 293 que essas palavras qualificam somente as frases 'a uma velocidade' e 'de uma maneira'."[7] *

c) Pronomes demonstrativos e relativos:

9.*a)* "O Rei citará anualmente um parlamento ordinário e decidirá quando termina a sessão. *Isto*, todavia, não pode ocorrer até que, de acordo com o parágrafo 48, se tenha autorizado legalmente a cobrança dos impostos e o pagamento das despesas do governo." (*Constituição Dinamarquesa*, 1920, parágrafo 19).

9.*b)* O presidente convocará uma reunião e anexará uma cópia de seu relatório. *Isto*, todavia, não pode ocorrer enquanto o tesoureiro não expor suas contas.

10.*a)* "Se uma das Câmaras for dissolvida por ocasião de sessão do Parlamento, as reuniões da outra Câmara serão suspensas até que o Parlamento todo se reúna novamente. *Isto* tem que ocorrer dentro de dois meses após a dissolução." (*Constituição Dinamarquesa*, 1920, parágrafo 22)

10.*b)* Se a competência do presidente for questionada, este adiará a reunião até que o Conselho tenha chegado a uma decisão. *Isto* tem que ser realizado mesmo que o presidente declare sua disposição para renunciar.

---

6. Citação de E. L. Piesse e J. Gilchrist Smith, *The Elements of Drafting* (1950), 14.
7. *Op. cit.*, 16-17.
* Neste caso e nos próximos que se seguem não registramos o inglês visto a pertinência não se restringir às línguas inglesa e dinamarquesa, atingindo também o português. (*N.T.*)

11.a) "Os Ministros serão responsáveis perante o Rei e o Parlamento pelo exercício de *suas* funções." (*Constituição Dinamarquesa*, 1920, parágrafo 14)

11.b) Os professores deram a João e Pedro um presente em *seu* aniversário. (Fica claro pelo contexto que são gêmeos)

Nas citações da Constituição parece completamente claro a que se referem as palavras *em itálico*. As passagens concebidas como contrapartida demonstram, entretanto, que de um ponto de vista puramente sintático é possível que sejam entendidas de maneiras diversas e que a *leitura natural*, portanto, é, na realidade, determinada não apenas pelo que pode ser lido, como também por um juízo sobre o significado que se pode *razoavelmente* presumir. Entretanto, esse juízo nem sempre produz certeza. Problemas difíceis de interpretação têm surgido, por exemplo, com relação à frase "a mesma obrigação" do Estatuto da Corte Internacional Permanente de Justiça, art. 36, 5, seção 2.[8]

d) Frases de modificação, exceção e condição:

Do ponto de vista da sintaxe é com frequência duvidoso com qual membro primário uma frase de modificação, exceção e condição está conectada. Nestes casos, a pontuação pode ser importante.

12) "No exercício de suas funções os juízes são limitados pelo direito. Os juízes não serão destituídos de seus cargos a não ser mediante juízo, nem serão transferidos contra sua vontade, exceto nos casos em que ocorra uma reorganização dos tribunais." (*Constituição Dinamarquesa*, 1920, parágrafo 71)

A estrutura da sentença nesse enunciado não deixa claro se a exceção relativa à organização dos tribunais se aplica somente à regra dos juízes não poderem ser transferidos contra sua vontade ou também à regra de não poderem ser destituídos de seus cargos sem juízo. O fator decisivo é a vírgula após a palavra *vontade*. Isto demonstra que a interpolação "nem serão transferidos contra sua vontade" se acha em oposição à (ou paralela à) primeira parte da sentença e que a exceção se relaciona igualmente com ambas as alternativas. Se suprimir-se a vírgula, seria natural a interpretação contrária.

A importância da pontuação se faz patente no protocolo de Berlim de 6 de outubro de 1945, cujo único intuito foi substituir um ponto e vírgula por uma vírgula! Os "crimes contra a humanidade" foram definidos da seguinte maneira no art. 69 da Carta do Tribunal Militar Internacional contida no Acordo de Londres de 8 de agosto de 1945:

---

8. Ver Hans Kelsen, *The Law of the United Nations* (1950), 526.

13) "Os crimes contra a humanidade, a saber: homicídio, extermínio, escravidão, deportação e outros atos desumanos cometidos contra qualquer população civil, antes ou depois da guerra; ou perseguições por razões políticas, raciais ou religiosas em execução ou em conexão com qualquer crime compreendido dentro da jurisdição do Tribunal, sejam ou não transgressões das leis internas do país onde perpetrados."

No mencionado protocolo o ponto e vírgula situado depois da palavra *guerra* foi substituído por uma vírgula. A jurisdição do tribunal ficou, assim, substancialmente circunscrita porque a condição do ato ser cometido em conexão com um dos crimes compreendidos na esfera de jurisdição do tribunal se fez aplicável a todos os casos de crimes contra a humanidade, e não somente aquele grupo (perseguições) mencionado depois do ponto e vírgula originais. A correção, entretanto, não foi inspirada por uma mudança de intenção. Simplesmente ocorreu que a função sintática do ponto e vírgula não fora percebida antes.

Os diversos grupos de exemplos dados logo acima bastam, provavelmente, para confirmar que as formas sintáticas conectivas não exercem uma função inequívoca, e que os problemas sintáticos não podem ser resolvidos com base em dados de interpretação puramente linguísticos. Nisto assemelham-se aos problemas semânticos em sentido restrito. Por outro lado, diferem destes num aspecto: mesmo quando a imprecisão de significado das palavras é irremediável, os problemas sintáticos, por meio de uma prolixa, e talvez tediosa, composição linguística, poderiam limitar-se àqueles cuja solução se faz patente sem dúvida alguma pelo simples sentido comum. Por exemplo, que a palavra *suas,* em 11.a, se refere a "os Ministros" e não ao "Rei ou ao Parlamento". Os casos realmente duvidosos de problemas sintáticos de interpretação, tais como os presentes na *British Road Traffic Act* de 1930, s. 11(1) e no art. 36 do Estatuto da Corte Internacional de Justiça, poderiam ser evitados graças a uma redação mais cuidadosa. Se nos habituamos a dizer que um texto é claro ou isento de ambiguidade, é possível que isso, manifestando-se com propriedade, se refira somente a essa interpretação sintática. Do ponto de vista da semântica no sentido restrito, um texto é sempre afetado pela inevitável imprecisão de significado das palavras e nessa medida jamais é claro ou isento de ambiguidade, o que significa que constantemente podem surgir situações atípicas diante das quais fica dúbio se o texto é aplicável ou não. Por outro lado, isso não exclui que em outras situações, de caráter típico, não se dê margem a dúvidas. Entretanto, a certeza da aplicação em algumas situações não justifica a afirmação geral de que o texto não é ambíguo.

§ 26. PROBLEMAS DE INTERPRETAÇÃO – LÓGICOS

Os problemas lógicos da interpretação são os que se referem às relações de uma expressão com outras expressões dentro de um contexto. Entre estes problemas destacam-se a *inconsistência*, a *redundância* e as *pressuposições*.

26.1. INCONSISTÊNCIA

Existe inconsistência entre duas normas quando são imputados efeitos jurídicos incompatíveis às mesmas condições fatuais.

Pode haver inconsistência entre duas normas de *três maneiras distintas*.

1ª) Inconsistência total-total, isto é, quando nenhuma das normas pode ser aplicada sob circunstância alguma sem entrar em conflito com a outra. Se os fatos condicionantes de cada norma são simbolizados por um círculo há uma inconsistência desse tipo quando ambos os círculos coincidem.

2ª) Inconsistência total-parcial, isto é, quando uma das duas normas não pode ser aplicada sob nenhuma circunstância sem entrar em conflito com a outra, enquanto esta tem um campo adicional de aplicação no qual não entra em conflito com a primeira. Tal inconsistência ocorre quando um círculo se acha dentro do outro.

3ª) Inconsistência parcial-parcial, isto é, quando cada uma das duas normas possui um campo de aplicação no qual entra em conflito com a outra, porém também possui um campo adicional de aplicação no qual não são produzidos conflitos. Tal inconsistência existe quando os dois círculos são secantes.

Para simplificar nossa linguagem, podemos empregar também a seguinte terminologia;

1ª) Inconsistência total ou incompatibilidade absoluta.

2ª) Inconsistência total-parcial, ou inconsistência entre a regra geral e a particular. As expressões *regra geral* e *regra particular* são correlativas. Uma regra é particular em relação à outra se seu fato condicionante é um caso particular do fato condicionante da outra regra. Se o fato condicionante desta última é F (a, b, c), isto é, um fato definido pelos índices a, b, c, então o fato condicionante da regra particular é F (a, b, c, m, n). Se, por exemplo, houver uma regra que dispõe que os estrangeiros não gozam do direito de pescar nas águas territoriais de um país marítimo, e houver outra que estabelece que os estrangeiros com mais de dois anos de domicílio no país gozam desse direito, então a primeira regra será geral em relação à segunda e a segunda será particular em relação à primeira.

3ª) Inconsistência parcial, ou sobreposição de regras.
No julgamento das inconsistências constitui fator importante a relação existente entre as leis a que pertencem as normas conflitantes. Deve ser realizada uma distinção entre *a)* inconsistências na esfera da mesma lei e *b)* inconsistências entre uma lei anterior e outra posterior. No último grupo é necessário fazer a distinção considerando se as duas leis estão no mesmo nível ou em níveis diferentes (parágrafo 16).

I – As inconsistências totais dentro de uma mesma lei são raras. Todavia, a Constituição Dinamarquesa de 1920 estabelece na primeira parte do parágrafo 36 que o número dos membros da Primeira Câmara não pode exceder setenta e oito, enquanto na segunda parte são estabelecidas normas minuciosas para sua eleição e distribuição, das quais se conclui que o número de membros a ser eleito é *setenta e nove*. Não há regras gerais que indiquem como resolver uma incompatibilidade absoluta como essa entre duas normas. A decisão, segundo as circunstâncias, terá que se basear seja numa interpretação fundada em dados alheios ao texto, seja no critério.

A relação entre uma regra geral e uma regra particular no âmbito de uma mesma lei raramente dá origem a dúvidas. Com frequência, como ocorre na linguagem falada normal, a regra particular está ligada à regra geral por meio de um nexo sintático (*todavia, a menos que, com a exceção de,* etc.) que indica que a regra geral só deverá ser aplicada com a limitação imposta pela particular. Não há verdadeira inconsistência aqui, mas uma forma de expressão linguística que pode ser parafraseada numa regra.

Ademais, ao redigir uma lei aceita-se uma convenção geral quase fixa, segundo a qual os nexos conectivos sintáticos podem ser omitidos se alterar-se, com isso, o significado. A regra particular se manterá limitando a geral. É frequente a regra geral estar contida numa seção e as exceções em uma ou mais seções distintas. É incontestável a regra particular limitar a geral. É de pouquíssima monta determinar se isso será considerado como uma simples interpretação linguística que introduz uma conjunção sintática implícita, ou como um caso de uma regra positiva de interpretação que pode ser chamada de *lex specialis* (dentro de uma mesma lei).

Por outro lado, a sobreposição de normas dentro de uma mesma lei gera frequentes problemas de interpretação. Não há regras gerais para sua solução e a decisão deve apoiar-se em dados alheios ao texto, ou no critério. Por exemplo, de acordo com o art. 53 da Carta das Nações Unidas, não se tomará nenhuma medida de força dentro dos tratados regionais ou pelos organismos regionais, sem a autorização do Conselho de Segurança. Segundo o art. 51, entretanto, nada do que é estabelecido na Carta restringe o direito à autodefesa individual ou coletiva em caso de ataque armado e as medidas de defesa não estão sujeitas a autorização. Estas duas regras se sobrepõem parcialmente, o problema consistindo, por conseguinte, em saber qual delas deve ceder se, de acordo com um tratado regional, se desejar pôr em prática uma medida de força que consiste numa autodefesa coletiva contra um ataque armado. Este problema se destacou na discussão do Tratado do Atlântico e é insolucionável por meio de interpretação linguística ou construção lógica. A resposta a ele dependerá da informação relativa às circunstâncias que cercaram a criação da Carta e de uma valoração das vantagens políticas de uma ou outra interpretação.

II – Pensa-se frequentemente que quando se trata da relação entre leis diferentes, as inconsistências podem ser resolvidas mediante duas simples regras convencionais de interpretação, conhecidas como *lex posterior* e *lex superior*.

Lex posterior significa que de duas leis do mesmo nível, a segunda prevalece sobre a anterior. É indubitável que se trata de um princípio jurídico fundamental, embora não esteja expresso como norma positiva, que o legislador pode derrogar uma lei anterior e que pode fazê-lo criando uma regra nova incompatível com a anterior, que ocupe seu lugar. Todavia, não é correto guindar este princípio à categoria de axioma absoluto. A experiência mostra que não há adesão incondicional a ele, sendo permissível colocá-lo de lado quando em conflito com outras considerações. O princípio da *lex posterior*, portanto, só pode ser caracterizado como um importante princípio de interpretação entre outros. Além disso, a força do princípio variará segundo os diferentes casos de inconsistência.

1) No caso de incompatibilidade absoluta é muito difícil conceber considerações de suficiente peso que justifiquem deixar de lado o princípio de *lex posterior*.

2.a) O mesmo ocorre naqueles casos de inconsistência total-parcial nos quais a última regra é a particular. Neste caso, a *lex posterior* opera em conjunção com a *lex specialis*.

2.b) Nos casos de inconsistência entre regras particulares anteriores e regras gerais posteriores, a *lex specialis* pode, segundo as circunstâncias, prevalecer sobre a *lex posterior*. Imaginemos, por exemplo, uma lei anterior que contenha uma regra geral à qual em leis posteriores foram introduzidas várias exceções para situações particulares. Subsequentemente, a regra geral anterior é substituída por outra que não menciona as exceções. Em tal situação, para determinar se as exceções anteriores podem, não obstante, ser consideradas válidas, terá que se recorrer a outros dados e considerações valorativas.

3) Nos casos em que as regras se sobrepõem parcialmente, a *lex posterior* certamente dá suporte à presunção de que a regra mais recente terá preferência sobre a mais antiga (anterior), porém isto não se aplica incondicionalmente. A *lex posterior* só se aplica na medida em que, em termos subjetivos, o legislador *teve a intenção* de substituir a lei mais antiga (anterior). Entretanto, pode também ter tido a *intenção* de que a nova regra se incorporasse harmoniosamente ao direito existente, como um suplemento dele. A decisão acerca de qual das duas possibilidades é aplicada num caso concreto dependerá, como de costume, de uma prova alheia ao texto, ou do critério.

Lex superior quer dizer que num conflito entre previsões legislativas de nível diferente, a lei de nível mais elevado, qualquer que seja a ordem cronológica, se achará numa situação de preferência relativamente a de nível mais baixo: a Constituição prevalece sobre uma lei, uma lei sobre um decreto e assim sucessivamente.

Contudo, na experiência jurídica tampouco esse princípio é incondicionalmente válido. Em primeiro lugar, a prioridade da Constituição depende dos tribunais terem competência para revisar a constitucionalidade material das leis. E mesmo quando os tribunais tenham tal competência, com frequência se recusarão, de fato, a registrar o conflito e a declarar a invalidade. Nestes casos, seguramente, acatarão formalmente a *lex superior*, porém se negarão a admitir a existência de um conflito que, em outras circunstâncias, teriam reconhecido. Em segundo lugar, a instância legislativa superior pode ser competente para autorizar a inferior a ditar regras que tenham força derrogatória com relação a normas de um nível imediatamente superior. Assim, por exemplo, uma lei pode autorizar o Poder Executivo a ditar decretos que possam derrogar leis vigentes ou delas se desviar, ou autorizar os cidadãos particulares a celebrar transações contrárias a normas legislativas (aquelas que não são aplicáveis se as partes pactuam outra coisa). Não é excluível a possibilidade dos tribunais, ainda que sem autoridade para tanto, se desviem da *lex superior*.

26.2. Redundância

Há *redundância* quando uma norma estabelece um efeito jurídico que, nas mesmas circunstâncias fatuais está estabelecido por outra norma. Uma das duas normas, na medida em que isso ocorre, é redundante. É frequente na conversação diária enfeitarmos nossas expressões com redundâncias: "Não diga mentiras, conte-nos como realmente foi!" Na redação das leis, onde se requer maior cuidado, procura-se evitar dizer mais do que o necessário. Tem-se por pressuposto que uma lei não contém redundâncias e uma coincidência aparente de duas normas, portanto, induz a interpretar uma delas de maneira tal que a aparente redundância desapareça. Entretanto, não é possível sustentar que existe um princípio incondicional de interpretação segundo o qual não possa haver redundâncias. É mister levar em conta a possibilidade de que aquele que teve como incumbência redigir a lei não tenha se apercebido da coincidência (em especial, se é o caso de uma redundância que assoma ao comparar a lei com uma norma anterior); ou a possibilidade de, por razões históricas, desejou-se salientar um ponto de vista particular; ou que para oferecer um quadro geral (em benefício, mormente, do leitor inexperiente) julgou-se necessário incluir num só texto material que, de outro modo, teria que ser procurado alhures (enunciados *ex tuto*).

Na realidade, a teoria da redundância poderia ser desenvolvida semelhantemente à teoria da inconsistência, porém, tal desenvolvimento apresentaria pouco interesse. O ponto essencial é que para a redundância tampouco há solução mecânica. É mister que a decisão se baseie em considerações diversas, inclusive a pressuposição geral de que não há redundâncias.

26.3. Pressuposições

Se digo a uma criança que tem uma maçã na mão: "Dê-me a maçã que você furtou," e a criança não furtou a maçã, a diretiva não pode se cumprir. Decida-se o pequeno a entregar a maçã ou retê-la consigo, sua decisão estará fundada em motivos e ideias que nada têm a ver com o acatamento à diretiva. Algo similar ocorre quando uma regra produz pressuposições incorretas ou falhas. Os problemas que surgem neste caso não podem ser resolvidos por interpretação linguística, sendo necessário o recurso a outros dados de *interpretação* ou ao critério.

Há falsas pressuposições fatuais quando, por exemplo, uma lei qualifica uma substância inócua de venenosa, ou proíbe a pesca numa área que atualmente é desértica, ou regulamenta a navegação num rio que já não é mais navegável, ou dispõe que a administração deve consultar um organismo que não existe mais. Há falsas pressuposições jurídicas quando uma norma faz pressuposições incorretas ou falhas sobre o conteúdo do direito vigente ou a respeito de situações jurídicas específicas. Por exemplo, que na Califórnia a maioridade é adquirida aos 30 anos, ou que as mulheres não têm direito ao sufrágio, ou que uma certa zona se encontra sob uma autoridade municipal diferente daquela que na realidade lhe corresponde. Está claro que é improvável que tais erros grosseiros ocorram. Por outro lado, não é difícil incorrer-se em erros menos graves, especialmente quando uma lei faz referência a leis anteriores, que posteriormente são derrogadas por outras, e se esquece que as referências devem ser modificadas de maneira concordante.

Das falsas pressuposições fatuais ou jurídicas surgem problemas de interpretação que não podem ser resolvidos por regras mecânicas. Também aqui logra-se a harmonia com a ajuda do senso comum e do critério. A regra pode ser aplicada a despeito da pressuposição incorreta ou falha, ou a regra pode ser modificada ou considerada nula. No caso de um erro jurídico, surge a questão da pressuposição poder ser considerada como garantia para a criação de direito em conformidade com seu conteúdo.

Recapitulando o que dissemos a respeito do conflito de normas, fica claro não haver, na realidade, princípios fixos para a solução mecânica desses problemas. Todos os problemas lógicos da interpretação são lógicos no sentido de que podem ser determinados mediante uma análise lógica da lei. Contudo, não são, de modo algum, lógicos no sentido de que possam ser resolvidos com o auxílio da lógica ou de princípios de interpretação que operam de forma mecânica. *Lex specialis*, *lex posterior* e *superior* não são axiomas, mas princípios de peso relativo que gravitam em torno da interpretação ao lado de outras considerações, em particular, uma valoração acerca da melhor maneira de fazer com que a lei esteja de acordo com o senso comum, com a consciência jurídica popular, ou com os objetivos sociais supostos.

§ 27. PROBLEMAS DE INTERPRETAÇÃO – SEMÂNTICOS

Os problemas semânticos da interpretação, em sentido estrito, são aqueles que se referem ao significado das palavras individuais ou das frases.

Aplicam-se a este tópico, principalmente, os comentários feitos no parágrafo 24. Deve-se recordar, em especial, que a maioria das palavras é ambígua, e que todas as palavras são vagas, isto é, que seu campo de referência é indefinido, pois consistem num núcleo ou zona central e um nebuloso círculo exterior de incerteza; e que o significado preciso de uma palavra numa situação específica é sempre em função da unidade total ou entidade: a *expressão como tal*, o *contexto* e a *situação*.

É, por conseguinte, errôneo crer que a interpretação semântica começa por estabelecer o significado das palavras individuais e atinge o da expressão pela soma dos significados parciais. O ponto de partida é a expressão como um todo com seu contexto, e o problema do significado das palavras individuais está sempre unido a esse conceito. A palavra *casa* pode designar uma grande variedade de objetos. Fala-se da casa (habitação), da casa que um caracol leva às costas, das casas bancárias, das casas de detenção, das casas de famílias reais, das casas de um tabuleiro, das casas decimais e muitas outras. Em certas circunstâncias (como toda criança sabe) um sapato velho pode ser uma casa.* Entretanto, numa lei habitacional a maior parte de tais possibilidades é afastada pois seriam absurdas.

É errôneo, também, portanto, crer que um texto pode ser tão claro a ponto de ser impossível que suscite dúvidas quanto a sua interpretação.[9] Tal como vimos no parágrafo 25 *in fine*, tal clareza só é atingível – sempre que haja um certo mínimo de senso comum – no tocante à interpretação sintática, e não no tocante à interpretação semântica em sentido estrito. Logo que fazemos a transição do mundo das palavras ao mundo das coisas, nos defrontamos com uma incerteza fundamentalmente insuperável[10] ainda que em situações típicas a aplicação do texto não ofereça nenhuma dúvida.

Por isso, tampouco a interpretação semântica é um processo mecânico. Salvo nos casos de referência clara e óbvia, o juiz tem que tomar uma decisão que não é motivada pelo mero respeito à letra da lei.

---

* Por questões filológicas, somos obrigados a diversificar certos exemplos, já que no inglês existem numerosas expressões compostas analíticas que correspondem a expressões simples sintéticas no português. Exemplificamos: *hen house* não corresponde a *casa de galinhas* mas a *galinheiro*. (N.T.)

9. Este ponto de vista errôneo está, entretanto, difundido. O projeto do *Code Civil* do ano VII continha esta cláusula: *"Quand une loi est claire, il ne faut pas en éluder le texte sous prétexte d'en respecter l'esprit."* Em relação a isto Henri Lévy-Bruhl na obra coletiva *Introduction à l'étude du droit* (1951), 283: "Se a norma é clara, é inútil e até perigoso interpretá-la". A Corte Internacional (a Corte Permanente de Justiça Internacional) tem declarado reiteradamente que "os trabalhos preparatórios não podem ser invocados para interpretar um texto que é, em si, suficientemente claro." Ver, por exemplo, *Interpretation of the Statute of the Memel Territory*, P.C.I. J., série A/B, nº 47, p. 249, e *Employment of Women during the Night*, P.C.I.J., série A/B, nº 50, p. 378.

10. Talvez tenhamos que excetuar as designações individuais (nomes) e os números.

§ 28. INTERPRETAÇÃO E ADMINISTRAÇÃO DA JUSTIÇA

Nos parágrafos anteriores fornecemos exemplos dos problemas de interpretação que enfrentam os juízes e as outras autoridades na administração do direito. Dirigimos agora nossa atenção ao problema de como são resolvidos esses problemas na administração da justiça.

Não queremos com isso dizer como devem ser resolvidos. Tal como ver-se--á mais detidamente no parágrafo 31, as teorias correntes sobre a interpretação têm um conteúdo normativo, isto é, se propõem a proporcionar diretivas que prescrevem como deve ser interpretado o direito na administração da justiça. Na medida em que são deduzidas de ideias preconcebidas referentes à *natureza do direito, o conceito do direito, o propósito da administração do direito* e coisas semelhantes, equivalem a postulados dogmáticos. Na medida em que são baseadas em considerações de vantagens e desvantagens sociais apreciadas em relação a certos valores pressupostos, equivalem a sugestões de política jurídica dirigidas ao juiz. Em ambos os casos – exceto quando mais ou menos fortuitamente refletem o método seguido na prática pelos tribunais – tais diretivas carecem de valor para compreender o direito positivo e para prever decisões jurídicas futuras.

Nosso problema é de natureza analítico-descritiva, isto é, procuramos descrever como ocorre na prática a interpretação. Uma análise mais radical se enquadra no estudo doutrinário de um sistema jurídico específico. Uma teoria geral do método só pode mostrar os fatores gerais que operam em toda administração da justiça e esboçar uma tipologia geral a fim de caracterizar as variedades de estilo de método e interpretação existentes. Ademais, essa descrição e tipologia são requisito prévio essencial de um exame político-jurídico racional do método. Sem a compreensão do que realmente ocorre na administração da justiça, falta a base necessária para estabelecer objetivos de política jurídica bem fundados a respeito de como deve ocorrer tal tarefa.

Em primeiro lugar, é essencial ter uma clara ideia da atividade do juiz quando se defronta com a tarefa de interpretar e aplicar a lei a um caso específico.

Nosso ponto de partida é que a tarefa do juiz é um problema prático. O juiz tem que decidir se utilizará ou não força contra o demandado (ou o acusado). Decerto o conhecimento de diversas coisas (os fatos do caso, o conteúdo das normas jurídicas, etc.) desempenha um papel nessa decisão e, nessa medida, a administração da justiça se funda em processos cognitivos. Entretanto, isto não modifica o fato de que a administração da justiça, mesmo quando seu caminho é preparado por processos cognitivos, é, por sua própria natureza, indubitavelmente, uma decisão, um ato de vontade.

Como toda decisão deliberada – ver mais detalhadamente no parágrafo 70 – ela surge de um substrato da consciência constituído por dois componentes: *1º)* um motivo que concede à atividade sua direção na busca de uma meta e *2º)* certas concepções operativas, isto é, elementos cognitivos que dirigem a atividade rumo a tal meta (para ilustrar este ponto: minha decisão de sair com guarda-chuva parte do desejo de não me molhar, como motivo, em conexão com a concepção operativa de que provavelmente choverá e de que o guarda--chuva é um instrumento de proteção).

A antiga teoria positivista-mecanicista da função da administração da justiça oferecia um quadro muito simples desses componentes. Supunha-se que o motivo era (ou devia ser) a obediência à lei, isto é, uma postura de acatamento e respeito em relação ao direito vigente (concebido como vontade do legislador). Supunha-se que as concepções operativas consistiam em um conhecimento do verdadeiro significado da lei e dos fatos comprovados. O significado de uma lei, decerto, não é sempre claro; não raro tem que ser descoberto mediante interpretação, mas a interpretação – segundo esse ponto de vista – é fundamentalmente uma tarefa teórico-empírica. Pode ocorrer que não se possa estabelecer com certeza o significado e que, em razão disso, o juiz disponha da liberdade para estimar o que é que nas circunstâncias deve ser presumido como o mais provável. Porém, uma incerteza desse calibre caracteriza muitos outros problemas cognitivos e não afeta o caráter teórico da interpretação.

Segundo esse quadro da administração da justiça, o juiz não valora nem determina sua postura ante a possibilidade de interpretações diferentes. O juiz é um autômato. Tem-se como pacífico que é necessário que se ajuste à lei e sua função se limita a um ato puramente racional: compreender o significado da lei e comparar a descrição desta dos fatos jurídicos aos fatos do caso que ele tem diante de si.

Esse quadro não se assemelha em nada com a realidade.

É equívoco, e para percebê-lo basta assinalar que a interpretação – no sentido de determinação do significado como fato empírico – amiúde não conduz a qualquer resultado certo (ver parágrafo 24). A inevitável imprecisão das palavras e a inevitável limitação da profundidade intencional fazem com que, frequentemente, seja impossível estabelecer se o caso é abarcado ou não pelo significado da lei. O caso não é óbvio. É plausivelmente possível definir o significado das palavras de tal modo que os fatos acabem abarcados pela lei. Porém, também é possível, de forma igualmente plausível, definir o significado das palavras de tal modo que o caso saia do campo de referência da lei. A interpretação (em sentido próprio, ou seja, como atividade cognitiva que só busca determinar o significado como fato empírico) tem que fracassar. Entretanto, o juiz não pode deixar de cumprir sua tarefa. Tem que escolher e esta escolha terá sua origem, qualquer que seja seu conteúdo, numa valoração. Sua interpretação da lei (num sentido mais amplo) é, nessa medida, um ato de natureza construtiva, não um ato de puro conhecimento. Seus motivos não se reduzem ao desejo de acatar uma determinada diretiva.

Mas, esse quadro é falso ainda num outro aspecto, já que se baseia numa apreciação da atividade do juiz que é psicologicamente insustentável. O juiz é um ser humano. Por trás da decisão tomada encontra-se toda sua personalidade. Mesmo quando a obediência ao direito (a consciência jurídica formal) esteja profundamente enraizada na mente do juiz como postura moral e profissional, ver nesta o único fator ou móvel é aceitar uma ficção. O juiz não é um autômato que de forma mecânica transforma regras e fatos em decisões. É um ser humano que presta cuidadosa atenção em sua tarefa social, tomando decisões que sente ser *corretas* de acordo com o espírito da tradição jurídica e cultural. Seu respeito pela lei não é absoluto. A obediência a esta não constitui o único motivo. Aos seus olhos a lei não é uma fórmula mágica, mas uma manifestação dos ideais, posturas, padrões ou valorações que denominamos *tradição cultural* (parágrafo 19). Sob o nome de consciência jurídica material essa tradição vive no espírito do juiz e cria um motivo passível de entrar em conflito com a consciência jurídica formal e sua exigência de obediência ao direito. A crítica do juiz pode dirigir-se assim contra a decisão no caso específico, que ele sente como injusta, não obstante aprove a regra; ou pode dirigir-se contra a própria regra. A crítica pode surgir na consciência do juiz como uma reação emocional espontânea; ou resultar de uma análise consciente dos efeitos da decisão, realizada em relação a padrões pressupostos. Em todos os casos, essas atitudes atuam participativamente na mente do juiz, como um fator que motiva sua decisão. Na medida do possível, o juiz compreende e interpreta a lei à luz de sua consciência jurídica material, a fim de que sua decisão possa ser aceita não só como *correta* mas também como *justa* ou *socialmente desejável*. Se a divergência entre a consciência jurídica formal e a material exceder certo limite, pode até ser que o juiz prescinda de restrições obviamente impostas pelas palavras ou pela intenção do legislador. Sua interpretação construtiva, neste caso, não se reduz a buscar uma maior precisão, mas retifica os resultados alcançados por uma interpretação da lei que simplesmente averiguasse o que esta significa.

Pode-se assim dizer que a administração da justiça é o resultante de um paralelogramo de forças no qual os vetores dominantes são a consciência jurídica formal e a consciência jurídica material. A decisão obtida é determinada pelo efeito combinado da interpretação cognoscitiva da lei e da atitude valorativa da consciência jurídica.[11] Seria errôneo limitar a atividade valorativa àquelas ocasiões, relativamente raras, nas quais ela se manifesta como desvio do resultado a que conduziria uma interpretação meramente cognoscitiva da lei. A consciência jurídica material está presente em todas as decisões. Se na maioria dos casos o juiz decide dentro do campo da interpretação cognoscitiva, é indício de que sua consciência jurídica julgou possível aprovar a decisão, ou, em todo o caso, não a considerou incompatível com o *justo* ou o *socialmente desejável*, num tal grau que tornasse necessário recorrer a algum expediente para livrar-se das amarras da lei. Se os postulados político-jurídico-morais de sua consciência jurídica tivessem levado o juiz a considerar que a decisão era inaceitável, este teria podido também, mediante uma argumentação adequada, descobrir a via para uma melhor solução.

A despeito de ser a tarefa de administrar justiça muito mais ampla do que a de interpretar a lei, no autêntico sentido desta expressão, é, não obstante, comum usar a palavra *interpretação* para designar a atividade integral do juiz que o conduz à decisão, inclusive sua atividade crítica, inspirada por sua concepção dos valores jurídicos, que emerge a partir de atitudes que transcendem o mero respeito pelo texto da lei. Este uso linguístico responde ao desejo de ocultar a função criadora do juiz, preservando a aparência de que ele não passa de um porta-voz da lei. O juiz não admite abertamente, portanto, que deixa o texto da lei de lado. Graças a uma técnica de argumentação que foi desenvolvida como ingrediente tradicional da administração da justiça, o juiz aparenta que por meio de várias conclusões, sua decisão pode ser deduzida da verdadeira interpretação da lei (para detalhes adicionais, ver parágrafo 30).

Podemos, de maneira definitiva, dizer que a administração do direito não se reduz a uma mera atividade intelectual. Está enraizada na personalidade total do juiz tanto em sua consciência jurídica formal e material quanto em suas opiniões e pontos de vista racionais. Trata-se de uma interpretação construtiva, a qual é, simultaneamente, conhecimento e valoração, passividade e atividade.

---

11. Isto não significa que os dois vetores apareçam na mente do juiz como motivos independentes a serem subsequentemente contrabalançados entre si. Isto poderia ocorrer, porém é mais provável que se fundissem na atividade subconsciente do juiz.

Para atingir uma verdadeira compreensão da função do juiz é importante ressaltar essa dupla natureza. Contudo, ao mesmo tempo, é preciso reconhecer que a distinção entre a função cognoscitiva e a valorativa é artificial na medida em que ambas se fundem na prática, o que impossibilita afirmar com precisão onde uma termina e começa a outra. Assim é porque é impossível para o próprio juiz, bem como para os demais, distinguir entre as valorações em que se manifestam as preferências pessoais do juiz e as valorações atribuídas ao legislador, as quais são, portanto, dados para uma interpretação puramente cognoscitiva. Tal como salientamos no parágrafo 24, a função determinativa de significado do contexto consiste no próprio fato de proporcionar um fundamento para presumir o que é que o autor pode, razoavelmente, ter querido dizer na situação dada. Do mesmo modo, toda interpretação jurídica em sentido próprio inclui presunções que tangem aos critérios e valores sociais que motivaram o legislador. Se o juiz, errônea ou acertadamente, identifica suas próprias valorações com as do legislador, os dois tipos de interpretação se fundem em seu espírito. A situação encontra paralelo naquilo de que falamos na parte final do parágrafo 9 ao nos ocuparmos do limite impreciso entre a intenção teórico-jurídica e a intenção político-jurídica contidas na doutrina. Disto se conclui que existe um limite fluido entre a) aqueles casos em relação aos quais o juiz crê que há – na própria lei ou em sua história legislativa – certos elementos que provam que sua interpretação concorda com a intenção do legislador; b) aqueles casos em relação aos quais, acertada ou erroneamente e sem ter clara consciência disto, o juiz identifica suas próprias atitudes pragmáticas com as do legislador e, finalmente, c) aqueles casos em relação aos quais o juiz se dá conta de que está interpretando a lei à luz de ideias que não podem ser atribuídas ao legislador, e que, inclusive, possivelmente se acham em oposição direta às intenções do legislador.

Nas páginas anteriores enunciamos os fatores gerais que estão presentes em toda administração da justiça: por um lado, uma atividade puramente cognoscitiva que colima expressar certos dados; por outro, uma atividade emotivo-volitiva fundada em valorações sociais e em observações sociológico-jurídicas. Entretanto, é possível distinguir no âmbito dessa estrutura diversos tipos de estilos de interpretação, que variam com a força relativa de cada um desses fatores e com os dados que convencionalmente são levados em consideração no caso da interpretação da lei em sentido próprio (o fator cognoscitivo).

a) De acordo com o grau de liberdade que o juiz se atribui na interpretação da diretiva da lei, à luz das reclamações da consciência jurídica material e das exigências sociais, pode-se distinguir entre um estilo de interpretação (relativamente) livre e um estilo (relativamente) limitado. Todavia, é difícil decidir se a diferença de estilo é tão grande como pode parecê-lo à primeira vista. É possível que a diferença não esteja tanto no grau de liberdade de que goza o juiz quanto na franqueza com que essa liberdade é reconhecida.

Em torno de meados do século passado* se desenvolveu na França e na Alemanha um estilo de interpretação claramente limitado. Em harmonia com uma doutrina das fontes do direito estritamente positivista, quis-se criar a aparência de que, em todos os casos, era possível derivar uma decisão da lei com a ajuda da interpretação linguística e dos métodos lógicos de inferência, ou construí-la por dedução a partir de conceitos jurídicos pressupostos (*jurisprudência de concepções* ou *jurisprudência mecânica*).[12] Próximo ao fim do século passado e no início do presente século** uma forte oposição surgiu nesses dois países. Na França ficou conhecida como *le combat pour la méthode* e na Alemanha como *die Freirechtsbewegung*.[13] O método tradicional foi qualificado de *reverência aos textos* e de *construção de conceitos formalistas*.[14] E seus opositores exigiam que o juiz tivesse uma maior liberdade para inspirar-se na vida, nas necessidades e nos interesses práticos. Esta exigência estava combinada a ideias de um *direito natural*, desenvolvido pela ciência segundo fundamentos filosóficos ou sociológicos visando a complementar o direito positivo (*la libre recherche scientifique*; *das freie Recht*). Não é fácil decidir em que medida esse movimento constituiu expressão de uma exigência, genuinamente político-jurídica, em prol de um novo espírito na administração do direito, e em que medida foi meramente uma transação, na esfera da teoria jurídica, com as ficções formalistas da interpretação então corrente.[15]

---

* Ou seja, século XIX. (*N.T.*)
12. Ver, também, Alf Ross, *Theorie der Rechtsquellen* (1929), caps. II, 3 e VI, 6.
** Ou seja, séculos XIX e XX. (*N.T.*)
13. Ver, também, *ibid.*, caps. III, 4-9, e VII com bibliografia detalhada.
14. Um exemplo típico é a seguinte caricatura da concepção positivista do juiz: "Este douto alto funcionário está sentado em sua cela, armado somente com uma calculadora, embora, certamente, da melhor qualidade. O único móvel da sala é uma mesa verde sobre a qual se encontra, diante dele, o código. Podemos colocar diante de seus olhos qualquer caso, real ou fictício, e ele poderá, pois tal é seu dever, estabelecer com exatidão absoluta a decisão predeterminada pelo legislador, utilizando tão só operações lógicas e uma técnica secreta que apenas ele entende." Gnaeus Flavius, *Der Kampf um die Rechtswissenschaft* (1906), 7.
15. Como produto extremado das ideias do direito livre, costuma-se citar o juiz francês, Magnaud, que na última década do século passado foi presidente do tribunal de Château-Thierry. Por suas decisões, caracterizadas por grande humanidade e escasso respeito à letra da lei, granjeou o apelido de *le bon juge*. *Cf.* H. Leyret, *Les Jugements du président Magnaud* (1900).

b) Outra diferença de estilo de interpretação é a amplitude em que se tomam em consideração elementos de juízo alheios às palavras da lei. No parágrafo 24 foi examinada a diferença entre a chamada interpretação *subjetiva* e a *objetiva*; de acordo com isto pode-se formular uma distinção entre o estilo subjetivo e o objetivo de interpretação da lei. É inconcebível um estilo de interpretação completamente objetivo, no sentido de que se funde exclusivamente nas palavras da lei. A atitude do juiz em relação à lei será sempre influenciada por uma série de fatores, produtos da situação, e pela conexão entre a lei e o resto do direito. Jamais será possível evitar levar em consideração que o texto que tem diante de seus olhos não é uma peça de ficção nem um artigo científico, mas precisamente uma lei, isto é, um instrumento de direção política que nasce do seio de interesses e ideias conflitantes e que aponta para certos objetivos sociais. A compreensão da lei por parte do juiz dependerá sempre de sua compreensão dos motivos e propósitos da lei. O que distingue um estilo subjetivo de um estilo objetivo de interpretação é, realmente, apenas que de acordo com o primeiro, e não de acordo com o segundo, a história legislativa é admitida como evidência para expor o propósito da lei e projetar luz sobre as minúcias de seu significado.

Essa distinção entre interpretação subjetiva e objetiva não coincide com a distinção entre interpretação livre e limitada. A primeira se refere ao modo em que a interpretação ocorre em sentido próprio; a segunda ao grau de liberdade com o qual o juiz reage ante os resultados dessa interpretação. Há, contudo, uma conexão entre ambas. Exatamente porque a interpretação objetiva rejeita certos dados de interpretação (os antecedentes da lei) e se atém exclusivamente ao próprio texto, conduzirá frequentemente a resultados menos precisos que a interpretação subjetiva, deixando assim maior raio de alcance para a liberdade do juiz. Num certo sentido, consequentemente, a interpretação *objetiva* é mais subjetiva do que a subjetiva.

De que modo os antecedentes da lei podem proporcionar informação sobre as intenções do *legislador*? Se o legislador fosse um indivíduo particular, que elaborasse suas próprias leis por si, não haveria problemas. Porém, na realidade não há esse legislador unipessoal, e as leis, bem como o material explicativo delas, são, em grande medida, o produto do trabalho de pessoas que não integram a legislatura. O único item decisivo para a aprovação de uma lei é o que o texto, em sua versão final, obtenha o número exigido de votos no Parlamento. A real *vontade do legislador* se encontra, em última instância, nos membros da Câmara que votaram o projeto de lei. Entretanto, como é possível que a história do projeto forneça informação acerca das atitudes dessas pessoas que, talvez, nem sequer o conheçam, mas que, como coisa rotineira, se limitaram a votar a seu favor?

A resposta se acha, talvez, numa convenção. Uma vez admitida a importância dos antecedentes legislativos, tal convenção servirá de base para a conclusão razoável de que a passividade dos membros que votaram pode ser considerada como expressão da aprovação das opiniões explicativas da lei formuladas no curso do processo de sanção da lei. Isto porque, de acordo precisamente com essa convenção, os membros da legislatura têm um motivo para se familiarizarem com o que ocorre durante esse processo, e se não se opõem ao expresso no curso do processo, tal atitude será interpretada como aprovação. Pode-se, também, dizer que o que se submete à votação não é unicamente o texto, mas o texto à luz das notas explicativas que o acompanham e de outras partes dos antecedentes da lei.

Em conformidade com esses pontos de vista, diversas circunstâncias influem no peso que se concede às diversas partes dos antecedentes legislativos. A importância das notas do projeto depende da medida em que este foi modificado durante sua passagem pelo Parlamento. As notas não são reescritas em caso de modificação do projeto. Quanto mais meticulosamente tenha sido preparado o projeto – particularmente se preparado por uma comissão de especialistas – maior é o peso atribuído às notas que o acompanham. Dada a importância do trabalho da comissão para a redação de um projeto de lei, se confere, em geral, maior peso às manifestações contidas num relatório da comissão do que aos pronunciamentos da Câmara.

Não se pode negar que a interpretação subjetiva se traduz em incerteza. Dificulta aos cidadãos saber como devem se comportar. Esta circunstância e a tradicional aversão dos ingleses ao direito legislado (que é considerado uma intrusão no território da *common law*) explicam porque a teoria jurídica inglesa somente admite um uso bastante limitado da história da lei para a interpretação desta. Os relatórios diários das sessões do Parlamento não são reconhecidos como evidência do propósito de uma lei e o relatório de uma Comissão Real só pode ser utilizado para mostrar em que estado se encontrava o direito antes da aprovação da lei. Os juízes ingleses, portanto, têm que formar opinião a respeito dos propósitos da lei unicamente com base na própria lei.[16]

---

16. Ver, por exemplo, G. W. Paton, *Jurisprudence* (1946), 191; W. Friedmann, *Legal Theory* (2ª ed., 1949), 282; C. K. Allen, *Law in the Making* (4ª ed., 1946), 404 e segs.

Na Europa continental e nos Estados Unidos é usual reconhecer os antecedentes da lei como dados de interpretação.

Está claro que isto não significa que a história da lei seja *obrigatória* para o juiz; constitui, apenas, na interpretação em sentido próprio, um elemento entre outros, que pode ser contrabalançado por valorações e considerações em sentido contrário. Quanto mais livre for a interpretação, mais facilmente poderá suceder que o juiz chegue a desconsiderar as claras manifestações que aparecem nos antecedentes legislativos. Estes são, primariamente importantes para a escolha entre alternativas quando o juiz não tem uma preferência particular.

Os antecedentes legislativos tornam-se menos importantes à medida que a lei envelhece. A interpretação subjetiva da lei assume, então, o caráter de interpretação histórica da lei. Apesar de certas ideias dogmáticas referentes à *vontade do legislador*, é praticamente inevitável que o juiz resista ao poder dos mortos se as condições da vida presente favorecerem uma interpretação animada por um novo espírito.[17] Isto tem maior relevância para a interpretação das leis constitucionais, que amiúde permanecem estáticas, enquanto as condições da vida política permanecem evoluindo. Em tais circunstâncias pode ocorrer uma ampla *Verfassungswandlung*[18] ou metamorfose da Constituição sem que se opere nenhuma mudança do seu texto.

§ 29. OS FATORES PRAGMÁTICOS NA INTERPRETAÇÃO

Nos parágrafos 24 e 27 salientou-se que toda interpretação tem seu ponto de partida na expressão como um todo, em combinação com o contexto e a situação nos quais aquela ocorre. É, pois, errôneo crer que o ponto de partida são as palavras individuais consideradas em seu significado linguístico natural. Este significado linguístico é amplamente aplicável, porém tão logo uma

---

17. Ballot-Beaupré, presidente da *Cour de Cassation*, por ocasião do centenário do *Code Civil* em 1905, expressou, veementemente, esse ponto de vista nas seguintes palavras, tantas vezes citadas: "[O juiz] não deve se deixar levar por uma busca obstinada do que era, há cem anos, a ideia dos autores do Código; deve perguntar-se qual seria essa ideia se eles tivessem que redigir atualmente o mesmo artigo; deve compreender que, levando em conta todas as mudanças ocorridas durante um século na moral, nas instituições e nas condições econômicas e sociais da França, a justiça e a razão exigem uma adaptação liberal do texto às realidades e às necessidades da vida moderna."
18. Georg Jellinek, *Verfassungsänderung und Verfassungswandlung* (1906).

palavra ocorre num contexto, seu campo de referência fica restrito. Por exemplo, a palavra *casa*, de um ponto de vista puramente linguístico, o que não pode abarcar! Entretanto, se aparecer numa lei da habitação, a maioria dessas possibilidades ficarão automaticamente excluídas (parágrafo 27).

Sugeriu-se, também, que a função determinativa de significado do contexto consiste no fato de que o contexto oferece uma base para conclusões acerca do que o autor razoavelmente pode ter querido dizer. Especificamente, ao interpretar as leis, *razoável* significa o que é, na prática, razoável. A interpretação se baseia aqui na suposição de que o legislador quis sancionar disposições que, em seus efeitos práticos, se harmonizassem com as exigências, valorações ou atitudes que presumivelmente gravitavam em torno dele.

Os fatores pragmáticos na administração da justiça são considerações baseadas numa valoração da razoabilidade prática do resultado apreciado em relação a certas valorações fundamentais pressupostas. Os fatores pragmáticos são colocados aqui em contraste com os fatores puramente linguísticos. Sua influência se faz sentir num grau muito superior ao que geralmente se admite. Como regra, o *zero* na escala de medida da interpretação pragmática se coloca no nível do "*sentido linguístico natural em consonância com o significado usual das palavras.*" Todavia, como afirmamos há pouco (parágrafos 24 e 25), esse próprio padrão está, na realidade, colorido, ainda que de forma mais ou menos inconsciente, pela razoabilidade prática do resultado. Por exemplo, se uma regra constitucional estabelece que cada Câmara designará *quinze membros* para formar uma comissão, fica claro que isso significa quinze membros da Câmara pertinente e não, por exemplo, quinze membros de um clube desportivo. Isto é tão óbvio que temos que fazer um esforço para perceber que seria possível tomar a regra num sentido distinto desse *sentido óbvio*. Entretanto, é verdadeiro que neste e em inúmeros casos similares a interpretação se acha codeterminada por considerações pragmáticas sob forma de *senso comum*.

Consequentemente, é imperioso que afirmemos claramente que a interpretação não tem ponto de partida linguístico independente, mas que desde o início é determinada por considerações pragmáticas sob a forma do *senso comum*.

Na sequência, contudo, deixaremos de lado os fatores pragmáticos implícitos no simples *senso comum* e nos ocuparemos unicamente dos fatores pragmáticos *superiores* que assomam como deliberações a respeito das consequências que uma certa interpretação acarretará, estimadas e mutuamente ponderadas à luz de valores fundamentais. Este tipo de raciocínio é o que estamos habituados a chamar de argumentos baseados em considerações práticas (*razão*). No que toca a isto, não há diferença fundamental entre a argumentação político-jurídica *de lege ferenda* e *de sententia ferenda*. A diferença consiste exclusivamente nos limites estabelecidos pelas palavras da lei à liberdade de ação na administração de justiça.

Seria impraticável enumerar ou classificar as possíveis valorações na interpretação pragmática. A interpretação pragmática pode considerar não só os efeitos sociais previsíveis, como também a acuidade técnica da interpretação e sua concordância com o sistema jurídico e as ideias culturais que servem de base a esse sistema. Destacamos, neste ensejo, unicamente o ponto de vista negativo, a saber, que a interpretação pragmática não pode ser identificada com a interpretação do ponto de vista do propósito ou linha de orientação de uma lei e que a expressão corrente *interpretação teleológica* é, portanto, demasiado restrita.

Primeiro: ainda que o propósito de uma atividade possa ser estabelecido de forma inequívoca, não proporciona a única orientação para essa atividade, visto jamais ocorrer que uma pessoa persiga um só propósito com exclusão de todas as considerações restantes. Por exemplo, se o propósito ao construir uma ponte é criar melhores meios de comunicação entre duas regiões de um país, este propósito requer que a ponte seja o mais útil possível. Porém, esta exigência tem que ser contrabalançada por considerações tais como custo, possível interferência com a navegação, razões estéticas, exigências militares e políticas, interesses locais e muitas outras. O propósito indica o efeito diretamente almejado. É, contudo, também necessário levar em conta os diversos efeitos incidentais em outras direções. Coisa idêntica ocorre com a atividade que consiste em legislar e executar a lei. Aqui, tampouco é possível conservar o olhar rigorosamente fixo na *ratio* isolada da lei individual, sendo mister adotar abordagens valorativas mais amplas.

Segundo: é impossível, com frequência, estabelecer, sem ambiguidade, o propósito de uma lei. Sobre uma base subjetiva talvez seja possível obter informações a respeito daquilo que o legislador se propôs realizar.[19] Todavia, se a história legislativa se mantém silente a esse respeito, ou se princípios objetivos de interpretação são seguidos, como poder-se-ia obter semelhante informação? Quais dos efeitos calculáveis serão eleitos como o propósito da lei? Em tais condições o *propósito da lei* é, em maior ou menor medida, uma construção arbitrária.

Finalmente: é frequente ser impossível atribuir algum propósito a uma lei. Há um propósito evidente, sem dúvida, naquelas medidas mediante as quais o

---

19. Às vezes o próprio texto legal contém tal informação.

legislador de nossos dias* intervém de forma técnica e administrativa na vida da comunidade: leis econômicas, leis reguladoras do comércio e da indústria, medidas de justiça social, leis relativas à construção civil, à saúde, etc. Por outro lado, parece impossível perceber algum propósito nas normas concernentes a nossas instituições legais centrais, as quais estão profundamente arraigadas na tradição cultural. Por exemplo, qual o propósito de nossas leis relativas ao casamento, divórcio, propriedade e herança? Qualquer coisa que se possa dizer a respeito disso, é trivial ou padece de obviedade. Por exemplo, que o propósito das regras do divórcio é habilitar as pessoas a ter um razoável acesso ao divórcio. O fato é que as instituições legais, fundamentalmente, existem como postulados culturais a título próprio e não porque servem a algum propósito social.

Em resumo, a interpretação pragmática é a integração de uma multiplicidade de valorações; e o propósito da lei indica somente uma consideração única dentro dessa multiplicidade. Se apesar disso, se prefere usar a expressão interpretação *teleológica* (em lugar de interpretação *pragmática*), é mister enfatizar que *telos* não designa o propósito isolado da lei individual, mas *pars pro toto* se refere a todas as considerações admissíveis.

De acordo com o resultado da interpretação comparado com os *significados linguísticos naturais* do texto, a interpretação pragmática pode ser especificadora, restritiva ou extensiva.

a) A interpretação especificadora tem lugar quando as considerações pragmáticas são decisivas para a eleição entre várias interpretações, todas elas possíveis e razoáveis dentro do *significado linguístico natural* do texto. A eleição pode referir-se a dúvidas interpretativas de natureza sintática, lógica ou semântica; as últimas podem consistir em ambiguidade ou em imprecisão.

O escritor norueguês Per Augdahl cita um curioso exemplo de uma ousada interpretação pragmática especificadora. Durante a guerra entre a Noruega e a Inglaterra uma ordem de 1807 declarou que, entre outras coisas, as *selas* e *tømmer* eram contrabando de guerra (coisas que podem ser apreendidas como presas). *Tømmer* é uma palavra ambígua. Pode significar *madeira* ou *rédeas*. Um navio neutro transportando uma carga de vigas, mastros, botalós, etc., que navegava rumo a Inglaterra foi capturado por um corsário norueguês, levado a Kristiansand e submetido ao tribunal de presas local. Era essa carga uma presa? De acordo com o contexto da ordem ficava inegavelmente claro que o sentido que se quis exprimir era o de *rédea* e o tribunal de presas, em conformidade

---

* Alf Ross está escrevendo estas linhas no início da década de 50 do séc. XX. (*N.T.*)

com isto, liberou o navio. Entretanto, a Suprema Corte do Almirantado, ao conhecer da apelação, declarou que o navio era uma presa. Tratava-se de uma guerra naval e a Noruega nada tinha a temer da cavalaria inglesa. Mas, mastros e botalós eram indispensáveis à frota britânica. Levando em conta estes antecedentes, não seria possível supor que a palavra *tømmer* se referisse a *rédeas*.

b) Fala-se de interpretação restritiva quando as considerações pragmáticas excluem a aplicação de uma regra que segundo *o sentido linguístico natural* seria aplicável. Pode-se aqui distinguir duas categorias subordinadas:

1ª) A interpretação restritiva de propósito ocorre quando a aplicação da regra é supérflua para a consecução do propósito da lei. Por exemplo, de acordo com a Constituição dinamarquesa, toda pessoa que é presa deve ser levada à presença do juiz dentro de vinte e quatro horas. Quando se supõe que o propósito dessa disposição é proporcionar aos cidadãos segurança contra restrições à liberdade que excedam a um período bastante curto, será desnecessário apresentar o prisioneiro aos tribunais quando a polícia estiver disposta a pô-lo em liberdade antes de terem transcorrido vinte e quatro horas. A disposição é, pois, interpretada restritivamente.

2ª) A interpretação restritiva de exceção é motivada por considerações contrárias, apesar do fato de que o caso em si mesmo esteja compreendido pelo propósito da disposição. Se as considerações contrárias encontraram expressão em outras regras de direito sobrepostas, essa interpretação se confundirá com a que ocorre nos casos de sobreposição de regras (parágrafo 26).

É difícil dar exemplos claros desse tipo de interpretação, pois normalmente os tribunais não se mostram dispostos a admitir abertamente que estão restringindo a esfera de atuação da lei. Preferem dizer, ao contrário, que não é possível supor que *o propósito da lei ou a intenção do legislador* é que ela se aplique a um caso como o que têm de decidir. Tal como observamos há pouco, essas expressões *teleológicas* são utilizadas para encobrir considerações pragmáticas do tipo mais reservado. O juiz atribui cortesmente à vontade real ou hipotética do legislador tudo aquilo que ele julga correto.

c) Fala-se de interpretação extensiva (interpretação por analogia) quando as considerações pragmáticas se traduzem na aplicação da regra a situações que, contempladas à luz do *sentido linguístico natural* se encontram claramente fora de seu campo de referência.

À primeira vista, poderíamos nos achar inclinados a supor que a interpretação extensiva é análoga à interpretação restritiva. Porém, um exame mais detido nos demonstra que as coisas não são assim. Considerando-se o propósito, amiúde afigura-se bastante claro que, em certos casos, para realizá-lo não é necessária determinada reação jurídica e, que, portanto, uma interpretação restritiva é a indicada. Por outro lado, raramente será necessária uma interpretação extensiva para fazer com que uma regra de direito atinja seu propósito pressuposto. Nesta situação é preciso contemplar a possibilidade de que a restrição tenha sido motivada intencionalmente por considerações contrárias. Sustentar que essas considerações contrárias não prevalecem e que, portanto, a regra deve ser extensiva, requer uma investigação mais minuciosa e denota uma valoração muito mais radical da regra jurídica. Também a interpretação restritiva de exceção frequentemente aparece como algo óbvio, o que não ocorre na interpretação extensiva.

O problema subjacente à interpretação extensiva (interpretação por analogia) pode ser descrito da maneira que se segue. Se segundo seu *sentido linguístico natural* uma regra se aplica à esfera A), sua extensão à esfera B) pressupõe:

1) Que atua uma valoração jurídica em favor da aplicação da regra à esfera B). Essa valoração pode fundar-se em particular na concepção de que a regra é uma formulação parcial, uma revelação incompleta e esporádica de um ponto de vista mais geral.

2) Que não há diferenças entre A) e B) que possam justificar o tratamento distinto dos dois casos. Se, por exemplo, uma lei antiga utiliza palavras tais como *ele* e *homem*, pode-se sustentar que no direito atual já não subsiste a diferenciação jurídica entre homens e mulheres, e que a lei, portanto, deve estender-se, por analogia, às mulheres.

Diz-se, habitualmente, que só é possível extrair uma analogia de A) para B) se B) não estiver já compreendido por uma lei. Todavia, esse critério não é acatado na prática e não parece estar justificado. É preciso pressupor que a relação entre a regra analógica e uma regra legislativa existente que se refere ao mesmo caso será decidida como outros casos de conflito de normas. Nada impedirá, por exemplo, a extensão por analogia de uma regra de exceção, mesmo o caso estando compreendido pela regra geral (anterior).

d) Não há outras variantes possíveis além das mencionadas em a), b) e c). Uma interpretação, comparada ao *sentido natural*, é especificadora, restritiva ou extensiva. O tipo de interpretação conhecido como conclusão *a contrario* não é uma nova variedade de interpretação pragmática superior, mas simplesmente uma parte do *sentido natural* ou uma rejeição da extensão por analogia.

Pode-se falar em conclusão *a contrario* espúria quando um significado conforme o uso linguístico costumeiro é expresso indiretamente, mas sem ambiguidade. Se dizemos "dez candidatos compareceram para o exame e um deles foi aprovado", isto claramente significa que os outros nove foram reprovados. Seria fantasioso afirmar que o enunciado só exprime que um foi aprovado e que, portanto, não exclui a possibilidade de que talvez outros também tenham obtido aprovação. Na linguagem jurídica encontramos com frequência uma forma similar de expressão. Quando, por exemplo, dispõe-se que uma pessoa adquire a maioridade ao cumprir dezoito anos, isto significa, sem dar margem a dúvidas, que até então era menor de idade. Neste caso, e em casos similares, a *conclusão ao contrário* é simplesmente parte da interpretação linguística geral.

Contudo, uma conclusão *a contrario* real (isto é, que transcende uma interpretação linguística geral) não é uma conclusão em sentido autêntico. Significa apenas que o conteúdo de uma regra jurídica é aplicável unicamente com certa limitação, excluindo, de tal modo, a interpretação extensiva por analogia relativamente a essa limitação. Uns poucos exemplos deixarão isto mais claro. Suponhamos que uma lei diz que uma promessa ilegitimamente obtida por meio de força não é obrigatória para a pessoa que foi coagida a formulá-la, se o próprio beneficiário da promessa exerceu a violência ou sabia, ou deve ter sabido que foi arrancada por um terceiro naquelas circunstâncias. Costuma-se dizer que disso se pode inferir *a contrario* que a promessa é obrigatória se o beneficiário atuou de boa-fé. Ora, posto que a referida lei se apresenta como uma exceção à regra geral principal concernente à força obrigatória das promessas, a *inferência* simplesmente significa que entendemos a exceção com a limitação dada de que o beneficiário tenha atuado de má fé, com o que rejeitamos a possibilidade de estender a regra por analogia a casos de boa-fé. Do mesmo modo, se uma lei regulamenta os casos em que o matrimônio pode ser dissolvido, presumivelmente se concluirá *a contrario* que um casamento não pode ser dissolvido em outros casos. Entretanto, isto apenas significa a rejeição da extensão por analogia dos casos de dissolução. Em conexão com o critério geral de que o casamento não pode ser dissolvido salvo quando a lei o autorize, essa rejeição conduz a tal resultado.

Nos documentos legislativos sistemáticos, a conclusão *a contrario* se baseia na suposição de que a lei foi concebida com tanto escrúpulo que suas normas relativas a exceções, condições e assim por diante, podem ser consideradas exaustivas. Há, contudo, casos nos quais a mesma lei ou suas notas explicativas indicam o contrário.

Pode-se dizer que podemos optar diante do texto de uma lei entre deduzir uma conclusão *por analogia* ou realizar uma conclusão *a contrario*. Do que foi dito ficará claro que, na realidade, optamos entre fazer ou não fazer uma interpretação extensiva *por analogia*.

§ 30. OS FATORES PRAGMÁTICOS E A TÉCNICA DE ARGUMENTAÇÃO

O papel criador desempenhado pelo juiz na administração da justiça, ao definir com mais precisão ou retificar a diretiva da lei, manifesta-se raramente. Comumente o juiz não admite que sua interpretação tenha esse caráter construtivo, mas, por meio de uma técnica de argumentação procura fazer ver que chegou a sua decisão objetivamente e que esta é abarcada pelo *significado da lei* ou pela *intenção do legislador*. Cuida de preservar ante seus próprios olhos, ou, pelo menos, *ante os olhos dos demais* a imagem examinada no parágrafo 28, ou seja, que a administração da justiça é somente determinada pelo motivo da obediência ao direito, em combinação com uma percepção racional do significado da lei ou da vontade do legislador.

Uma vez os fatores de motivação combinados – as palavras da lei, as considerações pragmáticas, a avaliação dos fatos – tenham produzido seu efeito na mente do juiz e o influenciado a favor de uma determinada decisão, uma fachada de justificação é construída, amiúde discordante daquilo que, na realidade, o fez se decidir da maneira que decidiu.[20]

Se o juiz se limitar a aplicar a lei aos claros casos referenciais, se manterá preso às palavras literais da lei, atitude que possivelmente se liga à rejeição de uma concebível restrição dela, para o que aplica por analogia outras normas jurídicas. Por outro lado, se o juiz desejar tomar uma decisão que se situa na zona duvidosa da regra (*interpretação especificadora*), ou que, inclusive, é contrária ao *significado linguístico natural* (*interpretação restritiva ou por extensão*), buscará apoio para o resultado desejado onde quer que possa encontrá-lo. Se o relatório da comissão dos redatores da lei puder lhe oferecer tal apoio, ele

---

20. As observações seguintes, feitas pelo juiz Bernard Botein, *Trial Judge* (1952), 52, ilustram a função do juiz, embora ainda preso à ficção de que o juiz apenas *molda* o direito: "O juiz começa por investigar os fatos, em seguida investiga o direito e, por último, sonda sua própria alma. Se todas as três investigações apontarem na mesma direção, sua tarefa será fácil, mas se divergirem ele não poderá ir muito longe. — "As leis não são feitas para serem violadas pelos juízes, mas em mãos sensíveis apresentam uma certa tolerância elástica que lhes permite ceder para dar conta de uma situação especial. A lei ricocheteará quando demasiadamente pressionada por um juiz insensível que a manuseie com violência. Pode ser deformada por um juiz impulsivo. — "O juiz experiente moldará a lei no âmbito da tolerância desta de modo a ajustá-la aos contornos do caso particular. O juiz preciso e meticuloso não verá esses contornos devido à inflexível severidade de seu prumo."

o citará; se não puder oferecê-lo, ele o ignorará. Quando há sobreposição de regras, o juiz goza de grande liberdade pois lhe é oferecida uma larga possibilidade para justificar o resultado desejado. Acresça-se a isso que a interpretação restritiva pode ser obtida recorrendo-se ao propósito provável da lei. As interpretações extensivas apoiam-se no argumento de que as condições para o uso da analogia estão reunidas. Se nenhuma outra possibilidade ocorrer ao juiz, este poderá recorrer a meros postulados relativos à suposta intenção do legislador, presumindo, simplesmente, que é forçoso ter ele desejado o que é desejável para o próprio juiz.

O segredo dessa técnica de argumentação consiste em não haver critério que indique qual regra de interpretação deverá ser empregada. Quando são decisivas as manifestações feitas durante o processo de sanção da lei? Quando não há considerações de suficiente peso para desconsiderá-las! Quando usar a analogia, quando a conclusão *a contrario*? Numa certa medida, a escolha pode ser motivada pelos dados da interpretação. Tal como se afirmou anteriormente, o caráter sistemático de uma lei pode ser uma forte razão, em muitos casos incontroversa, para rejeitar a extensão por analogia. Independentemente disto, não há critério externo que indique quando devemos recorrer à inferência *por analogia* e quando à inferência *a contrario*. É comum ter como pacífico que a proibição de levar cães em bondes tem que ser interpretada por analogia no sentido de que inclui também os macacos, ou ursos ou outros animais que provocam os mesmos inconvenientes. Entretanto, segundo as circunstâncias, seria igualmente possível tirar uma conclusão *a contrario*, por exemplo se a proibição fosse motivada pelo perigo de certas doenças caninas se difundirem. Suponhamos que haja uma regra que proíbe andar em traje de banho e que nos perguntemos, com base nessa regra, se é lícito ou não andar nu. Devemos tirar uma conclusão *a contrario* ou por analogia? A decisão dependerá, sem dúvida, da proibição ter sido implantada num acampamento de nudismo ou num recatado hotel.

Essas técnicas de argumentação são recursos integrantes do equipamento de todo jurista experimentado. Ele tem que saber como *justificar* tecnicamente, mediante argumentos interpretativos, a solução jurídica que considera *justa* ou desejável. Seria, porém, um erro aceitar os argumentos técnicos como se fossem as razões verdadeiras. Estas devem ser buscadas na consciência jurídica do juiz ou nos interesses defendidos pelo advogado. A função dos métodos de interpretação é estabelecer limites à liberdade do juiz na administração da justiça, os quais determinam a área de soluções justificáveis.

As máximas de interpretação variam de um país para outro. Em todo lugar, contudo, exibem características idênticas, fundamentalmente: são conjuntos não sistemáticos de frases atraentes (via de regra cunhadas sob forma de brocardos) e de significado impreciso, passíveis de ser manejadas de tal maneira que conduzam a resultados contraditórios. Como não existem critérios objetivos que indiquem quando se deve aplicar esta ou aquela máxima, elas proporcionam um largo espectro no qual o juiz possa atingir um resultado julgado por ele desejável.

Não é para surpreender, portanto, que Allen, ao escrever sobre o direito inglês, conclua que é certo que:

... *toda nossa doutrina da interpretação da lei... mostra inconsistências que sugerem haver em algum lado uma debilidade radical... A maior inconsistência é aquela que existe entre a interpretação "ampla" e a "restrita". A antítese é de definição impossível; tudo que se pode dizer é que, às vezes, um tribunal conduzirá a interpretação aos seus limites mais extremos para efetivar a "política" de uma lei, e que, outras vezes, se prosternará perante "a letra da lei" quando, segundo a opinião corrente, pareceria muito fácil e razoável deixar-se guiar pelo espírito.*[21]

Não me parece, contudo, que essas contradições sugiram uma debilidade. Indicam a verdade fundamental de que as máximas de interpretação não são regras efetivas, mas implementos de uma técnica que – dentro de certos limites – habilita o juiz a atingir a conclusão que julga desejável nas circunstâncias e, ao mesmo tempo, preserva a ficção de que só está obedecendo a lei e os princípios objetivos de interpretação. O escritor norte-americano Max Radin expressa o mesmo pensamento com muita clareza. Diz-nos que as máximas "não são realmente 'regras' no sentido de nos obrigarem a atingir um resultado e não outros na aplicação de uma lei, mas constituem um vocabulário e um método de apresentação para casos nos quais, por razões totalmente distintas dessas 'regras' e de suas 'exceções', se alcança um resultado de certo tipo no esforço de saber se um ato é proibido ou permitido segundo a lei."[22]

É possível que seja um problema interessante de psicologia social determinar o porquê se deseja ocultar o que realmente ocorre na administração da justiça. Aqui devemos nos contentar em asseverar que parece um fenômeno universal simular que a administração da justiça constitui uma simples dedução lógica de regras jurídicas, sem nenhuma valoração por parte do juiz.

Provavelmente não há razão para nos preocuparmos com relação a esse ficcionalismo na administração da justiça, quer o próprio juiz creia ou não

---

21. C. K. Allen, *Law in the Making* (4ª ed., 1946), 428 e 433.
22. *California Law Review*, t. 33, 219.

que a fachada de argumentação expressa o que realmente motivou sua decisão. E sem uma profunda investigação de psicologia social, não ousaríamos sequer negar que é provável que essa ficção tenha, inclusive, efeitos socialmente benéficos.

§ 31. DISCUSSÃO

Tal qual a doutrina tradicional das fontes do direito, a teoria tradicional do método não está construída como uma teoria analítico-descritiva que explica como o direito *é* administrado (particularmente: interpretado), mas como uma doutrina dogmático-normativa que expressa como deve ser administrado (interpretado). Esses postulados dogmáticos se desenvolvem de forma dedutiva a partir de ideias preconcebidas sobre o *conceito do direito*, a *natureza do direito* e o *papel da administração da justiça* e são formulados como afirmações sobre o *objetivo* ou o *propósito* da interpretação. Desses postulados é deduzida, por sua vez, uma série de princípios gerais de interpretação ou regras de interpretação mais concretas. Em geral, essas construções carecem de valor para a compreensão do direito vigente ou para predizer decisões jurídicas futuras, a menos que reflitam, de forma mais ou menos casual, o método que, na prática, empregam os tribunais; seu relativo valor de verdade é limitado porque tentam unir artificialmente, num *propósito único*, as diversas considerações que influem na interpretação.

Há, naturalmente, uma relação estreita entre a doutrina das fontes do direito e a teoria do método. A doutrina positivista das fontes do direito que deseja derivar a validade de todo o direito de uma vontade soberana, suprema, poderosa (parágrafo 22) encontra seu paralelo numa teoria do método que considera que a teoria da interpretação consiste em estabelecer exclusivamente por métodos *lógicos* e sem fazer referência a propósitos e valorações alheios ao texto legal, a verdadeira vontade do legislador imanente em suas sanções. Desenvolve-se um bom número de *métodos lógicos de inferência* com cuja ajuda se acredita possível deduzir o significado da legislação além do que está expresso de forma direta. Esses métodos de inferência costumam ser desenvolvidos mediante a chamada construção de conceitos. Pensa-se que os efeitos jurídicos possíveis são determinados por um número limitado de dados conceitos pressupostos pelo ordenamento jurídico. A decisão de um caso jurídico é obtida por meio de sua classificação em um dos conceitos reconhecidos, e a solução é logo deduzida, de acordo com os efeitos jurídicos contidos por aquele conceito.

A doutrina alemã e francesa do século XIX, em particular, constituíram exemplos representativos de uma "jurisprudência conceitual" desse tipo.

Contrastando com isso, há as teorias do método da escola do *direito livre* (correspondentes às teorias jurídicas idealistas), segundo as quais, a validade do direito é oriunda de uma ideia, princípio, ou propósito, inerentes ao direito: a ideia de justiça, as atitudes ético-jurídicas predominantes do povo, o princípio de solidariedade, o princípio de justiça social, etc. A lei, de acordo com isso, é considerada como uma tentativa mais ou menos frutífera de realizar essa ideia, e a tarefa da interpretação legislativa se define como um *pensar plenamente* a lei, em harmonia com o princípio imanente ao direito. As teorias interpretativas do movimento do direito livre, segundo os pressupostos que sejam adotados relativamente à natureza do direito, podem ostentar a marca jusnaturalista ou apresentar um caráter sociológico-histórico-psicológico. Nos tempos modernos é corrente o referir-se, particularmente, a considerações de propósito social e à ponderação dos interesses como diretrizes para a interpretação livre.[23]

As teorias do movimento do direito livre se acham mais próximas da verdade do que as teorias positivistas. Por trás da aparência dogmático-normativa há uma compreensão correta do fato de que a administração da justiça não se reduz a uma derivação lógica a partir de normas positivas. As teorias positivistas ocultam a atividade político-jurídica do juiz. Da mesma maneira que o jogador de xadrez é motivado não só pelas normas do xadrez, como também pelo propósito do jogo e pelo conhecimento de sua teoria, também o juiz é motivado por exigências sociais e por considerações sociológico-jurídicas. O papel desempenhado pelas considerações *livres* pode variar com o estilo de interpretação, porém jamais pode ser excluído por completo. A *lógica imanente* que as teorias positivistas frisam é uma ilusão. A *razão jurídica* imanente ou a própria regra de direito não pode ser separada do propósito prático que se situa fora dela, nem as *consequências formais* podem ser separadas de um ajuste valorativo das regras, em relação com os valores pressupostos.

No âmbito da doutrina da interpretação em sentido estrito, faz-se tradicionalmente uma distinção entre as teorias chamadas *subjetiva* e *objetiva*. De acordo com a primeira, o propósito da interpretação é descobrir a vontade do legislador. De acordo com a segunda, a lei é considerada como uma manifestação

---

23. Ver adicionalmente Alf Ross, *Theorie der Rechtsquellen* (1929), caps. III, 4-9 e VII, com bibliografia detalhada.

objetiva da mente que, uma vez engendrada, "vive uma vida própria" e deve ser compreendida unicamente com base naquilo que dela emerja. A comunicação externa, "as palavras" e não "a vontade" que está por trás dela, constitui o juridicamente obrigatório e, por conseguinte, o objeto de toda interpretação. Tal como vimos no parágrafo 24, essa distinção é falsa. Refere-se, na realidade, aos elementos de interpretação que são levados em conta. A teoria subjetiva e a teoria objetiva distinguem-se pela importância atribuída à história da sanção da lei. Esse problema não pode ser resolvido com base em ideias metafísicas concernentes a se a *força obrigatória* do direito emana da *vontade* ou da *palavra*. Seria possível analisar as vantagens e as desvantagens de um e outro ordenamento; contudo, no que diz respeito a um sistema jurídico vigente, é questão fatual saber se os tribunais seguem tradicionalmente um estilo de interpretação subjetiva ou objetiva (parágrafo 29).

Capítulo V
As Modalidades Jurídicas

§ 32. TERMINOLOGIA DA LINGUAGEM JURÍDICA

No parágrafo 7 é explicado que as normas jurídicas têm que ser interpretadas como diretivas aos juízes. Todavia, é raro uma lei estar linguisticamente estruturada (como os códigos penais) dessa maneira. De ordinário, a lei se dirige a todos os cidadãos, fornecendo-lhes instruções relativamente a sua conduta mútua, de tal modo que a diretiva ao juiz emerge da lei de forma indireta.

As diretivas aos cidadãos tampouco têm comumente a forma de instruções claras e diretas acerca de seu comportamento. Uma lei típica não é expressa em frases diretivas correntes (coloquiais) – isto é, em palavras que expressam de modo direto uma chamada à ação (uma ordem, um desejo, um pedido) – mas, sim, descreve um mecanismo segundo o qual diversos acontecimentos (fatos ou ações) produzem efeitos invisíveis [denominados *dever, faculdade (claim), potência, validade*, etc.] As normas (leis) falam, com frequência, como se por trás do mundo do tempo e do espaço existisse uma outra realidade, um mundo de *relações jurídicas* determinadas por forças desencadeadas, por fatos *criadores* (*retificadores e dissolvedores*). Falam, por exemplo, de certos fatos que *obrigam* uma pessoa, de outros que têm o *efeito de liberação*; podem dizer que certos fatos criam um *direito* a favor de uma pessoa, direito que pode ser alterado ou extinto por outros fatos e que pode prevalecer sobre o *direito* de outras pessoas ou ceder ante ele. Por exemplo, as normas falam de uma compra e venda como se o acordo produzisse uma *relação jurídica* entre as partes, consistente num conjunto de *faculdades* e *deveres* para cada uma delas. Estes efeitos, contudo, se desenvolvem dinamicamente em virtude de outros fatos. Por exemplo, se o vendedor não faz a entrega oportunamente, o comprador se torna *capaz* de cancelar o contrato e reivindicar danos, isto é, certas ações suas produzem agora o *efeito* de que seu *dever de pagar* fica *extinto*, enquanto o *dever de entregar* do vendedor se transforma num *dever* de pagar uma certa soma de dinheiro. De modo similar, muitos outros eventos posteriores (impossibilidade de pagar, cumprimento, falência e outros) podem sobrevir e criar *efeitos* em virtude dos quais a *relação jurídica* entre as partes se altera. Se a relação jurídica já não atingiu o seu fim, poderá, em última instância, ser removida mediante sentença e execução e assim desaparecer do mundo.

O direito legislado parece estar constituído, pois, de enunciados teóricos referentes a um mundo invisível de qualidades peculiares – relações jurídicas – que são criadas e se desenvolvem como efeitos de uma *força criadora jurídica* particular que certos fatos possuem. E, contudo, não podemos, claro está, levar tal descrição a sério. É absurdo dizer que quando faço uma compra surgem alguns efeitos invisíveis. Qualquer que tenha sido a razão pela qual essa terminologia foi posta em uso, fica claro que o significado e função real que correspondem ao direito legislado não são de cunho teórico, mas prático. Os enunciados aparentemente teóricos da lei foram, na realidade, formulados com o propósito de servir como diretivas para influir na conduta dos seres humanos: dos cidadãos e juízes igualmente (parágrafo 2).

Por outro lado, o modo peculiar de expressão que acabamos de examinar é um fato e nos obriga a investigar as palavras e frases empregadas pelo direito com a função de diretivas. De maneira específica, teremos que desemaranhar as relações mútuas entre as diversas frases e verificar se foi desenvolvida uma terminologia, em alguma medida, constante e livre de ambiguidades.

Na edição original dinamarquesa deste livro investiguei a terminologia jurídica dinamarquesa e mostrei que as diversas expressões diretivas correntes eram ambíguas sem exceção. Não me sinto capaz de executar um empreendimento análogo no campo da terminologia jurídica inglesa, mas creio que bastará um superficial olhar às leis para justificar a afirmação de que o mesmo ocorre com expressões diretivas correntes, tais como *it is the duty of* (é o dever de), *must* (tem que), *is bound to* (está obrigado a), *is liable to* (é responsável por), *shall* (deverá), *may* (pode), *has a right to* (tem direito a), *is entitled to* (está habilitado a), *is authorised to* (está autorizado a), etc.

Outro defeito fundamental da terminologia é sua carga ideológica, o que fica conspícuo na maneira como se aplica o conceito de dever. Quando uma lei estabelece que *A* tem um certo dever, isto normalmente quer dizer que *A* pode ser condenado a uma pena ou a realizar um certo ato, ou a pagar indenização por danos e prejuízos. Entretanto, não é possível dizer, ao contrário, que as reações jurídicas desse tipo pressupõem a transgressão de um dever. A responsabilidade por danos e prejuízos não provém necessariamente do fato de

A ter cometido o que a lei descreve como transgressão a um dever. Por exemplo, se *A* faz uma promessa de cumprimento impossível, será condenado, segundo as circunstâncias, a pagar indenização por danos e prejuízos, embora a sua ignorância da impossibilidade seja escusável; mas ninguém afirmaria que tinha o dever de cumprir o prometido. Algo semelhante ocorre no caso de responsabilidade estrita ou objetiva por conduta perigosa. A despeito de haver responsabilidade por danos, não há transgressão a um dever; a conduta perigosa é considerada lícita.

A relação entre o dever e a reação jurídica é o resultado da função ideológica do conceito de dever. Este conceito só se aplica quando a reação condicionada é *experimentada* com reprovação social. A reação não é experimentada assim nos casos mencionados e, por isso, não se pressupõe uma transgressão ao dever como fato condicionante dela.

Essa função ideológica tem, indubitavelmente, seu valor na vida jurídica da comunidade. A ideia de dever atua como um motivo para o comportamento lícito, não por temor das sanções, mas em virtude de uma atitude desinteressada de respeito ao direito. Essa função ideológica, geradora de motivos, concede ao direito sua *sacralidade* ou *validade* e sem isso não é possível criar uma ordem social (parágrafo 11). Tal dependência ideológica, por outro lado, faz com que o conceito de dever não seja muito adequado como instrumento da ciência do direito. Diferentemente da legislação, a doutrina não se propõe a exercer uma influência ideológica sobre os cidadãos, mas simplesmente descrever as reações jurídicas que são esperadas em dadas circunstâncias, e o conceito de dever não se ajusta ao cumprimento dessa tarefa. Por um lado, a afirmação de que *A* tem o dever de se comportar de certa maneira não indica sem ambiguidade quais reações jurídicas podem ser esperadas se *A* transgredir ao seu dever; por outro, pode ocorrer uma reação de tipo similar àquela tipicamente vinculada à violação de um dever, sem que se dê de tal violação.

Devemos concluir que seria desejável que as exposições doutrinárias do direito vigente eliminassem o conceito de dever. Em lugar de operar com este termo inadequado, seria mais conveniente se ater simplesmente à conexão jurídico-funcional entre os fatos condicionantes e as reações condicionadas.

Seria, porém, muito difícil levar a efeito essa ideia. O mundo dos conceitos tradicionais e a dificuldade de romper com pontos de vista ideológicos se opõem a ela.

§ 33. UMA TERMINOLOGIA MELHORADA

Visto que a linguagem do direito não pode prescindir de uma terminologia de deveres, faculdades, etc. e visto que tal terminologia não pode ser totalmente suprimida da ciência do direito, cabe-nos perguntar se não seria possível melhorar seu uso. Talvez o importante não seja a terminologia em si mesma, mas a consciência das diversas relações reveladas por ela.

Em conformidade com as linhas gerais do sistema elaborado pelo jurista norte-americano Hohfeld,[1] sugiro aqui uma terminologia cuja conexão interna pode ser simbolizada da maneira seguinte:

Normas de Conduta

1) *dever A – B (C)* ≈ *faculdade B – A (C)*

↕ ↕

2) *liberdade A – B (C)* ≈ *não faculdade B – A (C)*

3) *faculdade A – B (C)* ≈ *dever B – A (C)*

↕ ↕

4) *não faculdade A – B (C)* ≈ *liberdade B – A (C)*

Normas de Competência

5) *sujeição A – B (C)* ≈ *potestade B – A (C)*

↕ ↕

6) *imunidade A – B (C)* ≈ *impotência B – A (C)*

7) *potestade A – B (C)* ≈ *sujeição B – A (C)*

↕ ↕

8) *impotência A – B (C)* ≈ *imunidade B – A (C)*

Neste diagrama o sinal ≈ indica que as noções que liga são correlativas (leia-se: *corresponde a* ou *é equivalente a*). A seta de duas pontas indica que as noções que liga são opostas contraditórias (um termo é a negação do outro). A fórmula dever A – B (C) lê-se: *A* tem um dever em relação a *B* para realizar *C*.

---

1. W. N. Hohfeld, *Fundamental Legal Concepts* (1923).

A fórmula sujeição A – B (C) lê-se: *A* está sujeito às disposições de *B* dentro da esfera de conduta *C*.

Há, portanto, oito modalidades: dever, liberdade, faculdade, não faculdade, sujeição, imunidade, potestade e impotência (destaque-se o fato de que a expressão ambígua "ter direito" desapareceu). As quatro primeiras e as quatro últimas são logicamente redutíveis entre si. Ademais, visto que a sujeição de A a B significa que a posição jurídica de A expressa em termos de dever, faculdade, etc., é definida de acordo com as disposições de B, as quatro últimas podem ser reduzidas às quatro primeiras. Segue-se disto, consequentemente, que as oito podem ser reduzidas a termos de dever. Se definirmos esta palavra, todas as demais estarão definidas.

O que se diz na sequência pode concorrer para a explicação dos termos e suas relações mútuas com mais clareza.

33.1. Dever e Faculdade

O valor do sistema de modalidades depende de uma definição razoavelmente isenta de ambiguidade do termo *dever*. O mais conveniente seria aplicar o termo *dever* a situações nas quais uma pessoa pode ser objeto de uma pena, ou condenada a realizar certo ato, ou ao pagamento de indenização por danos e prejuízos. Uma definição desse tipo, contudo, não seria compatível com a função ideológica tradicional do termo. Consequentemente, se alimentarmos a esperança de influir sobre o uso linguístico, teremos que restringir o emprego do termo àqueles casos em que a reação é experimentada como uma reprovação social, e a sentença, portanto, como um estímulo para o cumprimento do dever. É, assim, que não falaremos de dever, por exemplo, nos casos de escusável impossibilidade de cumprimento ou responsabilidade objetiva.

A palavra *dever* pode ser substituída por *prescrição* ou por *proibição*, segundo as regras que se seguem. Afirmar que um ato está prescrito quer dizer que há o dever de realizá-lo; afirmar que um ato está proibido quer dizer que há o dever de não realizá-lo. Assim:

dever (C) = prescrição (C)
dever (não C) = proibição (C),
do que se segue que:
prescrição (C) = proibição (não C),
proibição (C) = prescrição (não C).

Ao dever de *A* corresponde a faculdade de *B*. *B* possuir uma faculdade relativamente a *A* quer dizer que *B* pode acionar a maquinaria jurídica para obter uma sentença contra *A*; ou que o fato de *B* mover um processo é condição necessária para a possibilidade de condenação de *A*. Se tivermos descrito plenamente a posição jurídica de *A*, a condição que aponta a necessidade de um processo já estará implícita e, consequentemente, o enunciado correlativo referente à faculdade de *B* não acresce nada de novo.

Normalmente, a pessoa que tem poder para instaurar processos será também a pessoa diretamente interessada em que *A* aja em conformidade com seu dever. Se *A* prometeu a *B* $ 500, *B* é a parte diretamente interessada e, também, a pessoa detentora do poder de instaurar o processo. Mas pode suceder que ambas as qualidades não atuem na mesma pessoa. *A* pode, por exemplo, prometer a *B* que pagará $ 500 a *C*. Se supormos que *B*, e somente *B*, pode instaurar o processo, se adequará melhor ao uso corrente dizer que somente *B* tem uma faculdade relativamente a *A*. A definição formulada mais acima foi feita sobre essa base. *B*, o titular da faculdade, é denominado sujeito do processo, *C*, a parte diretamente interessada,[2] sujeito do interesse.

Ao dizer, pois, que B tem uma faculdade contra A, meramente exprimimos o fato da demanda de B ser uma condição necessária para a sentença contra A. Esta relação também pode ser expressa dizendo que B tem o poder de instaurar um processo contra A, o que indica que, por meio de um certo ato, B é capaz de produzir efeitos jurídicos que deseja produzir. Outro problema é se é optativo ou obrigatório para B exercer seu poder de instaurar processos. Geralmente B é livre para instaurar processos ou não. Sua faculdade está, assim, combinada com a liberdade de utilizá-la ou não porque o propósito do direito (*law, derecho*) ao outorgar a B uma faculdade (*claim, facultad*) é proporcionar-lhe um instrumento para a tutela de seus interesses. Se B não dispor desta liberdade, será duvidoso que se possa falar de *faculdade* (*claim, facultad*). Cabe perguntar, portanto, se a liberdade para instaurar processos não deve ser incluída na definição de faculdade (*claim*).

Esta questão é importante quando os processos são instaurados pelo Estado sob forma de um ato oficial, como é praxe normal nos processos criminais. O promotor público não é livre para atuar segundo sua vontade, estando juridicamente obrigado a exercer o poder de acordo com as diretivas estabelecidas pelo direito (*law*). A acusação pública difere tão fundamentalmente

---

2. Pode-se supor que B também tem interesse que A pague, porém seu interesse é indireto, isto é, é um interesse no interesse de C que se o pague. *Cf.* Alf Ross, *Towards a Realistic Jurisprudence* (1946), cap. VII, seç. 2.

da ação privada que prefiro reservar a palavra *faculdade* (*claim*) ao poder de instaurar processos combinado com a liberdade de exercer esse poder em interesse próprio.

Disto se conclui que aqueles deveres cuja transgressão só dá margem à acusação pública que busca a aplicação de uma pena, são absolutos, isto é, não há nenhuma faculdade correspondente aos mesmos; não tem faculdade a parte cujo interesse foi lesado, nem tampouco o Estado.

33.2. Liberdade e Não Faculdade

Uma conduta não proibida é chamada de *permitida*:
permissão (C) = não proibição (C) = não dever (não C)
Uma conduta que não é nem proibida, nem prescrita, é chamada de *livre*:
liberdade (C) = não proibição (C) + não prescrição (C) = não dever (não C) + não dever (C).

A conduta permitida e a conduta livre têm, pois, em comum o fato de não estarem proibidas. A diferença consiste em o ato permitido poder estar prescrito (é-me permitido cumprir meu dever), enquanto o ato livre não poder estar prescrito.

Se C é livre, então não C também é livre. Ambas as fórmulas enunciam o mesmo, a saber, que não há dever relativamente a C ou a não C.

Dizer que um ato é livre é o mesmo que dizer que se acha fora da esfera das normas jurídicas. É juridicamente indiferente. Nem sua realização, nem sua não realização enseja reações jurídicas.[3]

---

3. Das definições dadas conclui-se que a negação do dever A-B (C) é, rigorosamente falando, a permissão A-B (não C) e não como foi indicado no diagrama das modalidades, liberdade A-B (C), já que temos:
dever A-B (C)
= prescrição A-B (C), cuja negação é:
não prescrição A-B (C)
= não proibição A-B (não C)
= permissão A-B (não C)
Exemplo:
A tem o dever de pagar $ 50 a B. A negação disto é:
É permitido a A recusar-se a pagar a B $ 50.
Isto é mais restrito que dizer
A é livre para pagar a B $ 50.
Pois o último inclui o sentido:
É permitido a A pagar a B $ 50.

Minha liberdade de ir ao bosque, de caminhar pelas ruas, de fumar um cigarro, de usar uma gravata vermelha significa, portanto, que não sou obrigado a fazer essas coisas ou não fazê-las; ou que os outros (B ou aqueles diante dos quais posso invocar a liberdade) não têm nenhum direito sobre mim.

É impossível enumerar as liberdades de que goza uma pessoa. A esfera da liberdade está definida negativamente como tudo aquilo que não é objeto de regramento jurídico.

Certas liberdades, entretanto, são frequentemente designadas com um nome, porque se apresentam como exceções – ou porque a liberdade pertence apenas a um indivíduo, ou porque pertence a todos, mas aparece como exceção a uma regra geral aceita. O primeiro tipo pode ser denominado *liberdade especial* ou *privilégio*; o outro tipo, *liberdade geral*.

O dono de uma propriedade tem o privilégio de caminhar por sua terra. Desfruta da liberdade de fazê-lo e, ao mesmo tempo, tem uma faculdade de afastar os outros. Segundo as normas dinamarquesas referentes à preservação dos lugares da natureza que proporcionam prazer, é uma liberdade geral para as pessoas caminhar em propriedade particular ao longo da costa.

Outra razão para mencionar liberdades especiais é o fato de que a Constituição garante aos cidadãos diversas liberdades como esferas protegidas diante da intervenção da legislação (liberdade religiosa, liberdade de imprensa, etc.).

Quando, como é usual, uma liberdade é comum a todos, seu valor para o indivíduo pode ser problemático. Minha liberdade, acima de tudo, significa somente que os outros não têm *faculdades* sobre mim, isto é, que não podem colocar obstáculos no meu caminho que me impeçam o fruir da liberdade. Por outro lado, na liberdade não está implícita nenhuma faculdade em relação aos outros de modo a me proporcionarem, de fato, oportunidade plena para agir como quero. Gozo de liberdade para me sentar num banco do Hyde Park, porém essa liberdade de nada me serve se o banco estiver ocupado. Não tenho, decerto, a faculdade de que os outros cedam o banco a mim. Se a liberdade de um é irreconciliável com a liberdade do outro, haverá conflito. Todavia, uma

---

Se apesar disso, preferi dizer que a negação do dever (C) é a liberdade (C) e não a permissão (não C), isso se baseia no raciocínio de que se C não foi escolhido arbitrariamente, tratando-se de uma conduta que, na prática, pode ser concebida como dever jurídico, será necessário descartar nos fatos a possibilidade de que *não C* seja um dever jurídico. A negação do dever A-B (C) significa, portanto, não só a permissão de *não C* a favor de A, como também a permissão de C, isto é, que A tem a liberdade (C). Em conformidade com isso, na prática justifica-se dizer que a negação do dever de *A* pagar $ 50 a *B* é não só que é permitido a A não fazê-lo, como também *A* está livre para fazê-lo ou não.

certa dose de regramento desse conflito e, com isso, alguma proteção para aquele que ocupou pela primeira vez uma certa posição se segue como reflexo de outras faculdades que limitam os meios para deslocar outrem. Se estou sentado num banco, por certo não disponho da faculdade de que os outros me deixarão sentar ali; entretanto, tenho a faculdade de não ser atacado pelos outros, o que acarreta o reflexo de que (juridicamente) não posso ser arrancado do banco à força.

No mundo dos negócios há uma ampla liberdade de atuação no mercado e de luta por clientes. Ninguém goza de uma faculdade segundo a qual os outros não possam interferir com seus clientes. Mas aqui, também, o ordenamento jurídico estabelece limites para os métodos de luta competitiva.

O liberalismo é a ideologia política que requer um máximo de liberdade para o cidadão e um mínimo de regramento jurídico das questões da vida. Em contraposição ao liberalismo, há as ideologias totalitárias que desejam que a esfera da liberdade individual se reduza ao mínimo.

33.3. Sujeição e Potestade

A *potestade* é um caso especial de poder. Existe poder quando uma pessoa é capaz de produzir certos efeitos jurídicos desejados. Um credor tem poder para instaurar uma ação ou para impedir a prescrição de seu crédito, e os pais têm poder para permitir ou não permitir que seus filhos de certa idade contraiam matrimônio. A potestade é o poder de disposição e é exercida mediante uma declaração dispositiva, isto é, uma declaração que normalmente produz efeitos jurídicos que concordam com seu conteúdo (parágrafos 44 e 48).

Uma declaração dispositiva é uma diretiva amiúde formulada como um enunciado aparentemente teórico sobre a existência de deveres e faculdades (*claims, facultades*). As leis, os contratos e os testamentos são exemplos de declarações dispositivas (parágrafo 48).

O limite entre a potestade e os outros casos de poder é fluido. Há uma escala de transição gradual. Em alguns casos a disposição contém uma descrição detalhada das relações jurídicas criadas (uma lei, um contrato minucioso, ou um acordo coletivo). Em outros casos, a disposição se limita a preencher as lacunas de uma série de efeitos jurídicos que, no mais, foram estabelecidos pela legislação (por exemplo, um contrato de venda que se limite a expressar o artigo e o preço), enquanto as relações das partes são regidas, quanto ao resto, pelas normas padrões estabelecidas no *Uniform Sales Act*. Em outros casos, a disposição se limita a uma declaração puramente formal que não admite variações individuais, e os efeitos são enunciados de forma exaustiva pelo direito (*law*); por exemplo, quando o comprador anuncia que está cancelando o contrato. É questão de preferência pessoal optar entre dizer que a notificação do cancelamento do contrato é uma declaração dispositiva que tem efeitos concordantes com seu conteúdo, ou dizer que a notificação do cancelamento é um ato que enseja efeitos jurídicos determinados pelo direito (*law*). Os efeitos da notificação são padronizados e produzidos automaticamente como se pelo acionamento de um botão.

Como regra principal, os indivíduos particulares somente são competentes (detêm potestade) para efetuar disposições que obrigam a si mesmos, enquanto as autoridades públicas são competentes para obrigar também outras pessoas (parágrafo 44). Se um particular tem poder para fazer disposições que obrigam outra pessoa, esse poder estará, habitualmente, fundado numa disposição antecedente feita pela outra pessoa. Assim, uma oferta confere ao destinatário o poder de obrigar mediante sua aceitação a parte que a fez, e a autorização confere ao agente o poder de obrigar o principal.

A potestade de uma pessoa como tal deve ser distinguida da liberdade que a pessoa tem de exercer seu poder como queira, ou se está obrigada, do dever de exercê-lo segundo certas linhas já determinadas. Um agente pode estar obrigado frente ao principal a exercer sua autoridade dentro de certos limites, mesmo quando o principal não possa invocar as restrições frente a um terceiro que agiu confiando na autoridade. Uma restrição à autoridade ostensiva do agente, estabelecida de forma privada e desatendida por este, não libera o principal de responsabilidade, a menos, está claro, que sua existência seja conhecida pela outra parte da transação.[4] Contudo, o exercício do poder em violação às restrições é ilícito frente ao principal. Uma regra semelhante se aplica ao poder no direito público. O poder não é conferido às autoridades públicas para ser exercido como elas queiram, mas para ser exercido de acordo com as regras estabelecidas ou princípios gerais pressupostos. Aqui, também, geralmente é possível distinguir entre a *potestade* e os deveres relativos ao exercício dessa *potestade*; a transgressão das normas não acarreta invalidade, mas somente responsabilidade.

A *sujeição* é o correlato da potestade. Do ponto de vista linguístico o termo é de uso inadequado porque tem uma conotação adversa, mesmo supondo-se que compreenda também a situação correlativa de disposições favoráveis. Os

---

4. G. C. Cheshire e C. H. S. Fifoot, *The Law of Contract* (2ª ed., 1949), 359.

cidadãos estão *sujeitos* ao poder do legislador, os herdeiros ao do testador, a parte que faz uma oferta ao do destinatário, o sucessor ao do antecessor – tudo isso sem que seja relevante que a disposição particular obrigue a parte submetida ou crie faculdades a seu favor.

33.4. Imunidade e Impotência

Os comentários a respeito dessas modalidades negativas são análogos aos que expressamos a respeito de *liberdade – não faculdades*. Como termos negativos compreendem tudo que não está submetido ao poder jurídico; em consequência, não é possível enumerar e designar as imunidades específicas. Toda pessoa goza de imunidade frente a qualquer outra pessoa, sempre que a outra pessoa não tenha um poder em relação à primeira. São reconhecidos, todavia, *direitos de imunidade* específicos porque aparecem como exceções. Por exemplo, diz-se que os embaixadores estrangeiros gozam de imunidade relativamente à jurisdição dos tribunais, e que os cidadãos gozam de imunidade relativamente à legislatura quando a Constituição limita a competência desta última.

§ 34. DISCUSSÃO

Até o presente, as modalidades quase não têm sido consideradas importantes como temas de estudo. No geral, a análise das *relações jurídicas* consiste simplesmente em dividi-las nos conceitos correlativos de dever e direito. Esta análise, entretanto, é insatisfatória.

Em primeiro lugar, não foi percebido que o tema da análise é, na realidade, a linguagem do direito, que as diferentes modalidades representam meros veículos linguísticos para expressar as diretivas contidas nas regras jurídicas. Em lugar disso, os deveres e direitos têm sido considerados como substâncias metafísicas criadas por certos fatos e que, por sua vez, criam efeitos jurídicos. Esta maneira metafísica de ver nos deveres e direitos entidades substanciais prevalece em grande medida no pensamento jurídico da Europa continental e naquele dos países de língua inglesa e tem produzido consequências desafortunadas no tratamento dos problemas jurídicos práticos (parágrafo 37).

Em segundo lugar, a divisão dever/direito é demasiadamente superficial. O termo *direito* (*right, derecho*) (em sentido subjetivo) abrange conceitos tão heterogêneos como faculdade (*facultad, claim*), liberdade, poder (potestade) e imunidade, e não se distingue entre *dever* e as outras modalidades passivas. Essa análise incompleta em termos de dever/direito (*duty-right*) tem causado a confusão que caracteriza a linguagem jurídica, tanto na legislação como no estudo doutrinário do direito.

Finalmente, é um erro introduzir *um direito (right)* como correlato de *um dever*. O conceito de direito (*right*) (em sentido subjetivo) é um conceito sistemático no qual estão unidas muitas regras jurídicas (ver cap. VI). Abarca a ideia de uma coleção de efeitos jurídicos, cada um dos quais pode ser expresso nas modalidades comuns. O direito de propriedade, por exemplo, inclui um conjunto de faculdades, liberdades, potestades e imunidades. Um *direito* (tal como a propriedade, os diferentes *jura in re aliena*, direito de propriedade intelectual, etc.) não é uma modalidade jurídica por meio da qual se expressa a regra jurídica particular, mas uma construção doutrinária para a exposição sistemática do direito vigente.

Que eu saiba, o primeiro a investigar o problema das modalidades jurídicas foi o norte-americano Wesley Newcomb Hohfeld (*Fundamental Legal Concepts*, 1923).[5] O que expusemos aqui foi, em grande medida, inspirado por Hohfeld, em especial a ideia de que as modalidades estão ligadas pelas relações lógicas de contradição e correlação. Minha postura, entretanto, difere da sua. Hohfeld não procura interpretar as modalidades segundo sua função jurídica e parece não perceber que, na realidade, elas são apenas ferramentas da linguagem do *direito (law)*.

---

5. Esta obra foi publicada postumamente. O tratado original apareceu no *Yale L. J.*, t. 23 (1913), 16

Capítulo VI
O Conceito de Direito Subjetivo

§ 35. O CONCEITO DE DIREITO SUBJETIVO COMO UMA FERRAMENTA TÉCNICA DE APRESENTAÇÃO

No capítulo anterior foi explicado que os enunciados aparentemente teóricos sobre a criação de deveres, direitos, etc., que aparecem nas normas jurídicas, têm que ser interpretados como diretivas ao juiz. Uma norma jurídica pode ser reformulada, portanto, da seguinte maneira:

$$D \text{ (se } F, \text{ então } C)$$

como uma diretiva para o juiz no sentido de que quando existe F sua sentença deve ser C.

Se a tarefa da ciência do direito se limitasse a uma simples enumeração das regras jurídicas em vigor, todas as pressuposições doutrinárias poderiam ser formuladas de acordo com esse esquema. Poder-se-ia, então, imaginar uma exposição científica que apresentasse como normas vigentes muitas diretivas do seguinte tipo:

D_1: se uma pessoa adquiriu legitimamente uma coisa através de compra, deverá ser prolatada sentença a seu favor ordenando a entrega da coisa, contra toda(s) outra(s) pessoa(s) que a retenha(m) em seu poder.

D_2: se uma pessoa herdou uma coisa, deverá ditar-se sentença de indenização por danos e prejuízos a seu favor contra toda(s) outra(s) pessoa(s) que, com dolo ou negligência, tenha(m) causado uma deterioração à coisa.

D_3: se uma pessoa adquiriu por prescrição uma coisa e obteve um empréstimo que não é restituído na ocasião oportuna, deverá se dar sentença favorável ao credor para lhe permitir obter satisfação a partir da coisa.

D_4: se uma pessoa ocupou uma *res nullius* e por meio de legado a transmitiu a outra, será ditada sentença a favor do legatário contra o testador, ordenando a entrega da coisa.

D_5: se uma pessoa adquiriu uma coisa mediante execução como credor e posteriormente outra pessoa se apropria do objeto, esta última deverá ser punida por furto.

E assim por diante, tendo em conta, é claro, que em cada caso a fórmula poderia ser muito mais complicada.

Entretanto, a tarefa da ciência do direito obviamente não pode ser limitada desse modo. Uma exposição desse tipo seria tão inadequada a ponto de, praticamente, carecer de valor. A tarefa do pensamento jurídico consiste em conceitualizar as normas jurídicas de tal modo que sejam reduzidas a um ordenamento sistemático, expondo assim o direito vigente da forma mais simples e conveniente possível. Isso pode ser conseguido mediante o concurso da técnica de apresentação que se segue.

Em meio à um grande número de normas jurídicas do tipo indicado, é possível descobrir um certo grupo que pode ser disposto da seguinte maneira:

$$F_1 - C_1, F_2 - C_1, F_3 - C_1 \ldots F_p - C_1$$
$$F_1 - C_2, F_2 - C_2, F_3 - C_2 \ldots F_p - C_2$$
$$F_1 - C_3, F_2 - C_3, F_3 - C_3 \ldots F_p - C_3$$
$$\bullet \quad \bullet \quad \bullet \quad \bullet$$
$$\bullet \quad \bullet \quad \bullet \quad \bullet$$
$$\bullet \quad \bullet \quad \bullet \quad \bullet$$
$$F_1 - C_n, F_2 - C_n, F_3 - C_n \ldots F_p - C_n$$

(Leia-se: o fato condicionante F_1 está ligado à consequência jurídica C_1, etc.), o que significa que cada fato de uma certa totalidade de fatos condicionantes (F_1-F_p) está ligado a cada uma das consequências de certo grupo de consequências jurídicas ($C_1 - C_n$); ou que cada fato F está ligado ao mesmo grupo de consequências jurídicas ($C_1 + C_2 \ldots + C_n$), ou que uma pluralidade acumulativa de consequências jurídicas está ligada a uma pluralidade disjuntiva de fatos condicionantes.

Essas normas jurídicas individuais n x p podem ser apresentadas mais simplesmente e sob forma mais manejável na figura:

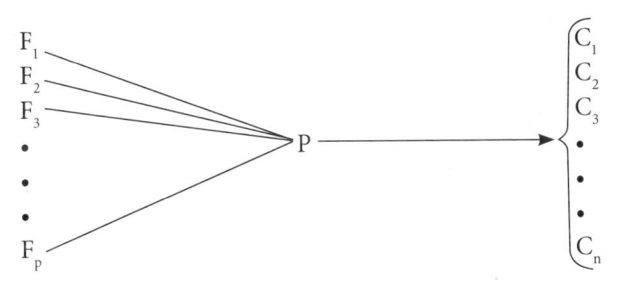

$$F_1, F_2, F_3, \ldots, F_p \quad \longrightarrow \quad P \quad \longrightarrow \quad \{C_1, C_2, C_3, \ldots, C_n\}$$

na qual P (propriedade) simplesmente representa a conexão sistemática de que F_1, assim como F_2, F_3,..., F_p implicam a totalidade das consequências jurídicas C_1, C_2, C_3,... C_n. Como técnica de apresentação isso se expressa, então, enunciando-se em uma série de regras os fatos que "geram propriedade" e em outra série as consequências jurídicas que a *propriedade* acarreta.

Disso fica claro que a *propriedade* inserida entre os fatos condicionantes e as consequências condicionadas é, na realidade, uma palavra sem referência semântica alguma, que serve somente como ferramenta de apresentação. Falamos como se *propriedade* fosse um nexo causal entre F e C, um efeito ocasionado ou *gerado* por cada F, que, por sua vez, é causa de uma totalidade de consequências jurídicas. Dizemos, por exemplo, que:

1) Se A comprou licitamente um objeto (F_2), a propriedade do objeto foi, por isso, gerada para ele.

2) Se A é proprietário de um objeto, tem (entre outras coisas) o direito de que a ele o entreguem (C_1).

Está claro, entretanto, que 1) + 2) é somente uma reformulação de uma das normas pressupostas ($F_2 - C_1$), a saber, que a compra como fato condicionante acarreta, como consequência jurídica, a possibilidade de obter a entrega. A ideia de que entre a compra e a possibilidade de obter a entrega "gerou-se" algo que pode ser chamado de *propriedade* carece de sentido. Nada se gera pelo fato de A e B trocarem umas poucas frases interpretadas juridicamente como *contrato de compra e venda*. Tudo que ocorreu é que agora o juiz tomará esse fato em consideração e pronunciará sentença a favor do comprador mediante uma ação para obter a entrega.

O que descrevemos aqui é um simples exemplo de redução pela razão a um ordenamento sistemático. É, por certo, tarefa do pensamento científico empreender esse processo de simplificação, não obstante o labor tenha sido, numa grande medida, antecipado pelo pensamento pré-científico. Os conceitos fundamentais pertencentes à esfera dos direitos subjetivos – por exemplo, o conceito de propriedade – não foram criados pelos autores de direito, mas herdados de ideias geralmente aceitas. Embora as pessoas em geral tenham somente as ideias mais confusas sobre os fatos que "geram propriedade" e os "efeitos" que são as "consequências da propriedade", fundamentalmente o conceito é construído da mesma maneira que o seria pelo pensamento profissional científico. Conecta certos fatos específicos (compra, herança, etc.) e certas experiências de *faculdades* e *títulos* jurídicos e éticos.

A função do conceito de direito subjetivo, segundo esse esquema, pode ser esclarecida em três contextos, a saber:

1) Na apresentação abstrata do direito vigente, sua função é, claramente, a descrita acima. A expressão *direito subjetivo* é destituída completamente de referência semântica. As frases em que aparece podem ser reescritas sem fazer uso da expressão, indicando a conexão que nas diretivas jurídicas existe entre os fatos condicionantes e as consequências condicionadas. Por exemplo, a proposição "a propriedade é adquirida por prescrição de acordo com as seguintes regras..." pode ser reformulada assim: "a prescrição (de acordo com as regras seguintes) é um dos fatos que acarreta a totalidade de consequências estabelecidas na sequência no capítulo sobre os efeitos jurídicos da propriedade."

2) A função do conceito nas argumentações dos advogados ante os tribunais e nos fundamentos das decisões também pode ser explicada, sem dificuldades, segundo o mesmo esquema. Um advogado, por exemplo, alegará que por meio de um contrato celebrado em tal e tal dia seu cliente adquiriu a propriedade de um automóvel e que em virtude disso o cliente pode requerer uma sentença para que o vendedor o entregue. Mesmo aqui a propriedade intermediária pode ser omitida. O advogado, na realidade, só quer sustentar a) que foi celebrado um contrato de compra válido; b) que este ato implica, como consequência jurídica, que o juiz dite sentença condenando o vendedor à entrega.

3) O conceito de direito subjetivo é empregado em enunciados que não parecem expor regras de direito, mas descrever fatos puros. É o que ocorre, por exemplo, quando se expressa que A é proprietário de um certo bem, ou quando uma regulamentação descreve a pessoa que é obrigada a remover a neve denominando-a *proprietária do imóvel.*

O significado de tais enunciados é, todavia, mais complicado do que o que parece à primeira vista. Para compreendê-lo, lembremos que é usual na descrição de pessoas, coisas ou situações, enunciar conjuntamente com qualidades puramente fatuais outras que são condicionadas pelo direito. Num passaporte, por exemplo, além da idade do titular e da cor de seu cabelo, são enunciados também sua nacionalidade e seu estado civil. O que se quer dizer ao expressar que uma pessoa é *casada*? O enunciado se refere ao fato da pessoa ter contraído um matrimônio que não foi dissolvido. Entretanto, *contrair matrimônio* não é algo puramente fatual. Tal como não há nenhum movimento de um objeto no espaço que seja em si um movimento de xadrez, não há nenhum evento fatual que constitua *per se* a *celebração de um casamento*. Ambos os fenômenos – como foi tratado no parágrafo 3 – somente adquirem seu significado específico quando o evento fatual é interpretado em relação a uma ideologia vigente, as normas do xadrez ou as normas jurídicas. O enunciado de que uma pessoa "celebrou matrimônio" inclui uma afirmação sobre o direito vigente, a saber, que o evento aludido é *gerador de matrimônio*, que acarreta um certo complexo de consequências jurídicas. Estas consequências, geralmente, não são totalmente conhecidas do leigo (não jurista), mas ele sabe, por exemplo, que entre elas existe uma que o proíbe de contrair um segundo matrimônio enquanto perdurar o primeiro. O enunciado de que uma pessoa é *casada* refere-se, assim, a duas condições: por um lado, ao evento puramente fatual da celebração do matrimônio; por outro, a uma condição jurídica: que esse evento, segundo o direito vigente, acarreta efeitos jurídicos específicos que as pessoas conhecem, em geral, apenas de forma bastante vaga.

O uso, em aparência puramente descritivo, do conceito de direito subjetivo pode ser compreendido de maneira semelhante. O enunciado de que A é proprietário de certo objeto refere-se não apenas à circunstância puramente fatual de que A comprou o objeto, ou o herdou, ou o adquiriu por prescrição, etc., mas também à circunstância jurídica de que, segundo o direito vigente, esses eventos acarretam consequências jurídicas específicas e, portanto, se diz que *geram propriedade*.

Podemos concluir, portanto, que em todos os contextos que consideramos, os enunciados referentes a direitos subjetivos cumprem a função de descrever o direito vigente ou sua aplicação a situações específicas concretas. Ao mesmo tempo, contudo, é preciso afirmar que o conceito de direito subjetivo não tem qualquer referência semântica; não designa fenômeno algum de nenhum tipo que esteja inserido entre os fatos condicionantes e as consequências condicionadas; é, unicamente, um meio que torna possível – de maneira mais ou menos precisa – representar o conteúdo de um conjunto de normas jurídicas, a saber, aquelas que ligam certa pluralidade disjuntiva de fatos condicionantes a certa pluralidade cumulativa de consequências jurídicas.

Costuma-se empregar a mesma técnica de apresentação sem a ideia de um direito subjetivo intermediário. No direito internacional, por exemplo, uma série de regras pode expressar qual a área que territorialmente pertence a um determinado Estado. Dizer que essa área tem o caráter de *território* é *per se* sem sentido. Somente há uma expressão com sentido quando esse conjunto de regras é relacionado com outro conjunto de regras que expressam as consequências jurídicas que se imputam ao fato de que uma área tem o caráter de território. Neste exemplo seria também possível expressar as relações jurídicas sem usar o conceito interpolado (*território*), embora tal enunciado fosse inegavelmente muito complicado.

Às vezes o nexo intermediário não é um direito subjetivo simples, mas uma condição jurídica complexa de direitos e deveres. Assim, quando no direito de família se distingue entre as condições para celebrar matrimônio e os efeitos jurídicos do matrimônio; quando no direito constitucional se distingue entre a aquisição da nacionalidade e os efeitos jurídicos da nacionalidade; ou no direito administrativo entre a criação do *status* de funcionário e seus efeitos jurídicos. Nestas situações e em situações semelhantes é comum falar da criação de um *status* (o *status* do casamento, o da nacionalidade, o da qualidade de funcionário).

Qualquer que seja a construção, a realidade que se encontra por trás dela é, em todos os casos, a mesma: uma técnica detentora de grande importância se pretendemos conquistar clareza e ordem numa série complicada de normas jurídicas.

§ 36. APLICAÇÃO DO CONCEITO DE DIREITO SUBJETIVO A SITUAÇÕES TÍPICAS

O conceito de direito subjetivo é uma ferramenta na técnica de apresentação, contudo isso nada nos diz acerca das situações nas quais é empregado. Como vimos, é possível também usar a mesma técnica dispensando-se esse conceito. Nossa tarefa, por conseguinte, deve ser, esclarecer as condições nas quais se aplica o conceito de direito subjetivo. Não se trata de decidir quando *existe efetivamente* um direito subjetivo. A expressão *direito subjetivo* não designa nenhum fenômeno que exista em certas condições específicas. É perfeitamente possível expor o direito vigente dispensando-se completamente o uso do conceito de direito subjetivo. Nossa tarefa, pois, só pode consistir em mostrar o que é que caracteriza aquelas situações jurídicas em que se costuma falar de direitos subjetivos. Não é, certamente, possível afirmar que o uso comum obedece a um critério definido. Apesar disso, caso se pretenda que o conceito seja de alguma utilidade ao estudo do direito, é essencial definir mais precisamente sua esfera de aplicação. Neste parágrafo examinaremos a aplicação do conceito de direito subjetivo em situações típicas.

a) O ponto de partida de qualquer análise deve ser que o conceito de direito subjetivo é usado para designar aquele aspecto de uma situação jurídica que é vantajoso a uma pessoa. A mesma situação jurídica que é vantajosa para A pode ser desvantajosa para B ou para outros. O conceito de direito subjetivo significa assim que a situação jurídica é contemplada a partir da perspectiva da pessoa a quem favorece.

É frequente a palavra direito ser empregada indiscriminadamente em expressões do tipo *ter um direito a* (no sentido de ser permitido algo a alguém) para indicar que uma pessoa é livre para realizar um determinado ato. Nesse emprego, a palavra simplesmente quer dizer que esse ato se acha fora do direito objetivo (parágrafo 33). Um tal uso linguístico não é conveniente. Como ferramenta para o estudo do direito o conceito de direito subjetivo tem que indicar um certo conteúdo jurídico. As liberdades são aqui diferentes das vantagens resultantes do regramento jurídico. As liberdades, portanto, estão excluídas do conceito de direito subjetivo.

b) Estando as liberdades excluídas, disto se conclui que as vantagens para uma determinada pessoa à qual concerne o conceito de direito subjetivo têm que surgir como consequência de um regramento jurídico. E dado ter o regramento jurídico sempre um efeito restritivo, o direito subjetivo será sempre o correlato de um dever,[1] isto é, uma restrição ao próximo. Os deveres alheios podem significar uma vantagem para A de duas maneiras, seja porque outra pessoa está obrigada a uma ação positiva benéfica em relação a A, por exemplo, pagar-lhe uma soma em dinheiro ou executar algum trabalho para ele (direitos *in personam*), seja porque todas as pessoas, exceto A, estão obrigadas à abstenção de realizar certos atos, por exemplo, o uso e gozo de um objeto (direitos *in rem*). Neste último caso, a liberdade de A se converte num privilégio. É assegurada a A uma esfera de ação que lhe é reservada. A propriedade é o exemplo típico. A propriedade inclui um privilégio para o proprietário, um domínio reservado, porque se acha em liberdade de usar e usufruir do objeto, enquanto, ao mesmo tempo, os outros estão excluídos.

---

1. O uso da palavra *dever* relativamente a isto é inadequado porque a reprovação social ideologicamente implicada na reação jurídica contra uma transgressão (parágrafo 33) carece de importância para a descrição de um direito. Se essa palavra é usada, é simplesmente porque não há nenhuma outra, isenta de ideologia, para expressar a mesma coisa.

Contudo, as situações favoráveis como contrapartidas de um dever nem sempre são consideradas como direitos subjetivos. Se B, por exemplo, prometeu a A pagar uma quantia a C, sob condições tais que somente A poderá exigir-lhe o pagamento, como correlato do dever de B surge uma vantagem para C. E, no entanto, não se diria que um direito foi criado em favor de C.

c) O conceito de direito subjetivo pressupõe, portanto, que o titular do direito dispõe também de uma *faculdade* relativamente à pessoa obrigada, isto é, que está aberta para ele a possibilidade de fazer valer seu direito instaurando um processo. Pressupõe-se, ao mesmo tempo, que nenhuma outra pessoa pode mover processos. O poder do proprietário de instaurar processo é tão exclusivo quanto seu uso e gozo do objeto.

Em outras palavras, o titular de um direito tem um poder absoluto de conservar – ou abandonar – sua posição vantajosa de gozo passivo. Este poder, está claro, não consiste em nenhuma força mística conferida pelo ordenamento jurídico ao sujeito do direito, significando simplesmente que a maquinaria jurídica é acionada de acordo com a vontade do detentor do direito. É como se o titular do direito, ao instaurar um processo, acionasse um botão que pusesse essa maquinaria em funcionamento.

d) Segundo o uso linguístico jurídico habitual, o conceito de direito subjetivo é empregado indubitavelmente numa quantidade de situações que combinam as características descritas em a) – c). Mas, os casos mais típicos, tais como os bem desenvolvidos direitos do proprietário, são caracterizados, além disso, por um poder exclusivo (potestade) para dispor do direito (*right*), o que significa que só o proprietário tem o poder mediante declarações dispositivas (em particular, via declaração de transferência e testamento) de provocar o efeito jurídico de que outra pessoa, indicada na declaração, o suceda no direito.

e) Em resumo, podemos dizer que o conceito de direito subjetivo é usado unicamente para indicar uma situação na qual o ordenamento jurídico deseja assegurar a uma pessoa liberdade de poder se comportar – no âmbito de uma esfera específica – como lhe agrade, a fim de proteger seus próprios interesses. O conceito de direito subjetivo indica a autoafirmação autônoma do indivíduo.

Isso, é claro, não significa um individualismo desenfreado e não é a antítese do caráter social de todo ordenamento jurídico. Significa apenas que precisamente por considerações que produzem o bem-estar da comunidade, julga-se desejável – claro que dentro de certos limites – proporcionar ao indivíduo a possibilidade de liberdade de ação. Atualmente chegou a se converter num moto dizer que a propriedade é uma função social. Há algo de verdadeiro nisto, porque a liberdade de ação do proprietário está, no presente, muito mais circunscrita por regras sociais do que submetida ao regime do individualismo extremo que imperou no século XIX. Entretanto, a frase oculta o fato de que a propriedade, mesmo com o seu conteúdo restrito, serve ainda à autonomia do indivíduo. A autonomia restrita prossegue sendo autonomia e não uma função social.

É necessário frisá-lo porque o conceito de direito subjetivo não deveria incluir liberdades nem poderes para a proteção de interesses sociais. Na vida de uma comunidade é frequente algumas pessoas serem aquinhoadas com uma liberdade de ação e poder privilegiados para a proteção dos interesses de outros ou de interesses comuns. No seio da família, por exemplo, os pais gozam da liberdade de castigar os filhos menores e poder para conduzir seus atos. Na vida pública, num grau ainda superior, diversas pessoas têm liberdade de ação e poder especiais para estabelecer disposições obrigatórias relativamente a outras. Porém, nesses casos e em casos semelhantes, as liberdades e os poderes não são concedidos a essas pessoas para a proteção autônoma de seus próprios interesses, mas como uma função social. Que tais liberdades e poderes sejam concedidos como uma função social, e não em interesse da autonomia do titular, significa algo mais do que uma faculdade moral. Significa também que essas liberdades e poderes estão juridicamente limitados e que o espírito no qual são exercidos é controlado (autoridades de vigilância, regras concernentes ao abuso do poder, etc.). Os casos deste tipo devem, portanto, ser excluídos do conceito de direito subjetivo. O uso linguístico corrente é vago, mas há, todavia, uma definida tendência em falar, nesses situações, de *autoridade* ou *poder* (autoridade dos pais, autoridade pública) e não de *direito subjetivo*. Por uma questão de clareza devemos aderir a esta distinção terminológica.[2]

§ 37. APLICAÇÃO DO CONCEITO DE DIREITO SUBJETIVO A SITUAÇÕES ATÍPICAS

Como vimos, o conceito de direito subjetivo é apenas uma ferramenta na técnica de apresentação. Todavia, usualmente nos expressamos como se um direito subjetivo fosse algo que se interpõe entre os fatos e as consequências jurídicas; algo que é *criado* e que, por sua vez, produz consequências diversas.

---

2. A teoria jurídica francesa emprega, às vezes, a terminologia *droits à fin égoiste* e *droits-fonction*. Ver, por exemplo, Jean Dabin, *Le droit subjectif* (1952), 217.

A compra, diz-se, gera o direito de propriedade a favor do comprador e o direito de propriedade produz o efeito do comprador poder reclamar a entrega.

Enquanto formos conscientes da verdadeira natureza do conceito de direito subjetivo, o uso linguístico não causará prejuízos. Caso contrário, poderá ser enganoso. Se o uso linguístico nos levar a crer que o *direito subjetivo ele mesmo* é distinto de seus *efeitos*, teremos, então, um exemplo típico daquilo que em lógica se chama *hipóstase*, isto é, uma maneira de pensar em relação à qual *por trás* de certas correlações funcionais insere-se uma nova realidade como o *suporte* ou causa dessas correlações. Este poder da linguagem sobre o pensamento é oriundo, possivelmente, das ideias mágicas primitivas.[3]

Do modo como vejo as coisas, tem havido uma forte tendência no pensamento dos leigos e dos juristas para conceber o direito subjetivo como uma substância. Dificilmente alguém entre nós pode afastar por completo a ideia de associar ao conceito de direito subjetivo noções mais ou menos indefiníveis de força sobrenatural, uma espécie de poder interno e invisível sobre o objeto do direito subjetivo, ou uma qualidade da vontade que lhe concede *validade* e poder em relação às vontades opostas de outras pessoas. Se bem que não se confunde com elas, esse poder se manifesta nas medidas de compulsão – sentença e execução – por meio das quais se realiza o controle fatual e visível que pertence ao titular do direito.

Mesmo entre as crianças observa-se a tendência a hipostasiar. A criança logo aprende que *é dona* de certas coisas que chama de *suas* e percebe que certas vantagens práticas estão associadas a essa propriedade. Mas, ao mesmo tempo, o *ser dono*, em si mesmo, interessa à criança tanto quanto as vantagens práticas e esse *ser dono* é concebido por ela como coisa distinta destas últimas. Até meus filhos atingirem a idade de dez anos eu pude, para nosso benefício comum, chegar a um acordo com eles segundo o qual meus filhos *tinham* certas flores do jardim, enquanto eu me reservava o controle completo sobre o que poderia ser feito com elas.

Até mesmo quando o adulto aprende melhor a compreender a função real da propriedade e não pode, igualmente, ser ludibriado com uma palavra, persiste, entretanto, uma indiscutível tendência a considerar um direito subjetivo como uma realidade independente distinta das funções que cumpre. Esta

---

3. No seu livro *Der römische Obligationsbegriff* (1927), Axel Hägerström mencionou argumentos de peso em apoio da origem mágica das concepções jurídicas romanas. A pesquisa moderna no campo da sociologia e da história da religião aponta na mesma direção. Ver Alf Ross, *Towards a Realistic Jurisprudence* (1946), cap. IX, 2-5.

tendência está difundida, inclusive, no pensamento profissional. Ideias metafísicas ocultas se revelam em falsos problemas, ficções e falácias, que podem ter uma influência desastrosa no tratamento das questões jurídicas práticas.

A concepção metafísica do direito como uma força espiritual é caracterizada por duas teses: *a)* que um direito subjetivo é sempre uma entidade simples e indivisa que tem de existir num sujeito específico; e *b)* que este sujeito tem que ser um ser humano ou uma organização de seres humanos. Ambas as teses podem conduzir ao erro.

a) a ideia de que o direito subjetivo é uma entidade simples e indivisa que tem que existir num sujeito específico não é prejudicial nas situações típicas descritas no parágrafo anterior. Nestes casos as diversas funções que constituem a situação jurídica apontam todas o mesmo objeto. Normalmente é a mesma pessoa *1)* aquela em cujo benefício se acha restrita a liberdade de ação de outra pessoa; *2)* aquela que pode fazer valer o direito instaurando processos; e *3)* aquela que tem o poder de alienar o direito. A mesma pessoa é sujeito do interesse, sujeito dos processos e sujeito da alienação. Consequentemente, não gera problemas pensar nessas diferentes funções como efeitos do *próprio direito subjetivo* como entidade que encontramos nesse sujeito geral.

É inteiramente diferente, contudo, se surgem situações nas quais as várias funções não se relacionam com o mesmo sujeito.[4] Isto ocorre com muita frequência. A entidade como é concebida no conceito substancialista do direito subjetivo não é, de fato, encontrada em lugar algum nesses casos, a ideia tendo que conduzir, inevitavelmente, a pseudoproblemas e ficções.

Por exemplo, o menor de idade é beneficiário (sujeito do interesse), o fideicomissário sujeito da administração (sujeito de processos e de alienação). A despeito disto, costuma-se considerar que o *direito* (*right*) pertence ao menor, isto é, ao beneficiário. Por outro lado, nos contratos a favor de terceiros – exigíveis pela pessoa diante da qual se contraiu a obrigação – esta última, a qual é o sujeito da administração, é considerada como titular do *direito*. Uma

---

4. Pelo que sei foi Bekker em "Zur Lehre vom Rechtssubjekt," *Jahrbücher für die Dogmatik*, XII (1873), 1 e segs. o primeiro a destacar o fato de que as diferentes funções no âmbito de um direito (gozo e administração) podiam ser separadas e distribuídas entre diferentes mãos. Posteriormente, René Demogue, em *Notions Fondamentales* (1911), 325 e segs., desenvolveu essa ideia e a exposição que incluo aqui é inspirada, em particular, nesse último autor. O mesmo ponto de vista é enfatizado por Alexander Nékám em *The Personality Concept of the Legal Entity* (1938), 21 e segs., que, entretanto, reserva a expressão *sujeito de um direito* à parte interessada e chama a parte administradora de *administradora de um direito*. Os três autores se opõem, também, de forma incisiva, ao dogma de que somente os seres humanos podem ocupar a posição de sujeito de direitos.

interpretação distinta parece estar condicionada pelo poder atribuído ao sujeito da administração. Enquanto no caso dos contratos em favor de terceiros a pessoa diante da qual se contraiu a obrigação pode exercer seu poder de instaurar processos e de alienação como lhe agrade, em seu próprio interesse, no caso do menor de idade, o poder do fideicomissário é uma autoridade exercida por ele sob controle no interesse do menor.

Em outros casos, a divisão entre o interesse do beneficiário e a administração ativa é ainda mais pronunciada. Os estatutos das corporações e fundações podem estabelecer regras de como o quadro administrativo deve ser composto e como devem ser selecionados os sujeitos beneficiários. Em conformidade com estas regras, os membros individuais de cada grupo mudarão de tempos a tempos. Em tais situações a ideia do direito subjetivo como substância que inclui uma diversidade de funções e que pertence a um sujeito específico, se revela completamente inadequada. Quem é o proprietário da Fundação *Rockefeller*, das quadras de tênis do *Chicago Games Club* ou da Instituição para as Viúvas dos Pedreiros Mestres de Middletown? Ninguém é proprietário disto no mesmo sentido que sou proprietário de uma casa. A fim de preservar a concepção substancialista é mister recorrer a construções. No direito da Europa continental costuma-se imaginar um sujeito simples indiviso onde não existem nenhum. A chamada pessoa jurídica[5] é introduzida como sujeito do direito. No direito inglês emprega-se, amiúde, a noção de *trust* (fideicomisso) em casos semelhantes.[6] Atribui-se tanto propriedade ao *trustee* (fideicomissário – *o sujeito controlador*) quanto ao *cestui que trust* (*o sujeito beneficiário*) – ao primeiro

---

5. Existe farta literatura que trata do problema de se a pessoa jurídica é uma realidade, isto é, um organismo natural dotado de vontade própria, uma entidade viva distinta dos indivíduos que participam da vida da coletividade; ou se não passa de uma ficção de que se vale o legislador quando, guiado por considerações práticas, deseja lidar com uma coletividade como se fosse um sujeito individual de direito. Mesmo quando esse problema possa ter algum significado quando abordado dentro da estrutura da sociologia, é certo que implica um falso problema de metafísica sob o prisma da análise jurídica. Para esta, o fato decisivo é que as situações jurídicas aqui consideradas não são análogas à situação individual típica dos direitos subjetivos, mas que se acham estruturadas de um modo diverso. Não se pode "lidar com uma coletividade como um sujeito individual de direito." Em tais situações simplesmente não existe um sujeito geral e toda discussão no tocante à natureza de tal sujeito não conduz a coisa alguma. Uma vez isto admitido, nada impede, é claro, que se continue empregando a terminologia firmemente estabelecida e que se prossiga falando de pessoas jurídicas como sujeitos de direito.
6. Há uma transição gradual entre os casos nos quais é utilizada a noção de *trust* e aqueles nos quais é utilizada a noção de pessoa jurídica. Ver Alf Ross, *Towards a Realistic Jurisprudence* (1946), cap. VIII, 6 a.

propriedade jurídica e ao segundo propriedade de acordo com as regras de *participação* (*equity*). Esta dupla propriedade se aproxima mais da verdade porque indica que cada parte pode, num certo sentido, ser considerada como sujeito do direito. Entretanto, em lugar de falar de propriedade dupla, seria mais exato dizer que não existe propriedade no sentido típico; aquelas funções que concebemos como combinadas no proprietário típico, estão, nesse caso, divididas entre pessoas diferentes, nenhuma das quais, portanto, ocupando a posição de um proprietário típico.

Outras situações atípicas se apresentam quando o sujeito do direito é substituído em sua posição. O exemplo típico é a transferência de propriedade. Quando A transfere um objeto a B, surge o problema de saber em que momento B adquire a posição jurídica de proprietário frente aos outros. Esta *relação frente aos outros** pode ser dividida em muitas relações do sucessor com vários grupos de terceiros. Não é necessário que o mesmo fato seja decisivo relativamente à posição jurídica de B nessas relações diversas. Devido a razões práticas, pode ser preferível que os fatos decisivos sejam vários. Tanto a análise científico-jurídica quanto a político-jurídica têm, portanto, que ser *análises de relações*. Uma vez esclarecidas as posições jurídicas nas diversas relações, o problema de quando o direito de propriedade passa de A para B será apenas um problema terminológico sem conteúdo real.

Enquanto na doutrina escandinava o problema é tratado de acordo com tais pontos de vista funcionais e relativos, em outros sistemas jurídicos o problema é, predominantemente, colorido pelas pressuposições metafísicas do conceito substancialista do direito subjetivo. Nesses sistemas jurídicos a transferência do direito de propriedade é considerada um fenômeno com substância própria, do qual emanam diversos efeitos jurídicos. Disso resulta: *primeiro*, que a transferência é considerada um fenômeno que ocorre diretamente entre as partes e do qual derivam as relações com terceiros como consequências; e *segundo*, que a transferência é considerada como absoluta, isto é, como tendo

---

* Na versão inglesa deste livro, Margaret Dutton preferiu pender para a literalidade, aliás recomendável ao se traduzir textos técnicos entre línguas de estrutura semelhante, no caso o dinamarquês e o inglês. Assim, apesar de nossa opção no português por *relação frente aos outros*, é preciso salientar o mérito do inglês *relation to the rest of the world* por sua maior propriedade filosófica. Enquanto analisando a questão do *direito subjetivo*, Ross se posiciona na radical dualidade gnoseológica de *sujeito* e *objeto*, na qual absolutamente tudo que não é sujeito, é objeto, de sorte que a relação do sujeito do direito não é própria e unicamente com a *alteridade* (os outros seres humanos percebidos como objeto na relação – o mundo humano), mas com toda a realidade, todo o mundo, todas as coisas. (*N.T.*)

efeito contra todos os terceiros em virtude do mesmo fato. Deste modo, fica excluído todo exame relativista da transferência da propriedade.

b) O conceito metafísico do direito subjetivo como uma força moral e espiritual conduz a um postulado dogmático de que somente seres humanos (e pessoas jurídicas) podem ser sujeitos de direito.[7]

É indubitável, está claro, que somente os seres humanos podem atuar como sujeitos de processos ou de disposição. Por outro lado, nada obriga a que os interesses reconhecidos pelas normas jurídicas como protegidos por um direito subjetivo sejam exclusivamente interesses humanos.

Assim, frequentemente se reconhece que podem ser deixados legados em benefício de animais, legados que são administrados de acordo com regras idênticas às que regem os legados em benefício de seres humanos. É incontestável, portanto, que nesse caso o animal é o beneficiário, e segundo o uso linguístico comum (parágrafo 37), o titular do *direito subjetivo*. Incorre-se num conceitualismo irrealista e dogmático ao se interpretar o gozo do legado por parte do animal como mero reflexo de um direito do administrador embaraçado por um cargo em benefício do animal, extraindo-se daí conclusões a respeito da situação jurídica em seus diversos aspectos, por exemplo, no caso de falência do administrador, ou no que tange aos impostos.[8]

O mesmo pode ser dito quando se reconhece que os legados podem ser estabelecidos para a promoção de um propósito objetivo específico, por exemplo, a conservação de um monumento. Uma coisa é o poder para estabelecer esses legados – como o poder para estabelecer outro tipo de legados – ser outorgado ao testador para que possa proteger seus próprios interesses, mas algo totalmente distinto é, na situação jurídica estabelecida como resultado do legado – em contraposição ao que ocorre com legados de outro tipo – não se poder assinalar nenhum beneficiário. Pode-se dizer, se o preferir, que nesses casos o propósito objetivo desempenha o papel de beneficiário, e se pode caracterizar a propriedade como uma "propriedade devotada a um propósito particular" (*Zweckvermögen*).

---

7. Este dogma, tido pela maioria como uma verdade autoevidente, procede aparentemente de uma ideia moral e metafísica do ser humano como centro do universo e fim de todas as coisas. É associada com frequência à afirmativa dogmática, igualmente insustentável, de que todo ser humano é sujeito de direito. Ver, por exemplo, Jean Dabin, *Le droit subjectif* (1952), 116. Para a crítica do dogma ver os autores mencionados na nota 4.
8. Com relação às penas por crueldade com os animais e a frequente má compreensão destas regras, ver Alf Ross, *Towards a Realistic Jurisprudence* (1946), cap. VIII, 6 b.

§ 38. A ESTRUTURA DE UM DIREITO SUBJETIVO

O conceito de direito subjetivo é empregado na descrição de uma situação jurídica. O conceito contém os seguintes elementos, os quais constituem a estrutura de um direito subjetivo.

a) O sujeito do direito subjetivo. Tal como vimos nos dois parágrafos anteriores, é mister fazer distinções relativamente à posição do sujeito em relações diversas, em particular aquela do sujeito do interesse, dos processos e da alienação. Em situações típicas esses sujeitos coincidem num sujeito geral simples. Em situações atípicas, estão separados.

b) O conteúdo do direito subjetivo. Em sentido mais amplo o conteúdo do direito subjetivo inclui tanto a faculdade (*claim*) que o titular do direito (*right*) dispõe contra outros quanto seu poder para fazer valer essa faculdade mediante a instauração de processos, e o poder para alienar o direito. Visto que, entretanto, o poder de instaurar processos e o poder de alienar são acessórios da faculdade principal – e, portanto, elementos constantes que aparecem nos diferentes direitos subjetivos – é preferível restringir a ideia do conteúdo à faculdade específica em virtude da qual um direito se distingue do outro.

O conteúdo específico é, pois, a restrição da liberdade de ação de outra pessoa ou a correlativa faculdade do titular do direito. O conteúdo do direito *in personam* é, pois, o dever de cumprimento do devedor, ou a faculdade do credor a respeito do cumprimento. O conteúdo do direito de propriedade é a faculdade do proprietário de que outros se abstenham de perturbar seu uso e gozo de uma determinada coisa. No campo dos direitos *in rem* a expressão *conteúdo (específico) de um direito* é usada, também, com menos precisão para designar a liberdade de ação privilegiada do titular do direito, que é o resultado econômico fatual visado por sua faculdade legal. Dizemos, por exemplo, que o conteúdo do direito de propriedade consiste na liberdade do proprietário de usar e gozar do objeto como julgar adequado (dentro de certos limites).

c) O objeto do direito subjetivo. A determinação plena do conteúdo de um direito *in rem* concreto inclui, também, o objeto físico em relação ao qual o titular do direito tem uma faculdade de gozo exclusivo. Este objeto físico é chamado de *objeto do direito subjetivo*. Quando um certo tipo de direito subjetivo, como a propriedade ou um direito de servidão, é considerado de forma abstrata, o conteúdo do direito se define com a abstração do objeto.

A ideia de objeto do direito subjetivo dificilmente se aplica aos direitos *in personam*.

d) A proteção do direito subjetivo. Visto que uma faculdade equivale, quanto à sua função jurídica, à possibilidade de obter uma sentença contra a pessoa obrigada, a proteção processual (ou estática) de um direito é apenas um outro aspecto do conteúdo do mesmo. Uma faculdade nada é sem a tutela do aparato jurídico. Ao mesmo tempo, a própria faculdade pode receber proteção através de diferentes reações jurídicas (aplicação de uma pena, condenação a realizar o ato devido, restituição, indenização por danos e prejuízos). Consequentemente, pode-se fazer, em abstrato, uma distinção entre o conteúdo de um direito e sua proteção processual.

Distinta da proteção processual ou – como prefiro chamá-la – *estática* de um direito, é sua proteção dinâmica. Esta se refere aos problemas jurídicos que somente surgem quando o direito é transferido ou quando ocorre outra forma de sucessão, *ou seja*, se refere à dinâmica dos direitos subjetivos. Entretanto, é necessário esclarecer que é exatamente o que quer dizer aqui *proteção*.

Quando A vendeu um objeto a B, então – numa consideração isolada de fatos e regras jurídicas – passa a existir a condição para que B suceda a A na posição deste último. Mas se A vendeu também o objeto a C, ou se D, credor de A, executa o bem, existem – analogamente numa consideração isolada de fatos e outras regras jurídicas – as condições para que C e D sucedam a A em sua posição. Em tais situações falamos de *colisão de direitos*. Esta expressão, entretanto, é enganosa, porque é óbvio que B e C (D) não podem, ambos, ser titulares do direito subjetivo e, portanto, não pode haver colisão de direitos. O ordenamento jurídico tem que conter regras adicionais que possam ajustar os dois pontos de vista isolados, de tal modo que B ou C (D) seja o titular do direito ao objeto. A situação, portanto, não apresenta, na realidade, uma colisão de direitos, mas uma colisão de regras isoladas de sucessão. De um ponto de vista mais amplo, inexiste colisão: B ou C (D) é o único titular.

Nessas situações, portanto, o problema da proteção nasce do fato de que as regras do ordenamento jurídico estão formuladas em grupos que regulam de maneira isolada a transmissão de direitos. Esses conjuntos isolados pressupõem regras suplementares e integradoras que regem a "colisão entre direitos". Estas regras suplementares definem a proteção dinâmica do sucessor do direito.

Ficará clara, agora, a existência de uma importante diferença entre a proteção estática e a proteção dinâmica.

A proteção estática se refere às sanções passíveis de serem aplicadas no caso de violação do direito subjetivo. Essas sanções podem ser mais ou menos efetivas de acordo com as condições sob as quais a transgressão é punida, a magnitude da pena e as condições para que o titular do direito possa obter restituição ou [compensação] por danos e prejuízos. Quanto mais efetivas as sanções, maior será a proteção do direito subjetivo, isto é, maior a probabilidade de que o titular do mesmo obtenha realmente o gozo econômico pacífico dos bens que o ordenamento jurídico deseja proporcionar-lhe. É claro que esse tipo de proteção jamais pode ser absoluto.

A proteção dinâmica, por outro lado, nada tem a ver com sanções. As regras da proteção dinâmica regulam a competição entre diversos sucessores em conflito, cada um dos quais tem por si mesmo uma expectativa legítima de sucessão. A proteção dinâmica, assim, não é proteção de uma posição jurídica existente, mas da expectativa de um sucessor de ser colocado numa posição jurídica. Esta proteção, conforme as circunstâncias, pode ser absoluta, porque o ordenamento jurídico, sob certas condições, torna indiscutível a posição jurídica que resulta de uma sucessão.

Disso se conclui que a proteção estática se refere à relação entre o direito substantivo e os procedimentos jurídicos, enquanto a proteção dinâmica se refere a problemas internos do direito substantivo.

É um velho problema aquele de saber se há uma conexão natural ou necessária entre o conteúdo de um direito e sua proteção dinâmica. Este problema será investigado no próximo capítulo.

e) Os elementos estruturais indicados nos itens precedentes *a)* a *d)* constituem o fundamento para a divisão dos direitos subjetivos em vários tipos. É particularmente importante a divisão fundada no conteúdo. Não podemos examinar aqui a sistematização dos direitos; no próximo capítulo nos ocuparemos unicamente de uma importante classificação.

§ 39. DISCUSSÃO

Nas obras do autor francês Léon Duguit[9] e do autor sueco A. V. Lundstedt[10] há discussões críticas do conceito de direito subjetivo que se relacionam com os pontos de vista expostos neste livro. Esses autores, igualmente, denunciam as ideias metafísicas tradicionais presentes no conceito de direito

---

9. Ver especialmente *Traité de Droit Constitutionnel*, I (3ª ed., 1927), *Cf.* Jean Dabin, *Le droit subjectif* (1952), 5 e segs.
10. Ver *Die Unwissenschaftlichkeit der Rechtswissenschaft* (1932), I, 35 e segs.

subjetivo: insistem que qualquer ideia que veja no direito subjetivo uma substância, uma força espiritual criada por certos fatos, carece de sentido; e que a única realidade demonstrável nas chamadas situações de direito subjetivo consiste na função da maquinaria jurídica. Dadas certas condições, uma pessoa pode, com relação ao direito vigente, instaurar processos e, dessa maneira, acionar a maquinaria jurídica, com o resultado do poder público ser exercido em seu benefício. Pode obter uma sentença e execução compulsória, gerando para si uma posição vantajosa, uma possibilidade de ação, um benefício econômico. E isto é tudo.[11]

Até aqui é fácil concordar com esses autores. Entretanto, a partir desse ponto, em lugar de prosseguir indagando-se o que caracteriza as situações denominadas *direito subjetivo* e como pode esse conceito ser analisado e utilizado como ferramenta para a descrição daquelas situações – tal como procuramos fazer nas páginas que antecedem – Duguit e Lundstedt conferem à sua exposição crítica um rumo peculiar: afirmam que o direito subjetivo não existe.

O argumento de Duguit para "provar" a não existência de direitos subjetivos é simples. Postula, primeiramente, que a expressão *direito subjetivo* somente pode significar um poder inerente a uma vontade individual para se afirmar frente a outras vontades, isto é, uma inerente supremacia de uma vontade relativamente a outras. Prossegue afirmando que não há nas vontades tais diferenças imanentes e... portanto não há direitos subjetivos!

É claro que esse raciocínio se baseia na ideia ingênua de que uma palavra tem um significado imanente que não pode ser alterado. A "prova" é produzida por Duguit postulando, primeiro, que a expressão *direito subjetivo* só pode significar algo que carece de significado e proclamando, depois, que esse algo que carece de significado não existe!

Também Lundstedt crê no significado imanente das palavras. Sustenta que os direitos não existem no sentido conceitual, não obstante admitir que há certas realidades por trás do conceito, e não vê razões para deixar de usar em prol da brevidade a expressão *direito subjetivo* como uma mera designação dessas realidades.[12] Poder-se-ia pensar que Lundstedt tenta propor um novo conceito de direito subjetivo definido por essas realidades. Contudo, ainda

---

11. Antes de Duguit e Lundstedt, Bentham empreendeu um estudo crítico seguindo linhas similares. Ver, por exemplo, *Works*, publicação de John Bowring (1843), I, 248, 358, 361 e II, 497 e segs.; e, em particular, *The Limits of Jurisprudence Defined* (publicado primeiramente em 1945), 57 e segs.

12. *Op. cit.*, 119.

que a expressão pudesse ser concebivelmente empregada como designação de certas qualidades, estas não podem, do ponto de vista lógico, ser classificadas sob o conceito de direito subjetivo, o que significa necessariamente que não há direitos subjetivos!

Além desse ingênuo misticismo das palavras, as ideias de Duguit e de Lundstedt padecem do mal de confundir os pontos de vista jurídico e sociológico. A vantagem econômica, a possibilidade fatual da ação (a "posição protegida" a que se referem esses autores) são, obviamente, a consequência prática de uma situação jurídica, não a própria situação. Entretanto, como conceito jurídico, o conceito de direito subjetivo tem que ser analisado como um instrumento para a descrição de um conteúdo jurídico. Esses autores não oferecem uma análise desse ponto de vista. Nenhum dos dois percebe o valor do conceito como ferramenta de apresentação, nem as diversas relações jurídicas distinguíveis numa situação de direito subjetivo. É paradoxal que esses ardorosos denunciadores das ideias metafísicas presentes no conceito de direito subjetivo aceitem, sem um exame crítico, a ideia do direito subjetivo como uma entidade simples e indivisa, ideia que é a concreção mais tangível da metafísica que se declara proscrita.

Os pioneiros de uma análise mais profunda do conceito de direito subjetivo não foram Duguit e Lundstedt, os quais negam a existência de direitos subjetivos, mas sim Demogue, Nékám e Bekker[13] que perceberam que esse conceito engloba funções distintas e mutuamente independentes, em particular, as do gozo e da administração.

A discussão tradicional em torno do conceito de direito subjetivo se moveu num plano que – se correto o ponto de vista aqui defendido – tem que ser rejeitado por falta de realismo. Considerou-se que o mais importante era determinar a "essência" do direito subjetivo. Por um lado, há a teoria de Ihering, segundo a qual a essência de um direito subjetivo é o interesse juridicamente protegido. Em oposição a ela se acha a teoria de Windscheid, que sustenta que a essência do direito subjetivo é um poder ou supremacia da vontade.[14] A polêmica entre estas duas teorias parece ser infindável. Contra a teoria do interesse

---

13. Ver parágrafo 37, nota 4.
14. A teoria de Ihering está formulada em seu *Geist des römischen Rechts*, III e IV, com variações segundo as distintas edições da obra. A doutrina de Windscheid é desenvolvida em seu *Pandektenrecht*, I, também com variações segundo as distintas edições da obra. Ver, ademais, Alf Ross, *Towards a Realistic Jurisprudence* (1946), cap. VII, 3, e Jean Dabin, *Le droit subjectif* (1952), 56 e segs.

se afirma que, em algumas situações, o interesse está separado do direito subjetivo, por exemplo, quando a propriedade se acha embaraçada por encargos em benefício de outros, ou nos casos de contratos celebrados em favor de um terceiro, mas que só podem ser exigíveis pelo promissário. A teoria de Ihering dificulta a distinção entre o próprio direito subjetivo e seus efeitos reflexos em benefício de outros. Contra a teoria da vontade, por outro lado, afirma-se que as pessoas que carecem de vontade ou de vontade razoável (como as pessoas não nascidas, as crianças e os insanos) podem, todavia, ser sujeitos de direito. Muitos autores posteriores consideraram que a essência do direito subjetivo é uma combinação de interesse e vontade.[15]

Essa discussão não leva a lugar algum. Se é correto dizer que ao conceito de direito subjetivo não corresponde, em absoluto, uma realidade que apareça entre os fatos condicionantes e as consequências jurídicas, não tem sentido discutir se o direito subjetivo, em sua essência, é interesse, vontade ou alguma terceira coisa. Por trás das diversas ideias de uma essência substancial ocultam-se diferentes pontos na situação típica de direito subjetivo: a vantagem fatual determinada pela restrição da liberdade alheia, o poder de instaurar processos e a competência (potestade) da alienação. As dificuldades com as quais cada uma das teorias tem que pelejar nascem do fato de que as funções, que estão integradas nas situações típicas, surgem fragmentadas entre sujeitos diferentes nas situações atípicas.

---

15. Ver Alf Ross, *op. cit.*, 168-169, e Jean Dabin, *Le droit subjectif* (1952), 72 e segs.

Capítulo VII
Direitos *In Rem*
e Direitos *In Personam*

§ 40. DOUTRINA E PROBLEMAS

Desde a antiguidade é usual distinguir, no campo do direito patrimonial dois grupos principais de direitos subjetivos: direitos *in rem* e direitos *in personam*. Nos tempos modernos costuma-se adicionar um terceiro grupo, os chamados *direitos de propriedade imaterial*.

A doutrina em torno dessa distinção pode ser desenvolvida de diversas maneiras, porém seu cerne inalterável é a conexão essencial entre o conteúdo do direito subjetivo e sua proteção.[1] Esta doutrina pressupõe que a divisão dos direitos patrimoniais segundo seu conteúdo seja acompanhada de uma correspondente divisão da proteção. Os direitos que segundo seu conteúdo são *in rem* (pelo que se entende usualmente que autorizam um uso e gozo imediatos de uma coisa) estão providos de proteção *in rem* (pelo que se entende usualmente que o titular do direito pode obter a entrega ou restituição da coisa diante de quem quer que dela se tenha ilegitimamente apoderado; pode retirá-la do patrimônio do titular anterior que tenha falido e tem prioridade sobre adquirentes posteriores). Os direitos que segundo seu conteúdo são *in personam* [pelo que se entende usualmente consistirem eles numa faculdade (*claim*) frente a uma pessoa para que esta realize um ato] estão providos de proteção *in personam* (pelo que se entende usualmente que só podem ser aplicados contra o devedor; o titular do direito não tem direito de obter a restituição da coisa, não pode retirá-la do patrimônio do devedor falido e deve ceder diante de adquirentes posteriores de boa-fé).

---

1. Tem-se por certo, ademais, que a distinção é também importante em muitos outros aspectos e, por isso, é tomada como base para a divisão do direito patrimonial em dois ramos principais, o *Direito das Coisas (Sachenrecht)* e o *Direito das Obrigações (Obligationenrecht)*.

A doutrina dos direitos *in rem* e dos direitos *in personam* assume um caráter diferente dependendo da distinção quanto ao conteúdo e a diferença na proteção ser definidos de forma mais rigorosa. Se, por ora, ignorarmos isso, o conteúdo comum da doutrina dos direitos *in rem* e *in personam* poderá ser resumido da maneira que se segue.

1) O direito *in rem* é aquele que, de conformidade com seu conteúdo, é um direito sobre uma coisa e, portanto, é dotado de proteção *in rem*.

2) O direito *in personam* é aquele que, de conformidade com seu conteúdo, é um direito frente a uma pessoa e, portanto, é dotado de proteção *in personam*.

Essa terminologia, todavia, não é muito apropriada, porque as expressões *in rem* e *in personam* aludem igualmente ao conteúdo do direito e a sua proteção, o que pode dar margem a confusões. Será preferível, por conseguinte, empregar *uma* expressão para a diferença de conteúdo e *outra* para a diferença de proteção. Se para a primeira introduzirmos as expressões *direito de disposição* (*right of disposal*)[2] e *direito de faculdade* (*right of claim*), o cerne da doutrina poderá, então, ser reformulado como se segue.

1) Segundo o conteúdo dos direitos patrimoniais pode-se distinguir entre *direito de disposição* e *direito de faculdade*.

2) Segundo os princípios relativos à proteção de um direito pode-se distinguir entre proteção *in rem* e proteção *in personam*.

3) Existe uma conexão (necessária ou natural) entre essas duas distinções, de modo que um direito de disposição é (normalmente) dotado de proteção *in rem*, e um direito de faculdade de proteção *in personam*.

Esta terminologia será utilizada na análise crítica da sequência, na qual as seguintes questões serão levantadas:

1) As distinções correntes entre direito de disposição e direito de faculdade são sustentáveis? (parágrafo 41).

2) As distinções correntes entre proteção *in rem* e proteção *in personam* são sustentáveis? (parágrafo 42).

3) É possível atribuir a essas distinções um significado tal que exista uma conexão (necessária ou natural) entre elas? (parágrafo 43).

Comecemos pela conclusão: a análise seguinte procura demonstrar que as duas primeiras questões têm que ser respondidas negativamente e a terceira,

---

2. "Disposição" aqui significa disposição fatual e não disposição (alienação) jurídica: o uso e gozo fatual da coisa. *Cf.* parágrafo 33 e com referência a *disposição* como competência jurídica.

afirmativamente. Isto quer dizer que ainda que as duas distinções e as ideias sobre sua correlação sejam insustentáveis, a doutrina tem algo importante a oferecer.

O delineamento escrito[3] a respeito da distinção entre direitos *in rem* e direitos *in personam* é o seguinte:

a) A doutrina predominante define a distinção fundamental entre direito de disposição e direito de faculdade, expressando que o primeiro é um direito que se tem de forma imediata sobre um coisa, enquanto o segundo é um direito contra uma pessoa.

O direito de disposição é aquele que, sem se achar fundado numa relação jurídica frente a outra pessoa, autoriza de forma imediata o titular do direito a um uso e gozo diretos ou a exercer um poder direto sobre uma coisa, seja em todos os aspectos (propriedade), seja em certos aspectos determinados (*jura in re aliena*).

O direito de faculdade é aquele que se tem contra uma pessoa, que nasce de uma relação jurídica entre o titular do direito e uma certa pessoa e que corresponde ao dever desta pessoa em relação ao titular do direito.

Dessa diferença na essência dos direitos deriva uma diferença em seus efeitos jurídicos: visto que o direito de disposição é direito sobre a coisa como tal, e não contra outra pessoa, vale frente a quem quer que seja ou, em outras palavras, é absoluto, valendo tanto relativamente aos sucessores quanto relativamente aos credores (é, como dizem os franceses, dotado de *droit de suite* e *droit de préférence*). Uma sentença proferida contra outro partido não se funda em nenhuma obrigação deste, mas simplesmente no fato negativo de que esse outro partido não tem nenhum direito que possa opor ao demandante. Esse fato é, em si, suficientemente poderoso para convalidar a pretensão de sentença e execução. Mesmo quando, por vezes, se admite que os terceiros estão obrigados a não perturbar o gozo do direito, se enfatiza, entretanto, que essa obrigação é simplesmente um resultado do direito de disposição, não uma parte de sua essência. Inversamente, considerando-se que o direito de faculdade é um direito contra uma pessoa que tem a correspondente obrigação, vale somente contra ela e é, portanto, relativo (não tem *suite* ou *préférence*). Neste caso, a sentença contra o devedor se apoia em sua obrigação relativamente ao credor e não simplesmente no direito deste último e na ausência de direito da outra parte.

---

3. Ver também um estudo detalhado em Alf Ross, *Toward a Realistic Jurisprudence*, 1946, cap. IX.

b) Dirige-se uma difundida crítica à maneira na qual a doutrina predominante define o direito de disposição.

O argumento é de que todo ordenamento jurídico é, em última análise, um regramento dos atos humanos em relação recíproca e que, portanto, o direito de disposição não pode ser definido como um poder que se tem de forma imediata sobre um objeto. O direito, por exemplo, que a propriedade confere ao proprietário é uma faculdade (*claim*) relativamente a outras pessoas, a faculdade de que outras pessoas não lhe perturbem seu gozo fatual do objeto. A propriedade consiste juridicamente apenas nas faculdades que o proprietário pode fazer valer contra outras pessoas ou nos deveres correspondentes por parte de outros. Em conformidade com isto, o direito de disposição é definido como uma obrigação universal e negativa de abster-se.

O direito de disposição, assim, tanto como o direito de faculdade, é a expressão de uma relação jurídica interpessoal. A diferença consiste na estrutura e no conteúdo da relação jurídica. Num caso, a obrigação se aplica unicamente a uma ou mais pessoas determinadas e seu conteúdo pode estar definido positiva ou negativamente. No outro, a obrigação se aplica a todos e seu conteúdo está definido negativamente como um dever de não perturbar o uso e o gozo.

Do caráter universal do direito de disposição conclui-se que vale contra todos.

Essa crítica, portanto, não polemiza a distinção fundamental entre o direito de disposição e o direito de faculdade, nem a ideia subjacente de uma conexão íntima entre o conteúdo de um direito e sua proteção; seu objetivo é simplesmente atingir uma formulação jurídico-filosófica mais plausível da intenção da doutrina que prevalece.

§ 41. DIREITO DE DISPOSIÇÃO E DIREITO DE PRETENSÃO OU FACULDADE

A distinção corrente entre o direito de disposição (o direito de uso e gozo de uma coisa) e o de faculdade (o direito contra uma pessoa para que esta dê cumprimento a algo) não apresenta dificuldades no caso dos cumprimentos genericamente determinados: não é difícil distinguir entre a propriedade de uma vaca e uma faculdade contra B para que pague $ 500. Mas dificuldades podem muito bem surgir no caso de cumprimentos referentes a coisas individualmente determinadas.

Por um lado, não há razão para que um direito de uso e gozo de uma coisa não possa pressupor cooperação da parte de outra pessoa e, deste modo, uma faculdade contra ela. Tal é o caso, por exemplo, dos direitos limitados de disposição ou gravames (*incumbrances*), porque neste caso o proprietário tem um dever em relação ao titular do direito limitado. É irrelevante que o direito de usufruto, por exemplo, seja definido como o uso e gozo efetivos e imediatos (que tem que ser respeitados por todos, inclusive o proprietário), ou como a faculdade relativamente ao proprietário para que este ceda o uso e gozo ao usufrutuário.

Por outro lado, não há razão para que uma faculdade contra uma pessoa não obrigue o devedor, segundo seu conteúdo, a ceder ao credor o uso e gozo de uma coisa ou permitir-lhe que continue nele, com o que a faculdade aparece, nessa medida, como um direito de disposição. Trata-se da mesma coisa vista da outra face. O duplo aspecto acontece, tipicamente, na compra e venda de bens móveis, até que a coisa seja efetivamente entregue. É irrelevante dizermos que o direito do comprador é um direito de disposição, interpretando sua pretensão ou faculdade relativa à entrega da coisa como paralela à pretensão ou faculdade do proprietário a respeito da entrega do bem de sua propriedade pela pessoa que o possui apenas em caráter provisório (até o momento da entrega); ou dizermos que o direito do comprador é um direito de pretensão ou faculdade contra o vendedor para a entrega da coisa.

As dificuldades surgem porque a distinção é desfigurada, isto é, os dois conceitos não estão formados com base no mesmo fundamento de divisão.

O direito de disposição é um conceito com propensão sociológica; define uma situação jurídica em relação ao efeito econômico, a utilização real de um benefício como efeito prático de uma posição jurídica.

O direito de pretensão ou faculdade, por outro lado, é um conceito puramente jurídico que expressa unicamente a posição jurídica (a pretensão do credor, o dever do devedor) e desconsidera a vantagem econômica resultante da aplicação prática das normas (a perspectiva do credor de obter o cumprimento).

Se o dever do devedor consiste em proporcionar ao credor o uso e gozo de uma coisa, os dois conceitos se sobrepõem, tornando-se, por conseguinte, impraticável uma distinção entre eles.

Uma distinção com significado somente pode estar fundada logicamente em *a)* o efeito real buscado, ou *b)* as faculdades e deveres jurídicos por meio dos quais esse efeito é realizado.

a) Todo direito subjetivo patrimonial visa, em sentido econômico, a dar ao titular do direito o uso e gozo de objetos específicos – pela simples razão de que só é possível o uso e gozo de objetos específicos: esta vaca, estas sacas de milho, estas cédulas. Assim, por exemplo, uma faculdade genericamente determinada de receber cem sacas de milho visa a dar ao credor (em algum tempo) o uso e gozo de cem sacas de milho específicas que devem ser entregues pelo devedor. O fato da faculdade ser genericamente determinada só quer dizer, portanto, que ainda não é possível individualizar as cem sacas.

Disso se conclui que, com base num fundamento econômico, não é possível traçar distinção alguma entre o direito de disposição e o direito de pretensão ou faculdade. Do ponto de vista econômico, todos os direitos são direitos de disposição.

Contudo, pode-se fazer uma distinção entre:

(α) Direitos cujos objetos de disposição podem ser imediatamente assinalados e que podem ser:

(α_1) Direitos de uso e gozo efetivos de um objeto específico, por exemplo, propriedade, usufruto; ou

(α_2) Direitos a um uso e gozo futuros de um objeto já determinado, por exemplo, o direito do comprador a uma determinada vaca que tenha comprado.

(β) Direitos cujo objeto de disposição não pode ainda ser indicado, por exemplo, o direito de A quando B prometeu-lhe entregar no futuro cem sacas de milho, ou pagar-lhe $500.

Ou mais sumariamente:

(α) Direitos sobre (ou a) um objeto (já) determinado individualmente.

(β) Direitos a um cumprimento determinado (por ora) apenas sob forma genérica.

O objeto dos direitos expressos em (β) não pode ser individualizado até ocorrerem certos eventos posteriores (individualização obrigatória, entrega, princípio de execução).

Podemos, é claro, continuar denominando *direito de disposição* os expressos em (α) e *direitos de pretensão ou faculdade* os expressos em (β), desde que não esqueçamos que também estes últimos buscam estabelecer um uso e gozo econômicos. Descobriremos, então, que o direito de faculdade representa uma etapa preliminar do direito de disposição. Cedo ou tarde todo direito de pretensão ou faculdade se transforma num direito de disposição.

b) Considerado puramente à luz de sua função jurídica, todo direito subjetivo consiste nas faculdades jurídicas que o titular do direito pode fazer valer por meio de processos.

Falamos da existência de uma faculdade ainda quando não estejam presentes todas as condições necessárias para instaurar um processo civil e obter sentença. Dizemos, por exemplo, que A tem uma faculdade com relação a B quando B prometeu pagar a A $500 no prazo de quatorze dias, no prazo no qual, por certo, A não pode, ainda, iniciar processos judiciais. É possível, todavia, indicar já desde o começo a conduta que produzirá o poder efetivo de instaurar processos, a saber, que B não pague a dívida dentro dos quatorze dias. Devido a isso, é, também, possível conferir um conteúdo definido à faculdade de A e ao dever de B. Em outros casos isso não é possível. Se dizemos, por exemplo, que o proprietário tem a faculdade que outros não perturbem seu uso e gozo, é, contudo, indefinido quais atos futuros darão origem ao efetivo poder de A de instaurar processos. Talvez B se apodere da coisa furtando-a; ou C a incendiará; ou D a danificará passando por cima dela; ou E a tomará emprestada e a perderá ou a coisa chegará acidentalmente às mãos de F, que se recusará a restituí-la, etc. Fica claro que a faculdade do proprietário é, todavia, totalmente indefinida, tanto à pessoa contra quem uma ação poderia ser movida quanto ao ato do qual dependerá tal ação. A faculdade expressa unicamente uma condição fundamental provisória para promover uma ação; unicamente os eventos posteriores lhe conferirão um conteúdo definido.

Sobre essa base podemos traçar uma distinção entre faculdades exigíveis e não exigíveis. As primeiras designam situações jurídicas nas quais o titular do direito pode instaurar um processo civil e obter sentença, ou pode, pelo menos, indicar de forma definida a conduta que produzirá isso; enquanto as segundas designam as situações jurídicas nas quais está presente uma condição fundamental para os processos judiciais, porém, até esse momento só é possível indicar de forma indefinida o curso de conduta que produzirá o efetivo poder de instaurar um processo.

Sobre essa base funcional podemos definir o *direito de disposição* dizendo que é um direito que consiste exclusivamente em faculdades não exigíveis (não vencidas), e o *direito de pretensão ou faculdade* dizendo que é um direito com faculdades exigíveis (vencidas)

Essa definição dos direitos de disposição e dos direitos de pretensão ou faculdade não coincide com a definição no sentido econômico dada em *a*).[4] No sentido econômico, por exemplo, o direito do comprador de uma coisa específica é um direito de disposição. No sentido funcional, em contrapartida, trata-se de uma relação mista. Na relação direta comprador/vendedor há faculdades exigíveis (vencidas), e daí um direito de faculdade; porém, na medida em que a compra pode prover um fundamento para faculdades não exigíveis (não

---

4. É claro que não é conveniente trabalhar com dois conjuntos diversos de definições, mas ambas as concepções estão tão estreitamente vinculadas a esses termos que seria dificilmente satisfatório inventar uma nova terminologia. Se na sequência o contexto não o indicar, indicaremos de maneira explícita em que sentido os termos são usados.

vencidas) contra outros, no caso em que a situação jurídica tenha sido perturbada, o comprador tem um direito de disposição.

A confusão que prevalece em casos como os descritos pode ser explicada simplesmente como o resultado de uma distinção distorcida que mescla critérios econômicos e critérios relativos a funções jurídicas.

O exame feito em *a)* e *b)* visa a demonstrar que a distinção entre direitos de disposição e direitos de pretensão ou faculdade, em ambos os sentidos, está intimamente ligada a algo dinâmico: o desenvolvimento no tempo de uma situação jurídica. Um direito de pretensão ou faculdade (no sentido econômico) se transforma num direito de disposição, e um direito de disposição (no sentido funcional) pode, segundo as circunstâncias, transformar-se num direito de pretensão ou faculdade.

§ 42. PROTEÇÃO *IN REM* E PROTEÇÃO *IN PERSONAM*

Em geral, a proteção *in rem* sugere 1º) o poder para obter que qualquer outro que esteja de posse da coisa sem direito, a entregue; 2º) uma posição jurídica superior em relação aos diversos grupos de *terceiros*, em particular os sucessores e credores do antecessor, especialmente a massa de credores do antecessor falido.

Essa definição do conceito de proteção *in rem* oculta vários problemas jurídicos, cada um dos quais é mais amplo do que poderia parecer à primeira vista.

De acordo com o que foi afirmado no parágrafo 38, é preciso distinguir entre proteção estática e proteção dinâmica.

A proteção estática é aquela constituída por remédios jurídicos com cujo auxílio o ordenamento jurídico busca influir na conduta dos seres humanos, de tal sorte que um efeito econômico perseguido se realize. O poder para lograr a entrega é apenas um dos seus remédios. As sanções penais, a faculdade de obter [compensação] por perdas e danos, a faculdade de obter compensação por enriquecimento indevido e as injunções, se acham também entre os remédios jurídicos com cujo auxílio o ordenamento jurídico procura assegurar a uma determinada pessoa uma certa posição fatual.

A proteção dinâmica, por outro lado, é a resultante das regras que determinam quem dentre dois ou mais sucessores em conflito tem melhor direito. A sucessão ocorre sob três formas principais: transmissão singular, execução pelos credores e herança. As condições para a sucessão válida em cada dessas três formas estão expressas em regras relativamente isoladas. Se houver diversas sucessões – do mesmo tipo ou de tipos diferentes – a respeito do mesmo direito, então serão necessárias regras superiores para a solução desse conflito, a fim de ser decidido qual dos competidores sucederá no direito. Estas regras superiores são as regras de proteção dinâmica.

O problema da proteção dinâmica se refere, portanto, às relações recíprocas entre diversos sucessores e pode ser considerado não somente a partir da posição de um sucessor por transmissão singular em relação com outros, com credores ou com herdeiros, como também a partir da posição de um credor ou de um herdeiro.

Os problemas da proteção dinâmica surgem não somente no caso da sucessão de direitos de disposição, como também naquele dos direitos de pretensão ou faculdade. As questões são análogas em ambos os casos.

A distinção entre proteção *in rem* e proteção *in personam* é muito mais complexa do que aquilo que se supõe usualmente. A proteção qualificada sugerida pela expressão "proteção *in rem*" quer dizer algo substancialmente diferente segundo se contemple a proteção estática ou a dinâmica. Os problemas resultantes em ambos os aspectos são mais amplos do que as ideias correntes pareceriam indicar, devendo ser examinados num contexto mais lato. Mas, há alguma justificação para fazer uma distinção? E se houver, qual é a conexão entre a distinção e o conteúdo do direito subjetivo?

§ 43. A CONEXÃO ENTRE CONTEÚDO E PROTEÇÃO

a) No que concerne à proteção estática, podemos razoavelmente nos indagar se há uma conexão necessária ou natural entre o conteúdo de um direito e sua proteção, porque a proteção nesse sentido pertence ao direito subjetivo individual e é, pois, concebível que a proteção possa variar com o conteúdo.

Não há, porém, razões plausíveis para que os direitos de pretensão ou faculdade não contem com proteção estática, como contam os direitos de disposição. Quando o ordenamento jurídico colima o efeito fatual de que A, que tem uma faculdade contra B, acabe por obter o cumprimento deste, seria apenas metade da batalha se lhe fossem fornecidos somente remédios contra B e não contra outros que, com sua conduta, pudessem frustrar esse efeito. Naturalmente, a própria faculdade só pode ser invocada contra o devedor. O dever de um terceiro jamais pode ser o de exercer o cumprimento, mas o de não interferir na relação contratual. A necessidade prática de tal salvaguarda é percebida com particular clareza naqueles casos em que o terceiro se encontra em situação de extinguir o direito do credor, por exemplo transferindo um documento negociável com efeito extintivo ou alegando uma impossibilidade que extinga a obrigação do devedor. Também é percebida quando um terceiro, sem extinguir o direito do credor, lesa seus interesses fazendo com que a faculdade não possa ser adequadamente satisfeita, por exemplo, alegando impossibilidade em circunstâncias tais que o devedor não é liberado.

A proteção estática é também concedida de fato ao credor, em medida variável, nos modernos sistemas jurídicos. A antiga doutrina romana segundo a qual os direitos de pretensão ou faculdade só podiam ser violados pelo devedor e, em consequência, não gozavam de proteção contra os demais, é uma construção puramente doutrinária, deduzida da distinção entre direitos *in personam* e direitos *in rem*.[5]

Os remédios disponíveis contra terceiros podem consistir, em especial – como no caso dos direitos de disposição – em penalidades, faculdade de obter [compensação por] perdas e danos ou compensação por enriquecimento injusto, conjuntamente com as injunções proibitivas ou compulsórias. Existe uma faculdade análoga à faculdade de obter a entrega ou a restituição da coisa, se o exercício dos direitos de pretensão ou faculdade dos outros conferir ao credor uma ação para recuperar seu crédito desqualificado pela má fé da pessoa que exerce o direito.

Não há, portanto, nenhuma conexão necessária e nem, na prática, conexão natural entre o conteúdo de um direito e sua proteção estática, porém há boas razões para conferir aos direitos de pretensão ou faculdade proteção contra a interferência de terceiros, com base em princípios substancialmente iguais aos princípios aplicáveis aos direitos de disposição.

b) No que toca à proteção dinâmica, por outro lado, já fica excluída de entrada a possibilidade de existir alguma conexão entre o conteúdo e a proteção, de sorte que certos direitos estejam dotados de proteção *in rem* e outros de proteção unicamente *in personam*. Isto se deve ao fato de as regras que regem a proteção dinâmica se referirem à colisão entre várias sucessões, cada uma das quais é válida quando considerada separadamente; disto se conclui que as diferenças na proteção dinâmica têm que estar condicionadas pelo tipo de colisão, não pelo tipo de direito. A ideia de que um direito é *dotado* de um tipo específico de proteção dinâmica é, portanto, errônea.

---

5. Ver Alf Ross, *Towards a Realistic Jurisprudence* (1946), 275-276.

Com isso não queremos dizer que a distinção entre direito de disposição e direito de pretensão ou faculdade, de um lado, e as regras que regem a proteção dinâmica, de outro, não estão associadas por conexão alguma. Contudo, essa conexão tem que ser necessariamente provocada pelos possíveis tipos de colisões. Se as duas classes de direitos forem simbolizadas por a e b, então serão possíveis três tipos de colisões, a saber: $a - a$, $b - b$ e $a - b$, cabendo se perguntar se princípios diferentes são aplicados à proteção dinâmica nesses três casos.

De fato assim é, o que não significa que haja alguma necessidade lógica por trás da correlação, nem que as regras sobre proteção dinâmica sejam as mesmas em todos os sistemas jurídicos. Por outro lado, pode-se dizer que em todos os modernos sistemas de direito encontram-se certos pontos de vista principais em comum[6] que demonstram que esses três tipos de colisões são tratados segundo diferentes princípios, o que, é claro, não exclui as diferenças dos detalhes. Entretanto, a grande similitude no que respeita a essas características fundamentais autoriza que se pense numa conexão natural entre o tipo de colisão e os princípios que regem a proteção dinâmica.

Sob forma esquemática os princípios podem ser estabelecidos da seguinte maneira:[7]

Colisão $a - a$: direito de disposição *versus* direito de disposição: princípio de prioridade.

Essa colisão é solucionada sobre a base da prioridade. O direito criado primeiramente tem preferência sobre o direito criado posteriormente. Com base em fundamentos de técnica jurídica, o princípio sofre modificações através das regras relativas à inscrição ou registro, à aquisição de boa-fé extintiva e outras.

Colisão $b - b$: direito de pretensão ou faculdade *versus* direito de pretensão ou faculdade: princípio de competição.

Se um devedor cria primeiro um direito de pretensão ou faculdade, em benefício de A, e depois outro em benefício de B, o direito de B pode significar uma diminuição da possibilidade de A obter cumprimento. A presença de

---

6. Mencionei pontos que me permitissem mostrar que a distinção entre o cumprimento determinado individualmente e genericamente é uma ideia que aparece universalmente na história jurídica. *Ibid*, cap. X, 4.

7. As expressões *direito de disposição* e *direito de pretensão ou faculdade* são tomadas, em conexão com isso, no seu sentido econômico, isto é, são definidas como direitos sobre (ou em relação a) um objeto especificado individualmente e direitos a um cumprimento determinado de forma genérica.

vários credores em relação ao mesmo devedor significa, pelo menos, uma colisão potencial de interesses. A posição, portanto, é análoga a da dupla venda, e realmente frente a ela não há razão para que não se pudesse chegar a uma solução sobre a base do princípio de prioridade. Os sistemas jurídicos modernos, contudo, apoiam-se no princípio de competição.

Em conformidade com esse princípio, os credores têm que competir visando a obter cumprimento, independentemente da data de suas pretensões de créditos. Normalmente a competição é livre, isto é, um credor não tem proteção em relação a outro. Cada um deles pode perseguir o devedor sem atender à existência dos outros ou de suas prioridades. A competição só é restringida quando a colisão de interesses tornou-se tão aguda a ponto de ser impossível satisfazer todos os créditos [das pretensões]. A esta altura as regras da falência são aplicadas, isto é, regras de competição restrita pelas quais se concede proteção mútua a todos os credores, de modo que todos têm de se submeter a uma redução proporcional de seus créditos (cumprimento de suas pretensões) em relação ao patrimônio disponível.

Na prática, o ordenamento jurídico altera esse princípio por meio de regras relativas às transações anuláveis no processo de falência, dívidas privilegiadas, etc.

Colisão $a - b$: direito de disposição *versus* direito de pretensão ou faculdade: princípio de preferência.

O direito de disposição tem preferência em relação ao direito de pretensão ou faculdade, sem que exerça influência a data de criação dos direitos.

Com base em razões técnicas, o direito modifica esse princípio mediante as regras relativas à invalidação, inscrição ou registro, etc.

Tentei demonstrar que não há dois tipos de proteção dinâmica (*in rem* e *in personam*) atribuídos a dois tipos de direitos, mas três tipos de princípios de proteção atribuídos a três tipos de colisões. É fácil compreender, todavia, como surgiu a ideia de dois tipos de proteção. Na realidade, os dos tipos de direitos não entram nos mesmos tipos de conflito. Enquanto o direito de disposição a forma parte de $a - a$ e $a - b$, o direito de pretensão ou faculdade forma parte de $b - b$ e $a - b$. Um exame superficial poderia sugerir que estão protegidos segundo princípios diferentes diretamente determinados pelo conteúdo do direito.

A posição real pode ser mostrada da seguinte maneira:
Proteção *in rem* = proteção de acordo com:
— o princípio de prioridade na colisão $a - a$
— o princípio de preferência na colisão $a - b$

Proteção *in personam* = proteção de acordo com:
— o princípio de competição na colisão $b - b$
— o princípio de preferência na colisão $a - b$
Nenhum dos dois termos é, assim, a expressão de um princípio homogêneo, mas ambos são, em parte, a expressão do mesmo princípio (o princípio de preferência) visto de um ângulo diferente.

Desde que isso seja compreendido com clareza, não haverá razão para o abandono da terminologia corrente.

Capítulo VIII
As Divisões Fundamentais do Direito

§ 44. DIREITO PÚBLICO E DIREITO PRIVADO

A tarefa da ciência do direito é expor o direito vigente. Esta tarefa requer que a exposição possua um *sistema*, que a ordem e a conexão nas quais o material é apresentado sejam dispostos segundo um plano definido.

O ordenamento sistemático é valioso, primeiramente, por razões práticas: é essencial por questão de clareza, a título de meio de entrever o caminho no complexo tema do direito, tal como numa biblioteca os livros têm que estar organizados segundo um plano. O sistema também serve de fundamento para uma divisão do estudo do direito que, pelo menos na atualidade, é indispensável.

A organização sistemática é valiosa, também, por razões teóricas. Se baseada em critérios relevantes, ajuda o estudioso a analisar o material jurídico, revela problemas e exibe semelhanças e diferenças ocultas.

Um esquema racional de sistematização é, portanto, tarefa óbvia da filosofia do direito. O papel predominante desempenhado pelo jurista acadêmico e pela codificação na evolução do direito da Europa continental, em contraste com o direito anglo-norte-americano, explica porque o interesse nos problemas de classificação tem sido maior no continente europeu do que no mundo da língua inglesa. "O direito inglês...", diz Salmond, "... não possui nenhum esquema tradicional e autêntico de estruturação ordenada. Os expositores deste sistema têm evidenciado, no geral, muito pouca preocupação pelas divisões apropriadas e pela classificação e uma excessiva tolerância frente ao caos".[1]

A tarefa de classificação, entretanto, não pode ser empreendida sem prévias concepções. A tradição histórica existente constitui um fato de peso. Seria inútil empenhar-se em criar uma classificação sistemática sem raízes na tradição. A tarefa da filosofia do direito reduz-se a revisar e aprimorar os conceitos tradicionais. As tradições, contudo, são tão diferentes no direito da Europa continental e no direito anglo-norte-americano que, salvo umas poucas divisões fundamentais, é impossível examinar os problemas de organização sistemática comuns a ambos.

A presente exposição se limita, portanto, a duas divisões fundamentais que aparecem em ambos os sistemas: *as distinções entre direito público e direito privado e entre direito substantivo e direito adjetivo.** Estas duas distinções são comuns a ambos os sistemas porque se fundam em critérios inerentes à própria natureza do direito. Em todo ordenamento jurídico bem desenvolvido é preciso existir uma organização da autoridade pública com a finalidade de (estabelecer e) aplicar o direito de forma compulsiva e, em relação a isto, é mister que existam regras para reger o procedimento a ser seguido na administração da justiça. Tal organização e tal procedimento suprem os conceitos de direito público e de direito processual. Neste parágrafo examinaremos a distinção entre direito público e direito privado e no seguinte a distinção entre direito substantivo e direito adjetivo.*

Como ordem socioinstitucional para a aplicação da força (parágrafos 7 e 11), o direito pressupõe um conjunto de autoridades públicas, fato que supre a base para uma definição racional do conceito de direito público.

Autoridade significa competência como função social; a competência não é conferida à pessoa competente para a proteção de seus próprios interesses, mas para a proteção dos interesses de uma comunidade. O propósito social se manifesta através de restrições tanto relativas ao exercício da competência quanto relativas ao seu conteúdo.

Relativamente ao exercício: enquanto a competência privada pode ser exercida livremente, conforme agrade ao indivíduo, o exercício da competência social é um dever, um cargo no sentido mais lato, tal como há deveres, mais ou

---

1. John Salmond, *Jurisprudence* (10ª ed., 1947), 505.
* Na terminologia mais adotada no Brasil o direito substantivo também é conhecido como *direito material* e o direito adjetivo é mais conhecido como *direito processual*. (N.T.)

menos definidos, relativos à maneira na qual se exerce a competência. Esses deveres são acompanhados de sanções e de medidas de controle para a correção do exercício incorreto da competência (esses deveres e esse controle não devem ser confundidos com o problema da transgressão dos limites da competência e a consequente anulabilidade, parágrafo 16).

Relativamente ao conteúdo: enquanto a competência individual é autônoma, isto é, limitada ao poder de obrigar o indivíduo ou outros mediante o consentimento destes, a autoridade é heterônoma, isto é, envolve o poder de obrigar outros [mesmo] sem o consentimento destes.

Essa diferença entre a competência privada (discricionária e autônoma) e a competência social (obrigatória e heterônoma) pode ser expressa com brevidade dizendo que a primeira é atribuída ao sujeito como indivíduo e a segunda lhe é atribuída como órgão de uma comunidade.

Diz-se que uma autoridade é *pública* quando serve à comunidade soberana a que denominamos Estado (e suas partes subordinadas, por exemplo, corpos municipais); diz-se que é *privada* a autoridade dos pais no seio da família e a dos órgãos nas sociedades privadas e associações diversas.

O direito público, por conseguinte, pode ser definido como o direito concernente à posição jurídica das autoridades públicas: sua constituição, competência e deveres.

O direito público, portanto, consiste exclusivamente em normas de competência e em normas de conduta ligadas às mesmas, isto é, relativas ao exercício da competência.

Toda norma de competência define um ato jurídico, quer dizer, indica as condições para o estabelecimento do direito vigente. Estas condições podem ser divididas em três grupos, os quais determinam: *1º)* o órgão competente para realizar o ato jurídico (competência pessoal); *2º)* o procedimento (competência formal) e *3º)* o conteúdo possível do ato jurídico (competência material). De acordo com isto, o tema principal do direito público é uma exposição: *1)* da constituição dos órgãos do Estado, *2)* do procedimento pelo qual se exerce seu poder e *3)* dos limites materiais de seu poder. Inclui também regras para a revisão judicial se a competência for excedida (anulabilidade).

As normas de competência são acompanhadas de normas de conduta que prescrevem aos órgãos certos deveres relativos ao exercício de sua autoridade pública, por exemplo: um órgão administrativo pode ser obrigado a consultar certas pessoas antes de tomar uma decisão. Se a violação de tal exigência não se traduzir em anulabilidade, então não haverá limitação de competência, mas unicamente um dever cuja transgressão torna o órgão responsável.

Além dessas diretivas especiais, há um critério geral, a saber, que toda autoridade pública deve ser exercida com espírito comunitário, com base em valorações *públicas* e imparciais ("o princípio de igualdade", a doutrina do abuso do poder).

Num Estado democrático, o direito público deve ser dividido em três categorias principais, as quais se referem aos atos legislativos, administrativos e judiciais.[2] A parte geral do direito público poderia versar sobre o que pode ser dito em geral a respeito de pessoas públicas (o Estado e os corpos municipais) e a respeito dos atos públicos como tais.

O direito relativo às autoridades públicas (a organização do poder do Estado) constitui um campo bem definido. Assim definido, o conceito de direito público adquire um claro significado. Por outro lado, o conceito perde coerência se for estendido a fim de incluir outros domínios do direito: direito penal, direito administrativo especial e direito processual, que tradicionalmente são designados como direito público.[3]

Principiemos pelo direito penal.

O direito penal, geralmente, estabelece normas de conduta dirigidas às pessoas particulares. Protege, por exemplo, a propriedade, a honra, a vida e a liberdade. Esta proteção forma parte essencial das consequências jurídicas que constituem os correspondentes direitos à propriedade, à honra, à vida e à liberdade. Nessa medida, o direito penal é análogo ao direito dos atos ilícitos civis – e a ninguém ocorreu, entretanto, classificar este último como direito público. A única circunstância que tipicamente distingue a pena da indenização de danos e prejuízos é o fato de que a acusação por delitos é tipicamente pública, isto é, é uma função oficial de uma autoridade pública. Nas relações jurídicas sancionadas com penas está em jogo um interesse público tão grande que o poder para instaurar os processos não pode ficar à discrição da vítima. Mas, vê-se com clareza que o caráter público, neste sentido, do direito penal é diferente do caráter público das regras que regem a organização do poder do Estado. Ademais, com esse critério – a força do interesse público – todas as

---

2. Para ter um quadro geral da organização do Estado e das conexões mútuas entre os diversos ramos do poder, é, sem dúvida, conveniente seguir a tradição e reunir as regras fundamentais para a organização do Estado numa disciplina comum, o direito constitucional, que compreende a descrição minuciosa do ato legislativo, enquanto as regras minuciosas referentes ao ato administrativo e ao ato judicial são remetidas ao direito administrativo e ao direito processual.
3. As observações que se seguem estão, no principal, de acordo com o estudo crítico feito por Hans Kelsen em *General Theory of Law and State* (1946), 201 e segs.

regras de *ordem pública* (as não derrogáveis por acordo de partes) teriam que ser consideradas regras de direito público, com o que o conceito ficaria despojado de toda coerência e de toda correlação com a classificação usual dos ramos do direito.

Em segundo lugar, existe um grande corpo de direito legislado, tido geralmente como direito público e classificado como direito administrativo especial, a saber, as leis que regulam o bem-estar social, o seguro social, os impostos, o trabalho, a agricultura, a indústria naval, a indústria pesqueira, a alimentação, a importação e a exportação, os preços, o trânsito e as estradas, a moradia, os serviços do corpo de bombeiros, a saúde, a moeda, a hora oficial, o sistema de pesos e medidas, etc. Diversas considerações confluem para que o direito administrativo especial seja classificado como direito público. A mais importante delas é a circunstância de que, numa grande medida, a posição jurídica das pessoas não é aqui determinada de modo imediato pela lei (normas jurídicas gerais), mas sim através da intervenção de um ato administrativo e concreto sob a forma de permissão, licença, dispensa e autorização ou proibição. É assim que essas questões da vida da comunidade carregam a marca de uma sanção unilateral de direito por parte do Estado, concreta e revestida de autoridade, em aberta oposição às regras que nascem da autonomia dos particulares. A natureza pública dessas esferas jurídicas, portanto, é completamente distinta da que caracteriza o direito relativo à organização das autoridades públicas.

Finalmente temos o processo. Exceto por aquelas partes do mesmo que concernem à organização e competência do tribunais, é difícil perceber como se pode justificar a classificação do direito processual como direito público. Grandes setores do direito processual – por exemplo, as regras relativas às provas – são indiferenciáveis daquilo que é considerado direito privado. A classificação como direito público do grupo de regras que regem o trâmite de uma ação ante os tribunais parece estar baseada na confusa noção de que através delas se estabelece uma relação jurídica com o Estado. A situação real é que o acatamento dessas regras é uma condição adicional (além dos fatos jurídicos materiais) para obtenção de sentença e execução. Essas regras operam de forma conjunta com as regras materiais que regem a relação jurídica subjacente, e não há mais razões para classificá-las como direito público tanto quanto não há para classificar assim a relação jurídica subjacente.

A grande incerteza e confusão que reina nas ideias correntes acerca do direito público, se explica, provavelmente, pelo fato de que o conceito *direito público* é interpretado de forma negativa, como um repositório para todo o direito que não seja direito privado. O direito privado é, então, caracterizado implicitamente como o direito cuja observância pode ser assegurada por meio de processos civis entre particulares. Entretanto, se o direito público for definido daquela maneira ampla e negativa, não constituirá, como vimos, uma esfera homogênea. Inversamente, se limitarmos o direito público ao direito que rege a organização e exercício da autoridade pública, e definirmos o direito privado negativamente em relação a ele, o conceito de direito privado perderá toda coerência e significado.

É possível, portanto, definir um conceito de direito privado e também um conceito de direito público de maneira tal que cada um deles tenha um significado preciso. Entretanto, tomados em conjunto, não são exaustivos; sua relação recíproca pode ser comparada com a dos conceitos *canário* e *elefante* dentro de uma classificação zoológica.

Os domínios do direito designados usualmente como de direito público carecem de homogeneidade e correspondem a um grupo zoológico que fosse formado por todos os animais que não são canários. Isto é confirmado pelo fato de que não existe e, provavelmente, não pode ser sequer imaginada nenhuma parte geral de direito público tomado nesse amplo sentido.

Se, com o intuito de conferir coerência aos conceitos, optarmos por tomar os dois termos em seus significados admissíveis, isto é, direito público como o direito que se refere ao *status* das autoridades públicas e direito privado como o direito que pode ser assegurado por processos civis entre pessoas particulares, enfrentaremos, então, a dificuldade de que os termos *privado* e *público* sugerem uma divisão exaustiva que inexiste. Se conservamos a terminologia – e é difícil não fazê-lo – temos que frisar que os dois termos não implicam uma divisão fundamental em duas partes da totalidade do material do direito.

Em consonância com isso, todas as tentativas levadas a cabo até o presente para definir a distinção entre direito público e direito privado como uma divisão fundamental têm se demonstrado insustentáveis (parágrafo 46).

§ 45. O DIREITO SUBSTANTIVO E O DIREITO ADJETIVO

Uma norma de competência determina um processo para estabelecer diretivas jurídicas. A norma de competência não é, em si mesma, de modo imediato, uma diretiva: *não prescreve um processo como dever*. É um padrão de ação num sentido diferente das normas de conduta porque se limita a indicar um padrão que tem que ser seguido para criar diretivas válidas. A norma de competência não diz que a pessoa competente é obrigada a exercer sua competência. As normas de competência, portanto, não podem ser *aplicadas* diretamente pelos tribunais. Somente as normas de conduta podem ser *aplicadas* diretamente. As normas de competência só podem adquirir significado de forma indireta numa ação judicial, como pressupostos para decidir se existe ou não uma norma válida de conduta.

Essa introdução visa a enfatizar que o que se segue refere-se unicamente às normas de conduta,[4] as únicas *aplicáveis* de maneira imediata pelos tribunais.

No parágrafo 7 salientamos que as normas de conduta são, na realidade, diretivas ao juiz a respeito das condições sob as quais deve ordenar o exercício da força física contra uma pessoa. A norma jurídica real, por exemplo a contida no parágrafo 62 do *Uniform Negotiable Instruments Act* é uma diretiva ao juiz para que ordene o emprego da força contra a pessoa que aceitou uma letra de câmbio e não a paga. A aparente diretiva ao aceitante que prescreve pagar a letra no dia do vencimento é apenas um reflexo da diretiva ao juiz, combinada a uma exortação ideológica ao sentimento que o cidadão tem em relação ao direito e a justiça.

O parágrafo 62, todavia, é somente um fragmento de uma norma de conduta. A diretiva completa referente ao emprego da força pelo juiz é, na realidade, mais complicada do que o que aparece nessa seção. Em primeiro lugar, as condições para a sentença contra o aceitante não estão expressas integralmente com a indicação de uma certa conduta por parte dele: aceitação mais não pagamento no dia do vencimento. Requer-se, complementarmente, que o beneficiário da letra mova um processo contra o aceitante, no curso do qual deverá provar, de maneira específica, seu título e o fato de que a letra foi apresentada infrutiferamente para pagamento. Em segundo lugar, são requeridas outras regras que determinem o tipo de medidas de força a serem aplicadas quando as condições são satisfeitas, isto é, regras específicas adicionais acerca de como deve ser a sentença e como pode ser executada. No caso que mencionamos

---

4. A distinção explicada nas páginas seguintes entre direito substantivo, direito de sanções e direito processual, se aplica, portanto, a normas de conduta no âmbito do direito público e do direito não público. No direito público, entretanto, esta técnica de apresentação não é comumente empregada. As regras que regem os deveres dos ministros, sua responsabilidade, e as regras processuais concernentes ao julgamento político (*impeachment*) são todas, sem exceção, regras consideradas como parte do direito constitucional; as regras que regem os deveres dos funcionários públicos, suas responsabilidades e os regulamentos processuais ligados a uns e outros, como parte do direito administrativo. O que afirmamos, portanto, nas páginas seguintes visa apenas ao direito não público.

esses problemas são simples. Entretanto, em outros casos nos quais o direito alude, de forma semelhante, ao dever de uma pessoa de seguir uma certa conduta, são aplicadas regras diferentes no tocante ao conteúdo da sentença e sua execução. Isto pode ser observado, com maior clareza, se alguém comparar os casos nos quais uma pessoa se acha obrigada, por exemplo, a pagar uma soma em dinheiro, a entregar cem sacos de farinha, a entregar a vaca Daisy, a pintar um retrato, a permanecer fiel ao seu cônjuge. Segundo as circunstâncias, a sentença pode condenar ao cumprimento da obrigação (ou consistir em uma injunção proibitiva), ou condenar a uma pena, ou ao pagamento indenizatório por danos e prejuízos, as regras específicas que regem a execução da sentença variando em conformidade.

Isso mostra com clareza que se tivéssemos que apresentar uma norma de conduta isolada na sua totalidade, significaria uma tarefa enormemente complicada. Contudo, as condições que regem a promoção de uma ação – prova e outras medidas processuais – conjuntamente com as regras referentes ao conteúdo da sentença e a sua execução, são, em larga medida, as mesmas para as diversas normas de conduta dentro de certos grupos; consequentemente, a norma de conduta completa foi dividida em fragmentos e os fragmentos similares reestruturados para o seu tratamento em disciplinas independentes. Isto resulta em grandes vantagens, pois representa economia na exposição.

É possível descrever a divisão feita aproximadamente assim: numa parte se estabelece o que alguém pode e o que não pode fazer; numa segunda parte são enunciadas as sanções jurídicas resultantes se alguém age contrariamente àqueles preceitos; e numa terceira parte prescreve-se o procedimento a ser seguido pelos tribunais para impor as sanções. Nas páginas seguintes descreveremos a divisão com maior precisão. Não é realizada de modo idêntico em todos os campos do direito, podendo variar segundo as características particulares de cada domínio ou segundo os acasos das tradições. Em largas pinceladas eis o esquema que se segue:

1º) Numa parte, conhecida como direito substantivo ou primário, descreve-se uma certa conduta objetiva como condição necessária (mas insuficiente) para uma sanção. Esta condição é enunciada comumente,[5] de forma indireta, caracterizando certa conduta como um dever, o que implica que a conduta oposta é condição necessária, mas insuficiente, de uma sanção.

---

5. Se a sanção não é experimentada como uma reprovação por parte da sociedade, a terminologia que alude a *deveres* não é empregada. *Cf.* parágrafo 33.

Uma regra de direito substantivo é só um fragmento de uma regra de conduta. Até agora desconhecemos quais outras condições são exigidas para a sentença e a natureza da sanção aplicável a uma pessoa que se comporta de modo contrário ao direito substantivo. A despeito disso, a exposição do direito substantivo é importante. Embora não saibamos o que ocorre em caso de transgressão, sabemos que quem não transgride essas regras está seguro: sua conduta não dará margem a sanções.

2º) Numa segunda parte, que podemos chamar de direito das sanções, ou direito secundário, são enunciadas: a) as diversas sanções aplicáveis a uma pessoa que tenha violado o direito substantivo e b) as condições mais precisas – em acréscimo ao curso objetivo de conduta – sob as quais as diversas sanções podem ser aplicadas. O direito dos atos ilícitos civis, por exemplo, supõe, principalmente, regras primárias sobre deveres e suas correspondentes transgressões (determinadas, entre outras coisas, pelas regras que regem a distribuição da propriedade), e sobre esta base estabelece as condições restantes para responsabilidade (culpa, capacidade mental, etc.); e as regras complementares que determinam quais são as consequências do ato ilícito pelo que se responde, etc.

Algo semelhante ocorre, em parte, no direito penal (*mens rea*, etc.).

Essa distinção entre direito substantivo e direito das sanções é, todavia, flutuante. Ademais, nem sempre realizada. Frequentemente, determina-se diretamente – isto é, sem nenhuma norma antecedente que estabeleça um dever – que certas ações acarretarão danos e prejuízos, ou a aplicação de uma pena. Por exemplo, os artigos do Código Penal não são normas acessórias de regras substantivas enunciadas em outro lugar. À exceção das disposições do Código Penal que estabelecem uma pena para o homicídio, não há nenhuma regra primária que nos diga que não devemos cometer homicídio.

A sanção que assume a forma de uma condenação a ser cumprida especificamente (ou uma injunção que proíbe fazer algo) não é tratada tradicionalmente como parte de um campo do direito onde ocorram sanções desse tipo – como campo paralelo ao domínio da responsabilidade por atos ilícitos civis, ou ao do direito penal – mas sim é tratada em associação com o direito dos contratos.

Em resumo: a distinção entre o direito substantivo e o direito das sanções não é respeitada de maneira coerente, o que, diga-se de passagem, seria, na realidade, pouco desejável. Isto elucida porque é comum não distinguir-se entre o direito substantivo e o direito das sanções: o direito da responsabilidade por atos ilícitos civis e o direito penal estão incluídos no direito substantivo.

3º) Numa terceira parte, finalmente, conhecida como direito processual ou terciário, são consideradas as condições complementares – à parte as circunstâncias que gravitam em torno da pessoa responsável – a serem satisfeitas para que se possa ditar e executar a sentença. Essas condições se referem ao procedimento que precisa ser seguido para determinar a responsabilidade e torná-la efetiva, cabendo mencionar, em especial, as regras que regem a instauração de uma ação, a prova e o manejo do caso ante os tribunais.

As regras de processo são consideradas, às vezes, como subsidiárias no sentido de que seu propósito é servir de ferramenta ao direito substantivo, isto é, provocar o efeito latente de que os seres humanos se comportem de forma lícita e o efeito agudo de que as sanções sejam aplicadas aos transgressores. Este modo de ver não é incorreto, a menos que seja associado à ideia de que o direito substantivo é primário e independente do direito processual no sentido de que por meio da legislação é possível criar um direito substantivo em harmonia com os fins sociais desejados e sem levar em conta o direito processual. Este ponto de vista não é correto porque ao criar o direito substantivo não se pode ignorar a questão de saber em que medida é tecnicamente possível pô-lo em prática mediante processo legal (considerações de técnica jurídica). A apreciação da política jurídica deve, portanto, voltar-se para a investigação de como, mediante sua interação, o direito substantivo e o processual podem melhor servir às metas sociais. O pensamento político-jurídico corrente está de acordo com essa ideia.

§ 46. DISCUSSÃO

A despeito da crítica de Hans Kelsen,[6] a qual corresponde aproximadamente à opinião exposta no parágrafo 44, a distinção entre direito público e direito privado é, ainda, o principal esteio da classificação sistemática jurídica, mesmo havendo ampla divergência sobre a maneira de realizar a divisão e sobre sua importância.

As muitas e variadas teorias a respeito do tema podem ser agrupadas em duas teorias principais, designadas comumente como *teoria dos interesses* e *teoria dos sujeitos*.

Segundo a teoria dos interesses, a diferença maior entre o direito privado e o público tem sua raiz no propósito das normas jurídicas, vale dizer, os interesses

---

6. Ver *General Theory of Law and State*, 1946, 201 e segs.

humanos que elas visam a proteger. O direito público, em conformidade com isso, é definido como a parte do direito determinada com considerações de interesse público, pelo interesse da comunidade, enquanto o direito privado é o direito estabelecido para a proteção dos interesses privados dos indivíduos.

Esta teoria precisa ser rejeitada. Além das dificuldades para definir com precisão o que se quer dizer com interesse privado e público – os defensores da teoria retornam aqui aos termos que devem ser definidos –, é impossível no *direito privado* ignorar aqueles interesses que, em geral, são considerados como públicos, ou inversamente, no *direito público*, os interesses privados.

O direito de propriedade individual sempre foi considerado como eminentemente *privado*. Entretanto, todos se dão conta, hoje em dia, que o direito de propriedade não é conferido ao indivíduo meramente para a satisfação de seus interesses individuais, mas que está submetido em grande medida a condições e restrições impostas com propósitos sociais. Todas as normas de *ordem pública* (isto é, as normas que não podem ser derrogadas por acordo de partes) são, da mesma maneira, a expressão do que se chama de um interesse público. Além disso, basta pensar nos muitos casos no direito considerado privado em que uma disposição se baseia numa consideração geral para o bem da comunidade. O conteúdo do ordenamento jurídico como um todo e sua preservação é uma questão pública da mais elevada importância. Inversamente, quando a legislação social, que é classificada como de direito público, autoriza a ajuda a certas pessoas, não se pode negar que esse preceito foi sancionado primordialmente para satisfazer interesses individuais.

Em resumo: pode-se dizer que não é possível dividir o direito em duas partes segundo seus propósitos – o direito protegendo primordialmente interesses privados ou públicos – porque estes não são propósitos opostos coordenados do direito, mas somente duas maneiras diferentes de olhar a mesma coisa. Considerada como uma disposição geral, cada parte do direito – tanto as regras referentes à propriedade, como a legislação social – está baseada num interesse público. Contudo, nos seus detalhes, toda disposição geral tem que se traduzir em direitos e deveres individuais. Considerada, portanto, do ponto de vista das consequências jurídicas específicas, cada parte do direito – tanto a legislação social como o direito de propriedade – ocupa-se, assim, de interesses individuais.

Segundo a teoria dos sujeitos, o direito público e o direito privado distinguem-se pelos sujeitos das relações jurídicas. O direito privado, de acordo com essa teoria, refere-se àquelas relações jurídicas nas quais ambas as partes são pessoas privadas; o direito público àquelas nas quais pelo menos uma das partes é uma pessoa pública (isto é, o Estado e suas partes subordinadas).

Aqui, todavia, tropeçamos com a dificuldade de que o Estado, como a pessoa privada, pode celebrar contratos de compra e venda, aluguel, etc. e que estas relações jurídicas são julgadas segundo as regras do direito privado.

Como resposta a esta objeção, os representantes da teoria dos sujeitos definem o direito público como o que se refere unicamente às relações jurídicas nas quais as partes não se encontram num mesmo plano, e que são julgadas, portanto, segundo regras que diferem, em princípio, das regras do direito privado.

A ideia, entretanto, de que o direito público se refere às relações jurídicas entre as autoridades públicas e os cidadãos, é insustentável. Em que sentido as regras que regem a legislatura referem-se a uma relação jurídica com cidadãos? E o direito penal, em que se diferencia do direito da responsabilidade por atos ilícitos civis unicamente pela acusação pública? E as regras relativas à prova e o peso desta? Tentei mostrar que em várias partes do chamado direito público seu caráter como tal é, na realidade, sugerido por diversas características individuais. A ideia de uma *relação jurídica desigual* tem valor naqueles casos do chamado direito administrativo especial nos quais a posição jurídica concreta dos cidadãos pressupõe um ato administrativo intermediário. À parte destes, não existem fundamentos razoáveis para essa ideia.

Capítulo IX
Os Fatos Operativos

§ 47. TERMINOLOGIA E DISTINÇÕES

Tal como assinalamos no parágrafo 35, uma diretiva jurídica pode ser expressa na fórmula:
Se F, então C,
na qual F designa os fatos e C a consequência jurídica que indica como deve julgar o juiz. Isto significa que toda aplicação do direito tem como fundamento fatos condicionantes cuja existência o juiz considera provada.[1] O conteúdo das normas jurídicas aplicadas determina quais são os fatos relevantes para a decisão.

Os fatos relevantes para a decisão são denominados *fatos operativos*.

Em cada caso de administração de justiça há muitos fatos operativos, mas alguns deles ocupam uma posição especial. Num caso de homicídio não é relevante apenas o ato do homicídio. Muitas outras circunstâncias acompanhantes terão que ser consideradas, por exemplo possíveis fundamentos especiais para a isenção de responsabilidade, ou para a não aplicação ou redução da pena. Do mesmo modo, quando se trata de fazer cumprir um contrato, o fato de se ter celebrado o contrato não é o único importante; também é preciso tomar em consideração outras circunstâncias decisivas para a validade da promessa, tais como a menoridade, o erro, o dolo, a coação, etc. Contudo, tanto o ato do homicídio como a promessa ocupam uma posição especial. São os fatos que fundamentam o efeito jurídico específico em questão, enquanto as circunstâncias

---

1. Não pode haver consequências jurídicas sem um fato condicionante; não há direitos conferidos diretamente pelas normas do direito objetivo. "Alguns direitos surgem *ex lege*...", diz G. W. Paton em *A Textbook of Jurisprudence* (1946), seção 60 "... no sentido de que são conferidos diretamente pelas normas do direito objetivo, como quando uma lei confere ao *Sunshine Trust* o monopólio da venda de petróleo." Isto não é correto. O fato condicionante neste caso é a existência dessa companhia em particular na ocasião em que a lei entrou em vigência.

acompanhantes se limitam a condicionar, modificar ou excluir a aplicação do efeito jurídico.

Esses exemplos mostram que os fatos operativos podem ser especificamente relevantes (*criadores*) ou meramente condicionantes.

Comumente um fato criador não é, em si mesmo, suficiente para produzir sua consequência jurídica e, portanto, um certo fato criador não pode ser definido como o fato que efetivamente produz um efeito jurídico específico. Se, por exemplo, fôssemos definir uma promessa como uma declaração que obriga o promitente em conformidade com o conteúdo da declaração, excluiríamos a possibilidade de promessas inválidas; nossa definição confundiria, na realidade, a própria promessa e as circunstâncias condicionantes. Um fato criador específico deve ser definido como aquele que, por regra geral, isto é, a menos que existam fundamentos especiais de exclusão, produz o efeito jurídico específico.

O direito pode fazer com que quase todas as circunstâncias imagináveis sejam fatos operativos, sempre que possam ser descritas em termos da linguagem cotidiana. Tentar uma classificação sistemática careceria de significação. Mencionaremos aqui apenas algumas distinções e pontos de vista relevantes. Os fatos operativos são definidos usualmente em termos gerais, isto é, mediante critérios conceituais abstratos. Às vezes, são definidos em termos individuais, isto é, pelo nome (nomes de pessoas ou de lugares) ou mediante algum outro critério de individualização. As individualizações pelo lugar são mais frequentes ("neste país", "em Washington"). As individualizações pela pessoa são raras.

Alguns fatos operativos são descritos como condições (estado de coisas) que incluem qualidades de pessoas ou de coisas, enquanto outros são descritos como acontecimentos, quer dizer, como mudanças numa condição existente. Uma condição pode ser definida em relação a um ponto no tempo (por exemplo, o estado mental do criminoso no momento do crime), ou a um período de tempo (por exemplo, a residência permanente no país, ou a posse de um objeto durante muitos anos). As referências particulares a uma condição sempre podem ser reduzidas a referências particulares a acontecimentos, isto é, ao acontecimento que estabelece a condição e ao acontecimento que lhe dá o desfecho. A afirmação de que uma pessoa tem 25 anos pode ser reduzida ao fato de que nasceu há 25 anos mais o fato negativo de que não morreu. Estas circunstâncias são importantes para saber se uma lei tem efeito retroativo.

Alguns fatos operativos são puramente fatuais (por exemplo, o nascimento, a morte, um incêndio, uma colisão em alto-mar); outros estão juridicamente condicionados, o que significa que são definidos em relação ao direito. No parágrafo 35 dissemos que a caracterização de uma pessoa como *casada* ou como *proprietária* faz referência a certos fatos (celebração de um casamento, compra ou outra aquisição da propriedade) que estão definidos juridicamente como produtores dos efeitos jurídicos que constituem *casamento* e *propriedade*. Tecnicamente, isto significa que a regra jurídica R1 não descreve seus fatos operativos de forma direta, mas por referência às circunstâncias que são operativas no tocante a outras regras jurídicas R2, R3 e assim sucessivamente. Uma lei tributária, por exemplo, cuja aplicabilidade do gravame dependesse do contribuinte ser casado, poderia, em lugar disso, mencionar diretamente aqueles fatos que, segundo as normas que regem a celebração e a dissolução do casamento, permitem decidir se há ou não, casamento. Esta técnica de formulação é amplamente usada. Aparece em todos aqueles casos em que a linguagem jurídica se vale, ao descrever os fatos operativos, de termos tais como *credor, devedor, credor hipotecário, nacionalidade, compra e venda, transferência* e expressões semelhantes. O mesmo ocorre quando um termo faz referência não a uma regra jurídica formal, mas a um padrão jurídico. Dizer que uma pessoa agiu "com negligência", por exemplo, não é expressar um enunciado puramente fatual, mas sim aludir a um *padrão* pressuposto no que tange à conduta que se pode exigir de um ser humano razoável na situação dada. A distinção entre fatos operativos puramente fatuais e fatos operativos jurídicos condicionados é importante para a doutrina dos precedentes e para interpretar a distinção entre *factum* e *jus*, na qual a legislação ocasionalmente se apoia.

No âmbito dos fatos operativos que consistem em ocorrências, é importante distinguir entre eventos e atos, visto que somente os últimos suscitam os problemas relativos à capacidade mental, *mens rea*, culpa e outras circunstâncias psicológicas que condicionam a consequência jurídica.

Dentro da categoria dos atos, pode-se distinguir, ademais, entre as *ações fatuais* e os *atos jurídicos*. Estes, também denominados disposições, consistem em comunicações linguísticas cujo efeito jurídico está determinado pelo conteúdo da própria comunicação e que são, por isso, instrumentos adequados à atividade humana consciente dirigida para a criação do novo direito.

Todo ato jurídico (disposição) emana de uma competência (potestade) (parágrafo 33). Há, contudo, uma profunda diferença entre a competência (potestade) das autoridades públicas, a qual existe para a proteção dos interesses da comunidade e é baseada na ideia de autoridade, e aquela das pessoas particulares, a qual existe para a proteção dos interesses privados e é baseada na ideia de autonomia (parágrafo 44). De nada serve, portanto, dispor todos os atos jurídicos numa categoria. É necessário distinguir entre o ato jurídico público e a disposição privada. Os atos jurídicos públicos se subdividem em atos legislativos, administrativos e judiciais. Estes atos, por sua vez, carecem de elementos em comum suficientes para justificar que os tratemos sob um rótulo único e, portanto, são examinados nas respectivas partes do direito público. É por tudo isso que nos parágrafos 48 e 49 nos restringiremos à disposição privada.

§ 48. A DISPOSIÇÃO PRIVADA

A disposição privada é tradicionalmente definida (com certas variações) como a declaração de vontade privada que tem efeitos jurídicos em conformidade com seu conteúdo, definição que é inadequada em vários aspectos.

1º. No parágrafo anterior afirmou-se que por ação das circunstâncias condicionantes, nenhum ato específico de criação pode ser definido como produtor do efeito jurídico específico. Consequentemente, é preciso modificar a definição afirmando que a declaração produz, como regra geral e a menos que existam razões especiais de invalidade, o efeito jurídico específico.

2º. O efeito jurídico, segundo a definição, deve preservar a conformidade com o conteúdo da declaração, o que pode ser correto, por exemplo, a respeito de um contrato que rege detalhadamente as relações jurídicas das partes, porém, o é menos com respeito a outras situações. A maior parte dos acordos – por exemplo, os contratos usuais relativos a compras – fornece apenas o esquema ou esqueleto estritamente necessário da relação jurídica, que deve ser suplementado com a matéria contida nas regras jurídicas gerais. O conteúdo da disposição unicamente determina o efeito jurídico quanto a certas características básicas. O mesmo ocorre, e ainda num maior grau, com aquelas declarações mais *truncadas* que têm o caráter de fórmulas estereotipadas, cujo efeito jurídico é inteiramente padronizado na legislação. Assim, por exemplo, com os pré-avisos ou notificações, recibos, certos atos processuais, etc. Nestes casos o ordenamento jurídico coloca uma espécie de teclado à disposição dos particulares. Uma pessoa pode escolher acionar uma tecla ou não. Nisto reside a autonomia. Entretanto, o efeito jurídico produzido é estereotipado e determinado pelo próprio ordenamento jurídico. Cabe-se indagar se tais declarações *truncadas* não deveriam ser excluídas do conceito de disposição. Todavia, visto que funcionam, de maneira idêntica às comunicações mais articuladas, como instrumentos para a criação autônoma de relações jurídicas, e visto que juridicamente são, em geral, julgadas pelas mesmas regras quanto a sua validade e outras questões, parece razoável incluí-las no conceito de disposição. Porém, então, faz-se necessário mudar a definição. O efeito jurídico específico não deve ser definido como um "efeito jurídico de conformidade com o conteúdo da declaração", mas como um "efeito jurídico tipicamente autônomo", isto é, um efeito jurídico que o autor da disposição deseja produzir como parte integrante de sua criação autônoma de relações jurídicas.

3º. O fato operativo que (normalmente) produz o efeito jurídico específico é definido como declaração de vontade, o que é uma expressão sumamente obscura.

Em primeiro lugar, não é claro o que se quer dizer nesse contexto com a palavra *declaração*. Pode ser entendida de duas maneiras: como comunicação ou informação acerca de um fato, neste caso a vontade da pessoa que a faz, ou como expressão espontânea, direta, de um estado de espírito de caráter emocional-volitivo da pessoa que a faz, por exemplo, uma exclamação ou uma ordem. Nenhum destes dois significados, entretanto, parece correto em nosso caso.

A primeira possibilidade, claramente, tem que ser rejeitada. Uma promessa não é uma comunicação que informa sobre algo. A pessoa que promete à outra pagar-lhe $500 em 1º de janeiro não tem a intenção de informar a respeito de seu real estado de espírito, e tampouco pretende fazer uma previsão do que ocorrerá na oportunidade indicada. Se esta fosse a intenção, seria possível caracterizar a promessa – de modo idêntico a toda asserção – como verdadeira ou falsa. Por outro lado, o ordenamento jurídico não lida com as promessas como comunicações.

A segunda possibilidade tampouco é satisfatória. Pode existir, por certo, expressão direta de emoção, se a pessoa que faz a promessa jura ao mesmo tempo, com profundo sentimento, que cumprirá o prometido. Contudo, isto não é típico. Uma pessoa que compra cinquenta centavos de cenouras não revela sentimento algum.

Que se acresça que é obscuro que vontade é essa comunicada na disposição. Na promessa esta vontade pode ser razoavelmente entendida como uma intenção com respeito à conduta futura de seu autor. Mas o que dizer de um encargo[2] – uma disposição que obrigue ao destinatário? Que significa que é minha vontade outra pessoa agir de uma certa maneira? Minhas intenções só podem estar dirigidas à minha própria conduta e às consequências causadas por ela. Por conseguinte, somente posso *querer* a conduta de outra pessoa na medida em que estou em situação de provocar essa conduta mediante meus próprios atos.

---

2. Ver parágrafo 49, nota 4.

Agora, se o encargo – por razões alheias ao meu controle – é capaz de motivar a outra pessoa, então, nessa medida, posso *querer* sua ação, tal como posso *querer* sua morte disparando-lhe um tiro com uma pistola. Porém, por esta razão, o encargo é tanto uma declaração de vontade como o é o disparo de pistola. Constitui questão diferente em ambos os casos ser possível inferir de minha conduta que eu tenha *querido* um resultado específico cumprido por minha própria ação.

O fato nesta matéria é que nem a vontade nem a declaração de vontade desempenham papel algum numa descrição psicológica do que ocorre quando se faz uma disposição. À semelhança da teoria geral de que o direito vigente é a expressão da vontade do Estado,[3] a teoria da disposição como declaração de vontade se funda em ideias puramente metafísicas que atribuem à vontade um poder criador mágico. Da mesma maneira que a palavra criou a luz, assim a vontade cria o *direito*, isto é, direitos subjetivos e deveres considerados como substâncias espirituais.

A terminologia em voga não é simplesmente uma relíquia terminológica de épocas passadas. Gerou também postulados dogmáticos e teorias equívocas para a solução de problemas jurídicos práticos. A *doutrina da vontade* já perdeu valor para "explicar" a *força obrigatória* da promessa e solucionar o problema do erro. Contudo, no que respeita ao critério para distinguir entre as declarações obrigatórias e as meras comunicações, seguimos lidando com a obstinada ideia de que o fator decisivo é se houve ou não uma expressão de vontade.

A vontade desempenha, certamente, um papel na criação das disposições jurídicas, mas o faz de maneira diferente à proposta pela doutrina da disposição como declaração de vontade. Como ocorre no caso de outras ações humanas (por exemplo, o homicídio), para decidir o caso é importante saber se o ato foi realizado ou não com vontade e intenção. Normalmente, uma pessoa que leva a cabo uma disposição – por exemplo, um acordo – o faz com vontade, no sentido de que é sua vontade celebrar o acordo e produzir os efeitos estabelecidos pelo ordenamento jurídico. Se é insana ou não compreende o conteúdo do ato, são suscitados problemas referentes à validade da disposição. A vontade da pessoa que realiza a disposição e suas ideias acerca dela se contam, certamente, entre os fatos operativos condicionantes.

Mas, qual é, então, o conteúdo e o significado da disposição se não é uma declaração de vontade? Tem significado representativo ou expressivo? É uma asserção, uma exclamação ou uma diretiva? (parágrafo 2)

---

3. *Cf.* Karl Olivecrona, *Law as Fact* (1939), 22 e segs.

Já vimos que a disposição não pode ser interpretada como uma asserção do estado psicológico da pessoa que a formula, de sua *vontade*. Claramente, tampouco, é uma profecia, uma previsão do que ocorrerá no futuro. E, tampouco ainda, é uma exclamação.

É uma diretiva? Se estudarmos um contrato completo, essa possibilidade não parecerá excluída. Porque aqui encontramos expressas nas modalidades correntes da linguagem jurídica (faculdade, dever, poder, sujeição), padrões de ação que podem servir de guia, quando houver necessidade, tanto às partes envolvidas quanto ao juiz. O significado de diretiva, todavia, depende da existência do ordenamento jurídico, da regra do direito vigente que confere às disposições privadas sua *força obrigatória*, isto é, que motiva o juiz a elegê-las como base para suas decisões. Abstraída disto, a declaração dispositiva é simplesmente uma fórmula diretiva, uma declaração de fantasia de natureza idêntica a um projeto de lei ou a sentença que posso escrever sobre um pedaço de papel, sem pretender que se trate de uma asserção.

Se considerarmos por um momento as declarações dispositivas *truncadas* ou a fórmula "eu prometo...", a situação se tornará ainda mais clara. Se se convencionou que para ter acesso a um *night club* privado é mister expressar uma palavra sem significado, esta palavra em si continuará sem significado ainda quando por convenção funcione como uma diretiva ao porteiro. A situação é exatamente idêntica ao formular uma promessa. Em si mesma, abstraída do ordenamento jurídico, a expressão "eu prometo..." carece de significado. Teria o mesmo efeito dizer *abracadabra*. Entretanto, em virtude do efeito que o ordenamento jurídico vincula à fórmula, esta funciona como uma diretiva ao juiz e pode ser usada pelos particulares para o exercício de sua autonomia.

O conhecimento de que a declaração dispositiva não é em si mesma a expressão de uma vontade é importante no tratamento dos casos limites entre as disposições obrigatórias e as declarações não obrigatórias. É difícil, amiúde, traçar essa linha. Assomam problemas com comunicações diversas sob forma de notificações, propostas (em particular, relativamente à apresentação de uma oferta), pedidos, negociações que precedem um acordo definitivo, rascunhos e esboços. Em tais casos, pode haver dúvidas sobre se a comunicação é uma declaração não obrigatória ou uma disposição obrigatória.

No tratamento desses problemas tem sido costume perguntar-se se a comunicação expressa uma intenção da parte da pessoa que a faz, uma vontade ou resolução de obrigar-se.

Isso é colocar a carroça na frente dos bois. Uma promessa não é em si mesma a expressão de nenhuma intenção, vontade ou resolução. É somente porque o ordenamento jurídico lhe confere *força obrigatória* que podemos normalmente supor que uma pessoa que usa esse instrumento o faz porque deseja o efeito jurídico atribuído a uma promessa, tal como se pode supor que uma pessoa que dispara um revólver contra outra o faz com a intenção de tirar-lhe a vida. A situação, portanto, é a oposta daquela geralmente aceita: se uma declaração é convencionalmente considerada obrigatória, podemos normalmente supor que indica uma intenção dispositiva.

É necessário, portanto, traçar a linha de uma maneira razoável, segundo as exigências da conveniência e os pontos de vista convencionais. Esta abordagem vê-se confirmada pela maneira em que, de fato, traça-se a linha divisória. Aceita-se, por exemplo, que as listas de preços amplamente distribuídas só representam um convite a se fazer uma oferta, enquanto a exibição numa vitrine de mercadorias com preços é uma oferta de venda de caráter obrigatório. Se esta regra não for conhecida, será impossível concluir, por análise psicológica, que *uma* comunicação se apoia na vontade de obrigar quem a faz e *outra*, não. Porém, se a regra for adotada e divulgada, se concluirá daí que uma exibição de mercadorias com preços pode ser tomada como indicação da vontade de obrigar-se, enquanto não pode ser assim interpretada a distribuição da lista de preços. A situação é a mesma em outros casos limite. O ponto de partida é, em todos os casos, o convencionalismo vigente. Se este convencionalismo inexistir, ou for variável e incerto, então deverá ser adotada uma decisão, como ponto de partida para que esse critério convencional seja criado e desenvolvido.

4º. Definir a disposição como uma declaração de vontade implica sustentar que se apresenta sob a forma de uma comunicação linguística.

Essa expressão não deve ser tomada num sentido demasiado literal. Por linguagem não entendemos aqui unicamente as palavras convencionais ordinárias, mas também outros símbolos compreensíveis. Fica claro, deste modo, que um gesto de cabeça pode ser tão criador como a palavra *sim*.

Cabe perguntar se, avançando mais um passo, estamos prontos a incluir certos atos no conceito de disposição, embora não sejam comunicações linguísticas. Nada impede, é claro, que o ordenamento jurídico atribua a certos atos os mesmos efeitos jurídicos autônomos típicos atribuídos às declarações dispositivas. Numa certa medida, isso ocorre. Se, por exemplo, uma pessoa se apropria de um livro que lhe foi enviado para exame, ou de uma caixa de charutos que se encontra sobre o balcão de uma loja, está obrigada a pagar o preço de venda das coisas e não somente indenização por danos e prejuízos. A apropriação é considerada como uma disposição e não como um ilícito civil (extracontratual). O mesmo ocorre com a passividade em certos casos (especialmente o não registro de um protesto) e com certas condutas positivas.

Pelas mesmas razões expressas ao aludir aos casos limite entre as disposições obrigatórias e as declarações não obrigatórias, não é possível determinar quais atos (ou omissões) devem ser tratados como disposições, utilizando como critério que o ato expresse ou não uma intenção dispositiva. Por exemplo, é puramente convencional que a passividade frente à pessoa que fez uma oferta signifique aceitação em relação a ela. Se é um fato estabelecido a passividade produzir os mesmos efeitos da disposição, então podemos tomar a passividade como indicação de uma intenção correspondente, porém não em caso contrário.

No entanto, como regra geral os atos desse tipo são classificados como *quase-contratos* (*semidisposições*) e colocados fora do conceito de disposição em sentido estrito. Visto que exibem peculiaridades próprias, essa classificação é a mais conveniente.

Se combinarmos os pontos de vista expressos de 1º a 4º chegaremos à seguinte definição de disposição privada. É uma manifestação que, em princípio – e a menos que existam razões particulares para sua invalidade – produz efeitos jurídicos autônomos, isto é, efeitos jurídicos que o autor da disposição deseja produzir. Esses efeitos são determinados de acordo com o conteúdo individual da manifestação, até onde o conteúdo alcança. Ultrapassado isso, são determinados diretamente pelas normas gerais como efeitos padronizados complementares do conteúdo individual. Se a manifestação for uma fórmula verbal sem nenhum conteúdo dispositivo próprio, o efeito jurídico será determinado inteiramente pelas normas gerais.

§ 49. PROMESSA, ENCARGO[4] E AUTORIZAÇÃO

Colocados em relação com as duas formas principais das modalidades jurídicas, o dever e o poder, os subgrupos da disposição são indicados na tabela seguinte:

---

4. O conceito correspondente não foi elaborado na teoria jurídica anglo-saxônica e, por isso, não há um termo estabelecido para ele. Sugerimos o emprego da palavra *encargo*, a qual é definida na sequência do texto.

	Disposições que criam	
	para quem realiza a disposição	para os outros
dever	promessa	encargo
poder	?	autorização

A promessa é a disposição que (normalmente) obriga a pessoa que a formula (o promitente). Dizer que está obrigada significa (parágrafo 33) que a outra pessoa (normalmente o promissário) tem o poder de demandar e obter sentença que condene ao cumprimento do prometido ou ao pagamento de indenização por danos e prejuízos por descumprimento. Para falar de uma promessa obrigatória não é essencial que exista, entretanto, o poder efetivo de exigir o cumprimento da promessa mediante uma demanda. Uma promessa é obrigatória mesmo quando tal poder esteja condicionado por circunstâncias futuras – por exemplo, descumprimento dentro de um dado prazo – desde que o poder não dependa da vontade do promitente. A promessa é obrigatória, portanto, quando se pode obter o cumprimento compulsório de forma incondicional, ou quando esse cumprimento esteja sujeito a condições independentes. Conclui-se que a promessa não é obrigatória 1) se em razão de circunstâncias especiais ela é inválida (nula ou anulável), o que significa que a possibilidade de exigir seu cumprimento por meio da força está excluída e 2) quando é revogável, o que significa que o promitente pode evitar o cumprimento compulsório.

Assim, uma promessa válida é obrigatória a partir do momento que se torna irrevogável. Se circunstâncias posteriores impedem os processos – por exemplo, em certas condições torna-se impossível cumprir a promessa – ela se torna *ineficaz*. O cumprimento, também, produz o efeito de tornar a promessa, ineficaz. Isto pode parecer excessivo, mas é simplesmente lógico. É precisamente porque a promessa produziu o efeito econômico desejado que seu efeito jurídico desaparece. A promessa não chega a ser eficaz como diretiva ao juiz porque se tornou eficaz como guia para a conduta do promitente.

A palavra *promessa* não é geralmente definida tão estritamente. Ordinariamente inclui todas as disposições que oneram o promitente. Além das disposições pessoalmente obrigatórias já examinadas (promessa em sentido estrito), o conceito compreende também as transferências, isto é, as disposições que transferem um direito a outra pessoa, e as quitações que extinguem um direito (promessas em sentido amplo). Convém incluir as transferências e as quitações no conceito de promessa porque em muitos aspectos a elas são aplicadas as mesmas regras que são aplicadas às promessas em sentido estrito. Por outro lado, as promessas em sentido amplo diferem das promessas propriamente ditas num ponto essencial: as promessas em sentido amplo não conduzem ao ato de cumprimento da parte do promitente. Em função disso, esses casos parecem contrários ao uso ordinário da palavra *promessa*. Afigura-se estranho, por exemplo, falar de promessa quando dou uma moeda a um mendigo ou rejeito uma oferta de compra.[5]

Os encargos são disposições que obrigam a pessoa a quem são dirigidos (ou a um terceiro) ou, em sentido mais amplo, colocam um gravame sobre ela ao extinguir um direito que lhe fora conferido.

Em princípio, as pessoas particulares não podem obrigar a outras pessoas por meio de encargos. Fica claro que um particular não pode, em princípio, deter esse tipo de poder sobre outros particulares. Tal poder normalmente só é conferido às autoridades públicas. Um encargo, portanto, pressupõe um fundamento especial. O fundamento do encargo imposto por A a B será, amiúde, B ter autorizado a A a imposição de tal encargo. A obrigação de B tem suas raízes, portanto, em sua própria autonomia. Por exemplo, a oferta do promitente coloca quem a recebe em posição de obrigar o promitente mediante a aceitação, o que, nessa medida, é um encargo. Do mesmo modo, a autoridade conferida pelo principal ao seu agente é o fundamento do poder do agente de obrigar ao principal mediante disposições com terceiros.

O fundamento para um encargo pode ser também uma relação jurídica geral de autoridade entre A e B. Assim, por exemplo, dentro de certos limites, os pais e as autoridades escolares podem impor um encargo sobre as crianças. O mesmo ocorre na relação entre empregador e empregado.

Finalmente, sem estabelecer nenhuma relação geral de autoridade, o ordenamento jurídico pode conferir a uma pessoa o poder de comandar outras em certos aspectos, o que é menos excepcional do que pode parecer à primeira vista. Nos casos nos quais o direito quer criar um privilégio em favor de A, não seria irrazoável que em lugar de conferir a A um direito exclusivo e incondicional de disposição, lhe outorgasse o privilégio de excluir outras pessoas.

---

5. Parece-me que, diante das razões dadas, seria mais prático restringir o conceito de promessa a disposições pessoalmente obrigatórias.

Este método é empregado, por exemplo, no direito da propriedade intelectual enquanto certas reproduções não constituem uma transgressão ao direito do autor, a menos que este tenha proibido, de forma expressa, a reprodução. Do mesmo modo, poderia não ser irrazoável imaginar que a passagem pela propriedade alheia só seria ilícita se o proprietário o houvesse proibido de maneira expressa.

Além disso, os encargos se apresentam como disposições secundárias dentro dos limites de uma relação jurídica primária. Exemplos disto são o aviso de conclusão ou cancelamento e a declaração de abatimento de uma dívida.

As autorizações são disposições que conferem à pessoa a quem são dirigidas (ou a um terceiro) um poder, em particular uma potestade.

A potestade é o poder de fazer disposições. Normalmente, somente A pode autorizar a B fazer disposições que obriguem a A.

O exemplo mais comum é a autorização a um agente. Uma transferência inclui normalmente a transmissão da potestade para dispor do direito.

Frequentemente, as disposições têm, na prática, um caráter composto. Assim, a oferta e a transferência são, ao mesmo tempo, promessa e autorização; a aceitação, o aviso de conclusão, a declaração de abatimento de uma dívida, são tanto promessas como encargos.

O testamento ocupa uma posição especial. É bastante curioso o testamento ter sido, tradicionalmente, classificado como um encargo embora transfira direitos aos herdeiros e não lhes imponha obrigações (exceto os encargos como condição para aquisição do direito). A opinião de que o testamento é um encargo imposto sobre as autoridades públicas ou os herdeiros universais em relação à distribuição da herança é equívoca já que o testamento transmite diretamente o direito por ocasião da morte do testador. Em minha opinião, o testamento é uma disposição de transferência, e por isso, segundo a terminologia jurídica corrente, uma promessa (em sentido amplo) à qual se aplicam regras especiais. O erro é presumivelmente motivado pelo fato de que o testamento como tal não obriga ao testador durante sua vida. Mas esta circunstância não afeta o caráter de transferência da disposição. Simplesmente significa que com respeito a essa transferência existe uma regra especial de revogabilidade, de modo que a disposição se faz obrigatória somente com a morte do disponente. Neste momento obriga o seu patrimônio.

Em razão da posição especial que o testamento ocupa no direito, é conveniente excluí-lo do conceito de promessa, e declará-lo uma disposição *sui generis*.

Capítulo X
Algumas Características da História Do Direito Natural[1]

§ 50. Crenças populares gregas: Homero e Hesíodo[2]

O nosso propósito neste capítulo não é apresentar uma história do direito natural, mas simplesmente destacar algumas características principais necessárias à compreensão do direito natural de nossos dias. Posta essa finalidade, poderia, talvez, afigurar-se excessivo principiar pelas crenças populares gregas de em torno do ano 700 a.C. A justificação disto reside no fato de que a oposição entre a filosofia do direito natural e uma teoria realista do direito, de fundamento sociológico, não é um contraste entre duas teorias científicas, mas entre uma perspectiva em que se combinam a magia, a religião e a metafísica e outra de natureza científica. Para compreendê-lo é necessário voltar aos primórdios de nossa civilização e mostrar como a doutrina do direito natural, através de todas as suas variações, conservou-se essencialmente a mesma. Sua característica principal é um modo de pensamento, que em todas as suas fases – mágica, religiosa e filosófico-metafísica – difere radicalmente do ponto de vista científico. Estende-se numa linha ininterrupta desde a crença mágico-animista do homem primitivo através da doutrina teológica dos grandes

---

1. Para uma história do direito natural escrita de um ponto de vista católico ortodoxo, ver a obra do tomista Henri Rommen, *Le droit naturel* (1945). Ver também W. Friedmann, *Legal Theory* (2ª ed., 1949), 15 e segs. e Julius Stone, *The Province and Function of Law* (1946-50), 209 e segs.
2. A exposição que fazemos neste parágrafo baseia-se substancialmente no trabalho de C. W. Westrup, *Introduction to Early Roman Law*, III, 1 (1939), 1 e segs.

sistemas filosófico-metafísicos.³ O fator fundamental em todas as manifestações dessa linha de pensamento é um temor da existência e dos poderes que dominam o homem, e a necessidade de buscar refúgio em algo absoluto, algo que esteja acima de toda mudança e que possa oferecer paz e segurança. Paz e segurança não somente diante dos poderes cósmicos da existência – a incerteza da vida, os infortúnios e a morte – mas também como uma defesa contra as ansiedades e dúvidas da própria alma humana, o temor de ser responsável pelas próprias ações. O absoluto tem, assim, tanto natureza cósmica quanto natureza moral; é, simultaneamente, ordem do mundo e lei moral.⁴

Tal postura ante a vida é tipicamente infantil. A história da ciência é a história da liberação do espírito humano dessas pesadas cadeias do temor.* Entretanto, trata-se de um processo ainda infindo. Se, por um lado, a visão científica conquistou o domínio no modo de ver a natureza, por outro nas questões sociais, morais e jurídicas permanecemos encalhados num persistente infantilismo. A filosofia do direito natural constitui um dos seus produtos.

Podemos estudar melhor esse contraste seguindo o desenvolvimento do pensamento grego desde as crenças populares primitivas que encontramos nas obras de Homero e de Hesíodo até os grandes sistemas filosóficos de Platão e Aristóteles. Nesse lapso aproximado de 300 anos reside o gérmen de tudo que posteriormente irá se desdobrar de forma mais claramente diferenciada. É possível seguir o desenvolvimento que vai desde uma primitiva concepção mágico-mítica do direito até uma florescente atitude humanista e científica que

---

3. Após a publicação original deste livro, apareceu a obra de Ernst Topitsch, *Vom Ursprung und Ende der Metaphysik* (1958), a qual, fundada em amplos estudos de mitologia e filosofia, sustenta muito convincentemente a opinião que proponho aqui, a saber, que a filosofia do direito natural tem suas raízes numa mitologia cosmológica. Desejo destacar o valor dessa notável obra.

4. No tocante à filosofia como substitutivo para a religião, ver Victor Kraft, *Einführung in die Philosophie* (1950), 16 e segs.

* Ross, como centenas de intelectuais e pensadores atuantes nos meados do século XX, alimentava uma visão evolucionista linear do processo do conhecimento, segundo a qual este se desenvolveu cronologicamente dentro de estágios mais ou menos precisos de teor quantitativa e qualitativamente heterogêneo, ou seja, os estágios *mágico-religioso* (*mítico*), *filosófico* (*metafísico*) e *científico*. Isto foi o resultado natural, embora tardio, da influência quase hegemônica do positivismo e do racionalismo do século XVIII, embora no século XIX figuras pouco bem-vindas nos círculos científicos e acadêmicos como Carl Gustav Jung, nascido em 1875, passassem a desconfiar da visão racionalista e da onipotência da ciência moderna. A partir, principalmente, da década de 60 do século XX a visão cientificista do mito foi definitivamente abandonada por muitos estudiosos que se dedicaram a uma investigação mais profunda e menos preconceituosa da estrutura dos mitos, o que pôs em xeque o simplismo da teoria evolucionista. O Prof. Ari Sólon desenvolve atualmente tese apresentando uma nova interpretação em torno deste tema. (*N.T.*)

teve sua mais notável expressão nos círculos dos sofistas durante o período de grandeza de Atenas no século V a.C. É significativo o fato desse desenvolvimento ter encontrado seu paralelo na transformação da primitiva comunidade clânica em democracia. Entretanto, assim como a liberdade política não pôde se conservar, tampouco perdurou a liberdade de pensamento. Os sistemas filosóficos de Platão e Aristóteles significaram uma reação fatal. Nestes dois homens todas as forças se uniram para reforçar a crença minguante no absoluto, numa ordem cósmica e moral do mundo. A magia primitiva e a religião foram substituídas pela especulação metafísica, porém o espírito foi o mesmo. E foi este espírito o que continuou caracterizando a posterior evolução durante um longo tempo. A escolástica cristã (Tomás de Aquino) pôde, sem dificuldade, interpolar uma nova doutrina religiosa no sistema de Aristóteles. Ainda hoje o timbre do tomismo caracteriza a filosofia jurídica católica. Embora no mundo protestante o direito natural tenha sido descristianizado e assumido a forma de uma metafísica racionalista filosófica, na sua essência permaneceu o mesmo: uma crença no eterno, numa *validade* sobrenatural absoluta.

A comunidade homérica (século VIII a.C.) apresentava o quadro usual de um povo agrícola primitivo em seu estágio tribal. A população estava dividida em muitas pequenas tribos, cada uma comandada por um chefe ou rei. Contudo, a autoridade do *rei* não abarcava tudo. Sua função se limitava substancialmente a ser juiz das disputas e chefe na guerra. Quanto ao mais, a vida na tribo era estritamente regulada pela tradição e o costume encarnados nos tabus. As ideias da tribo a respeito do direito eram mágicas e religiosas. Acima dos seres humanos reinavam os deuses, com Zeus no topo. Mas os próprios deuses estavam submetidos ao poder do destino. Este poder cósmico, que conferia a cada coisa o seu devido lote, dominava igualmente a natureza e os seres humanos, sendo mantido mediante castigos. A noção de leis causais, no sentido moderno da expressão, não nascera ainda. A necessidade que governava o universo não era causal, mas a necessidade do destino determinada pelas noções de vontade soberana, culpa e castigo. Do sol se dizia que não ultrapassaria "a medida de seu caminho", porém se o fizesse, as deusas do destino, as donzelas da justiça, saberiam como encontrá-lo.[5]

Neste sistema o direito e a justiça não têm caráter moral no sentido que hoje atribuímos a essas palavras.[6]

---

5. Heráclito, fragmento 94 em Herman Diels, *Die Fragmente der Vorsokratiker* (5ª ed., 1934-37).
6. *Cf.* Westrup, *Introduction to Early Roman Law*, III, 1 (1939), 65.

A decisão justa é simplesmente aquela que dá a cada um o seu devido lote em conformidade com a vontade dos deuses do destino. O rei sábio e justo é aquele que recebe as revelações divinas de Zeus (*themistes*) e faz delas o fundamento de suas decisões (*dikê*). Por esta razão, o rei Minos de Creta visitava secretamente Zeus a cada nove anos.[7] A justiça, neste sentido, é requisito para o bem-estar e a prosperidade de um povo. A insubordinação contra a ordem cósmica é objeto de castigo pelos deuses e o destino. Zeus é o guardião do direito; sua filha *Dikê* se senta ao lado de seu pai e o informa a respeito das transgressões dos homens e o todo-poderoso Zeus os castiga.

> *Pois sobre a terra generosa [que a muitos alimenta] Zeus possui três vezes dez mil vigilantes dos mortais e eles observam os julgamentos e as ações atrozes no seu perambular trajados de névoa por toda a terra.*[8]

Através dessa hoste celestial Zeus distribui a prosperidade e a desdita aos justos e injustos.

Hesíodo (século VII ? a.C.) descreve os frutos dourados que aguardam o povo cujo rei observa a lei dos deuses e os desastres que cairão sobre o povo se seu rei, cego pela arrogância, for contra a vontade dos deuses.

> *Quem, em contrapartida, dá julgamentos corretos aos estrangeiros e aos homens da terra, e em nada se apartam do justo, a estes lhes prosperam a cidade e nela florescem as pessoas; [reina a] paz no país, aquela que alimenta os jovens, e Zeus, que tudo vê, não lhes impõe árdua guerra. Nem jamais perseguirá a fome e a desgraça a homens de correta lei, mas alegremente cuidarão dos campos que é tudo que lhes preocupa. Para estes produz a terra muito alimento e nas montanhas o carvalho no seu topo gera bolotas e no meio [do tronco] abelhas; suas ovelhas lanudas [caminham] carregadas de tosões; suas mulheres geram filhos semelhantes aos pais; continuamente florescem em meio aos bens e em embarcações não viajam pois a terra doadora de grãos lhes produz o fruto.*
>
> *Mas para aqueles que obram violência e crueldade, a esses o cronida Zeus, que tudo vê, impõe o castigo [da lei]; amiúde mesmo uma cidade inteira sofre com um homem mau que comete faltas e trama*

---

[7]. *Op. cit.*, 50, 77 e segs. — A este respeito ver Platão, *As Leis*, Livro I, Clássicos Edipro, 1999. (*N.T.*)

[8]. Hesíodo, *Os Trabalhos e os Dias*, versos 252 a 255.

> *atos de soberba e, do céu, o cronida envia grandes sofrimentos ao povo, fome e peste simultaneamente, de sorte que os homens pereçam e suas mulheres não parem filhos e suas habitações familiares escasseiam por inteligência de Zeus olímpico. E, de novo, em outra ocasião, o cronida destrói o grande exército deles, ou sua muralha, ou faz perder seus navios no mar.*[9]

Essa descrição acresce apenas mais um exemplo do fato, já bem conhecido na história da religião no estudo da civilização, de que o poder dos chefes dos povos primitivos tem origem mágica.[10] É tarefa do chefe, por meio de rituais mágicos (em particular, cantos, danças e sacrifícios) fazer com que chova, que a terra dê frutos e que os animais se multipliquem.[11] Se os encantamentos não surtem efeitos e a tribo é assolada por colheitas ruins, inundações e outros desastres, o rei será condenado por ter perdido seu poder e executado para ser substituído por um rei novo e melhor. No mundo de Homero e de Hesíodo, entretanto, esses hábitos se tornaram refinados: os atos mágicos através dos quais se busca o bem-estar da tribo não são mais simples ritos e sacrifícios mágicos, mas atos administrativos realizados pelo rei em exercício de seu poder jurisdicional. Não é tanto por realizar encantamentos dirigidos aos deuses, mas sim por obedecer à vontade revelada deles, por cumprir a lei cósmica, que o rei traz benefícios ao seu povo. Despojado de ideias metafísicas, isso equivale simplesmente à crença de que é tarefa do rei julgar de acordo com a moralidade e costume tradicionais, e que a felicidade e a prosperidade da tribo dependem do respeito à tradição e à ordem existente.

Compreende-se facilmente que a crença numa necessidade do destino e no castigo pela injusta rebelião contra a ordem cósmica assumisse uma nota de ressentimento especialmente veemente e exigisse vingança contra os rebeldes numa época na qual as velhas formas da comunidade tribal começavam a se romper e os conflitos sociais elevavam outras classes aos postos de direção. Uma incipiente ruptura desse naipe teria ocorrido no período que vai de Homero a Hesíodo. O reino homérico, com seu idílio patriarcal fora substituído por uma aristocracia de grandes senhores que lutavam entre si para alcançar a supremacia e tentavam submeter os camponeses livres. O respeito pela

---

9. Hesíodo, *Os Trabalhos e os Dias*, versos 222 a 248.
10. Ver Westrup, *op. cit.*, 31 e segs.
11. Ruth Benedict, *Patterns of Culture* (Mentor Ed., 1946), 54 e segs. e 131 e segs., apresenta uma interessante descrição da magia da chuva e da agricultura entre povos primitivos da atualidade.

tradição herdada – justiça em sentido homérico – minguava; a violência e o perjúrio eram coisas do dia a dia. Esta evolução se reflete na diferença entre Homero, o trovador da corte e Hesíodo, o camponês beócio. Para o primeiro, Zeus é o protetor e o defensor que preserva uma ordem harmoniosa, enquanto para Hesíodo, que está repleto de ódio e amargura pela maldade dos tempos, Zeus se tornou o grande juiz que castiga os poderosos e os injustos. Enquanto Homero representa o ponto de vista das classes dominantes, Hesíodo reflete a desconfiança e a animosidade dos camponeses que só desejam viver em paz e são testemunhas da audaz arrogância dos poderosos, envolvidos em suas lutas pela supremacia, em completo menoscabo pela tradicional ordem das coisas.

Idêntico pessimismo, associado à certeza de que cedo ou tarde o castigo cairá, de fato, sobre os arrogantes, caracteriza a Sólon (por volta do ano 600 a.C.). Com demasiada frequência pode parecer que o homem presunçoso escapa ao seu castigo. E, assim, Sólon enfatiza que Zeus, diferentemente dos mortais, não se irrita rapidamente diante de uma ofensa; contudo, nenhum homem perverso pode escapar de seu olhar vigilante. "Um homem cumpre sua pena antes, outro, depois. Se o culpado escapa e o destino dos deuses não cai sobre ele e não faz dele sua presa, tal destino chegará, com toda certeza, mais tarde: os inocentes são castigados por seu crime – seus filhos ou os filhos de seus filhos em gerações posteriores."[12]

Novas sublevações políticas abalaram o período que vai de Sólon a Heráclito, isto é, por volta de 500 a.C. Com o crescimento das cidades e o desenvolvimento de uma nova economia se produziu o surgimento de uma classe de cidadãos que tentou arrebatar da aristocracia seus antigos privilégios. Neste período de conflito entre a aristocracia e a democracia aparecem os tiranos, produto da necessidade de um governo forte que combatesse a nobreza proprietária da terra, uma situação semelhante ao período de poder absoluto como vínculo na evolução da aristocracia à democracia na história política ocidental.

É presumível que a experiência pessoal das mudanças políticas da época se reflita no princípio de mutação enunciado por Heráclito. Até os tempos de Heráclito, os filósofos haviam tentado compreender o mundo como uma coleção de coisas e descobrir seus elementos imutáveis. Heráclito afirma que tudo se acha num estado de fluxo eterno – o mundo é um contínuo processo de eventos, não uma coleção de coisas. Tudo flui: "não é possível mergulhar duas vezes no mesmo rio". Ao mesmo tempo, entretanto, tudo, a natureza e o homem, está

---

12. Transcrito da tradução de Ivan M. Linforth em *Solon the Athenian* (1919), 165.

submetido a uma ordem do mundo que não foi criada pelos deuses nem pelos homens, mas que sempre existiu e sempre existirá, um fogo eterno avivado e arrefecido segundo um plano. Foi Heráclito quem disse que o sol saberá como não ultrapassar "a medida de seu caminho". Essa lei cósmica é, ao mesmo tempo, a lei da justiça, e todas as leis humanas se nutrem da única lei divina. É aqui que, pela primeira vez, o tema do direito natural é expresso em termos filosóficos. As leis humanas não são meramente arbitrárias. São uma emanação de uma lei universal e são "nutridas" pelo mesmo poder do destino que domina tudo o que existe. Trata-se de uma filosofia do direito natural aristocrático--conservadora, a qual, num momento em que tudo que procedia do passado ameaçava desintegrar-se, busca segurança numa nova formulação filosófica da velha crença na conexão entre as leis humanas e as forças que regem o mundo.

§ 51. OS SOFISTAS

No século V a.C., no período compreendido entre as guerras persas (490 a 480-479 a.C.) e a derrota de Atenas na guerra do Peloponeso (404 a.C.), a cultura helênica atingiu seu máximo esplendor e, ao mesmo tempo, a democracia foi implantada com êxito na maior parte das cidades-Estados. Esta realização, numa época distanciada somente por uma ou duas gerações do pensamento primitivo, mágico-animista, que ainda predominava em Heráclito, sempre causou a maior admiração nas pessoas. No domínio da arte, da literatura, da ciência e da filosofia, esse povo, pouco expressivo numericamente, produziu obras que se constituiriam paradigmas dos séculos vindouros. Aqui nos interessa, somente, um aspecto dessa época culturalmente explosiva: a abolição das crenças mágico-religiosas, o abandono da crença no absoluto e eterno em matéria de conhecimento e moral, a fundamentação de um ponto de vista científico baseado na relatividade de toda apreensão racional e a evolução de uma nova moralidade segundo amplas linhas humanistas. Tudo isto se encontra intimamente conectado entre si.

Os sofistas,[13] um grupo de professores, entre os quais a figura principal foi Protágoras, provocaram a transformação do pensamento vigente. Eram profissionais do ensino (ou seja, ensinavam mediante remuneração) e instruíam os cidadãos de boa posição nas habilidades oratórias e forenses, importantes

---

13. Para uma das melhores descrições e apreciações críticas dos sofistas, ver George H. Lewes, *History of Philosophy* (3ª ed., 1867) 105 e segs.

para todos que desejassem discursar nas assembleias públicas ou defender um caso perante os tribunais. Poder-se-ia quase defini-los como professores particulares de retórica. Logo granjearam a reputação de imorais e intelectualmente desonestos, o que ainda hoje se vincula à palavra *sofística*, o que, entretanto, é um erro facilmente dissipável se atentarmos para o fato de que nosso conhecimento das doutrinas dos sofistas provém exclusivamente das descrições dos seus adversários mais cáusticos, especialmente Platão.* Os críticos da moral e das doutrinas absolutistas sempre foram estigmatizados por seus opositores como imorais e perigosos para a civilização. No que diz respeito a isso, os sofistas não tiveram melhor sorte que os adeptos da filosofia empirista de nossos dias, os quais têm submetido nossas ideias morais a um exame crítico.

Protágoras ensinou *skepsis* – *skepsis* no conhecimento e na moralidade – resumida na fórmula: "o ser humano é a medida de todas as coisas."[14] Porém, é imperioso lembrar que o conhecimento em relação ao qual Protágoras era cético era aquele que até então fora a meta dos filósofos: a percepção absoluta do imutável;** e que a moral em relação à qual era cético era a lei absoluta, a validade divina. Protágoras se deu conta da inutilidade [e fatuidade] das tentativas dos filósofos de conhecer a *essência* absoluta da existência e das coisas, e ensinou que todo conhecimento reside na percepção de nossos sentidos e é, por conseguinte, necessariamente relativo e individual. As coisas são tal como as vemos, mas os seres humanos as veem de maneiras diferentes. Mas o homem cuja mente esteja sã as vê da mesma maneira que outros que se acham na mesma condição.

Este é, substancialmente, o ponto de vista da ciência moderna: a relatividade de toda ciência e sua dependência da observação através dos sentidos. Protágoras, é claro, não conhecia o método da ciência moderna que, mediante a interpretação matemática constrói um controle intersubjetivo para elevar o conhecimento acima da experiência individual. Sua doutrina, portanto, chegou a ser mais radicalmente cética do que o justificável.

---

* Ver particularmente os diálogos de Platão *O Sofista, Protágoras, Górgias, Hípias Maior, Hípias Menor, A República* e *As Leis*, estes dois últimos constantes nesta mesma série *Clássicos Edipro*. Para relativa compensação dessa difundida exclusivização da visão dos *sofistas,* convém ler a obra *Lives of the Sophists*, de Filostrato e Eunápio (ver Bibliografia). *(N.T.)*

14. Sobre a interpretação desta famosa frase, veja Mario Untersteiner, *The Sophists*, 41 e segs.

** O significado original de σκεψις (*skepsis*) é precisamente *percepção sensorial mediante a visão,* o que corrobora inteiramente o parecer rossiano de que o embrião da ciência empírica se encontra junto aos sofistas. *(N.T.)*

Por outro lado, sua filosofia contém os prolegômenos de uma fundamentação crítica da objetividade da ciência. Sua alusão à concordância entre as percepções de pessoas de mente sã pode ser entendida como o gérmen de uma teoria da verificação.

A posição é a mesma no campo da moral e do direito. Aqui também é o ser humano a medida das coisas. Não há direito universal e eterno e as leis não têm origem divina. São única e exclusivamente obras do ser humano baseadas na convenção estabelecida e no poder. Isto não significa que todas as leis sejam igualmente boas. Aqui, também, é preciso que o critério seja buscado na concordância entre as pessoas de mente sã. Isto conduziu Protágoras, é verdade, a uma postura convencional, de cunho conservador, em defesa da ordem existente. Os sofistas mais jovens, contudo, souberam extrair de seu ensino o necessário para efetuar uma crítica contundente das instituições sociais existentes. Perceberam quão vazio e enganoso era atribuir divindade às leis. As leis humanas são a corporificação do poder arbitrário dos governantes. Todo governante produz leis que lhe são proveitosas e chama de justo aquilo que serve aos seus próprios interesses. A doutrina da justiça imanente às leis não passa de uma capa astuciosa que encobre o predomínio da força.[15] Desta maneira, os sofistas nos oferecem a primeira tentativa de formular uma teoria sociológica da relação entre o direito, de um lado, e o poder e o interesse, do outro, e do conflito entre grupos sociais.[16]

Mas, essa doutrina do caráter convencional das leis, consideradas encarnações do poder, não quer dizer que os sofistas identificaram em geral o direito com o poder, nem quer dizer que reconheceram como normas para o bem unicamente aquelas que se achavam respaldadas pela força. Por trás de sua crítica à ideologia da justiça encontra-se uma nova concepção da vida de cunho humanista e cosmopolita unida a exigências revolucionárias extremas em prol de uma reforma da vida social e política.[17] Hípias ensinava que todos os homens são iguais por natureza e que somente em virtude das leis feitas pelo ser humano foram introduzidas a desigualdade e a escravidão. Enquanto os grandes moralistas Platão e Aristóteles defenderam a instituição da escravidão como fundada na natural desigualdade dos homens, foram os "imorais" sofistas que

---

15. Tal é o cerne dos ensinamentos de Trasímaco, Cálicles e Crítias. Ver Untersteiner, *op. cit.*, 324 e segs.
16. *Cf.* K. R. Popper, *The Open Society and its Enemies* (1945), I, 49 e segs.
17. *Op. cit.*, p. 251 e segs., 283 e segs.

exigiram sua abolição e, ao fazê-lo, condenaram também a distinção – tão profundamente inculcada na mentalidade grega – entre gregos e bárbaros. Licrofonte exigiu a abolição da nobreza,[18] e Faleias reivindicou uma distribuição igualitária da propriedade e que as oportunidades de educação fossem colocadas à disposição de todos os cidadãos. Foi, inclusive, expressa a ideia de que as mulheres pudessem gozar de igualdade política relativamente aos homens.

Todas essas reformas foram pleiteadas pelos sofistas como algo que era justo segundo a natureza (*physis*) em contraposição àquilo que é justo segundo a lei (*nomos*). Disse Antífon:

> *Pois as normas das leis são acidentais enquanto as regras da natureza são necessárias; e as normas da lei são criadas por convenção e não produzidas pela natureza; as da natureza são, ao contrário, originárias, não suscetíveis de serem convencionadas. Um homem, portanto, que transgride regras convencionais da lei está livre de desonra e punição quando não observado por aqueles que fizeram a convenção, estando sujeito à desonra e à punição somente quando é descoberto. É diferente quando se trata da transgressão às leis que são inatas na natureza. Se qualquer homem violar qualquer uma dessas leis além do que seja por ela suportável, as más consequências não serão menores se escapar inteiramente à observação ou maiores se for observado por todos os homens, pois a ofensa na qual incorreu não se deve à opinião humana, mas aos fatos do caso. Apresento reflexões sobre estes pontos porque muito do que é certo de acordo com a lei está em conflito com a natureza... e muito do que é dito aqui será tido como discordante com a natureza, pois as partes envolvidas, por isso, se expõem a mais sofrimento (pena) do que o necessário e desfrutam de menos gozo do que poderiam ter, e sofrem quando podiam evitá-lo.*[19]

Isso introduz um tema que acompanha o curso de todo o direito natural posterior: o contraste entre o direito positivo e as dadas instituições históricas e convenções sociais, por um lado, e por outro, o que os filósofos do direito natural chamam de "exigências da natureza", que não dependem do poder arbitrário humano, mas que derivam de "leis cósmicas", da "vontade de Deus", ou da "natureza humana". Entretanto, dentro das diversas escolas de direito

---

18. *Op. cit.*, p. 340.
19. Antífon, o sofista, fragmento 4.

natural, há uma clara diferença na concepção da relação mútua entre as duas esferas, uma diferença que reflete a tendência política que se acha por trás da construção. O ponto de vista predominante é o do direito natural conservador, tal como foi representado por Heráclito: o direito positivo em sua essência é uma emanação ou revelação daquilo que por natureza é eternamente válido, o que lhe confere sua força obrigatória, e somente isso faz da ordem institucional um ordenamento jurídico como coisa oposta ao império da força. Esta escola de direito natural é chamada de conservadora porque sua função prática é suprir uma justificação para as instituições existentes por meio da santidade moral e religiosa. Contrastando com este ponto de vista encontramos a escola de direito natural que, como a escola dos sofistas – ou a correspondente filosofia liberal do direito natural do século XVIII – é revolucionária (ou evolucionista). Esta escola destaca o conflito entre o direito positivo e o direito natural e é denominada *revolucionária* porque sua função política é proporcionar uma justificação, com a santidade de uma validade mais elevada, para uma revolução nas condições sociais.

Pode afigurar-se uma inversão da postura cética de Protágoras, ponto de partida dos sofistas, o fato de acabarem por propor um direito natural, isto é, uma verdade moral. E, com efeito, assim foi. Entretanto, devemos lembrar – e isto, por exemplo, aparece na citação feita de Antífon – que a natureza à qual os sofistas recorriam não era concebida em termos de absolutismo religioso ou metafísico. Aqui, também, parece verdadeiro que o ser humano é a medida de todas as coisas, que se referiam os sofistas às experiências fatuais da humanidade quanto ao prazer e à dor, às necessidades fatuais e às valorações humanas. Um direito natural deste tipo é essencialmente diferente do direito natural metafísico que posteriormente predominou, e pode ser facilmente interpretado, se para isto estivermos dispostos, como uma primeira tentativa de realismo na política jurídica.

§ 52. ARISTÓTELES[20]

A filosofia dos sofistas havia feito grandes progressos para libertar o direito da tradicional concepção mágico-religiosa.

---

20. A exposição deste parágrafo é, num esquema mais amplo, o cerne da interpretação de Aristóteles que desenvolvi mais minuciosamente em *Kritik der sogenannten praktischen Erkenntnis* (1933), cap. VI, 3.

Como vimos, a doutrina dos sofistas continha, ao menos, um gérmen de uma sociologia do direito e de realismo em política jurídica, com base no qual desenvolvimentos posteriores poderiam ter sido realizados conforme o espírito da ciência. O tempo, entretanto, ainda não estava maduro para isso. Duas das maiores mentes que a humanidade conheceu, Platão e Aristóteles, se empenharam em reconstruir os que os sofistas haviam derrubado: a crença no absoluto e no eterno.[21] E foram estes dois homens, mais especialmente Aristóteles, no que concerne à filosofia do direito, que decidiram o caráter de seu desenvolvimento posterior até nossos dias.

É claro que eles não podiam reviver a crença nos deuses olímpicos e nas leis cósmicas do destino. A magia e a mitologia haviam tido seus dias de esplendor e agora pertenciam ao passado. O lugar da magia e da religião foi ocupado agora pela metafísica filosófica, que tinha, essencialmente, a mesma origem, mas que empregava um maior refinamento. Os poemas e os mitos narrativos foram substituídos por especulações filosófico-metafísicas, isto é, por uma atividade intelectual que, em sua construção lógica e sistemática imita o conhecimento científico rigoroso, mas que, na realidade, é uma nova mitologia. Assim é porque sua função, como a da mitologia e a da religião, consiste em proporcionar paz e fortaleza por meio da crença no absoluto. E também, identicamente àquelas, é copiosa, com licença poética, em asseverações acerca do "ser íntimo" da existência e das coisas. Como isto se acha fora de qualquer controle da observação e da experiência, todos se encontram livres para sustentar o que bem entendam, citando em seu apoio um contato absoluto, que se o chame discernimento intelectual, intuição, experiência de evidência, consciência transcendental, ou qualquer outra expressão inventada para designar a suposta fonte de conhecimento de verdades eternas.

Aristóteles fez da animação e personificação da natureza (animismo e mitologia), que caracterizaram o pensamento grego primitivo, um sistema filosófico de ideias. Foi mais tarde tratado com grande respeito porque é preciso uma certa bagagem acadêmica para ler seus trabalhos.* Para descobrir o caráter

---

21. "A invenção da própria filosofia pode ser interpretada, acho, como uma reação à ruptura da sociedade fechada e suas crenças mágicas. É uma tentativa de substituir a fé mágica perdida por uma fé racional," K. R. Popper, *The Open Society and its Enemies* (1945), I, 165. Sobre a filosofia como um substituto para a religião, ver também Victor Kraft, *Einführung in die Philosophie* (1950), 16 e segs.

* Esta frase, ironicamente elogiosa, denota tanta fragilidade crítica por parte de Ross contra Aristóteles, que nos surpreende ter sido escrita por ele. *(N.T.)*

primitivo de seu raciocínio necessita-se algo mais do que isso. Aristóteles tomou como pressuposto que cada coisa individual tem dentro de si uma espécie de alma (a que chamou *forma* da substância), que determina a *essência* das coisas como pertencentes a uma certa categoria. Assim, por exemplo, é a *essência* do gato Pussy o que faz dele precisamente um gato. Esta essência oculta é a realidade que se encontra por trás de nossos conceitos ordinários, como por exemplo, o conceito *gato*. A essência não pode ser descoberta por comparação e indução a partir de observações externas, mas sim por uma intuição intelectual interna. É tarefa da ciência determinar a essência das coisas – por exemplo, o que é o que faz de um gato, um gato – e enumerar as características da essência numa definição.[22] A alma ou forma das coisas é também a medida de perfeição que está encerrada nelas e para a qual tendem. Esta meta última da tendência de cada coisa está e não está na coisa. Enquanto a semente não se desenvolveu na planta, a planta não existe (como uma realidade), mas existe (em potência) como medida orientadora ou objetivo profundamente alojado no ser da semente.

Visto que o bem é aquilo para o que tendemos, a alma das coisas determina, ao mesmo tempo, o que é o bem relativamente a cada coisa individual. O bom gato é o gato que realiza à perfeição seu ser como gato. O mesmo ocorre com os seres humanos. Mas, qual é a essência de um ser humano, aquilo que faz de um ser humano, um ser humano? É aquela parte da alma que é dotada de razão, como algo oposto ao sensual, que possuímos em comum com os animais. Com isto Aristóteles cinde o ser humano em duas partes e introduz uma distinção que tem sido o fundamento de toda a metafísica espiritualista. O ser humano pertence a dois mundos. Como ser sensual, é uma parte da natureza; como criatura racional pertence ao reino da moral, da validade e da liberdade.

De acordo com isso, a tarefa moral do ser humano é levar a cabo, guiado pela razão, aquilo para o que tende seu ser íntimo (em sua natureza racional como algo contraposto à sua natureza sensual). Mas o que é isto? Quais normas de ação derivam daí? Fica claro que essas especulações metafísicas acerca da natureza do bem são como recipientes vazios que cada um pode encher como o

---

22. O oposto deste essencialismo metafísico é o nominalismo metodológico, científico, que considera os conceitos não como imagens da "verdadeira natureza" das coisas, mas como ferramentas linguísticas para a descrição mais conveniente dos fenômenos e suas correlações invariáveis. O essencialismo continua se fazendo presente em conhecidas e inúteis discussões do tipo daquela que versa sobre se o direito internacional *é* realmente direito. *Cf.* Ross, *Textbook of International Law* (1947), seç. 5, I. Ver também K. R. Popper, *The Open Society and its Enemies* (1945), I, 25 e segs.

deseje, e isto significa, realmente, que podem ser enchidos com aqueles preconceitos morais dogmáticos, aspirações e ideais que se alojaram no ser humano sob a influência de sua época e de seu meio. Aristóteles não faz um grande esforço para deduzir sistematicamente o conteúdo da moral, mas se conforma em fazer referência ao que os "homens bons e sensatos" pensam acerca disso. Em última instância, portanto, a consciência moral positiva de Aristóteles e de seus contemporâneos é revestida de validade absoluta, como "moral natural", pelas construções metafísicas.

As ideias éticas de Aristóteles são importantes porque as principais foram adotadas pelo direito natural católico. Aristóteles não desenvolveu uma teoria do direito com idêntica minúcia. Apropriou-se da distinção dos sofistas entre direito positivo e direito natural, mas deu à filosofia do direito natural um novo viés conservador e metafísico. A lei natural é a válida em si mesma e obrigatória para todos. É apreendida pela razão. É verdade que as leis humanas contêm muito de arbitrário ou que é determinado pela conveniência prática, como, por exemplo, que o resgate de um cativo seja de uma *mina*, ou que o sacrifício seja de uma cabra e não de duas ovelhas, porém, deixando de lado tais "positividades", as leis são baseadas na lei natural e quando são falhas ou ambíguas, serão interpretadas em conformidade com a lei natural.[23]

§ 53. OS ESTOICOS E O DIREITO ROMANO

Entre as escolas e tendências filosóficas gregas posteriores, o estoicismo teve especial importância para o desenvolvimento do direito natural. Essa tendência tornou-se bastante difundida no domínio do pensamento antigo e não apenas no mundo antigo como também no moderno. Através de seu espírito de humildade e universalidade, foi um instrumento de disseminação do cristianismo.

O estoicismo também vê na razão e na natureza humana a medida para o comportamento do homem sábio. Entretanto, as complicadas e insípidas ideias de Aristóteles são substituídas por uma interpretação religiosa mais ampla e atraente, impregnada de misticismo, que serviu para transformar o estoicismo em algo mais do que uma mera filosofia acadêmica; transformou-se numa filosofia de vida que se difundiu largamente entre as pessoas educadas. O culto da razão foi combinado à antiga ideia do destino como lei cósmica do mundo.

---

23. Aristóteles, *Ética a Nicômaco*, V, x, 1134 b; *Retórica*, I, xv, 1375 a. — A *Ética a Nicômaco* consta nesta mesma série *Clássicos Edipro*. (N.T.)

A razão não é meramente a razão individual. Esta não passa de uma centelha da razão eterna e universal, ou razão divina, que tudo governa no mundo. A exigência de viver em harmonia com a natureza ou de conformidade com a razão, o que constitui a mensagem básica do estoicismo, adquire, por isso, um cunho estranho e ambíguo, uma fascinante ambivalência de autoafirmação e humildade, independência e sujeição, liberdade e dever. De um lado, a natureza é igual à razão universal, ou à vontade divina. De acordo com isto a exigência moral é uma exigência de completa sujeição e autodestruição ante o divino, ante a onipotência que governa o mundo, mediante a determinação de identificar-se com o universal, com Deus. Por outro lado, a natureza é também a natureza razoável do próprio ser humano, e contemplada deste ângulo, a moral significa uma exigência de completa liberdade e independência, isto é, uma vida determinada unicamente por nossa natureza razoável, libertada completamente das ilusões dos sentidos. Somente esta liberdade moral interna é o realmente bom. Aquele que vai em busca dos prazeres sensuais ilude a si mesmo e é um escravo. O homem sábio é um rei, tem controle sobre si mesmo e é independente das coisas e das pessoas, porque ninguém pode privá-lo de sua liberdade interior. Estas duas perspectivas opostas se fundem numa única, precisamente porque o ser humano em sua natureza razoável é, ele mesmo, uma centelha do eterno, e tem uma parte de si no divino. A lei que nos governa é, consequentemente, também lei em nosso ser mais íntimo. Somente o ser humano que é escravo de Deus conquistou a liberdade perfeita.

Os estoicos introduziram o conceito de dever na filosofia moral e jurídica. No pensamento grego antigo o destino era um poder externo que obrigava aos seres humanos por meio do castigo, mas não em sua consciência. Transgredir a regra era, por conseguinte, vaidade e estultícia (*hybris*), mas não pecado ou desobediência. Entre os filósofos, o problema permanecera sempre dirigido à natureza do bem. Foi entre os estoicos – presumivelmente sob a influência do despotismo oriental – que surgiu pela primeira vez a ideia de que a essência da moral não consistia nos fins externos da vontade, mas em sua conformidade com uma lei, o que é, precisamente, o cerne da ideia de dever.[24]

O estoicismo conferiu ao direito natural uma direção religiosa e universal. Não a razão individual, mas a razão cósmico-divina é a fonte suprema do direito. Mas a razão universal nos exige que levemos uma vida social pacífica enquanto observamos aquelas regras que se encontram em nossa natureza

---

24. *Cf.* Alf Ross, *Kritik der sogenannten praktischen Erkenntnis* (1933), cap. VII.

razoável. Na interpretação deste pensamento, os estoicos, com vigor crescente, enfatizaram a ideia da igualdade de todos os seres humanos. Cada ser humano encerra uma centelha do eterno: somos, portanto, todos iguais diante de Deus. A ordem fundamental da razão é respeitar todo outro ser razoável como um fim em si mesmo, e o ideal da coexistência social é um estado universal no qual todos sejam iguais e vivam em harmonia com os comandos da natureza e da razão. Num tal estado não haveria propriedade privada e nem escravidão. Entretanto, o desatino e a perversidade dos seres humanos resultou em que vivessem apartados, em estados separados, e de acordo com leis humanas que só refletem de maneira imperfeita a justiça natural.

O estoicismo também se tornou a filosofia de vida dos romanos cultos. Cícero popularizou o estoicismo sob uma forma jurídica menos elaborada, omitindo o místico e panteístico nele encerrados. Em suas mãos, a doutrina do direito natural se converteu numa introdução filosófica ao direito e foi comumente aceita pelos grandes juristas do período clássico. Distinguiam-se três tipos de direito. Primeiro, o *jus civile*, que era o direito que se aplicava aos cidadãos romanos e que era determinado pelo sistema romano tradicional de forma e ação. Segundo, o *jus gentium*, que era o direito comum aos romanos e outros povos, e que, portanto, se aplicava aos estrangeiros e às relações entre Roma e outras potências; tal como o *jus civile*, o *jus gentium* é direito positivo, é um ordenamento baseado na força e administrado pelos pretores romanos para os estrangeiros (*praetores peregrini*). Era, todavia, mais livre na forma e mais flexível que o *jus civile*. Sob a influência do estoicismo, foi interpretado como sendo, num grau mais alto do que o direito romano específico, determinado pela natureza humana comum aos diferentes povos e, viu-se nele, portanto, num grau mais elevado do que no *jus civile* a expressão dos princípios básicos do direito natural. Finalmente, havia o próprio *jus naturae*, baseado na razão inerente ao ser humano, idêntica à razão divina que se aplica a todos os seres vivos. Mas o *jus naturae* não era um ordenamento baseado na força, e, na realidade, era contrário ao pensamento romano tradicional denominar tal ordenamento com a palavra direito (*jus*). Isto ocorreu unicamente em virtude do respeito pela autoridade dos filósofos gregos. Há, contudo, uma certa conexão com as ideias romanas no conceito romano de *aequum et bonum*. As doutrinas sobre a equidade (*aequitas*) que se desenvolveram no desenrolar do tempo para abrandamento do direito ritual estrito, encontraram, assim, apoio na filosofia do direito natural. Disto o exemplo principal foi a evolução favorável à promessa informal e a uma interpretação mais livre dela, menos dependente das palavras utilizadas que da intenção.

§ 54. O DIREITO NATURAL DOS ESCOLÁSTICOS (TOMÁS DE AQUINO)[25]

Não foi difícil para os padres da Igreja e para os filósofos escolásticos interpolar as específicas ideias cristãs na tradição clássica do direito natural. No lugar do vago conceito panteísta de uma razão divina universal, bastou-lhes colocar o Deus do cristianismo. A distinção aristotélica entre o ser humano como ser sensual e o ser humano como ser racional se ajustava perfeitamente à distinção cristã entre corpo e alma, entre este mundo e o reino de Deus.* Só que se achava mais no espírito do evangelho ressaltar a pureza de coração, a consciência, em lugar da razão pensante, como o órgão através do qual a voz de Deus fala ao ser humano.

A novidade mais importante ocorreu em dois pontos. Em primeiro lugar, o direito natural adquiriu um conteúdo mais variado. Enquanto os antigos filósofos do direito natural não tinham ido além de imprecisas ideias acerca de uma *lex naturae* eterna e absoluta, sem atribuir-lhe um conteúdo sistemático preciso, o cristianismo encontrou na Revelação um ponto de vinculação firme e dogmático. O cerne de todo o direito natural cristão é a vontade revelada – e, neste sentido, positiva – de Deus: a lei mosaica e o Evangelho.

Em segundo lugar, a ideia da supremacia do direito natural sobre o direito humano foi então tomada a sério. O direito humano somente adquire sua força obrigatória, sua validade como direito enquanto em oposição ao poder arbitrário, em virtude de sua derivação do divino; e nenhum direito humano que esteja em conflito direto com o direito natural tem validade alguma. Isto não significava, entretanto, que os seres humanos estavam livres para recusar obediência a toda lei injusta, por exemplo, a uma lei tributária que não distribui equitativamente o ônus. Em tal caso a lei da natureza exige do ser humano que anteponha a paz e a ordem acima de seus próprios direitos. Porém, se o direito positivo prescreve ou permite algo que está em conflito direto com alguma ordem fundamental específica do direito natural (tal como este é ensinado e

---

25. Para um estudo mais minucioso e documentado, ver Alf Ross, *Kritik der sogenannten praktischen Erkenntnis* (1933), cap. VI, 4.

* Neste sentido, a patrística, mais exatamente Agostinho (354-430), antecipando-se em muitos séculos à escolástica e especialmente ao tomismo, executou essa obra com base na metafísica de Platão, a dualidade corpo/alma e a distinção entre mundo sensível e mundo inteligível se prestando impecavelmente à estruturação do "pensamento cristão". *(N.T.)*

interpretado pela Igreja), então será o direito e dever de todos oferecer resistência ao rei e às autoridades, porque então o direito não será mais direito, mas força bruta e o rei não será mais rei, mas tirano. Fica claro que a conjunção desses dois pontos significou que, de maneira engenhosa, fossem combinados um direito natural de tipo conservador com outro, moderadamente opositor. Em geral, o direito e a ordem receberam apoio religioso, na medida em que se reservava à Igreja um direito de censura para a defesa de certos princípios elementares, em particular em apoio do poder papal no seu conflito com o poder temporal.[26] Já se pode encontrar num decreto de Graciano do século XII uma teoria nessas linhas. Uma vez atenuado o conflito entre o imperador e o papa, o direito natural foi se tornando cada vez mais conservador. O direito natural católico alcançou sua formulação definitiva em Tomás de Aquino (1226-1274),* que com admirável energia e capacidade criadora construiu o sistema teológico-filosófico medieval em sua poderosa *Summa Theologica*, cujos ensinamentos, sem alterações e acréscimos particulares, são aceitos ainda hoje pela filosofia jurídica católica.

A filosofia moral e jurídica de Aquino segue muito de perto a de Aristóteles (a quem ele chama simplesmente de "o filósofo"), está claro, com a inserção da concepção cristã de Deus. Sua concepção do mundo também é animista. O bem é aquilo para o que tende(m) tudo (todos os entes), animados ou inanimados, segundo sua natureza e destino, divinamente criados. O bem é a realidade mesma em sua própria perfeição, de acordo com a ideia de Deus. Tudo tende, segundo sua própria natureza, para a perfeição em Deus e, por isso, toda tendência natural é legítima.

Para o ser humano, o bem significa aquilo para o que ele tende em virtude de sua natureza. Isto não significa, evidentemente, que tudo que o ser humano, de fato, deseja, seja bom. A retidão interna está vinculada unicamente à nossa autêntica vontade íntima, que se encontra por trás da tendência consciente. Se a razão se limitasse a seguir a luz natural que Deus colocou em nossos corações, nossa vontade consciente estaria também dirigida sempre para o verdadeiro bem. Entretanto, a razão do ser humano pode se achar corrompida e desafiar a lei natural. A vontade se aparta, assim, de seu caminho e busca aquilo que se afigura bom ainda que não o seja.

---

26. O aspecto político do direito natural, em particular a doutrina referente à soberania, o contrato de governo e o direito de resistência, e o papel desempenhado por estas teorias na história política são tratados com maior amplitude em Alf Ross, *Why Democracy?* (1952), 9 e segs.
* Esta data não é unanimemente aceita. Há quem opte por 1225-1272. *(N.T.)*

Qual é, então, a lei que a razão seguirá a fim de guiar a vontade para o verdadeiro bem? Em sua perfeição é a lei eterna, idêntica à razão soberana de Deus, a sabedoria divina, que governa todos os seres criados, que rege todos os movimentos da natureza e todas as ações. As leis restantes extraem sua força dessa lei. Porém, a lei eterna não pode ser captada em sua perfeição pelo ser humano. Na medida em que pode ser apreendida pelo ser humano com o auxílio exclusivo da luz natural (razão) chama-se direito natural. Mas isto não é o bastante para capacitar o ser humano a alcançar seu propósito divino. E, consequentemente, Deus, por revelação, concedeu ao ser humano, a título de orientação adicional, uma participação na lei eterna: tal é a lei divina (a lei mosaica e o Evangelho). Finalmente, há a lei humana estabelecida pelo ser humano com a ajuda da razão e necessária para permitir a concreta aplicação daqueles princípios básicos que estão expressos na lei divina e na lei natural.

Os diversos níveis da lei têm diferentes graus de evidência.[27] A evidência é, naturalmente, maior na lei revelada, essencialmente a lei mosaica: sua segunda tábua contém os mandamentos fundamentais para a vida humana em comunidade, cuja transgressão enche todo ser humano de horror natural. Diferentemente, os princípios captados unicamente pela luz da razão possuem um grau menor de evidência porque a razão pode ser arrastada pelas paixões e pela natureza pecaminosa do ser humano. O grau de evidência é mínimo na mais remota aplicação desses princípios às circunstâncias da vida. Assim, por exemplo, conclui-se do oitavo mandamento ("Não roubarás") que um depósito tem que ser restituído. Contudo, esta aplicação é unicamente válida como regra geral. Pode haver exceções de acordo com as circunstâncias. É mister dar ao legislador uma liberdade considerável na formulação do direito positivo. O direito natural se limita a determinar um padrão, e não basta que o direito positivo seja simplesmente justo, devendo, também, ser benéfico, isto é, tem que servir às necessidades das pessoas. Mas, as necessidades mudam em função do ritmo das ideias, costumes e circunstâncias econômicas; na realidade, modificam-se com o todo da própria civilização, que varia no tempo e no espaço. E, por isso, o direito tem, também, que mudar.

Fica claro que embora Aquino tenha dado ao direito natural um conteúdo mais sólido ao incorporar nele os dogmas fundamentais da moralidade cristã (por exemplo, a indissolubilidade do matrimônio), ele está longe de um racionalismo abstrato que busca deduzir por meio da razão uma solução para cada

---

27. *Cf.* Henri Rommen, *Le droit naturel* (1945), 72 e segs.

questão específica e concreta. Há, assim, muito espaço em sua construção para uma forma sociológico-realista de política jurídica. O mesmo ocorre com o tomismo de hoje. Se deixamos de lado o metafísico e o dogmático, portanto, há possibilidades favoráveis para um entendimento entre essa tendência e um estudo realista do direito.

§ 55. RACIONALISMO[28]

À medida que a influência teológica sobre o pensamento foi declinando gradualmente, o direito natural, exceto por seu desenvolvimento pela tradição católica ortodoxa, foi se secularizando. Os séculos XVII e XVIII foram a era do racionalismo e do iluminismo e, ao mesmo tempo, o período de esplendor dos grandes sistemas de direito natural. O direito natural tornou-se a filosofia prática fundamental de toda uma época, o pensamento dominante não apenas nos estudos jurídicos e na filosofia moral, como também na economia e na política. Despojou-se de seu traje teológico e adotou a roupagem da ciência pura, auxiliada pelo método matemático dedutivo que constituiu a grande descoberta da época. Os fundamentos dessa tendência foram formulados pelo holandês Hugo Grócio (*De jure belli ac pacis*, Livro III, 1625), mas foi somente em meados do século XVII que o direito natural logrou o fastígio de seu desenvolvimento com os grandes sistemas de Baruch Spinoza, Samuel Pufendorf, Christian Thomasius, Jean Barbeyrac, Christian Wolff e outros. Uma ênfase política particular apareceu no direito natural de Thomas Hobbes, o defensor radical do poder absoluto, e também na obra de John Locke e Jean-Jacques Rousseau, os dois fundadores da democracia moderna. Locke foi o pai ideológico da Revolução norte-americana e Rousseau, da Revolução francesa. Estas duas revoluções representaram o triunfo da ideia do direito natural relativamente à libertação do indivíduo, invocando os direitos inalienáveis da liberdade e os direitos inalienáveis do homem. Estes direitos encontraram expressão na Declaração de Independência norte-americana de 1776 e na França na Declaração dos Direitos do Homem de 1789, adotada como introdução à Constituição de 1791. O projeto do Código Napoleão iniciou-se com a notável frase seguinte, a qual contém o credo da revolução em forma abreviada: " *Il existe un droit universel et immuable, source de toutes les lois positives; il n'est que la raison naturelle, en tant qu'elle gouverne*

---

28. *Cf.* Alf Ross, *Kritik der sogenannten praktischen Erkenntnis* (1933), cap. VI, 5.

tous les hommes." (Existe um direito universal e imutável, fonte de todas as leis positivas; é a razão natural que governa toda a humanidade).

O derradeiro grande nome dessa era foi Immanuel Kant. Entretanto, principalmente a caminho do desfecho do período houve uma proliferação de autores e sistemas menos conhecidos. Não constituiria exagero dizer que se tornou quase obrigatório que todo autor que se respeitasse elaborasse um sistema próprio.

A característica principal e mais óbvia do novo direito natural foi, como já adiantamos, sua natureza secular e não teológica. Isto se patenteia na famosa afirmação de Grócio de que o direito natural continuaria sendo válido mesmo quando se sustentasse – e isto seria um horrível crime – que Deus não existe (*etsi Deus non daretur*). O direito natural desenvolveu-se agora sem nenhum apoio na teologia e na revelação, e somente com base na natureza humana.

Isso, em si, não teria significado muito. Os escolásticos haviam, também, tomado a natureza humana como fundamento, e a interpretação das ordens da natureza não difere muito se a ela se adiciona ou se subtrai a noção de Deus, porém o que é novo é precisamente o método pelo qual o direito natural é deduzido da natureza humana. O fator novo e crucial é a orgulhosa confiança de ter descoberto um método científico incontroverso para substituir o remendo semiteológico e semiempírico dos tempos passados. Este é o método dedutivo ou geométrico de René Descartes. Considerou-se que haviam sido descobertos os meios de elevar a filosofia ao mesmo nível científico das matemáticas. Tudo que faltava era encontrar um ponto de partida seguro numa série de axiomas indubitavelmente verdadeiros (evidentes).[29] O resto seria só lógica, dedução, como todas as matemáticas não são mais do que dedução baseada num sistema de axiomas. No âmbito na filosofia jurídica isso significava que partindo de alguns poucos princípios de absoluta clareza e evidência, apreendidos através da meditação sobre a natureza humana, seria possível deduzir um sistema jurídico completo. Este é o orgulhoso e esperançoso programa do racionalismo.

Foi executado cabalmente. Tomando como ponto de partida a lei da sociabilidade que emana na natureza social do ser humano, e que o leva a unir-se com seus semelhantes numa vida comunitária pacífica, deduziu-se um amplo sistema de regras jurídicas, com frequência englobando até os detalhes mais

---

29. Descartes tomou como seu ponto de partida a célebre proposição *cogito ergo sum*.

diminutos.[30] Este sistema foi dividido em disciplinas, tal como o direito positivo. Desta maneira o direito natural tornou-se não só uma mera coleção de algumas ideias importantes ou dogmas, mas um sistema jurídico detalhado semelhante àquele do direito positivo. E assim nos sistemas de direito natural podemos encontrar regras a respeito dos contratos, da aquisição da propriedade, do matrimônio, da herança, do governo, etc., todas expostas com um cunho explícito e pormenorizado, que fazem do direito natural um sistema que ocupa a mesma escala do direito positivo.

Outro fator adquiriu uma enorme e funesta importância. Enquanto o direito natural foi concebido como composto unicamente por umas poucas máximas abstratas gerais (tal como, em verdade, ocorrera em toda a filosofia anterior), não houve perigo de que o direito natural e o direito positivo pudessem ser confundidos. Ainda quando houvesse, por certo, uma conexão entre eles, na medida em que o direito positivo extraía sua validade do direito natural, ficava claro, todavia, que este último não se dirigia às mesmas pessoas que o primeiro; porque o direito natural continha os princípios morais e jurídicos que obrigavam ao legislador. O acatamento deste ao direito natural era condição para que suas ordens constituíssem um comando jurídico verdadeiramente obrigatório e não o simples império da violência. O direito possuía também, além de seu caráter compulsório, uma validade moral superior. O direito natural estabelecia os princípios supremos que eram a fonte dessa validade. O direito natural tinha, assim, uma natureza moral ou político-jurídica, mesmo quando não se fizesse distinção fundamental entre a moral e o direito, porque se assumia que era parte da essência do direito ser também moralmente obrigatório, obrigatório em consciência. A palavra *moral* devia ser entendida, consequentemente, como designadora daquela validade que direito e moral, em sentido restrito, possuem em comum, em contraposição ao caráter específico do direito como comando compulsório. Por outro lado, jamais se considerou o direito natural como um conjunto de regras dirigidas aos cidadãos para regular suas relações recíprocas em termos de direitos e deveres. Prova disto é que o direito natural foi sempre considerado como direito ou lei (*law*) natural, nunca como um conjunto de direitos (*rights*) naturais.

---

30. K. D. A. Roeder cita como contravenções elementares ao direito natural: entrar sem ser convidado, fazer viagens problemáticas, os *stocks* de couro duro usados pelos soldados. Ver *Grundzügen des Naturrechts* (2ª. ed., 1863), II, 82, 91, 98.

Mas era diferente agora no século XVIII. Uma vez iniciado o processo de deduzir um sistema jurídico completo sobre base jusnaturalista, a consequência inevitável foi considerar-se o direito natural como um conjunto de direitos e deveres que têm uma aplicação válida direta aos cidadãos em suas relações recíprocas, tal como ocorre no direito positivo. O direito natural deixou de ser uma disciplina moral e se transformou numa genuína disciplina jurídica, isto é, em lugar da ideia logicamente não irrazoável de que o direito positivo era submetido a certos princípios morais que eram condição para sua força moralmente obrigatória, os seres humanos foram induzidos a admitir uma duplicação do sistema jurídico: por trás ou acima das relações jurídicas fatuais (principalmente expressas na categoria *direito subjetivo*) existia outro conjunto de direitos subjetivos (*rights*): os direitos (*rights*) naturais. Em conformidade com esta ideia chegou-se a uma distinção nítida entre o direito e a moral. O conceito de direito subjetivo, cumpre lembrar, está vinculado à experiência do poder exercido mediante a maquinaria estatal de compulsão. O conceito de direito subjetivo é um conceito do direito positivo. Contudo, como o direito natural era, agora, também concebido como formado por direitos subjetivos (*rights*), a consequência foi que todo o direito (*law*), tanto o natural como o positivo (contrastando com a moral) foi caracterizado pelo poder de compulsão.

Dessa maneira, como consequência, foi criada uma desafortunada duplicação do sistema jurídico: a concepção de um sistema de direitos subjetivos superiores, situado por trás ou acima do sistema de direitos subjetivos positivos. Enquanto o direito natural até então fora uma concepção moral-filosófica que os juristas podiam aceitar ou rejeitar sem que isso produzisse efeitos notáveis para a ciência do direito positivo, o novo aparato conceitual gerou uma confusão que deixou marcas profundas em todo o pensamento jurídico até a atualidade (parágrafo 61).

O conteúdo ideológico das exigências jusnaturalistas de reforma foi determinado, particularmente no século XVIII, por reivindicações do iluminismo a favor da libertação individual frente ao poder governamental opressivo e frente à tradição feudal com seus grilhões e sistema de privilégios. Para falar em termos de clichê, a ideologia do direito natural se fez individualista e liberal. O Estado devia interferir o menos possível na vida dos cidadãos. Sua ação devia limitar-se a preservar a paz interna e externa e a garantir a propriedade e a liberdade contratual. Os privilégios da nobreza deviam ser abolidos, bem como o poder das corporações de ofícios (*guilds*) e outras restrições arbitrárias à liberdade. Esta ideologia encontrou sua expressão mais incisiva em Kant, que definiu a liberdade como o direito original do ser humano e exprimiu a suprema exigência do direito natural no famoso enunciado – o imperativo categórico: "Uma conduta será legal se a liberdade de realizá-la for compatível com a liberdade de todas as demais pessoas de acordo com uma regra geral."[31] Desconsiderando o fato de que esta proposição não tem significado, sua intenção é claramente assegurar um máximo de liberdade, restringindo-a apenas em seu próprio interesse.

§ 56. DIREITO NATURAL DISFARÇADO

Admite-se comumente que com a reação conservadora posterior à Revolução francesa, o direito natural, pelo menos durante algum tempo, desapareceu do cenário intelectual. As tendências predominantes na filosofia jurídica e moral assim como na política, durante a *Restauração* e depois dela, parecem confirmar esse ponto de vista. Não foram desenvolvidos novos sistemas de direito natural e o próprio conceito parece ter sumido.

Na Alemanha floresceu uma filosofia da história romântico-conservadora que, como reação às especulações abstratas do direito natural, centrou sua atenção na evolução histórica das instituições sociais. Friedrich Carl Von Savigny e Georg Friedrich Puchta fundaram a escola histórica ou romântica, cuja tese básica consistiu em afirmar que o direito não é criado conscientemente por deliberações racionais, desenvolvendo-se, sim, de forma cega e orgânica como uma expressão do espírito do povo e da consciência jurídica popular. O costume, e não as leis, é, portanto, a fonte suprema do direito.[32]

Na França, Auguste Comte lançou as bases do positivismo[33] num programa que pretendia basear a política cientificamente nas leis que regem as comunidades e sua evolução (sociologia). Além disso, os juristas franceses, após a aprovação do grande código civil, o Código Napoleão de 1804, perderam o interesse nas reivindicações político-jurídicas de reforma e, com isso, no direito natural. Seu interesse se concentrou no direito positivo: o Código e sua interpretação.[34]

Na Inglaterra, finalmente, encontramos também tendências histórico-conservadoras correspondentes (Burke). Foi, contudo, Jeremy Bentham, o

---

31. *Cf.* Ross, *op. cit.*, cap. IX, 1.
32. *Cf.* Ross, *Theorie der Rechtsquellen*, cap. V.
33. *Cf.* Ross, *Kritik der sogenannten praktischen Erkenntnis* (1933), cap. VI, 6.
34. *Cf.* Ross, *Theorie der Rechtsquellen* (1929), cap. II, 3.

fundador do utilitarismo, quem exerceu maior influência.[35] Apesar de sua tendência liberal e de seu método abstrato não histórico, que tinha afinidade com a tendência e o método da filosofia do direito natural do século XVIII, Bentham foi o opositor mais fanático do direito natural e quem, com zelo e paixão insuperados, denunciou a ideia dos direitos naturais (*natural rights*) qualificando-a de mera ilusão. Bentham quis construir uma doutrina moral exclusivamente com base no princípio da utilidade, isto é, fundada no critério da maior felicidade (prazer) para o maior número. Através do filósofo do direito John Austin, fundador da chamada escola analítica, exerceu uma influência decisiva sobre o pensamento jurídico inglês.[36]

No entanto, a ideia de que o direito natural se converteu em coisa do passado é errônea, a menos que restrinjamos esse conceito às teorias racionalistas dos séculos XVII e XVIII. Se incluirmos sob o rótulo de direito natural, como aqui fizemos, todas as teoria jurídicas metafísicas que são também político-jurídicas, *quer dizer*, que suprem um critério para a retidão ou justiça do direito, então o direito natural, ainda que com outro nome, sobreviveu e prosperou ao longo do século XIX; dever-se-ia chamá-lo, realmente, de direito natural disfarçado. O século XIX, entretanto, considerou-se hostil ao direito natural porque, a partir da perspectiva contemporânea, o direito natural era identificado com as tendências que haviam prevalecido nos dois séculos anteriores. A reação não foi, na realidade, contra o direito natural como tal, mas contra o racionalismo, o individualismo e o liberalismo que haviam caracterizado a filosofia do direito natural no período imediatamente anterior. Tanto o historicismo como o positivismo seguiram linhas de pensamento que eram bem conhecidas pelo direito natural mais antigo. Não se pode dizer o mesmo com igual justificação a respeito do utilitarismo de Bentham, mesmo que este pretendesse derivar a moral da natureza humana, de sua tendência à felicidade ou ao prazer. A despeito disto, veremos que certas ideias de característica origem jusnaturalista foram enxertadas no utilitarismo durante sua evolução no século XIX.

O historicismo[37] afirma que a história é o critério do bem e do bom. Na história da espécie humana aparecem forças que, obedecendo a uma necessidade interna, conduzem a humanidade avante rumo à sua meta. A moral,

---

35. *Cf.* Ross, *Kritik der sogenannten praktischen Erkenntnis* (1933), cap. VI, 6; *Why Democracy?* (1952), pp. 49 e segs.
36. *Cf.* Ross, *Theorie der Rechtsquellen* (1929), cap. IV, 3-6.
37. *Cf.* Ross, *Kritik der sogenannten praktischen Erkenntnis* (1933), cap. XII.

consequentemente, não pode ser excogitada pelo raciocínio de um indivíduo, devendo sim ser encontrada no desenvolvimento histórico das instituições sociais e jurídicas. As coisas existentes são também, em sua essência, as coisas boas. O julgamento da história é também um julgamento moral. A história é a passagem de Deus pelo mundo.

Comparada ao que afirmamos anteriormente, essa linha de pensamento constitui uma variante nova da doutrina aristotélico-tomista de que o bem é idêntico à essência das coisas e é determinado pela tendência para uma meta, inerente a tudo que existe. A única diferença é que, agora, em lugar do indivíduo e da natureza humana, é a humanidade e sua história que são introduzidas como o sujeito cujo ser e tendência determinam o que é bom.

Muitas variações em torno dessa ideia foram desenvolvidas, porém nenhuma atingiu tanta absurdidade fantástica quanto a famosa filosofia de Georg Wilhelm Friedrich Hegel.[38] Hegel considera que a essência íntima da existência é a razão, o espírito absoluto, e que a história é uma espécie de operação lógica gigantesca na qual a razão ou Deus se pensam a si mesmos num processo triádico peculiar. Primeiro é formulado um conceito ou tese; este origina sua própria contradição; e logo ambos se fundem numa unidade superior, o jogo prosseguindo com uma nova tese que se desenvolve da mesma maneira. Hegel afirmou que com esse esquema podia interpretar todo o existente e deduzir os resultados mais surpreendentes.[39] Em matéria de política, sua filosofia conduziu a uma interpretação da história de acordo com a qual o povo alemão é escolhido para realizar o propósito último de Deus com relação ao existente, e o Estado prussiano de 1821 aparece como um modelo do verdadeiro Estado. No campo da filosofia moral e jurídica Hegel formulou a sentença tão citada: "*Was vernünftig ist, das ist wirklich; und was wirklich ist, das ist vernünftig.*" (O que é racional é real, e o que é real é racional) Naturalmente, com isso Hegel não quis dizer que tudo que fatualmente existe é também válido e bom. Sua ideia era que a razão individual humana não pode excogitar o que é moral, que isto se revela nas instituições históricas da moral objetiva: a família, a comunidade civil e o Estado em suas características fundamentais – na interpretação que dá Hegel ao seu conceito ou ideia por meio do método dialético.

---

38. *Cf. ibid.*, cap. XIII, 4, e o excelente estudo crítico de Hegel feito por K. R. Popper em *The Open Society and its Enemies* (1945), II, cap. 12.
39. *Cf.* Popper, *op. cit.*, II, 25-26.

A escola jurídica histórica não baseou suas ideias em Hegel, mas em Friedrich Wilhelm Schelling,[40] que retornou à antiga concepção da necessidade do destino* e interpretou a história como uma gigantesca tragédia na qual o indivíduo se crê livre, mas é conduzido de forma inexorável para uma meta predestinada. Dirigido ao domínio do direito isso conduziu à doutrina de que o direito emergiu por necessidade do destino de forças cegas presentes nas profundezas do espírito popular. O legislador pode fazer o que faz o bom jardineiro, a saber, estimular o crescimento natural, mas nada mais. Qualquer intervenção arbitrária está condenada, de antemão, ao fracasso. Esta é a razão pela qual Savigny, no seu afamado tratado, questionou e censurou a vocação de legislar, não só em seu tempo, como também em qualquer outro.[41]

A sociologia de Auguste Comte e a política positiva sobre ela construída aproximam-se bastante da filosofia da escola histórica.[42] As leis que Comte acredita que podem ser estabelecidas para diferentes etapas da civilização não são causais, mas leis do destino; constituem a expressão de uma necessidade interna determinada por uma meta, uma necessidade que simultaneamente determina tanto o real como o valioso. Em política o possível é, portanto, no principal, também o necessário. O desenvolvimento, entretanto, não segue totalmente a linha reta da necessidade. Pode haver desvios menores para um ou outro lado. Se a política tiver que cumprir sua missão, se a política tiver que consistir em mais do que gestos impotentes, deverá dar acabamento às tendências espontâneas de desenvolvimento. O único poder possuído pelo ser humano é o de acelerar a necessidade, o de remover obstáculos, reduzindo, desta maneira, os desvios da linha reta. Muito do que na França e em outras partes circulou mais tarde sob o nome de sociologia não é ciência empírica, mas metafísica jusnaturalista de um tipo semelhante ao que descrevemos aqui.

O livro de John Stuart Mill *On Liberty* (1859)[43] é um magnífico exemplo de que como ideias puramente jusnaturalistas se incorporaram, apesar do zelo de Bentham, às formulações posteriores do utilitarismo. O livro visa a desenvolver o princípio que justifica o exercício da força (censura moral ou jurídica) pela comunidade ou pelo Estado contra o indivíduo. Este princípio exprime

---

40. *Cf.* Ross, *Kritik der sogenannten praktischen Erkenntnis* (1933), cap. XII, 3.

* Ross se refere, como antes, ao conceito grego de ἀνάγκη (*anangkê*), aproximativamente correspondente ao latino *fatum* (*necessidade, fatalidade, destino*). (N.T.)

41. *Cf.* Ross, *Theorie der Rechtsquellen* (1929), cap. V, 2.
42. *Cf.* Ross, *Kritik der sogenannten praktischen Erkenntnis* (1933), cap. VI, 6.
43. *Cf. op. cit.*, p. 191.

que o único propósito que justifica a força é impedir que uma pessoa cause dano a outra. Visto que o *dano* não pode ser identificado com qualquer lesão a interesses, é forçoso que o princípio queira dizer que a liberdade de ação é restringida em vista dos *direitos* opostos dos outros. Estes direitos têm (já que estamos lidando com um princípio para legislação) que ser *necessariamente* direitos naturais, e aqui retornamos novamente ao direito natural.

O mesmo aparece ainda com maior clareza no desenvolvimento evolucionista do utilitarismo feito por Herbert Spencer,[44] que salientou quão impossível é calcular todas as consequências de uma ação e sua importância para a felicidade humana. Em lugar disso, se pergunta se a ação obedece às leis da vida, aquelas que geralmente decidem a tendência da ação para promover prazer ou dor. Mesmo que essas leis tenham que ser extraídas da experiência, esta se cristalizou de tal maneira, através da evolução da humanidade, que as leis se apresentam, aos olhos do indivíduo, como princípios *a priori* evidentes, a saber, os princípios de justiça e igualdade. Spencer, sem conhecer Kant, formulou por conta própria a lei da justiça da forma exatamente igual ao princípio de Kant. Cada pessoa, diz Spencer, tem liberdade para fazer o que queira, desde que não viole a igual liberdade dos outros. Aqui, novamente, este princípio só tem sentido na pressuposição de que a "liberdade" dos demais seja definida em termos de direitos naturais.

De maneira semelhante, Rudolf von Ihering enxertou o princípio eterno da justiça em seu utilitarismo social.[45] Ihering considerava a comunidade como um organismo vivo independente e colocou o bem-estar social no lugar da soma das felicidades individuais. O propósito mais elevado determinado pela moral e o direito é a garantia das condições de existência da comunidade. E estas estão expressas nas exigências de justiça. Posto que esta afirmação – frequentemente feita pelos mesmos homens que reprovam a comunidade existente devido à injustiça desta – não pode ser deduzida da experiência, tem que ser interpretada como uma nova manifestação do antiquíssimo postulado metafísico religioso que vê na justiça uma lei cósmica que garante a vitória dos justos, das criaturas de Deus, e assegura a felicidade ao homem virtuoso (Heráclito!).

Esses exemplos bastam para mostrar como durante o século XIX continuou florescendo um direito natural metafísico e uma ideologia *a priori* da justiça, encobertos em teorias aparentemente hostis, que professavam um

---

44. *Cf. op. cit.*, cap. V, 6.
45. *Cf. op. cit.*, cap. V, 7.

empirismo científico. O que desapareceu junto com o século XVIII não foi o próprio direito natural, mas os sistemas racionalistas do direito natural. A ideologia a ele inerente mudou de cor em consonância com a mudança do clima político. O individualismo foi preterido numa medida continuamente crescente por ideias de matiz social. Foi-se percebendo gradativamente que a liberdade sem restrições, particularmente no domínio dos contratos, não traz consigo apenas bênçãos, mas também uma tendência a tornar o poderoso cada vez mais poderoso e o fraco cada vez mais fraco e que, portanto, regras sociais podem ser necessárias para proteger os membros mais fracos da comunidade.

§ 57. O RENASCIMENTO DO DIREITO NATURAL

Em vista da situação descrita no parágrafo anterior, não é de se surpreender que o direito natural tenha voltado a prosperar em princípios do século XX e que tenha, desde então, se expandido em tal medida que é comum falar-se de um *renascimento do direito natural*. Os abalos tremendos da política e da economia que caracterizam este século* têm fomentado a ânsia de descobrir algo absoluto num mundo em dissolução e mergulhado no caos. Pareceria que a realidade brutal fortaleceu o impulso de afirmar os ideais de justiça. A primeira guerra mundial estimulou poderosamente o direito natural absolutista. O idealismo francês foi colocado em contraposição à doutrina alemã do poder e as doutrinas jusnaturalistas usadas para justificar os fins bélicos dos aliados e para robustecer a força de resistência da população.[46] Da mesma maneira, as atrocidades de Hitler contribuíram certamente para promover o crescente desejo de confirmar a crença nos direitos humanos, tal como o regime de violência alemão nos países ocupados estimulou a ânsia de afirmar em termos absolutos a diferença entre o direito e o poder e fundamentar o direito numa ideia absoluta.

Contudo, o direito natural que hoje predomina na porção majoritária da filosofia jurídica não é uma ressurreição dos sistemas racionalistas do século XVIII, mas uma linha de escolasticismo que foi retomada. A doutrina de nossos dias** e a iluminista diferem tipicamente em dois pontos.

---

* Ou seja, o século XX. *(N.T.)*
46. *Cf.* Alf Ross, *Theorie der Rechtsquellen* (1929), cap. II, 7.
** Não esqueçamos que Ross escreve estas linhas nos primeiros anos da década de 50. *(N.T.)*

Em primeiro lugar, ninguém pensa mais em deduzir de princípios *a priori* regras específicas sobre mútuo, aluguel, penhor, etc. Tal pretensão foi deixada de lado, postulando-se apenas certos princípios fundamentais. Admite-se que só podem ser complementados adaptando-os às circunstâncias, levando em consideração as tradições históricas, as condições técnicas e econômicas e as necessidades práticas. Tornou-se usual falar de "um direito natural de conteúdo variável". Certos princípios superiores ou critérios formais são considerados como eternos e invariáveis. Por vezes, a relatividade se estende, inclusive, a estes, de sorte que a doutrina do direito natural se aproxima de um positivismo histórico-sociológico.

Em segundo lugar, o conteúdo ideológico deu prosseguimento ao desenvolvimento que começou no século XIX, afastando-se do liberalismo individualista do iluminismo rumo a uma ideologia social e coletivista.

Quanto à explicação filosófico-metafísica do direito natural, o século XX não tem produzido construções de particular originalidade, talvez porque os temas possíveis estejam esgotados, ou porque o talento para a criação de pensamento metafísico está decrescente. As tendências seguintes são todas extensões, amiúde macerações, de elementos bem conhecidos.

Para começar temos, é claro, o neotomismo, o qual desempenha um papel predominante, especialmente na França.[47] Profundamente arraigada na tradição católica, a chamada *philosophia perennis*, o tomismo, tem subsistido ao longo dos séculos, à margem dos caprichos da metafísica; mas parece, atualmente, ter conquistado apoio também fora dos círculos católicos ortodoxos.

Na Alemanha, várias tendências neokantianas têm desempenhado um papel. Variam em sua interpretação de Kant ao atribuir importância a aspectos diferentes de sua filosofia. As distinções são sutis e só podem ser indicadas com brevidade aqui.[48] Uma tendência (a escola de Marburgo) deu continuidade ao que em Kant se chama de formalismo, ou seja, a ideia segundo a qual a moral é determinada pelo princípio da autonomia da vontade – decisivo apenas é se a máxima segundo a qual alguém age é compatível com a ideia de uma lei universal. Esta ideia foi elaborada em função da noção de uma vontade pura determinada unicamente por si mesma e não afetada por nenhum desejo condicionado pelos sentidos. Sobre esta base, que, evidentemente, carece de

---

47. Com relação à doutrina francesa do direito natural, ver também Ross, *op. cit.*, cap. II.
48. Pode-se encontrar um estudo mais completo em meu livro *Kritik der sogenannten praktischen Erkenntnis* (1933), caps. X e XI.

todo conteúdo e que somente por truques de mágico pode possibilitar que se chegue a postulados morais, Rudolf Stammler construiu um direito natural de concepção formalista, vazio e afetado, que, não obstante, muitos julgaram profundo. Seu postulado básico é a ideia de uma comunidade de indivíduos de vontade livre. A partir desta ideia desenvolve uma série de proposições básicas sobre direito justo ou correto (*just or right law*), as quais são realmente tautológicas.[49] Outra tendência (*Friesianism*) erige sua construção sobre a ideia de Kant de que a lei moral é dada na consciência como "fato de razão". Sobre este postulado Leonard Nelson construiu sua teoria da justiça como um equilíbrio de interesses sem consideração das pessoas (parágrafo 64). Nelson encontrou adeptos na Escola holandesa, que busca extrair a lei fundamental da justiça de uma análise da consciência jurídica fatual.[50]

As tendências jusnaturalistas disfarçadas do século XIX produziram novos rebentos no século XX. O *positivismo* sociológico recebeu continuidade por parte do francês Duguit. Como Hugo Grócio (parágrafo 55), Duguit se empenha em derivar o direito (*le droit objectif*) da solidariedade, o fato de que o ser humano só pode existir em comunidade com seus semelhantes. Embora Duguit se comporte como o inimigo mortal da metafísica e do direito natural, é óbvio que sua "solidariedade" é um ideal disfarçado, não um fato, e que seu *"droit objectif"* não passa de um novo nome para o *"droit naturel"*. Nas fases posteriores de seu pensamento, a metafísica aparece de forma definida: a solidariedade é interpretada em harmonia com a escola histórica alemã, como consciência jurídica popular.

Finalmente, Duguit se declara de acordo com Tomás de Aquino ao aceitar um conceito de justiça como componente invariável da natureza humana.[51]

Hegel também teve seus sucessores. Por um lado, seu historicismo foi convertido numa filosofia da civilização mais relativista na qual a civilização, com suas fases cambiantes ocupou o lugar da razão absoluta (Josef Kohler, Roscoe Pound);[52] por outro, a deificação de Hegel do Estado e seu nacionalismo

---

49. *Cf.* também W. Friedmann, *Legal Theory* (2ª ed., 1949), 93 e segs.; Julius Stone, *Province and Function of Law* (1946-1950), 319 e segs.
50. *Cf.* Ross, *Kritik der sogenannten praktischen Erkenntnis* (1933), cap. XI.
51. *Cf.* Ross, *op. cit.*, cap. V, 5; e *Theorie der Rechtsquellen* (1929), cap. II, 5.
52. *Cf.* Ross, *Kritik der sogenannten praktischen Erkenntnis* (1933), cap. XIII, 6. Com respeito a Kohler, ver Julius Stone, *Province and Function of Law* (1946-1950), cap. XIII; com respeito a Pound, ver *op. cit.*, cap. XV.

extremo foram a matéria-prima adequada para o desdobramento numa filosofia do direito fascista (Julius Binder, Giorgio del Vecchio).[53]

Além desses representantes de modalidades de pensamento mais explícito e significativo, há também muitos autores que professam o direito natural sobre uma base eclética, ou sem se preocuparem demasiadamente com o fundamento filosófico. Fornece um exemplo disto o eminente filósofo do direito francês François Gény, que combina elementos de sociologia com reminiscências do direito natural racionalista e inspirações da filosofia mística de Bergson.[54] Nas suas numerosas obras, entretanto, Gény trata menos da explicação filosófica dos fatores racionais e ideais no direito do que da elaboração destes na ciência do direito e administração da justiça.

---

53. *Cf.* Ross, *Kritik der sogenannten praktischen Erkenntnis* (1933), cap. XII, 6. Quanto a Del Vecchio ver W. Friedmann, *Legal Theory* (2ª ed., 1949), 100 e segs.
54. *Cf.* Ross, *Theorie der Rechtsquellen* (1929), 52-63.

Capítulo XI
Análise e Crítica
da Filosofia do
Direito Natural

§ 58. Pontos de vista epistemológicos

Uma crítica penetrante da filosofia do direito natural conduziria a profundidades que estão além dos limites de um teoria geral do direito.[1] Mas talvez um olhar na história do direito natural nos seja mais útil do que a argumentação epistemológica para perceber a arbitrariedade e imprecisão da especulação metafísica. Estritamente falando, as asserções metafísicas não admitem refutação precisamente porque se movem numa esfera que ultrapassa o alcance da verificação. É preciso aprender simplesmente a ignorá-las como algo que não tem função ou espaço legítimo no pensamento científico. Provou alguém que não é Zeus ou as deusas do destino que guiam o curso do sol? Tudo que podemos dizer é que a astronomia moderna administrou o problema sem essa pressuposição. Analogamente, o modo mais eficaz de derrotar a metafísica no direito é simplesmente criar uma teoria jurídica científica cuja autossuficiência relegue as especulações metafísicas ao esquecimento, junto com outros mitos e lendas da infância da civilização.*

A história do direito natural revela dois pontos marcantes: a arbitrariedade dos postulados fundamentais a respeito da natureza da existência e do

---

1. Em meu livro *Kritik der sogenannten praktischen Erkenntnis* (1933) tentei mostrar que a própria concepção de um conhecimento prático (por exemplo, tal como é postulado na filosofia moral e jurídica corrente) contém uma contradição lógica que se reflete, por sua vez, nas duas categorias nas quais se apresenta o conhecimento prático, a saber, a ideia do bem e a ideia do dever. A filosofia do direito natural está concebida predominantemente segundo a categoria do bem. Ver também parágrafo 70.

* É forçoso que a ojeriza do empirista Alf Ross à metafísica se refira à metafísica tradicional de raízes gregas (*ciência das causas primeiras*, no dizer de Aristóteles), levada ao clímax por Platão ser humano, e a arbitrariedade das ideias jurídico-morais desenvolvidas com base nesse fundamento. O direito natural busca o absoluto, o eterno, que fará do direito algo mais que a obra de seres humanos e livrará o legislador das penas e responsabilidades de uma decisão. A fonte da validade transcendente do direito foi buscada numa mágica lei do destino, na vontade de Deus, ou numa percepção racional absoluta. Porém, a experiência mostra que as doutrinas que os homens construíram com base nessas fontes, longe de ser eternas e imutáveis, se alteraram em conformidade com o tempo, o espaço e a pessoa. O nobre manto do direito natural foi utilizado no decorrer do tempo para defender todo tipo concebível de exigências, que surgem, evidentemente, de uma situação vital específica ou que são determinadas por interesses de classe econômico-políticos, pela tradição cultural da época, por seus preconceitos e aspirações – em síntese: para defender tudo aquilo que constitui o que se chama geralmente de uma ideologia.

A natureza exige que os seres humanos sejam entre si como irmãos ou é lei da natureza que o forte impere sobre o fraco e que, por isso, a escravidão e as diferenças de classe sejam parte do que Deus quis para o mundo? Ambas estas proposições têm sido afirmadas com a mesma sustentação e o mesmo "direito" (*"right"*), porque ninguém poderia optar entre esses absolutos exceto por uma afirmação absoluta acima de toda argumentação racional: é assim porque eu sei que é assim! A ideologia da igualdade foi pregada pelos sofistas no século V a.C. e por Rousseau no século XVIII como expressão das aspirações políticas de uma classe; também foi sustentada pelos estoicos e pelos cristãos, porém aqui com um fundo religioso, sem propósito político. Platão, por outro lado, postulou a inata desigualdade dos seres humanos e advogou a escravidão e uma comunidade rigorosamente dividida em classes. Aristóteles o seguiu no relativo à justificação natural da escravidão e desde então o postulado da natural desigualdade humana tem sido o ponto de partida de muitas doutrinas jusnaturalistas conservadoras e de teorias orgânicas ou totalitárias de governo.

---

e o Estagirita, cristianizada, mais tarde, principalmente pela patrística e a escolástica e conduzida à sua expressão mais sofisticada, consumada e extremada no sistema de Hegel. Por certo Ross não deve se referir à metafísica enquanto tal ou *indagação sobre o ser* (ontologia), a não ser que desconhecesse ou propositalmente ignorasse o existencialismo de pensadores ateus como Jean-Paul Sartre e Martin Heidegger (*Sein und Zeit* foi publicado em 1927), para os quais os conceitos de *absoluto* e *eterno* eram totalmente estranhos e inviáveis. A propósito, quanto ao assunto *metafísica no direito* é oportuno e proveitoso ler a obra **Fenomenologia Existencial do Direito – Crítica do Pensamento Jurídico Brasileiro**, de Jeannette Antonios Maman, publicada pela *Edipro*. *(N.T.)*

Carl Ludwig von Haller, um professor suíço de direito constitucional do início do século XIX, sustenta que segundo a lei da natureza o forte deve governar o fraco, o marido a mulher, o pai o filho, o chefe os seus homens e o professor os seus alunos.[2] De maneira semelhante, Thomas Dew, teórico político norte-americano, declarou que "... está ordenado pela natureza e por Deus que o ser que possui a maior capacidade e saber e, portanto, maior poder deverá comandar e dispor sobre aquele que é inferior." Baseado nisto Dew apoiou a instituição da escravidão nos Estados do sul, e outros chegaram ao ponto de afirmar que a escravidão assegura os direitos naturais dos escravos. A liberdade no seu sentido verdadeiro não é licença. "Por esta razão a escravidão assegura aos escravos seus direitos naturais e lhes outorga liberdade real na medida em que são capazes de recebê-la. Se a instituição da escravidão fosse abolida, os escravos deixariam de gozar de seus direitos naturais."

No campo político sabe-se bem que o direito natural combinado com a doutrina do contrato social tem sido usado com sucesso para justificar todo tipo de governo, desde o poder absoluto (Hobbes) até a democracia absoluta (Rousseau). O direito natural se pôs, também, a serviço de quem quis consolidar a ordem existente (Heráclito, Aristóteles, Tomás de Aquino e outros) e de quem preferiu advogar a revolução (Rousseau).

Nos campos social e econômico o direito natural do século XVIII pregou um individualismo e liberalismo extremos. A inviolabilidade da propriedade privada e a ilimitada liberdade contratual foram os dois dogmas que o século XIX herdou do direito natural, dogmas que foram afirmados na prática dos tribunais norte-americanos para invalidar muitas leis de caráter social. Ainda em 1922 a Corte Suprema dos Estados Unidos (no caso Adkin)[3] declarou a inconstitucionalidade de uma lei do Distrito de Colúmbia sobre salários mínimos para mulheres apresentando o fundamento de que essa lei – que fora sancionada para assegurar às mulheres (com a pior das remunerações) uma condição mínima de subsistência e livrá-las de cair na semiprostituição – violava o direito natural dessas mulheres de celebrar contratos livremente. Por outro lado, o direito natural tem sido utilizado também como fundamento de uma moral da solidariedade (Grócio, Comte e outros "sociologistas") e, inclusive, na interpretação de Duguit, para sustentar a negação de todos os direitos individuais e possibilitar um sistema de serviços sociais.

---

2. *Restauration der Staatswissenschaft* (1816).
3. 1922, 261 U.S. 525.

O capítulo devotado ao direito de família nos sistemas de direito natural sempre propicia uma leitura divertida por refletir com clareza os preconceitos morais da época. Para Tomás de Aquino a indissolubilidade do matrimônio ("Não cometerás adultério") era, está claro, uma verdade evidente da razão. A risível aridez do racionalismo se faz manifesta na definição que Kant dá ao matrimônio, como um contrato entre duas pessoas de sexos diferentes para a posse mútua vitalícia de suas potências sexuais; as relações sexuais só são permitidas dentro do matrimônio; se um dos cônjuges se entrega a um terceiro, o outro cônjuge tem invariavelmente o direito de "recobrar" a posse do trânsfuga, como se tratasse de um objeto material.[4]

Seria fácil continuar, mas que eu conclua lembrando a Epístola de São Paulo aos Coríntios: "Julgai por vós mesmos: é honesto uma mulher rezar a Deus descoberta? Não vos ensina a própria natureza que é vergonhoso para um homem ter os cabelos compridos? Mas se uma mulher tem cabelos compridos, é para ela honroso porque seus cabelos lhe foram dados como um véu que a cubra."[5]

Como uma prostituta, o direito natural está à disposição de todos. Não há ideologia que não possa ser defendida recorrendo-se à lei natural. E, na verdade, como poderia ser diferente considerando-se que o fundamento principal de todo direito natural se encontra numa apreensão particular direta, uma contemplação evidente, uma intuição? Por que minha intuição não será tão boa quanto a dos outros? A evidência como critério de verdade explica o caráter totalmente arbitrário das asserções metafísicas. Coloca-as acima de toda força de controle intersubjetivo e deixa a porta aberta para a imaginação ilimitada e o dogmatismo.

A variabilidade histórica do direito natural dá suporte à interpretação de que os postulados metafísicos são meras construções para respaldo de posturas emocionais e satisfação de certas necessidades. É mister, todavia, admitir que a variabilidade não é uma prova decisiva dessa interpretação. Pode-se argumentar que as teorias científicas também mudam e que, como diz Tomás de Aquino, a razão pode ser arrastada pelas paixões, e que nem tudo que aparece como evidente é necessariamente evidência genuína. Isto, contudo, suscita o difícil problema de qual é o critério da genuína evidência, problema que só pode ser resolvido por meio de uma evidência à segunda potência, e assim *ad infinitum*.

Um forte argumento em favor do ponto de vista de que as doutrinas jusnaturalistas são construções arbitrárias e subjetivas é que a evidência não pode

---

4. Kant, *Metaphysische Anfangsgründe der Rechtslehre*, parágrafo 25.
5. I, Coríntios, cap. 11, 13-15.

ser um critério de verdade. O que queremos dizer ao chamar uma proposição de verdadeira é, obviamente, diferente do fato psicológico de que a asserção da proposição seja acompanhada por um sentimento de certeza. A afirmação de que a evidência garante a verdade de uma proposição não pode ser, por conseguinte, analiticamente verdadeira, isto é, uma definição do que significa *verdade*. Tem que ser tomada sinteticamente, isto é, como afirmando que o sentimento de evidência sempre ocorre associado a um tal estado de coisas que torne a proposição verdadeira. Mas qual é a prova de que esses dois fenômenos caminhem sempre juntos? Nenhuma. É certo que um sentimento de evidência acompanha muitas asserções verdadeiras, porém não há razão alguma para que o mesmo sentimento não esteja também associado a erros e falácias. A sólida crença na verdade de uma proposição necessita estar sempre justificada e jamais pode ser sua própria justificação.

A variabilidade histórica não é, em si mesma, decisiva. O argumento invocado se aplica independentemente dela. Mesmo se admitíssemos todos uma interpretação idêntica do direito natural, e, inclusive, ainda que essas ideias prevalecessem em nós com o automatismo de leis da natureza, a crítica permaneceria ainda de pé. Se sob a influência de alguma droga, toda a humanidade tivesse visões, estas fantasias não seriam verdadeiras, na medida em que por verdade entendemos algo distinto de coerção psicológica.

§ 59. PONTOS DE VISTA PSICOLÓGICOS

As considerações psicológicas complementam a crítica epistemológica. O quadro se faz mais claro se compreendermos não só que as especulações metafísico-morais são vazias e faltas de sentido, mas também quais são as razões que fazem com que os seres humanos persistam nelas.

A força de atração da metafísica no campo da moral e da religião é o temor das vicissitudes da vida, da transitoriedade de todas as coisas, da inexorabilidade da morte ou, inversamente, o desejo do absoluto, do eternamente imutável que desafia a lei da corrupção. Este temor, em questões morais, está associado ao temor de ter que escolher e decidir sob circunstâncias que se alteram e sob nossa própria responsabilidade. É por isso que ao buscar justificação para nossas ações em princípios imutáveis que estão fora de nós tentamos aliviar o peso da responsabilidade. Se há uma lei, independente de nossas escolhas e arbítrio, que nos foi dada como verdade eterna baseada na vontade de Deus, ou por meio de uma apreensão *a priori* da razão, e que nos dita o procedimento "correto", então ao obedecer essa lei universal, não passamos de peças obedientes de uma ordem cósmica e ficamos liberados de toda responsabilidade.

O desejo do absoluto que nos liberte da responsabilidade e nos traga paz tem na vida moral humana as melhores condições para se transformar em crenças metafísicas, difíceis de serem refutadas pelo pensamento crítico. A razão de tudo isso se encontra no peculiar mecanismo psicológico do qual emana a consciência moral, que se apresenta numa série de impulsos imperativos aparentemente cegos. Como estes impulsos se fazem sentir de forma independente de nossas necessidades e desejos conscientes, podem muito bem impor a nós a ideia ilusória de que em nossa consciência se manifesta uma voz ou uma lei que nos fala de uma "validade" ou "retidão" radicalmente distinta e independente de nossa natureza física, de seus instintos e desejos. A partir daqui abre-se a via para toda sorte de construções metafísicas sobre a natureza da validade moral e o conteúdo da lei moral.

Mas, tal como uma ilusão dos sentidos se desvanece quando observo seu objeto mais claramente, assim também a *fata morgana** da consciência moral desaparece ante uma observação psicológica mais intensa. Não é possível fazer aqui um exame mais completo do mecanismo psicológico que enseja a consciência moral.[6] Aqui posso apenas assinalar que a consciência moral com seu *pathos* místico é como o maná caído do céu para quem tem fome metafísica; e que, afinal, isso não é tão místico que não possa ser explicado cientificamente sobre uma base psicológica.

O que aqui se disse sobre a moral e a consciência moral vale para o direito e a consciência jurídica. O direito, também, é experimentado como validamente *obrigatório*, isto é, como algo que obedeço, não meramente em razão do temor à compulsão externa (a sanção), como também em razão do respeito pela autoridade interna (validade) do direito. A consciência jurídica, portanto, tal como a consciência moral, dá origem a interpretações supraempíricas. O direito natural e a filosofia moral estão estreitamente vinculados, seja concebendo-se o direito natural como uma parte da moral, seja concebendo-o como um domínio independente da ética, coordenado à moralidade.

---

* A figura de linguagem é tomada da *saga arturiana*. A fada Morgana era a irmã hostil do rei Artur. Ross alude ao caráter fantasioso, ilusório, "mágico" da consciência moral; é possível que esteja, também, de maneira sutil, fazendo um significativo e irônico jogo de palavras aproximativo: *fatum* quer dizer *fatalidade* (fado, destino). *(N.T.)*
6. Para um estudo mais completo, ver Alf Ross, *Kritik der sogenannten praktischen Erkenntnis* (1933), caps. III, 8, VII, 1 e XIII, 1.

§ 60. PONTOS DE VISTA POLÍTICOS

Do ponto de vista político, o direito natural pode ser conservador, evolucionista ou revolucionário. É claro que sua orientação política não pode ser invocada como um argumento a favor ou contra a *plausibilidade teórica* da doutrina do direito natural, porém, as opiniões políticas de uma pessoa determinarão sua simpatia ou sua oposição relativamente à doutrina.

Embora ocorram os três tipos, no curso da história o direito natural tem cumprido de forma primordial a função conservadora de outorgar ao poder existente um halo de validade. O direito natural é, primeira e principalmente, uma ideologia criada pelos detentores do poder – os estadistas, os juristas, o clero – para legitimar e robustecer sua autoridade.[7]

Um direito natural que em sua origem foi revolucionário, transforma-se regularmente em conservador uma vez que tenham prevalecido as classes sociais cujos interesses sustenta. O direito natural individualista e liberal que conduziu à revolução norte-americana é exemplo disso. Os princípios referentes à propriedade, à liberdade econômica e à liberdade contratual, que tornaram possível a tremenda expansão da comunidade norte-americana na primeira parte do século XIX, converteram-se na última metade deste século num poder reacionário que, para preservar as vantagens das classes capitalizadas, obstruiu a evolução para o nivelamento e o bem-estar sociais. A Suprema Corte dos Estados Unidos utilizou seu poder constitucional, forçando amiúde sua interpretação da Constituição, para invalidar uma série de leis inspiradas pelas necessidades dessa evolução, mas que se achavam em conflito com os princípios jusnaturalistas de liberdade.[8] Isto ocorreu, por exemplo, com as leis que regulamentavam a jornada de trabalho e fixavam salários mínimos; com as leis referentes ao trabalho do menor nas minas e nas fábricas; com as leis que proibiam os empregadores de interferir na afiliação dos empregados aos sindicatos; com as leis que restringiam os ilimitados direitos do proprietário, etc.; inclusive uma lei que propunha um modesto imposto de renda foi invalidada pela Corte Suprema (1895), resultando que não se pôde aprovar nenhuma lei desse tipo até

---

7. Isto não deve ser tomado ao pé da letra como se a ideologia tivesse sido inventada deliberadamente para esse propósito. A relação entre a ideologia e o interesse é mais sutil.
8. Charles Grove Haines, *The Revival of Natural Law Concepts* (1930) apresenta um bom estudo do tema. Ver também Julius Stone, *Province and Function of Law* (1946-50), cap. IX; W. Friedmann, *Legal Theory* (2ª ed., 1949), cap. IX.

que se introduziu uma emenda constitucional em 1913.[9] Esta batalha contra os princípios sociais progressistas atingiu um clímax dramático quando, depois da grande depressão de 1929, o Presidente Roosevelt iniciou seu *New Deal* na década de 30. A Suprema Corte declarou a inconstitucionalidade de diversas leis que visavam a restauração construtiva da vida econômica do país e o Presidente percebeu que não podia fazer outra coisa senão quebrar a resistência da Suprema Corte nomeando um número suficiente de novos membros (juízes) partidários do progresso. Em 1937 o Presidente submeteu ao Congresso um plano de reforma geral da organização dos tribunais, cujo propósito real, ainda que velado, era possibilitar a nomeação de seis novos juízes da Suprema Corte. O plano suscitou uma violenta oposição e nunca foi levado a cabo. Durante algum tempo houvera uma crescente minoria dentro da Suprema Corte que desejava acompanhar o Governo em sua política econômica. Este grupo ganhou ascendência, talvez como resultado da ameaça presidencial de aumentar o número de juízes, porém não foram adotadas medidas drásticas. A partir de aproximadamente 1937, a Corte Suprema dos Estados Unidos aceitou a nova ideologia econômica e limitou o exercício de seu poder de revisão judicial em relação às leis do Congresso. Desde então somente em um caso uma lei do Congresso foi declarada inconstitucional.[10]

§ 61. PONTOS DE VISTA DA TEORIA JURÍDICA

Enquanto o direito natural foi simplesmente uma filosofia moral para justificar o direito positivo e para guiar o legislador, não pôde causar sérios transtornos ao pensamento jurídico genuíno. Seus postulados de que o direito deve estar em conformidade com a natureza humana ou com os princípios de justiça, não impediam, por si sós, um tratamento realista dos problemas de política jurídica (parágrafo 54). Em virtude de sua generalidade, os princípios supremos não passaram de uma larga capa que dava ao direito uma roupagem moral, sem importar necessariamente uma restrição à liberdade de pensamento.

---

9. Foi Cordell Hull, mais tarde Secretário de Estado dos Estados Unidos durante a Segunda Guerra Mundial que a partir de 1907 lutou a favor da implantação do imposto de renda e finalmente teve êxito ao conseguir que se introduzisse a necessária emenda constitucional. Ver Cordell Hull, *Memoirs*, 1948, I, 48-50, 58-61, 70-71.
10. *United States v. Lovett*, 328 U.S. 303, 319 (1946), *cf.* Bernard Schwartz, *American Constitutional Law* (1955), 212.

Tal como assinalamos no parágrafo 55, o racionalismo introduziu uma alteração decisiva a essa situação. O direito natural, que era uma filosofia moral, converteu-se numa disciplina jurídica. O racionalismo duplicou o sistema jurídico porque concebeu o direito natural como um conjunto de direitos naturais acima ou por trás dos direitos subjetivos positivos. Diferentemente das meras especulações da filosofia moral, essa duplicação do sistema jurídico resultou numa confusão de conceitos e na deterioração definitiva da análise jurídica e do tratamento dos problemas político-jurídicos.

O cerne do conceito de direito em sentido subjetivo foi sempre a ideia de um poder de coerção. A realidade que corresponde a essa ideia é o poder do titular do direito de instaurar processos e por esta via acionar a maquinaria jurídica, resultando que o poder político seja exercido em seu benefício (parágrafos 39 e 33). Quando também o direito natural é concebido segundo a categoria do direito em sentido subjetivo e, dessa maneira, como um poder de coerção – e tal foi a doutrina predominante no século XVIII – surge a pergunta: a que tipo de coerção nos referimos aqui? Obviamente não pode ser a coerção exercida através da maquinaria do Estado porque esta se aplica aos direitos subjetivos do direito positivo. Tampouco queremos dizer que o titular de um direito subjetivo natural está moralmente autorizado a fazer uso da força porque neste caso o direito natural se dissolveria numa doutrina moral. É inerente à construção que a força que está em jogo só pode ser aqui a que emana de potências espirituais ocultas, um domínio invisível além da realidade empírica.[11]

Mesmo que esse misticismo espiritual não tenha jamais recebido uma expressão clara e aberta, está implícito na totalidade da linha de pensamento. Manifesta-se numa concepção invertida da relação entre o direito subjetivo e a sanção, que é nosso legado da era do direito natural e que ainda hoje vicia o pensamento de juristas que se consideram positivistas. A relação real é que o direito subjetivo nada mais é do que a unidade sobreposta numa totalidade de regras jurídicas (parágrafo 35); porque está vigente um conjunto de regras que me autorizam, em virtude de certos fatos, a reclamar indenização por danos, restituição, etc., sou proprietário. Mas no ponto de vista jusnaturalista, a relação é invertida. A pretensão de reclamar [indenização por] danos e prejuízos, por exemplo, se funda no fato de que meu direito foi violado. O dano, em princípio, justifica a pretensão de reclamar reparo. Do mesmo modo, todas as outras sanções se pressupõem dependentes de violações prévias aos direitos subjetivos materiais de outra pessoa.

---

11. *Cf.* Alf Ross, *Towards a Realistic Jurisprudence* (1946), cap. II, p. 1-2.

Desta maneira, torna-se impossível um exame realista da função social do pagamento de indenizações por danos e prejuízos ou de outras instituições jurídicas. Só recentemente, em particular na literatura jurídica escandinava, foi possível eliminar essa confusão de conceitos. Uma boa parte do mérito disto corresponde, sem dúvida, ao jurista sueco Lundstedt, mesmo se considerando que ao criticar as ideias vigentes tenha incorrido, com frequência, em exageros.

Por outro lado, a habitual crítica de que o erro do direito natural consistiu em apresentar suas próprias exigências ideais como direito vigente não é correta. O direito natural foi tipicamente não revolucionário. Reconheceu expressamente que os cidadãos devem obediência às leis do país, ainda que não estejam de acordo com o direito natural, porque as leis do país são sempre válidas em razão do contrato social e do princípio de *pacta sunt servanda*.[12] Isto se achava em perfeita concordância com a teoria política absolutista e com a prática da época. As exigências liberais de reforma que foram formuladas em nome do direito natural tinham o exclusivo propósito de servir de programa para a legislação. O direito natural foi reformador, evolucionista, não revolucionário.[13]

---

12. Ver, por exemplo, Pufendorf, *Le droit de la nature et des gens* (tradução de Barbeyrac), Livro XIII, cap. I, seções 1 e 2. Segundo Pufendorf, a relação entre o direito natural e o positivo pode ser descrita mais plenamente da seguinte maneira: o direito natural não basta para assegurar a paz em virtude da fraqueza e natureza pecaminosa do ser humano. É por isso que por meio do contrato social os seres humanos se submetem a um governo que tem autoridade para sancionar leis e fazer com que sejam cumpridas pela força. Em virtude do contrato e do princípio de direito natural que prescreve o cumprimento do convencionado, as leis positivas adquirem sua validade natural, isto é, fazem-se obrigatórias, também aos olhos de Deus. Entretanto, o que lhes confere plena força ante os tribunais civis é a autoridade do soberano. Possuem esta força independentemente de seu conteúdo. Somente no caso do direito positivo carecer de um regra é que o direito natural a proporcionará. O conteúdo do direito positivo (direito civil) consiste primordialmente nos princípios fundamentais do direito natural, de cuja observância depende a vida pacífica comunitária entre os seres humanos. Mas nas normas do direito positivo (códigos civis) esses princípios surgem mesclados a regras sancionadas para o benefício ou conveniência do estado individual e também com muitas formalidades para a implementação técnica dos princípios. O direito positivo (direito civil) compreende, portanto, o direito natural (justiça), benefício ou conveniência e positividades nuas e cruas. Pufendorf, *op. cit.*, Livro I, cap. VI, seção 12; Livro II, cap. III, seção 11; Livro VII, cap. I, seção 13; Livro VII, cap. II, seção 7; Livro VIII, cap. I, seções 1-2. Consequentemente, a política enquanto doutrina acerca do conveniente, distingue-se nitidamente da moral (e do direito) como doutrina acerca do válido e do racional. Ver Livro I, cap. II, seção 4.

13. Isto vale, ao menos, para o direito natural como doutrina jurídica. A posição foi diferente nas teorias especificamente políticas que ao incluir no contrato social cláusulas referentes a certos direitos de liberdade (Locke), ou ao atribuir ao contrato social uma nova interpretação (Rousseau) adquiriram um conteúdo revolucionário. Assim, Locke foi, também, o pai ideológico da Revolução norte-americana como foi Rousseau o da francesa.

Capítulo XII
A Ideia de Justiça

§ 62. A JUSTIÇA E O DIREITO NATURAL

Na filosofia do direito natural, a ideia de justiça ocupou sempre um lugar central. O direito natural insiste que em nossa consciência reside uma ideia simples e evidente, a ideia de justiça, que é o princípio mais elevado do direito em oposição à moral. A justiça é a ideia específica do direito. Está refletida em maior ou menor grau de clareza ou distorção em todas as leis positivas e é a medida de sua correção.

Paralelamente a essa ideia, em particular na filosofia mais antiga, ocorre um outro uso, de acordo com o qual *justiça* significa a virtude suprema, que tudo abrange, sem distinção entre o direito e a moral.[1] A justiça, segundo esse modo de ver, é simplesmente a expressão do amor ao bem e a Deus. Neste espírito deve entender-se o Sermão da Montanha: "Bem-aventurados os que têm fome e sede de justiça, porque serão satisfeitos."

Como princípio do direito, a justiça delimita e harmoniza os desejos, pretensões e interesses conflitantes na vida social da comunidade. Uma vez adotada a ideia de que todos os problemas jurídicos são problemas de distribuição, o postulado de justiça equivale a uma exigência de igualdade na distribuição ou partilha de vantagens ou cargas. A justiça é igualdade. Este pensamento foi formulado no século IV a.C. pelos pitagóricos, que simbolizaram a justiça com o número quadrado, no qual o igual está unido ao igual. A ideia da justiça como igualdade, desde então, tem se apresentado sob inumeráveis variantes.

As vantagens ou cargas a cuja distribuição aludimos aqui podem ser de tipos diversos, por exemplo: salários, impostos, propriedade, punição, prestações individuais e sociais, ou direitos e deveres tal como são distribuídos pelo

---

1. Ver Giorgio Del Vecchio, *Die Gerechtigkeit* (1940), 7 e segs.

ordenamento jurídico. Em todos os casos a ideia de justiça exige uma distribuição igualitária.

A ideia de justiça parece ser uma ideia clara e simples dotada de uma poderosa força motivadora. Em todas as partes parece haver uma compreensão instintiva das exigências de justiça. As crianças de tenra idade já apelam para a justiça se uma delas recebe um pedaço de maçã maior que os pedaços das outras. Tem-se afirmado que mesmo os animais possuem o gérmen de um sentimento de justiça.[2] O poder da justiça é grande. Lutar por uma causa "justa" fortalece e excita uma pessoa. Todas as guerras têm sido travadas em nome da justiça e o mesmo se pode dizer dos conflitos políticos entre as classes sociais. Por outro lado, o próprio fato dessa aplicabilidade quase onipresente do princípio de justiça desperta a suspeita de que algo "não anda bem" com uma ideia que pode ser invocada em apoio de qualquer causa. No parágrafo que se segue nos dedicaremos a examinar mais de perto a ideia de justiça como exigência de igualdade.

§ 63. ANÁLISE DA IDEIA DE JUSTIÇA

Se a igualdade é tomada num sentido absoluto, significa que todos, quaisquer que sejam as circunstâncias, deverão encontrar-se exatamente na mesma posição que os demais (a cada um o mesmo). No entanto, fica óbvio que tal uniformidade absoluta não pode ser aquilo que se entende geralmente por justiça. Tal falta de reconhecimento de todas as diferenças reais significaria de fato que todos ocupariam uma posição jurídica idêntica, sem considerar a idade, o estado civil, se cometeu um assassinato ou não, se celebrou um contrato ou não. Está claro que ninguém jamais pretendeu atribuir esse significado àquela ideia.[3]

Não pode ser visto como injusto, tendo, ao contrário, que ser um dos requisitos da justiça haver distinções de maneira tal que as vantagens e as cargas, os direitos e os deveres, sejam distribuídos levando-se em conta as circunstâncias condicionantes. Os casados e os solteiros, os maiores e os menores, os

---

2. *Op. cit.*, p. 55, com numerosas referências bibliográficas.
3. Excepcionalmente *justiça* significa igualdade absoluta que não faz distinções. Assim é quando a morte é, por vezes, interpretada como o destino igual que a todos alcança sem atender a diferenças mundanas. De algum modo, esta ideia inspira os quadros medievais da morte nos quais esta aparece dançando com seres humanos de todas as classes, com o imperador e o papa, com burgueses e mendigos.

criminosos e os cidadãos respeitadores da lei não podem ter o mesmo *status* jurídico. O requisito de igualdade encerra unicamente a exigência de que ninguém, de forma arbitrária e sem razão suficiente para isso, seja submetido a um tratamento que difere daquele que se dá a qualquer outra pessoa.

A exigência de igualdade deve ser compreendida, portanto, num sentido relativo, isto é, como uma exigência de que os iguais sejam tratados da mesma maneira. Isto significa que, como um pré-requisito para a aplicação da norma de igualdade e com independência dela, é preciso que haja algum critério para determinar o que será considerado igual; em outras palavras, a exigência de igualdade contida na ideia de justiça não é dirigida de forma absoluta a todos e a cada um, mas a todos os membros de uma classe determinados por certos critérios relevantes. Em conformidade com isso, as diversas formulações de justiça para grupos ou contextos diversos incluem – além da ideia de igualdade – um padrão de avaliação, que deve ser aplicado como um pré-requisito à definição da categoria cujos membros devem ser tratados com igualdade. Alguns poucos exemplos servirão para ilustrar este ponto.[4]

A cada um segundo seu mérito

Esta fórmula é usada com frequência quando se alude à justiça nesta vida ou depois da morte. O critério é dado pelos méritos morais ou o valor moral de uma pessoa, e a ideia é que a justiça exige uma relação proporcionada entre mérito e destino – neste mundo ou no outro.

A cada um segundo sua contribuição

Esta fórmula é sustentada frequentemente na teoria política – pelo socialismo marxista, por exemplo, para cobrir o período de transição que precede a realização plena do comunismo – como o princípio em favor da justa remuneração ou participação no produto. O padrão de avaliação é aqui a contribuição que cada pessoa faz à economia social. A relação é concebida como um intercâmbio de cumprimentos entre a pessoa e a comunidade. A mesma fórmula, todavia, é utilizada também pelos teóricos que sobre bases individualistas concebem o trabalho e a remuneração como um intercâmbio de cumprimentos entre particulares.

Esse princípio é aplicado em sua forma mais pura quando a remuneração é fixada por unidades. A determinação por unidade de tempo constitui uma

---

4. *Cf.* Perelman, *De la justice* (1945), 16 e segs., de onde foram extraídos os exemplos citados aqui.

adaptação prática baseada na quantidade média de trabalho executado por hora.

Esta fórmula de justiça é invocada quando, atualmente, as mulheres exigem com frequência uma remuneração igual a dos homens pelo mesmo trabalho. Isto expressa precisamente a ideia de que o critério relevante que determina a classe que reclama tratamento igual é a quantidade de trabalho executado. Todas as pessoas que pertencem a esta classe, tanto as mulheres quanto os homens, têm assim o direito de reivindicar a mesma remuneração.

A cada um segundo suas necessidades

Esta é a fórmula de justiça segundo a teoria comunista para a comunidade plenamente socializada. Nesta cada um deverá contribuir de acordo com sua capacidade e receber de acordo com suas necessidades. O critério relevante não é, pois, o *quantum* da contribuição, mas sim a necessidade. Aquele que é enfermo ou fraco deve receber o que necessita, sem se levar em conta o fato de que por essa mesma razão dá uma pequena contribuição ou nenhuma.

Enquanto a remuneração efetiva na comunidade moderna, tanto na socialista quanto na capitalista, está baseada principalmente no princípio de *pagamento igual por trabalho igual*, o princípio de necessidade é aplicado de forma crescente em matéria de proteção social. O princípio de necessidade é o fundamento da ideia de que o desempregado, o doente, o inválido, o indivíduo deficiente, ou o chefe de família têm direito a que lhes satisfaçam as necessidades que são a consequência de sua posição particular. Numa certa medida, o princípio de necessidade se aplica também à remuneração – por exemplo, nas normas a respeito de salário mínimo, na diferença de salários entre os homens e as mulheres, em matéria de pensões familiares, etc. O aumento de remuneração do funcionário público de acordo com o maior tempo de serviço poderia também ser considerado como fundado parcialmente numa consideração de necessidade.

A cada qual segundo sua capacidade

Este princípio de justiça para a distribuição de cargas é a contrapartida do princípio de necessidade na distribuição de vantagens. Sua aplicação típica é a determinação do imposto de renda por meio de regras referentes a rendas mínimas isentas de imposto, escalas progressivas, deduções por filhos, etc.

A cada um segundo sua posição e condição

Este princípio aristocrático de justiça tem sido sustentado com frequência para justificar as distinções de classe social. É preciso lembrarmos que o correlato lógico da exigência de igualdade é a exigência de tratamento desigual para o que é desigual à luz do padrão pressuposto de avaliação. Neste caso o padrão (medida) é pertencer a uma classe determinada pelo nascimento, raça, cor, credo, idioma, caráter nacional, características étnicas, *status* social, etc. Com base neste princípio é justo que se faça uma distinção entre o amo e o escravo, entre pessoas brancas e pessoas negras, entre nobres e camponeses, entre raça superior e raça submetida, entre nação imperial e nativos, entre crentes ortodoxos e hereges, entre membros do partido e os que não são. Formulações deste tipo se encontram especialmente nas teorias orgânicas ou totalitárias de governo desde Platão* até nossos dias, as quais ressaltam a desigualdade natural entre os seres humanos e a construção orgânica ou hierárquica da comunidade num certo número de classes, cada uma das quais desempenhando sua função particular dentro do todo.[5]

Indicamos esses exemplos não para discutir qual formulação do princípio de justiça é a *correta*, mas para mostrar que a pura exigência formal de igualdade não significa em si muito e que o conteúdo prático da exigência de justiça depende de pressupostos que são externos ao princípio de igualdade, a saber, os critérios que determinam as categorias às quais se deve aplicar a norma de igualdade. Não representa muito sustentar que as remunerações e os impostos deverão ser estabelecidos com igualdade. São fórmulas vazias, a menos que se defina, adicionalmente, mediante qual critério dever-se-á determinar o que se entende por *com igualdade*.

Examinaremos, agora, com maior rigor, o papel desempenhado por cada um dos dois elementos contidos nas fórmulas de justiça: a exigência formal de igualdade e o critério material para a determinação da classe a que se aplica a norma de igualdade.

A exigência formal de igualdade não exclui uma diferenciação entre pessoas que se acham em circunstâncias distintas. O único requisito é que

---

* Cumpre frisar que, na prática, ao longo da história das sociedades humanas, essas teorias obviamente predominaram, especialmente no seio das chamadas sociedades *civilizadas*, seja em regimes políticos francamente totalitaristas, absolutistas ou despóticos, seja veladamente, mas *de fato*, em formas de governo ditas "democráticas", das quais são exemplos atuais as tantas *"democracias de direito e de direita"* – mais escassas no tempo de Ross – particularmente no *bloco fragilizado* dos países de terceiro mundo, tristes e patéticas hipossuficiências na globalização, chamadas, segundo o artificioso eufemismo (pretensamente otimista) dos novos títeres, de *"economias emergentes"*. Ocioso dizer que a recente hegemonia política e econômica dos E.U.A. no planeta consolidou essa situação, na qual o Brasil se destaca como *grande coadjuvante*. Quanto a Platão, ver os diálogos *A República* e *As Leis*, ambos publicados por esta Editora. *(N.T.)*
5. Ver o capítulo *Justiça totalitária* em K. R. Popper, *The Open Society and its Enemies*, I, 74 e segs.

a diferença deve atender ao fato de que à luz de certos critérios relevantes as pessoas pertencem a classes diferentes. O princípio puro da igualdade, contudo, não nos informa quais são os critérios relevantes. Se este ponto permanece sem ser decidido, a exigência de igualdade se reduz à exigência de que todas as diferenciações dependam de critérios gerais (quaisquer que sejam estes critérios). Entretanto, isto não passa de uma exigência de que o tratamento concreto se apresente sob a forma da aplicação de uma regra geral (qualquer que seja esta), porque por tal regra entendemos, precisamente, uma diretiva que torna contingente uma certa conduta a circunstâncias descritas com a ajuda de conceitos – o que equivale a certas características ou critérios.

Consequentemente, o ideal de igualdade, por si só, significa simplesmente a correta aplicação de uma regra geral (qualquer que seja ela). Os conceitos ou características gerais empregados na regra definem uma certa classe de pessoas (ou situações) às quais se deverá proporcionar um certo tratamento. O tratamento igual de todos os que pertencem a essa classe é, portanto, consequência necessária da correta aplicação da regra.

Justiça nesse sentido formal (como sinônimo da pura exigência de igualdade ou de estar submetido a regras) pode também ser expressa como uma exigência de racionalidade no sentido de que o tratamento dado a uma pessoa deve ser predeterminável por critérios objetivos, estabelecidos por regras dadas. Isto faz com que a aplicação concreta – dentro de certos limites elásticos – seja independente do sujeito que decide. Disto resulta que a justiça acaba por colocar-se em oposição à arbitrariedade, quer dizer, a decisão que surge não determinavelmente da reação espontânea do sujeito que decide à situação concreta e é determinada por suas emoções e atitudes subjetivas.

Essa exigência formal de regularidade ou racionalidade, e nada mais, é o que emerge do primeiro dos dois elementos contidos nas fórmulas de justiça, ou seja, a pura exigência de igualdade.[6] É evidente que essa exigência formal não pode jamais justificar a pretensão de que uma regra terá que ser preferível a outra. Qualquer que seja o conteúdo da regra, a exigência de regularidade fica satisfeita. As fórmulas correntes de justiça, todavia, pretendem ser padrões orientativos do legislador em sua escolha da regra "correta". Segue-se disso que na medida em que possuam algum conteúdo, este conteúdo não pode ser

---

6. Tampouco há algo mais encerrado na máxima: "não faças aos outros o que não desejarias que fizessem a ti."

extraído do princípio de igualdade, tendo, sim, que derivar do outro elemento que aparece nas fórmulas de justiça: os critérios materiais pressupostos.

A relação entre os dois elementos das fórmulas de justiça tem importância primordial. A aparente evidência que se pode atribuir à ideia de igualdade e que se sente dar às fórmulas de justiça sua justificação autossuficiente não abarca o elemento essencial nessas fórmulas, quer dizer, o postulado material de avaliação. A ideia de justiça, diz-se, surge de nossa consciência mais íntima com necessidade imperativa *a priori*. Porém, dificílimo afirmar que em nossas mentes se aloja um postulado evidente que diz que o total dos impostos deve estar relacionado com a capacidade de pagá-los, ou que a remuneração deve estar relacionada com a quantidade de trabalho executado. O valor dessas regras, obviamente, não está acima de toda discussão; elas devem ser justificadas à luz de suas consequências práticas. Apresentá-las como uma exigência de justiça, fundada numa ideia evidente de igualdade, é um hábil método que colima conferir a certos postulados práticos determinados pelo interesse a evidência aparente que pertence à ideia de igualdade.

As palavras *justo* e *injusto* (ou *reto* e *não reto*) têm sentido quando empregadas para caracterizar a decisão tomada por um juiz, ou por qualquer outra pessoa que deve aplicar um conjunto determinado de regras. Dizer que a decisão é *justa* significa que foi elaborada de uma maneira regular, isto é, em conformidade com a regra ou sistema de regras vigentes (parágrafo 65); menos precisamente esses termos podem ser aplicados a qualquer outra ação que é julgada à luz de determinadas regras. Neste sentido, qualquer conduta pode ser denominada "reta" se estiver em harmonia com regras pressupostas, jurídicas ou morais. Contudo, empregadas para caracterizar uma regra geral ou um ordenamento, as palavras *justo* e *injusto* carecem de significado. A justiça não é uma orientação para o legislador, já que na verdade é impossível, como vimos, extrair da ideia formal de igualdade qualquer tipo de exigência relativa ao conteúdo da regra ou do ordenamento. Empregadas nesse sentido, as palavras não têm nenhum significado descritivo. Uma pessoa que sustenta que certa regra ou conjunto de regras – por exemplo, um sistema tributário – é injusto não indica nenhuma qualidade discernível nas regras; não apresenta nenhuma razão para sua atitude. Simplesmente se limita a manifestar uma expressão emocional. Tal pessoa diz: "Sou contra essa regra porque é injusta". O que deveria dizer é: "Esta regra é injusta porque sou contra ela."

Invocar a justiça é como dar uma pancada numa mesa: uma expressão emocional que faz da própria exigência um postulado absoluto. Não é o modo adequado de obter entendimento mútuo. É impossível ter uma discussão racional com quem apela para a "justiça", porque nada diz que possa receber argumentação a favor ou contra. Suas palavras são persuasão, não argumentos (parágrafo 72). A ideologia da justiça conduz à intolerância e ao conflito, visto que, por um lado, incita à crença de que a exigência de alguém não é meramente a expressão de um certo interesse em conflito com interesses opostos, mas, sim, que possui uma validade superior, de caráter absoluto; e, por outro lado, exclui todo argumento e discussão racionais que visem a um acordo. A ideologia da justiça é uma atitude militante de tipo biológico-emocional, para a qual alguém incita a si mesmo à defesa cega e implacável de certos interesses.

Visto que a ideia formal de igualdade ou justiça como estrela polar para a orientação político-social carece de todo significado, é possível advogar a favor de qualquer postulado material em nome da justiça. Isto explica porque todas as guerras e conflitos sociais, como foi dito anteriormente, foram travados em nome da exaltada ideia de justiça. E é demasiado esperar que isto mude no futuro. Apelar para a justiça é usar uma arma demasiadamente eficiente e conveniente do ponto de vista ideológico, para que alimentemos a esperança de que os estadistas, os políticos e os agitadores, mesmo quando percebam a verdade, ousem pactuar o desarmamento nesse ponto. Ademais, a maioria deles é, provavelmente, vítima da ilusão. É muito fácil crer nas ilusões que excitam as emoções pelo estímulo das glândulas suprarrenais.

§ 64. ALGUNS EXEMPLOS

A análise da ideia de justiça, baseada no parágrafo anterior em algumas fórmulas simples tomadas da ideologia política, será exemplificada a seguir por teorias mais desenvolvidas tomadas da própria filosofia do direito.

Pelo que dissemos anteriormente fica patente que os filósofos que tentaram uma exposição mais teórica da ideia de *justiça* como a norma suprema para a criação do direito positivo, trabalharam sob a pressão de um dilema. Se, por um lado, caso fosse preciso conservar a ilusão de que a justiça é uma ideia *a priori*, seria necessário conferir ao princípio uma formulação muito abstrata, estreitamente vinculada à ideia pura de igualdade. Entretanto, quanto mais nos aproximamos dessa ideia, mais nos evidencia que o princípio carece de conteúdo. Se, por outro lado, fosse preciso dar ao princípio um conteúdo real, seria difícil preservar a ilusão da evidência. Esse dilema resultou na formulação mais ou menos tautológica ou despojada de significado do princípio, enquanto ao mesmo tempo nele são introduzidos por contrabando postulados dogmáticos ocultos, de cunho político-jurídico. Desta maneira, aquilo que carecia de significado adquiriu um conteúdo aparente e este conteúdo adquiriu uma evidência aparente.

A fórmula pela qual os juristas romanos expressaram o princípio de direito natural ou justiça foi *suum cuique tribuere, neminem laedere, honeste vivere.* Foi, amiúde, repetida com insistência, como se tratasse da quintessência da sabedoria. Entretanto, trata-se de pura ilusão que atinge a aparência de algo óbvio porque não diz, absolutamente, nada.

"Dar a cada um o seu" soa esplêndido. Quem ousará questioná-lo? A única dificuldade é que esta fórmula pressupõe que eu saiba o que é devido a cada pessoa como "o seu" (quer dizer, como seu direito). A fórmula é, assim, carente de significado visto que pressupõe a posição jurídica para a qual deveria servir de fundamento.

Coisa idêntica ocorre com a exigência de não causar dano ao outro. O que é "causar dano"? Não é possível que signifique agir de tal maneira que prejudique os interesses ou frustre os desejos alheios. Neste sentido o credor "causa dano" ao devedor ao exigir-lhe o pagamento de seu crédito, um comerciante "causa dano" a outro quando compete com este e a comunidade "causa dano" ao criminoso ao puni-lo. Não, o significado só pode ser que não devo interferir ilicitamente nos interesses alheios, ou que não devo violar seus direitos, e aqui, também, o raciocínio é claramente circular.

O mesmo ocorre com o mandamento "viver honestamente" pois aqui "honestamente" só poder querer dizer, como é óbvio, que a conduta deve se conformar com a letra e o espírito da lei.

Uma das formulações mais famosas do princípio supremo do direito é a de Kant: "Um procedimento é lícito se a liberdade para realizá-lo é compatível com a liberdade de todas as outras pessoas segundo uma regra geral."[7]

A mesma ideia pode ser expressa também como segue: a única coisa que pode justificar uma restrição à liberdade de ação é essa restrição ser necessária à liberdade dos demais, se a mesma regra for para se aplicar a todos.

Essa fórmula kantiana expressa o fato de que a exigência de igualdade é idêntica à exigência de uma regra geral. Mas, se não há outra maneira de saber qual deve ser o conteúdo da regra geral, esse critério carece de significado. É possível imaginar que qualquer ação seja justificada por uma regra geral ou outra que valha para todos. Se, por exemplo, *A* mata o amante de sua mulher,

---

7. Immanuel Kant, *Metaphysik der Sitten, Einleitung in die Rechtslehre*, par. C.

isto pode ser justificado com base numa regra geral que diz que é permitido o homicídio por ciúme. A liberdade de *A* é, assim, compatível com a liberdade de todos os demais de acordo com a mesma regra geral. O fato de que segundo outros fundamentos pensemos que tal regra não seja recomendável não afeta o princípio de Kant. Se é para esse princípio ter algum significado e conteúdo, a ideia deve ser que a liberdade é restrita em vista dos direitos alheios, e assim, novamente, o pensamento volta a se mover de forma circular.[8]

Uma concepção muito difundida, que indubitavelmente reflete melhor do que o formalismo de Kant a consciência geral de leigos e juristas, sustenta que a justiça significa o igual equilíbrio de todos os interesses afetados por uma certa decisão. Ninguém desenvolveu esta ideia de forma mais cabal e penetrante do que o filósofo alemão Leonard Nelson.[9]

Utilizando como pontos de partida a consciência moral geral e a jurídica, Nelson sustenta que a suprema norma de ação que determina o dever humano se caracteriza como segue:

1) É restritiva, isto é, não nos ordena realizar positivamente certos fins, mas coloca limites à nossa liberdade de realizar os fins para os quais tendemos por natureza;

2) Esse limite restritivo consiste na exigência de que na busca da realização de nossos interesses devemos, também, levar em consideração os interesses dos demais;

3) Essa consideração se expressa na exigência de que a pessoa que realiza a ação leve em consideração os interesses afetados por sua ação, sejam próprios ou alheios. Deve pesá-los entre si sem atender às pessoas, ou como se fossem todos seus próprios interesses.

Esses três fatores são, então, unidos por Nelson na seguinte formulação da norma de justiça: "Nunca ajas de tal maneira que não aprovasses tua ação se todos os interesses afetados fossem os teus."

---

8. A Constituição turca de 10 de janeiro de 1945, seção 68, inclui uma regra de conteúdo similar àquele da regra kantiana: "Todo turco nasce livre e vive livre. Goza de liberdade para fazer tudo aquilo que não prejudique os outros. O direito natural do indivíduo à liberdade é limitado pelas liberdades das quais gozam os seus concidadãos. Estes limites são estabelecidos exclusivamente pela lei." O absoluto vazio de tal fórmula, assegurado de maneira complementar pela última frase, é precisamente o que a torna adequada em elevado grau a servir fins ideológicos.

9. Leonard Nelson, *Kritik der praktischen Vernunft* (1917). Para um estudo documentado em detalhe da doutrina de Nelson, ver meu livro *Kritik der sogenannten praktischen Erkenntnis* (1933), cap. XI, 2.

Esse princípio, que praticamente faz do agente o juiz de sua própria causa e exige dele uma decisão imparcial com abstração da diferença entre seus próprios interesses e os alheios, é inegavelmente muito atraente e se harmoniza com a concepção que muitos juristas têm da tarefa de encontrar a solução jurídica correta para um conflito de interesses. A fórmula de Nelson requer um exame crítico. Procurei realizá-lo num dos meus trabalhos anteriores.[10] Não caberia aqui reproduzir a argumentação detalhadamente. Apenas mencionarei alguns dos pontos principais.

O conteúdo da lei de Nelson pode ser analisado em dois elementos. Primeiro, Nelson exige que realizemos um experimento no pensamento: imaginar que todos os interesses afetados por uma ação são próprios do sujeito agente. Segundo, devemos investigar se com esse pressuposto o agente aprovaria a ação. Se esta condição é cumprida, a ação é legítima.

O caráter impraticável do experimento que Nelson nos solicita executar deveria evidenciar-se por si mesmo. Enquanto facilmente posso imaginar-me usando o chapéu de outrem com plena consciência de que pertence a outrem, o mesmo não é possível no caso de um interesse. Não posso ter um interesse e, ao mesmo tempo, considerá-lo não como meu, mas como de outra pessoa. Uma análise acurada demonstrará que seja qual for o significado mais preciso que nos empenhemos em atribuir ao experimento do pensamento de Nelson, conduzirá a um resultado absurdo e é irrealizável.

Somos obrigados, portanto, a dispensar o experimento e formular a exigência dizendo que o agente tem que ponderar todos os interesses segundo o peso de cada um em si, sem distinguir entre os seus e os de outras pessoas.

Diante disso se colocam duas objeções definitivas:

Primeiro – e isto é definitivo independentemente da rejeição do experimento do pensamento – o princípio de Nelson se apoia no pressuposto de que é possível, numa dada situação, analisar um certo número de interesses de conteúdo preciso determinável. De outra maneira, não teria sentido em se falar de ponderá-los. Esse pressuposto parece ser confirmado pela experiência ordinária. Se, por exemplo, um banco "quebra", é possível distinguir, pelo menos, os seguintes interesses: o interesse dos clientes em recuperar seus depósitos, o interesse dos credores pela cobrança de seus créditos e o interesse dos acionistas em proteger o capital. Mas se por "interesse de A em algo" entendemos simplesmente, sem pressupostos, que a existência desse *algo* seria vantajosa e

---

10. Ver nota anterior.

satisfatória para A à luz dos desejos, necessidades e inclinações que a natureza nele colocou, então não há razão para limitar os interesses da maneira assinalada. Isto porque certamente seria vantajoso e satisfatório para os depositantes obter não só a restituição de seus depósitos, como também o pagamento do dobro ou décuplo do montante dos mesmos, e nesta medida, pode-se dizer que têm interesse nisso. Não haveria então limites para o interesse de alguém, podendo-se, sim, dizer que todos estão ilimitadamente interessados em tudo que pode ser vantajoso para eles. Isto pode parecer exagerado e ninguém pensaria em invocar o interesse dos depositantes em obter mais do que seus depósitos, simplesmente porque o conceito de interesse que efetivamente manejamos nos raciocínios jurídico-morais não é o conceito sugerido. A ninguém ocorreria defender o interesse dos clientes em obter mais do que seus depósitos, já que tal pretensão pareceria totalmente injustificada. Mas, isto significa que o próprio conceito de interesse está juridicamente qualificado; não abarca todos os desejos ou pretensões imagináveis, mas apenas aqueles que estão justificados. E isto significa, ademais, que o conceito de interesse pressupõe a existência de um ordenamento jurídico, e que a ponderação dos interesses não pode ser um princípio do qual deriva tal ordenamento jurídico.

Assim, Nelson se equivoca quando pensa que pode extrair a suprema norma de ação ou o princípio de todo direito de uma ponderação de interesses dados, de um conteúdo preciso determinável. A determinação dos interesses dentro de um limite definido pressupõe necessariamente um ordenamento jurídico já existente, para distinguir entre interesses que estão justificados e aqueles que não estão. Esse ordenamento jurídico só pode ser o direito natural, que se manifesta num conjunto de direitos (*rights*) subjetivos naturais. O interesse justificado é o que surge de um direito subjetivo natural. E assim também o princípio de justiça de Nelson se resolve numa tautologia: a justiça consiste em satisfazer aqueles interesses que estão justificados.

A segunda objeção se refere à ponderação dos interesses (justificados). Como assinalamos, devemos descartar a técnica de disfarçar essa ponderação imaginando que todos os interesses afetados são próprios do sujeito-agente e se perguntando se, com base em tal suposição, ele agiria da mesma maneira. Por trás dessa ficção se oculta a ideia de que os interesses em jogo devem ser ponderados de forma objetiva, isto é, sejam quais forem os sujeitos desses interesses, e seja qual for sua força motivadora efetiva. O próprio Nelson fala do interesse genuíno ou bem entendido determinado pelo valor objetivo dos benefícios correspondentes. A ponderação se transforma, assim, na realidade, não numa prova de força entre as forças motivadoras de interesses diferentes, mas numa ponderação de benefícios relativa a um padrão objetivo de valores predeterminados.

Tomadas conjuntamente, estas duas objeções deixam manifesto que a evidência que pode reclamar o princípio de igual ponderação de interesses de Nelson é um engano. O conteúdo real do princípio não consiste na "igual ponderação", mas sim nas pressuposições ocultas referentes à justificação dos interesses e ao peso de seu valor objetivo, isto é, nos postulados materiais que, por seu caráter, pertencem ao direito natural e à filosofia dos valores. O caráter desses postulados fica oculto sob a aparente evidência da ideia de igualdade. A ideia de justiça dificilmente poderia encenar seu baile de máscaras de maneira mais eficaz.

§ 65. A IDEIA DE JUSTIÇA E O DIREITO POSITIVO

Precisamente como vimos, a ideia de justiça se resolve na exigência de que uma decisão seja o resultado da aplicação de uma regra geral. A justiça é a aplicação correta de uma norma, como coisa oposta à arbitrariedade.

A justiça, portanto, não pode ser um padrão jurídico-político ou um critério último para julgar uma norma. Afirmar que uma norma é injusta, como vimos, não passa da expressão emocional de uma reação desfavorável frente a ela. A declaração de que uma norma é injusta não contém característica real alguma, nenhuma referência a algum critério, nenhuma argumentação. A ideologia da justiça não cabe, pois, num exame racional do valor das normas.

Isso não quer dizer que não haja conexão entre o direito vigente e a ideia de justiça. Dentro desta ideia pode-se distinguir dois pontos: primeiro, a exigência de que haja uma norma como fundamento de uma decisão; segundo, a exigência de que a decisão seja uma aplicação correta de uma norma. E, por isso, o problema pode ser formulado de duas maneiras, a saber:

a) Podemos nos indagar que papel desempenha a ideia de justiça na formação do direito positivo, na medida em que é entendida como uma exigência de racionalidade, isto é, uma exigência de que as normas jurídicas sejam formuladas com a ajuda de critérios objetivos, de tal maneira que a decisão concreta tenha a máxima independência possível diante das reações subjetivas do juiz e seja, por isso, previsível.

Tal exigência é resultado do direito ser uma ordem social e institucional, diferentemente dos fenômenos morais individuais (parágrafo 11). Sem um mínimo de racionalidade (previsibilidade, regularidade) seria impossível falar de uma ordem jurídica. Isto pressupõe que é possível interpretar as ações humanas como um todo coerente de significados e motivações e (dentro de certos limites) prevê-las (capítulo I). Nesta medida, a ideia de justiça – no sentido de racionalidade e regularidade – pode ser qualificada como *constitutiva* do conceito do direito.

A racionalidade formal, objetiva, porém, é também um ideal do direito no sentido de que é desejável um máximo de racionalidade em harmonia com certas valorações que, pelo menos na civilização ocidental, estão presentes quando se cria o direito.

A regularidade objetiva, como coisa oposta à arbitrariedade subjetiva, é experimentada como um valor em si mesma. Esta ideia se expressa na velha máxima inglesa de que a comunidade deverá basear-se no governo da lei, não no governo dos homens. O juiz não deve ser como o rei homérico que recebia seu *themistes* diretamente de Zeus, ou como o cádi oriental que retira sua decisão de uma sabedoria esotérica. A ideia da supremacia do direito nos faz reagir contra a tendência dos Estados totalitários autorizar o juiz a decidir, deixando de lado todas as regras estabelecidas, para decidir segundo a "sã consciência jurídica do povo" ou "os interesses do proletariado". Vemos nisto uma negação da própria ideia do direito.

Tal valoração, por sua vez, é provavelmente baseada nos efeitos sociais do império do direito. Do ponto de vista dos cidadãos, o império do direito é a condição de segurança e possibilidade de cálculo nos assuntos da vida comunitária. Do ponto de vista das autoridades, é uma condição para o controle do comportamento dos cidadãos a longo prazo – isto é, que ultrapassa o caso específico – inculcando neles padrões fixos de conduta.

A regularidade objetiva ou racionalidade formal é uma ideia fundamental em todo direito, mas não é a única. Estabelecidas em categorias determinadas por critérios objetivos, as normas se apresentam como valorações formalizadas da tradição cultural. Entretanto, a regra jurídica formalizada nunca pode expressar exaustivamente todas as considerações e circunstâncias relevantes. Inevitavelmente, quando se aplica ao caso individual, é possível que a norma conduza a resultados que não podem ser aprovados pela consciência jurídica como a expressão espontânea, não articulada, daquelas valorações fundamentais. Todo direito e toda administração de justiça, portanto, estão determinados, em aspectos formais, por um conflito dialético entre duas tendências opostas. Por um lado, a tendência à generalização e à decisão em conformidade com critérios objetivos e, por outro lado, a tendência à individualização e à decisão à luz das valorações e apreciações subjetivas da consciência jurídica – ou, mais sumariamente – por um lado, a tendência para a justiça formal, por outro, a tendência para a equidade concreta.

Ambas as tendências fazem sentir seu influxo no direito em ação em todas as circunstâncias, porém seu peso mútuo relativo pode variar com o tempo e com o lugar, e de uma esfera do direito para outra.

Na administração de justiça o contraste se expressa na diferença entre o estilo restrito e o estilo livre de interpretação (parágrafo 29).

Na legislação, o contraste aparece no grau de liberdade que as regras, em sua formulação, deixam a critério do juiz. O legislador pode manter a ilusão de haver estabelecido uma regra, mas expressá-la em termos tão vagos (por exemplo, referindo-se à opinião moral dominante) que o resultado seja uma larga liberdade para que o juiz ou o funcionário administrativo possam exercer seus critérios. Este método de formular a lei é denominado *método dos padrões jurídicos*;[11] ou o legislador autoriza francamente o juiz, possivelmente dentro de certos limites, a tomar uma decisão segundo seu critério.

Historicamente, tanto na legislação como na administração de justiça, o formalismo estrito desenvolveu-se no sentido de proporcionar um espaço cada vez maior à sentença individualizadora.

O desacordo entre o direito formalizado e as exigências de equidade se torna mais aparente quando ocorre um desenvolvimento social sem que a legislação proceda a um ajuste das normas às novas condições. Sente-se, então, uma particular necessidade de decisões contrárias ao direito formal. A princípio, tais decisões terão o caráter de equidade, precisamente porque não acatam regras dadas, surgindo, sim, de uma apreciação intuitiva da situação concreta. Porém, no decorrer do tempo lograr-se-á novamente a racionalidade formal. Através da prática dos tribunais, surgirá uma nova doutrina e as decisões posteriores se fundarão nela, perdendo seu caráter de equidade. Constitui circunstância histórica peculiar essa atividade de ajuste algumas vezes não ser exercida pelos tribunais ordinários, mas sim por tribunais especiais. Em tais casos, o novo direito, assim desenvolvido, passou a ser interpretado como um sistema jurídico especial, um direito de equidade com o qual se visava a complementar o direito ordinário.

---

11. Ver, por exemplo, Marcel Stati, *Le Standard juridique* (1927).

Um bom exemplo disso é o desenvolvimento da *equidade* no direito inglês.[12] A rigidez da *common law* tradicional e sua evidente falta de razoabilidade frente às novas condições sociais, deu lugar, num certo período, à prática de recorrer ao rei contra decisões que não estavam de acordo com as exigências da consciência jurídica (a administração de justiça era considerada uma prerrogativa do rei). O rei, nestes casos, exercia seu poder através do chanceler, que "era considerado o guardião da consciência do rei." O chanceler era, por certo, formalmente obrigado a seguir a *common law*, mas, na realidade, desempenhava, sob a pressão dos fatos, uma considerável atividade discricional criadora de novo direito baseado em suas concepções de equidade. No desenrolar do tempo, a chancelaria (*Court of Chancery*) tornou-se uma instituição permanente e as originais decisões de equidade discricional foram substituídas por uma administração regular de justiça, em conformidade com as doutrinas que foram se desenvolvendo através da prática da chancelaria. As decisões de equidade do chanceler suscitaram em seu tempo muitas críticas. Numa metáfora grotesca dizia-se que a equidade segundo a consciência do chanceler não era melhor que a equidade segundo o tamanho do seu pé: "Um chanceler tem pé grande; outro, pé pequeno; um terceiro, pé mediano; o mesmo se passa com a consciência do chanceler." Esta crítica perdeu logo sua validade e *Lord* Eldon, um dos mais famosos chanceleres ingleses pôde proferir numa resolução: "Não posso concordar que as doutrinas deste tribunal sejam mudadas cada vez que muda o juiz. Nada me causaria maior pesar, ao deixar este cargo, que a lembrança de ter justificado, em alguma medida, a reprovação de que a equidade deste tribunal varia como varia o tamanho do pé do chanceler."[13]

Na Europa continental não se faz uma distinção correspondente à distinção entre direito (em sentido estrito, *jus strictum*) e equidade. Isto se deve, em parte, ao maior papel desempenhado pela legislação na atualização do direito e, em parte, à maior liberdade de interpretação exercida pelos juízes. Para um juiz da Europa continental o direito e a equidade não se opõem, sendo, sim, a equidade uma parte do direito.

b) Pode-se perguntar, então, que papel desempenha a ideia de justiça na administração de justiça, na medida em que essa ideia é entendida como uma

---

12. Ver, também, C. K. Allen, *Law in the Making* (4ª ed., 1946), 322 e segs. e Alf Ross, *Theorie der Rechtsquellen* (1929), 123 e segs. com referências.
13. *Gee versus Pritchard*, 2 Swanst. 414. Transcrito de Holland, *Elements of Jurisprudence*, 74.

exigência de que a decisão do caso individual aplique corretamente o direito vigente.

Esse papel, sem dúvida alguma, é importante. A justiça, concebida desta maneira como um ideal para o juiz (para todo aquele que tem que aplicar um conjunto determinado de regras ou padrões), é uma ideia poderosa na vida social. Representa o que se espera de um bom juiz e é aceita pelo próprio juiz como padrão profissional supremo. No que toca a isto a ideia de justiça faz sentido. Refere-se a fatos observáveis. Qualificar uma decisão de injusta quer dizer que não foi realizada de acordo com o direito e que atende a um erro (injusta em sentido objetivo), ou a um desvio consciente da lei (injusta em sentido subjetivo). Dizer que um juiz cometeu uma injustiça (subjetivamente) significa que se deixou guiar por interesses pessoais, pela amizade em relação a uma das partes, pelo desejo de agradar aos que estão no poder, ou por outros motivos que o afastam do acatamento do que ordena a lei.

Todavia, é difícil uma delimitação mais precisa da palavra *injustiça*. Quando uma decisão "aplica corretamente" a lei? Tal como se demonstrou no estudo da interpretação (capítulo IV), nenhuma situação concreta enseja uma aplicação única da lei. Isto é verdade, inclusive, naqueles casos nos quais existe uma regra definida, expressa em termos relativamente fixos; e é verdade, certamente, num grau ainda maior, quando o caso é julgado de acordo com padrões jurídicos ou sob forma discricional. Há sempre uma margem de extensão variável e quando uma decisão cai dentro dessa margem, ninguém a chamaria de injusta, nem sequer em sentido objetivo. Poder-se-ia qualificá-la de "equívoca" no sentido de que quem emite a opinião teria aplicado a lei sob forma diversa.

Mas, como determinar-se essa margem? Quais são os princípios de interpretação *corretos*? E que liberdade de interpretação se deve proporcionar ao juiz? Não é de grande utilidade fazer referência a motivações *especificamente jurídicas*[14] como coisa oposta a considerações de poder ou de interesse porque não existe uma valoração especificamente jurídica. O direito surge das mesmas atitudes práticas, interesses, fatores de poder e componentes ideológicos que se apresentam na comunidade em esferas que são externas à vida do direito. Talvez a única maneira de responder a questão seja por meio de uma referência ao *típico* e *normal* na aplicação efetiva da lei. Decidir com objetividade é fazê-lo da forma típica, normal; decidir subjetivamente é incorrer em desvios excepcionais. A decisão é objetiva (*justa* em sentido objetivo) quando cabe dentro de princípios de

---

14. Como Otto Brusiin, *Über die Objektivität der Rechtssprechung* (1949), 25-26.

interpretação ou valorações que são correntes na prática. É subjetiva (*injusta* em sentido objetivo) quando se afasta disso. As palavras *subjetividade* ou *injustiça* expressam precisamente o sentimento de que a decisão emana da individualidade ou subjetividade de um juiz particular em contraste com o que é típico dos juízes em conjunto. As decisões pronunciadas pelo famoso juiz francês Magnaud (*le bon juge*) não eram, portanto, meramente *errôneas* (tantas outras decisões, afinal, o são), mas arbitrárias ou injustas em sentido objetivo. O fato, todavia, de não dizermos que esse homem foi um juiz injusto em sentido subjetivo, se deve a ele, indubitavelmente, ter atuado de acordo com suas convicções fundadas numa concepção do direito caracterizada por profunda moralidade.[15]

§ 66. A EXIGÊNCIA DE IGUALDADE NO DIREITO VIGENTE

Está claro, pois, que uma exigência geral indiscriminada de que todos sejam tratados de igual maneira, só significa que o tratamento dado a cada pessoa deve seguir regras gerais. Se tal exigência é autorizada pelo direito, torna-se uma questão de interpretação determinar se é o caso de se fazer caso omisso dela, como uma formulação meramente ideológica, juridicamente vazia ou se é possível conferir-lhe significado específico com base num fundamento histórico. Se tal exigência aparece na doutrina, é tarefa da crítica demonstrar sua vacuidade e averiguar o que se quis, possivelmente, dizer com ela.

A situação é distinta se a exigência recebe um conteúdo especial; por exemplo, igualdade a despeito das diferenças de sexo e raça. Tal exigência tem um significado. Proíbe que as leis que regem a posição jurídica de uma pessoa empreguem critérios determinados pelo sexo ou raça dela. Neste caso, segundo as circunstâncias, podem surgir problemas de interpretação referentes ao exato alcance da proibição.

Alguns poucos exemplos podem ilustrar isso.

a) Algumas Constituições expressam de forma específica que todos os cidadãos são iguais perante a lei.[16] Tais cláusulas parecem estar desprovidas de

---

15. H. Leyret, *Les Jugements du Président Magnaud* (1900); ver também François Gény, *Méthode d'interpretation* (1919), II, 278 e segs.
16. Por exemplo, a Constituição da Irlanda, 1º de julho de 1937, seção 40: "Todos os cidadãos são, como seres humanos, iguais aos olhos da lei"; a Constituição da Tchecoslováquia, 9 de maio de 1948, cláusula especial, seção 1: "Todos os cidadãos são iguais perante a lei"; a Constituição da

significado específico. Pareceria que somente podem significar uma das duas coisas seguintes:

1) que a lei, segundo seu conteúdo, deve ser aplicada sem referência às pessoas; isto se compreende por si e se encontra já no conceito de norma;

2) que a lei não deve se basear em distinções ou características que sejam consideradas *irrelevantes* ou *injustas*. Mas tal proibição de leis *injustas* não tem significado preciso, já que *injustiça*, nesse contexto, é uma expressão emocionalmente tendenciosa que não pode ser definida por critérios objetivos.

É presumível que as cláusulas desse tipo possam ser explicadas histórica e ideologicamente como uma reação a um direito anterior, no qual certos grupos da população – por exemplo, a nobreza – tinham privilégios, em particular privilégios diante da possibilidade de ser demandados.[17] É possível compreendê-las segundo as circunstâncias, com fundamento histórico sobre uma base histórica como uma proibição contra a reimplantação de tais privilégios.

Se a exigência de igualdade é qualificada mediante uma referência a critérios definidos que não podem ser usados para introduzir discriminações, então, ao contrário, a cláusula tem um significado tangível.[18] Exclui a presença de tais critérios em legislação ordinária.

b) Por vezes se estabelece um princípio abstrato de igualdade a título de orientação para a administração no exercício de sua discrição. O que foi dito em *a)* vale, no que lhe é pertinente, também aqui. Em princípio, não contém nenhuma norma material para o exercício da discrição, expressando, sim, unicamente uma exigência formal, a saber, que a decisão seja efetivada com base em valorações e considerações gerais e não de forma caprichosa ou arbitrária.

Um exemplo de um princípio qualificado de igualdade é a lei dinamarquesa nº 100 de março de 1921, a qual – com exceções isoladas – estabelece que os homens e as mulheres são igualmente elegíveis para todos os cargos no governo e na administração pública e lhes impõe dever idêntico de aceitar encargos públicos.

Turquia, 10 de janeiro de 1945, seção 69: "Todos os turcos são iguais perante a lei". Entre as Constituições dos países nórdicos, somente a da Finlândia (17 de julho de 1919) contém uma norma geral de igualdade, a saber, no parágrafo 5: "Os cidadãos finlandeses são iguais perante a lei".

17. A emenda XIV da Constituição dos Estados Unidos, que garante a todos proteção igual das leis, e que foi aprovada em 1868, depois da Guerra Civil, colimou historicamente colocar os negros em igualdade de posição com os brancos.

18. Por exemplo, a Constituição da Itália, 27 de dezembro de 1947, seção 3: "Todos os cidadãos... são iguais perante a lei, sem consideração de seu sexo, raça, língua, religião, convicções políticas e posição social e pessoal."

c) Na doutrina do direito internacional a igualdade abstrata dos Estados se apresenta, amiúde, como um dos chamados direitos (*rights*) fundamentais dos Estados.[19] Uma exigência de formulação tão abstrata carece de significado, porém por trás dela está oculta, por um lado, a proibição de fazer discriminação com base no tamanho dos Estados e, por outro, certas regras que nada têm a ver com a igualdade ou a desigualdade (o princípio de unanimidade e a regra sobre a imunidade dos Estados).

d) Na doutrina da expropriação se sustenta que a linha que separa a expropriação das restrições ao domínio sem compensação é, em princípio, determinada por um critério de igualdade: as restrições não conferirão direito de obter compensação se afetarem todas as propriedades do mesmo tipo. Fica claro, contudo, que o princípio de igualdade é aqui tão carente de significado como em outras partes. Toda cláusula que descreve o objeto da restrição por meio de conceitos ou características gerais se refere igualmente a todas as propriedades *do mesmo tipo*. A mão da natureza não determina quais objetos são do *mesmo tipo*; isto depende unicamente da inclusão desses objetos na mesma categoria conceitual, seja qual for a forma pela qual esta seja definida. A palavra *fazenda* define um grupo de objetos *do mesmo tipo*. Entretanto, isso ocorre também com qualquer outra definição conceitual, por exemplo *fazendas com uma população animal de mais de cem cabeças, granjas com uma população animal de mais de cem cabeças e de uma extensão superior a cinquenta acres, fazendas localizadas em Ohio com uma população animal de mais de cem cabeças e uma extensão superior a cinquenta acres, cujo proprietário tenha estado de posse da fazenda durante mais de vinte e cinco anos e que esteja gravada com uma hipoteca de mais de US$ 5,000*. Isto, sem considerar se há sequer uma fazenda que satisfaça as condições dadas.

Se diz-se que a exigência de igualdade não deve ser tomada em sentido formal, mas que o fato decisivo é se a limitação ocorre de acordo com características distintivas que estejam *bem fundadas*, que sejam *razoáveis* ou *justas*, isto quer dizer que a ideia de igualdade desvanece, para ser substituída por uma referência ao que se considera *justo* segundo uma opinião subjetiva e emocional. Tal *princípio* não é um princípio autêntico, mas o abandono de toda tentativa de análise racional.

---

19. Alf Ross, *Textbook of International Law* (1947), parágrafo 34.

Capítulo XIII
O Utilitarismo e a Quimera do Bem-Estar Social

§ 67. A RELAÇÃO ENTRE O UTILITARISMO E O DIREITO NATURAL[1]

A ideia central do direito natural foi que a *retidão* do direito positivo depende de sua concordância com um padrão ou um ideal que se encontra na natureza ou na razão do ser humano. O direito positivo não é julgado pelos efeitos que produz na comunidade. As considerações de utilidade não são destituídas de importância, mas não se confundem com a exigência de justiça. O direito tem sua meta dentro de si mesmo: realizar o ideal de justiça.

Isso, entretanto, não deve ser interpretado no sentido de que a cada norma corresponde seu padrão ideal na razão. Nossa razão se limita a um pequeno número de princípios básicos e evidentes e a retidão da norma particular depende de poder ser considerada como deduzida daqueles princípios básicos.

Já vimos que de um ponto de vista epistemológico a filosofia do direito natural se apoia numa intuição intelectual ou num sentimento de evidência que, se supõe, garante a retidão dos princípios básicos, mas, na realidade, não passa de uma expressão dogmática e patética da consciência moral e jurídica da época. Não se investiga a origem dessa consciência; ela não é considerada do ponto de vista histórico e psicológico como um produto de fatores combinados (entre os quais o ordem social e jurídica vigente). Tal consciência moral e jurídica não é criticada à luz de suas consequências sociais, mas é aceita com reverência como um oráculo que revela ao ser humano a verdade moral, a lei de Deus (ou da razão) válida por si mesma para o governo de suas ações.

---

1. Para um estudo mais detalhado e documentado, ver meu livro *Kritik der sogenannten praktischen Erkenntnis* (1933), cap. IV, 1.

O utilitarismo de Bentham significou uma nova abordagem, a qual ele considerou uma revolução na história do pensamento moral. Seguindo a filosofia empírica de Locke, Bentham desejava erradicar todas as concepções de ideias inatas ou verdades *a priori*. A consciência moral não é revelação de verdades eternas, segundo Bentham, mas simplesmente um catálogo de opiniões tradicionais e preconceitos difíceis de ser abolidos porque foram inculcados nas mentes das pessoas desde sua mais tenra infância. Em lugar de elevar de forma dogmática os sentimentos morais ao nível da validade absoluta, uma teoria progressista da moral deve atingir o princípio racional que se encontra por trás do sentimento moral e dirigi-lo, diz Bentham. Este princípio não é percebido com clareza, mas atua inconsciente e instintivamente. Só quando é trazido à plena consciência, é possível proporcionar um fundamento racional para a moral e criticar e corrigir o sentimento moral se houver risco de que este se torne retrógrado ou pervertido.

Bentham pensou que podia estabelecer esse princípio sobre uma base empírica considerando a natureza humana.[2] Todo esforço humano é um esforço em busca da felicidade. A felicidade, portanto, é a coisa que é boa em si mesma e o princípio moral do comportamento deve apontar para a ação que produz a maior soma possível de felicidade no mundo. O valor de uma ação depende, por isso, dos efeitos que produz, medido em termos de prazer (felicidade) ou dor humanos.

A ruptura de Bentham com o passado não foi, entretanto, tão profunda como ele julgava. Derivar a moral do esforço natural do ser humano é uma ideia herdada do rejeitado direito natural – uma ideia que, por exemplo, encontrou significativa expressão em Tomás de Aquino. Ademais, fica claro que a crença de Bentham na possibilidade de construir uma doutrina moral sobre um fundamento puramente empírico é necessariamente uma ilusão. Com base numa observação psicológico-empírica genuína jamais seria possível ir além de uma descrição de como os seres humanos se comportam de fato, ou como se comportariam, de fato, em determinadas circunstâncias,[3] mas não

---

2. Bentham começa sua principal obra, *An Introduction to the Principles of Morals and Legislation* (impressa em 1780 e publicada em 1789) com as seguintes palavras: "A natureza colocou a humanidade sob o governo de dois amos soberanos, a dor e o prazer. Cabe a eles somente indicar o que devemos fazer, bem como determinar o que faremos. Por um lado, o padrão do certo e do errado, por outro, a cadeia de causas e efeitos, estão presos ao seu trono".
3. Particularmente se tivéssemos uma concepção mais correta da realidade.

chegar a uma moral (*padrões de conduta correta e incorreta*),[4] isto é, a como devemos nos comportar.[5] Se prosseguirmos em nossa reflexão se fará também claro que o princípio de Bentham da maior quantidade possível de prazer não pode ser derivado de tal experiência, sendo, sim, a expressão de um postulado metafísico-intuitivo.

O ponto de partida de Bentham é que todo esforço humano é um esforço em busca do prazer. Isto não significa, contudo, que os seres humanos agem sempre de forma egoísta no sentido habitual, isto é, buscando sua própria vantagem, sem se preocuparem com os interesses dos outros. Bentham, de modo algum, negaria que o ser humano é capaz de ações altruístas, de autossacrifício ou de ações heroicas, impulsionado por sentimentos de simpatia para o próximo. Só quer dizer que, no fundo, tais ações estão condicionadas pelo empenho do ser humano na busca de seu próprio prazer, a saber, o prazer de satisfazer seu sentimento de simpatia pelos outros. Um outro ponto é que – tal como diz Bentham quando fala do princípio de autopreferência – os sentimentos de simpatia são no ser humano geralmente fracos e impotentes no conflito com as forças egoístas, no sentido usual desta última expressão. Na prática, são estas, quase exclusivamente, as que determinam o curso das ações na conduta. Portanto, o prazer que os seres humanos buscam é, na maioria das vezes, seu próprio prazer, no sentido mais estrito.[6]

Sobre esse pano de fundo consideremos agora o princípio supremo de ação de Bentham. Tal princípio me ordena a agir de tal maneira que a soma total de felicidade no mundo seja a maior possível. Exige-me que ao julgar uma ação não leve em conta se o prazer que causa a mim o causa a mim ou a outros. O mesmo peso tem que ser atribuído ao prazer dos demais tanto quanto ao meu próprio e uma ação que é vantajosa para os outros deve ser preferida a uma ação que é vantajosa para mim, mas apenas em menor grau.

É evidente que tal princípio não pode ser extraído do axioma *sociológico* do prazer, mas se opõe diametralmente à afirmação de que, em seu conjunto, as pessoas se comportam de forma egoísta. Como outros princípios éticos, possui o caráter de uma exigência suprema ou de uma validade específica, em conflito com os impulsos de nossos sentidos. Tal como os postulados do direito

---

4. Ver a citação da nota 2.
5. Este ponto de vista foi mais tarde energicamente enfatizado por Moore. Ver Ross, *op. cit.*, p. 78.
6. Ver também *op. cit.*, cap. V, 2.

natural, deve buscar seu fundamento na natureza razoável do ser humano e sua justificação numa intuição intelectual. Na realidade, se aproxima muito da formulação de Nelson do princípio de justiça (parágrafo 64). Ordena-me vencer minhas inclinações egoístas e agir sem consideração das pessoas, ou da maneira que agiria se todos os interesses afetados por minha ação fossem meus.

Entretanto, não se deve desprezar a diferença que existe entre o utilitarismo e o direito natural. A crítica de Bentham da consciência moral e jurídica e sua exigência de que uma ação seja julgada segundo os seus efeitos de fato constituem passos de valor permanente para uma teoria realista. Bentham se equivoca ao crer que a consciência moral e jurídica é dirigida por um único princípio racional, de acordo com o qual o julgamento dos efeitos de uma ação pode ser reduzido a um simples cômputo de máximos relativos a somas quantitativamente iguais.

§ 68. O PRINCÍPIO DA MAXIMIZAÇÃO E SUAS DISCORDÂNCIAS COM NOSSA ESCOLHA EFETIVA

Como mostramos no parágrafo anterior, o princípio utilitarista não pode ser derivado da experiência, mas sim, à semelhança de outros princípios éticos, é um postulado metafísico baseado na intuição. Mas ainda assim, pode, é claro, revelar algo sobre a maneira como, de fato, raciocinamos a respeito de problemas morais e políticos. E assim ocorre, decerto, com respeito ao ponto de vista básico de que as ações devem ser julgadas segundo suas consequências. Não ocorre o mesmo, em contrapartida, com respeito à forma como, segundo se crê, tem lugar esse julgamento.

O princípio do utilitarismo, no seu último aspecto, se apoia na pressuposição de que em toda situação prática nossa escolha pode ser reduzida a uma escolha racional entre montantes quantitativos, medidos em termos de prazer. Se se adota a premissa de que o prazer é o intrinsecamente bom e que se deve dedicar a mesma consideração ao prazer dos outros e ao próprio, a escolha se reduz a um cômputo puramente racional.

Essa pressuposição, contudo, não é verdadeira. Origina-se de uma falsa psicologia. Nossas necessidades e desejos diferem qualitativamente e são mutuamente incomensuráveis. Os seres humanos têm as necessidades mais variadas, por exemplo, a de alimento, de repouso e sono, de ocupação, de atividade sexual, de cultura e conhecimento, de experiência artística e recreação, de amor e respeito, de poder e prestígio social. Se todas minhas necessidades não podem ser satisfeitas e me encontro diante de uma escolha, por exemplo, entre ouvir uma sinfonia e saborear uma boa comida, essa escolha não pode ser descrita como uma alternativa racional entre duas quantidades comensuráveis de prazer. Qual é a medida para o prazer que experimento numa situação ou em outra? Qual deverá ser a unidade de medida? O único critério concebível para chamar um bem de *maior* do que outro é, obviamente, o fato de que, na realidade, eu o prefiro. Mas neste caso a afirmação de que numa escolha prefiro o maior entre dois bens perde sentido: é chamado de *maior* precisamente porque o prefiro.

A pressuposição utilitarista é uma enorme distorção racionalista da vida mental.[7] Reduz o fundamento irracional de nossas ações à valoração única de que o prazer é preferido à dor e transforma tudo o mais num cômputo racional de quantidades de prazer e de dor. A situação verdadeira é que somos movidos por muitas necessidades e considerações diferentes, que se confrontam e lutam num processo irracional de motivação. Estamos submetidos à influência de uma diversidade de padrões de valoração e preferência que se desenvolvem e se estabelecem individual e socialmente. Se considerarmos, por exemplo, as deliberações que têm lugar numa assembleia legislativa num conselho local, numa diretoria, numa comissão, em suma, em qualquer lugar em que sejam discutidos assuntos públicos e privados para determinar uma linha de orientação, o que ocorrerá é que são enunciadas e pesadas diversas considerações, cada uma das quais possui uma certa força motivadora em relação a certos desejos e valorações. No final, essas considerações são integradas numa decisão que expressa a importância ou preferência atribuída às várias considerações. Esta decisão é o que chamamos de uma resolução, um ato irracional do espírito no qual todas as forças que foram mobilizadas durante a fase da deliberação lutam entre si até que reajamos com um resultado, a decisão. Isto é algo bastante distinto de uma escolha racional entre quantidades quantitativamente definidas.

Expressando-se isso numa breve fórmula, podemos dizer: a incomensurabilidade das necessidades não permite uma maximização quantitativa. Por isso, o princípio utilitarista é inaplicável em situações de conduta nas quais

---

7. Esta distorção se baseia na afirmação empiricamente desprovida de sentido de que todo esforço é um esforço em busca do prazer. *Cf.* Ross, *op. cit.*, cap. V, 2.

haja competição de muitas necessidades (interesses, considerações) qualitativamente diferentes.

Os problemas morais e políticos em sua grande maioria se referem a situações desse caráter. Assim não ocorre necessariamente em questões econômicas. Visto que todos os interesses econômicos podem ser expressos, pelo menos aproximadamente, em termos de dinheiro, está aqui presente aquela comensurabilidade que torna possível a aplicação do princípio de maximização.[8] O princípio de maximização certamente reflete também algo fundamental da maneira pela qual são feitas as escolhas econômicas, quando estão somente em jogo os interesses de um só indivíduo. O homem de negócios, por exemplo, apreciará as diferentes possibilidades de investimento de acordo com o benefício calculado, medido em termos de dinheiro, e escolherá entre essas possibilidades a que lhe promete o maior lucro, o que é um claro cálculo de maximização. O princípio não se ajusta como medida, por outro lado, para problemas econômico-sociais, os problemas que se relacionam com indivíduos que mutuamente competem. Ao atribuir importância exclusiva à soma total, e não à sua distribuição, todos os conflitos de interesses ficam ignorados desde o começo e se torna impossível atribuir à distribuição qualquer significado independente.[9] Porém, a maior parte dos problemas econômicos de importância social são problemas de distribuição ou, em todo o caso, problemas que detêm um aspecto distributivo. O problema da renda nacional, por exemplo, não é simplesmente uma questão do seu montante, como também de sua distribuição. É possível que um sistema econômico que produza uma soma total menor, mas com uma melhor distribuição da mesma, seja preferido a outro com uma maior soma total, mas com uma distribuição mais desigual. O mesmo ocorre com os problemas referentes ao abastecimento de certas mercadorias, ao número de casas disponíveis para a população e muitas outras questões.

Nesses casos e outros semelhantes,[10] isto é, quando somente por via de exceção pode-se considerar possível uma maximização quantitativa, pode-

---

8. Isto explica o colossal papel que desempenhou o utilitarismo na teoria econômica durante o século XIX e até os nossos dias.
9. Através da teoria da utilidade marginal, já desenvolvida com completa clareza em Bentham e que, mais tarde, tornou-se parte principal da doutrina econômica do valor, a distribuição adquiriu uma certa importância derivada. Segundo essa teoria, a distribuição igual dos bens produzirá a maior soma de prazer. Mas, ainda de acordo com essa elaboração da teoria, a distribuição do próprio prazer continua sendo algo sem importância. *Cf.* Ross, *op. cit.*, 136.
10. Também fora da esfera da economia é possível que surjam problemas que podem ser formulados em termos de um cálculo de quantidades homogêneas.

mos dizer que a desarmonia mútua dos interesses faz com que o princípio de maximização seja inadequado para a solução de problemas sociais de distribuição.

§ 69. A QUIMERA DO BEM-ESTAR SOCIAL

Nos tempos modernos[11] tornou-se hábito falar de bem-estar social, das necessidades da comunidade, etc., em lugar da soma total do prazer dos indivíduos. A introdução do conceito de *sociedade* como um sujeito único cujo bem-estar deve ser promovido na maior medida possível permitiu contornar, mas não superar, os dois defeitos fundamentais do utilitarismo assinalados no parágrafo anterior: a incomensurabilidade das necessidades e a desarmonia dos interesses.

A ideia de que a comunidade é uma entidade independente, com necessidades e interesses próprios, deve ser rejeitada como ilusória. Todas as necessidades humanas são experimentadas pelo indivíduo e o bem-estar da comunidade é o mesmo que o de seus membros, de sorte que retornamos às mesmas dificuldades anteriores.

De que modo a invocação do *bem-estar social* nos ajuda a superar a incomensurabilidade qualitativa das necessidades? Como escolher entre fomentar as artes e as ciências ou a construção de moradias? Como somar liberdade, alimentação, moradia e boa música? Mas sem esta soma preliminar não é possível decidir o que é que "na maior extensão possível" promove o *bem-estar social*.

O mesmo ocorre com a desarmonia de interesses. Diz-se que *todos, as pessoas em geral, alguém* desejam boas casas para morar. Portanto, pensa-se, a diretiva de uma boa política de habitação deve consistir na melhor satisfação possível dessa necessidade comum. A falácia reside nos termos gerais utilizados. *Alguém* não vive em casas; quem o faz é A, B e C. *As pessoas* não desejam obter boas casas, mas sim A deseja obter uma boa casa para A, B deseja obter uma boa casa para B, etc. Se as circunstâncias não permitem a satisfação de todos os desejos, esses interesses passam a ser competitivos. *O interesse da*

---

11. A exposição precedente se ateve ao utilitarismo sob sua forma original formulada por Bentham. Em Bentham as linhas de pensamento aparecem com maior clareza, já que no desenvolvimento ulterior do utilitarismo se produziu uma fusão dos elementos puros do utilitarismo com elementos do direito natural e do idealismo. *Cf.* Ross, *op. cit.*, cap. V, 5-8.

comunidade (o bem-estar social) é a falácia que contorna essa desarmonia e fabrica um interesse único harmônico e um correspondente benefício único.

O utilitarismo e o princípio do bem-estar social, como a filosofia do direito natural, são o resultado da necessidade que a consciência tem de um princípio de ação absoluto que possa libertar a humanidade da angústia da decisão. Nesta variante da metafísica moral pode-se distinguir dois componentes: um é o postulado de que os interesses dos outros devem ter o mesmo peso que os próprios. Este apelo aos sentimentos de simpatia constitui a ideia econômica e politicamente ativa no utilitarismo. Torna-se óbvio que esse postulado é uma nova dogmatização da consciência moral e jurídica, que só pode buscar seu fundamento numa intuição intelectual, mesmo quando o próprio utilitarismo pretende se basear na experiência.

O segundo componente é a doutrina de que quando se aceita o postulado, nossas escolhas podem ser descritas como uma decisão racional entre quantidades mensuráveis, o que é uma falácia que se choca com dois fatos fundamentais: a incomensurabilidade qualitativa das necessidades e a mútua desarmonia dos interesses.

Capítulo XIV
Ciência e Política

§ 70. Conhecimento e Ação[1]

O pressuposto das concepções jusnaturalista e utilitarista, examinadas nos capítulos anteriores, é que cabe à política jurídica descobrir o direito correto e válido em si mesmo e que este é um problema que pode ser resolvido cognoscitivamente, pelo menos na medida em que se pode estabelecer certos princípios gerais na qualidade de diretrizes para apreciar a *retidão* do direito positivo.

Não faz sentido indagar, ademais, porque o direito deve ser *reto (correto)*, isto é, porque deve satisfazer as exigências da ideia de justiça ou o cômputo do prazer. Essas exigências são absolutas e categóricas, surgem de uma apreensão *a priori* e não podem se fundar em argumentos racionais.

O princípio de política jurídica (a ideia de justiça ou o princípio da felicidade social), segundo esse modo de ver, é simultaneamente um conhecimento compreensivo (*insight*) e uma exigência. É um conhecimento por apreensão dos princípios válidos que o direito tem que satisfazer para ser *reto (correto)*, um conhecimento que tal como qualquer outro conhecimento tem a pretensão da verdade: assim é e não de outra maneira. É uma exigência porque reclama do legislador que aja de conformidade com esses princípios. A esperança de que o legislador se comportará efetivamente assim se baseia tão só num chamado a sua razão ou consciência. Como os outros seres humanos, o legislador pode apreender, ainda que seja de forma imperfeita, o que é válido. Constitui tarefa do conhecimento clarificar essa apreensão e torná-la plenamente consciente, na esperança de que o legislador interpretará as ordens da razão e da consciência de acordo com isso.

O conceito de *retidão* (*rightness*) é um conceito *a priori*. Não pode ser deduzido da experiência dos sentidos, sendo, sim, captado numa intuição

---
1. Ver Ross, *Kritik der sogenannten praktischen Erkenntnis* (1933), cap. I.

intelectual. Do mesmo modo, o conhecimento que nos facultará apreender o válido não é uma ciência em sentido empírico, mas pressupõe uma fonte de conhecimento distinta da experiência dos sentidos. Essa fonte de conhecimento é precisamente a visão espiritual mediante a qual, livres de amarras sensoriais, apreendemos diretamente a natureza essencial da existência e a lei que governa nossas ações. Um conhecimento deste tipo se denomina metafísico. Consequentemente, toda filosofia jurídica e moral que tem que estabelecer normas válidas por si mesmas para a ação de seres humanos é metafísica.

Se tomarmos como ponto de partida a ideia de que toda metafísica é quimera e só há um conhecimento, a saber, o empírico (parágrafo 58), poderemos nos perguntar como é possível atingir, sobre essa base, a política jurídica, isto é, o enunciar de alguma orientação para o legislador. Se não existe apreensão *a priori* de uma *retidão* (*rightness*) absoluta, no que fundar as normas de ação? Se não há *validade* absoluta, com que *direito* (*right*) se pode formular diretivas para a ação humana? Se o legislador não está metafisicamente obrigado pelas ordens *a priori* da razão, que força motivadora podem possuir tais diretivas? Se todo conhecimento científico é, por sua natureza, apreensão de fatos empíricos e de suas correlações funcionais invariáveis, como é possível, com fundamento científico, enunciar algo que não se limite a simples declarações a respeito de fatos empíricos?

Esses problemas não são peculiares à política jurídica. Existem problemas correspondentes em todas as ciências que pretendem instruir como devemos nos comportar. Será conveniente, portanto, dividir a resposta em duas partes: tratar primeiro, em geral, da relação entre conhecimento (ciência) e ação (política) e investigar, em seguida, os problemas particulares da política jurídica. A primeira parte é ventilada neste capítulo e a segunda no seguinte.

Imaginemos por um momento, se for possível,[2] um ser semelhante ao ser humano, dotado de inteligência, porém desprovido de sentimentos e paixões de qualquer espécie, despojado de qualquer forma de impulso, empenho, amor, ódio, etc. Tal ser seria absolutamente apático em relação a tudo que o circundasse e se conservaria mediante alimentação artificial. Devido à sua inteligência poderia apreender e compreender a realidade. Entretanto, mesmo que imaginemos esse ser dotado do mais amplo conhecimento de fatos, do mais profundo discernimento das leis e correlações da existência, nenhuma quantidade de conhecimento seria capaz de despertar seu ser para a atividade. Todo

---

2. O experimento de pensamento somente é possível como uma abstração. Na realidade, o funcionamento da inteligência é, em si, uma atividade baseada em emoções.

conhecimento carece de interesse prático para uma pessoa que não está interessada em nada. O conhecimento de que um perigo ameaça minha vida, a menos que me mova do lugar em que me encontro, me deixará frio, sem interesse e passivo se não alimento o desejo de preservar minha vida. O conhecimento de como alcançar todas as glórias e bens do mundo carece de força motivadora para a pessoa que não deseja essas coisas.

Esse experimento serve para ilustrar a absoluta diferença que existe entre os atos de apreensão da consciência (conceituais ou cognoscitivos) e aqueles que constituem uma atitude.[3] Estes últimos são caracterizados por sua polaridade, que se evidencia em pares de palavras tais como atração/repulsão, amor/ódio, aprovação/reprovação, desejo/aversão. Como termo geral para fazer alusão a esses atos em que nos decidimos com base em uma atitude, termo que abrange igualmente as atitudes com sinal de mais (+) ou menos (-), pode-se empregar a palavra *interesse* (ainda que no uso linguístico ordinário essa palavra signifique principalmente uma atitude positiva). Se bem que os atos de apreensão e aqueles nos quais nos decidimos com base numa atitude, ou como podemos também dizer, as crenças e as atitudes, ocorrem estreitamente conectados em interação mútua, designam formas primárias, irredutíveis, de consciência. Toda atividade consciente está necessariamente enraizada numa atitude. A mera apreensão como tal, a pura apreensão ou conhecimento, carece de toda força motivadora.

Isso de modo algum significa que nossas crenças não influem em nossa atividade, mas apenas que essa influência é exercida sempre por via de um interesse (*atitude*). Se de uma atitude surge um motivo para a ação, a atividade resultante é guiada por nossa inteligente concepção dos fatos e circunstâncias. Se tenho interesse em não me molhar, meu conhecimento da condição do tempo determinará a roupa que ponho. Se tenho interesse em fazer negócios que visam ao lucro, meus atos nesse terreno serão determinados por meu conhecimento de onde posso comprar em melhores condições, de qual será a tendência dos preços, etc.

A função do conhecimento na esfera da ação pode, em conformidade com isso, ser definida da seguinte maneira: o conhecimento jamais pode motivar uma ação, porém, pressupondo um dado motivo (interesse, atitude), ele pode *dirigir* a atividade.

---

3. *Cf.* Franz Bretano, *Psychologie* (1925), II. Bretano faz dessa distinção a divisão fundamental dos fenômenos psíquicos.

Disso se conclui que o papel do conhecimento (ciência) na esfera da ação nunca pode consistir em estabelecer normas categóricas ou válidas em si mesmas, isto é, normas de um tipo cuja força motivadora consista no próprio conhecimento e sejam, assim, independentes de toda atitude ou interesse subjetivos. Todo motivo para a ação e igualmente todo convite à ação surgem por necessidade de fatores irracionais (interesses, atitudes). A função do conhecimento só pode consistir em proporcionar diretivas que têm somente uma força hipotética, com o pressuposto de um motivo irracional determinado (interesse, atitude).

E assim, a ideia de um conhecimento prático em sentido ético – a ideia de um conhecimento que é, em si, um motivo ou a expressão de uma exigência categórica – é uma impossibilidade.

São, por isso, ilusórias as muitas teorias formuladas no decorrer do tempo, sobre a dedução de normas absolutamente válidas a partir de fatos empíricos (o fato da solidariedade, por exemplo), ou da natureza metafísica da existência, ou da natureza humana. Absolutamente nada pode ser deduzido sobre a ação humana a partir de fatos como tais. Os fatos são, em si mesmos, indiferentes. Só ganham relevância ao serem colocados em relação com um interesse ou atitude, que é independente deles.

Isso vale, inclusive, quando somos capazes – contrariamente ao que penso – de apreender uma qualidade específica em certos fatos, que pode ser denominada seu *valor* ou *bondade*. Tal conhecimento não tem, tampouco, força motivadora independente e só possui significado prático se tenho interesse no *valioso* ou no *bom*.

É presumível que todas essas teorias relativas a normas de ação absolutas, derivadas diretamente da realidade ou dadas diretamente em nosso conhecimento tenham, como dissemos no parágrafo 59, uma explicação psicológica, a saber, que os seres humanos, para escapar à responsabilidade da decisão e à agonia da escolha, buscam ocultar a circunstância de que todas as decisões dependem, em última análise, de nossas próprias atitudes.

§ 71. A INTERAÇÃO MÚTUA ENTRE CRENÇA E ATITUDE

Se limitarmos o termo *ação* aos atos conscientes que são tema de deliberação e discussão, poderemos dizer que toda ação está condicionada por dois fatores: as *crenças* do agente e suas *atitudes*.

Por *crença* entendo toda ideia sobre a natureza da realidade que o sujeito da crença julga verdadeira ou, pelo menos, provável. Pode referir-se a fatos simples e a correlações invariáveis, a fenômenos cotidianos e a teorias científicas, a circunstâncias passadas, presentes e futuras; em síntese, a tudo aquilo com respeito ao que os seres humanos fazem suposições mais ou menos bem fundadas.

Por *atitude* entendo aqueles fenômenos de consciência volitivos e emocionais que são a fonte (motivo) de toda atividade consciente. Visam a um objeto que se apresenta ao sujeito. O objeto pode ser uma coisa, uma pessoa, um evento, um estado de coisas. Tais fenômenos de consciência ocorrem em dois tipos polares básicos, que se mostram em termos tais como os pares atração/repulsão, desejo/aversão, aprovação/reprovação, amor/ódio.

As atitudes podem ser experimentadas de diversas maneiras segundo sua posição num contexto psicológico mais amplo. O que têm de comum é que expressam uma certa tendência à ação. A tendência pode ser mais incondicional, definida e *atual*, ou mais condicional, indefinida e *potencial*.* Ocorre o primeiro caso com aquelas atitudes nas quais predomina um elemento voluntário, como é o caso na consciência de um propósito clarificado por deliberação e decisão; também nos estados emocionais mais transitórios com uma tendência definida de desafogo (ódio, medo, ânsia, desejo). Nestas atitudes a tendência à ação é caracterizada por uma clara disposição à ação. O segundo caso ocorre com aquelas atitudes nas quais predomina um elemento emocional. Aqui pode também dar-se o caso de atitudes relativamente clarificadas e estáveis de amor e ódio por coisas ou pessoas; ou de atitudes, mais transitórias e volúveis de saudade, esperança e desejo dirigidas a um evento ou circunstância. Mesmo quando nessas atitudes, preponderantemente emocionais, a tendência à ação é menos acentuada, elas contêm uma inclinação a atuar de uma maneira definida se a ocasião se apresenta. Aquele que sente amor por um objeto deseja seu bem; aquele que deseja algo quer também atuar para que o que deseja se realize. Porém, visto que frequentemente não se sabe se surgirá alguma oportunidade para a ação, e qual será seu conteúdo preciso, a tendência à ação adquire aqui, como dissemos, um caráter mais indefinido e latente. Num grupo especial se encontram aquelas atitudes nas quais, tendo que escolher, preferimos um bem a outro. Estas se chamam atitudes de preferência.

---

* Aparentemente Ross utiliza aqui estes termos no estrito sentido aristotélico de ενεργεια (energeia – ato) e δυναιζ (dynamis – potência). *(N.T.)*

A crença e a atitude designam duas formas básicas de fenômenos de consciência: a teórica e a prática. Ocorrem frequentemente em fusão íntima, de sorte que só por abstração pode-se distinguir os dois componentes. Muitos termos linguísticos expressam ambas as formas ao mesmo tempo. São tanto descritivos quando definitórios de atitudes; têm, podemos dizer, um significado teórico e emocional (volitivo). Não é raro que duas palavras ou expressões sejam usadas para descrever praticamente o mesmo objeto, mas com carga emocional diferente (exemplos: líder – ditador; heroico – temerário; fazer respeitar o princípio de autoridade – oprimir; paladino da liberdade e dos direitos humanos – rebelde; política realista – maquiavelismo). Inversamente, as mesmas palavras dotadas de forte carga emocional são usadas para designar fenômenos que diferem agudamente. Na linguagem de Hitler, sua ditadura era a "verdadeira democracia", seu Estado policial o "verdadeiro" Estado constitucional, sua economia capitalista o "verdadeiro" socialismo e sua regimentação, a "verdadeira" liberdade. Da mesma maneira, Stalin não estava disposto a perder o capital de boa vontade ou valor-chave que representa a palavra *democracia*. Chamava a Constituição soviética de "a única Constituição perfeitamente democrática do mundo", admitindo, ao mesmo tempo, que "estabelece o regime da ditadura do proletariado". Os órgãos da imprensa comunista usam regularmente uma expressão com uma forte carga emocional, "a vontade do povo" para designar a opinião de uma reduzida minoria que representa uma porcentagem mínima da população.[4]

Esses fatos, e outros similares, explicam porque os estudos linguísticos da carga emocional das palavras se contam entre os métodos empregados para descobrir as atitudes predominantes de um grupo.[5]

Num nível superior, as atitudes e as crenças se fundem não simplesmente nas palavras, como também na criação de teorias de amplo alcance, tais como ideologias e programas políticos, sistemas religiosos e filosofias de vida.

Tal como já enunciado, a atitude prática é um fenômeno espiritual irredutível, no sentido de que a partir de uma crença não se pode deduzir uma vontade para a ação ou uma exigência de ação: para um ser desprovido de sentimento e vontade, todo o conhecimento do mundo carece de força motivadora.

---

4. Para as chamadas definições persuasivas, ver Charles L. Stevenson, *Ethics and Language* (1945), 206 e segs.
5. Ver, também, Stuart Chase, *The Tyranny of Words* (1938).

Assim, é impossível provar por argumento racional – recorrendo-se aos fatos e aplicando-se a lógica – a *retidão* de uma atitude.

Uma coisa completamente distinta – o que é importante para os problemas que estamos investigando – é que psicológica e causalmente uma íntima interação mútua ocorre entre as crenças e as atitudes.

Nossas crenças a respeito do mundo em que vivemos não se formam sucessivamente, à medida que acumulamos gradualmente provas suficientes da verdade de certas suposições. Pelo contrário, a exigência de documentação e exame crítico aparece apenas de forma tardia no desenvolvimento espiritual. O ponto de partida é que as crenças acham-se apenas num ínfimo grau sob o controle da experiência e da crítica, evoluindo, sim, sob o impulso do temor, da esperança e dos desejos. Todos nós temos uma forte tendência a considerar como verdadeira qualquer coisa que possa acalmar nosso temor, estimular nossas esperanças, afagar nossos desejos. Nos povos primitivos a livre fantasia estimulada pelas emoções quase não conhece limites. Entretanto, mesmo as comunidades que progrediram no sentido de adquirir capacidade para o pensamento crítico, mesmo os cientistas (para quem essa capacidade deveria ser uma virtude profissional), exibem uma inequívoca tendência para que sua concepção da realidade se forme e se colora sob a pressão de fatores irracionais. Estamos sempre dispostos a ver o que desejamos ver e a fechar os olhos para o que não queremos ver. Nelson não foi o único a tentar o truque de colocar o telescópio num olho cego. Basta que sondemos nossos corações para saber quão necessário é, por mais honestas que sejam nossas intenções, estar continuamente alertas contra a cegueira, o preconceito, o engano de si mesmo ou a adulteração.

O perigo do *pensamento pleno de desejo* ou do preconceito pessoal é, particularmente, grande relativamente às crenças sobre as condições sociais, em parte porque nossa emoções concentram-se nos assuntos de nossos semelhantes em maior grau do que na natureza, e em parte porque a oportunidade para o conhecimento exato e a investigação efetiva é muito inferior no âmbito social do que no âmbito da natureza.

De maneira inversa, também nossas atitudes são influenciadas pelas crenças que alimentamos. Todos nós queremos apoiar nossas atitudes em crenças. Por exemplo, eu baseio minha aversão às ditaduras na crença de que a ditadura conduz à supressão da liberdade intelectual e pessoal, à suspensão da segurança legal e a um emprego difundido da violência. Mas não existe nenhuma conexão lógica entre essa crença e minha atitude prática, posto que a lógica só se refere à relação entre o valor de verdade de diversas asserções. Uma atitude não possui valor de verdade, é um fato.

Analogamente, A pensa que os banhos frios são bons porque crê que fortalecem o sistema nervoso, ou B é vegetariano porque considera a carne má para a saúde.

As crenças e as atitudes estão, portanto, em interação mútua e, com frequência, é impossível decidir qual entre as duas é primária e qual, secundária. As razões (boas) que as pessoas vinculam às suas atitudes não são sempre as verdadeiras. Quando não o são, falamos de racionalização. Pode muito bem ocorrer, por exemplo, que a carne realmente não agrade ao vegetariano e sua crença de que a carne faz mal para a saúde seja a expressão de um preconceito pessoal nascido dessa atitude. Certamente não é fácil decidir se o povo dos Estados do sul dos Estados Unidos odeia os negros porque os julgam mentirosos, estúpidos e sexualmente depravados, ou se sustentam essas crenças porque os odeia.

É possível que se aceite que em última instância as atitudes, como os reflexos, têm seu fundamento na natureza biológica do organismo, mas que no curso do crescimento e desenvolvimento da pessoa elas são elaboradas e se tornam um conjunto ramificado, condicionado pelas crenças a que estão vinculadas, da mesma maneira que os reflexos condicionados de desenvolvem a partir dos incondicionados. Por analogia, podemos falar assim de atitudes incondicionadas e condicionadas.

As atitudes condicionadas podem ser classificadas sob outras atitudes "mais elevadas" ou mais gerais, de acordo com as crenças que as condicionam. Se, por exemplo, sou partidário dos banhos frios porque acredito que são benéficos para a saúde e sou vegetariano também por motivos de saúde, ambas as atitudes podem ser consideradas como derivadas de ou subordinadas a uma atitude positiva mais geral com respeito à saúde, sua conservação e promoção. Ao enunciar as razões de nossas atitudes, podemos, dessa maneira, tentar *sistematizá-las* ou *harmonizá-las* e superar aquelas que nos encaixam no sistema. O impulso nessa direção é próprio, sem dúvida, do crescimento para o que chamamos de caráter e personalidade. É mister frisar, todavia, que esse ajuste não é uma sistematização lógica, mas uma harmonização prática e que a harmonia entre nossas atitudes é um ideal que, como regra, realiza-se, apenas, em modesto grau. Na realidade, as atitudes de uma pessoa são um conglomerado discordante, numa medida bem maior do que tal pessoa queira admitir. Temos que nos pôr em guarda contra atitudes declaradas referentes a princípios gerais. Existe o perigo de que elas não passem de verbalismos aos quais não corresponde uma realidade psicológica. Com demasiada frequência vemos que as pessoas se declaram sustentadoras do princípio de oportunidade igual para todos, mas, no entanto, se opõem a admitir que os negros tenham acesso à educação superior; ou dizem que apoiam o princípio da livre competição e, ao mesmo tempo, se opõem às medidas tomadas para preservá-lo.

Quanto mais ascendemos nos níveis de generalização, mais duvidoso se torna que os ideais declarados correspondam às atitudes reais. Se um homem diz que não pode suportar seu vizinho pele-vermelha, que detesta carne bovina com cebolas, ou que é contra a limitação das importações, não há razão, em princípio, para suspeitar que está enganando a si mesmo. Mas, não podemos ouvir suas observações com igual confiança se se declara defensor da democracia, ou a favor das reformas sociais para benefício da massa populacional.

O acme das construções irreais é atingido nas numerosas tentativas que se tem feito, no domínio da filosofia, para sistematizar todas as atitudes numa atitude suprema, expressa na ideia do bem absoluto. Assim, por exemplo, quando o utilitarismo decide que o prazer é o intrinsecamente bom e que a maior soma de prazer é o objetivo de todos os esforços. A afirmação de uma atitude fundamental como esta, da qual, se diz, derivam todas as outras, condicionadas pelo cálculo hedonístico, é um verbalismo que não tem apoio na realidade psíquica.

Por essa razão, se para compreender, prever ou influir na ação humana, interessa conhecer as atitudes das pessoas, temos que tentar uma análise das atitudes concretas e efetivas e não das formulações verbais que contêm princípios expressos.

§ 72. DESACORDOS PRÁTICOS: ARGUMENTO E PERSUASÃO

Suponhamos que numa certa situação, A está agindo e B o observa, interessado. Suponhamos, também, que haja um desacordo entre eles: se B tivesse que tomar a decisão, agiria de maneira diferente. Com base nessas premissas perguntamos: *a)* o que faz com que A e B ajam de maneira distinta numa situação idêntica? e *b)* o que pode fazer B para convencer A de seu ponto de vista, para transformar o desacordo em acordo?

a) Segundo a análise anterior, o ponto de vista de uma pessoa é ditado pela ação conjunta de suas crenças e atitudes. Segue-se daí que os desacordos práticos podem ser reduzidos a uma das três situações seguintes:

1. Desacordo de crença, acordo de atitude
Exemplos:

A e B estão de acordo em seu desejo de manter a Dinamarca fora dos horrores de uma guerra. A acredita que a participação da Dinamarca no Tratado do Atlântico Norte servirá a esse propósito. B crê no contrário. Estão, portanto, em desacordo prático a respeito de seus pontos de vista sobre a participação da Dinamarca no Tratado do Atlântico Norte.

A e B estão de acordo no desejo de adotar medidas contra o perigo da inflação e o risco do desemprego. A crê que para isso seria eficaz uma restrição ao crédito, mas B pensa que se bem que a restrição ao crédito terá um efeito anti-inflacionário, gerará, ao mesmo tempo, desemprego. Consequentemente, B não aprova a linha política de A.

2. Desacordo (conflito) de atitude, acordo de crença
Exemplos:

A é antissemita, B não é. Ambos estão de acordo que a discriminação contra os judeus prejudica o próspero desenvolvimento deles. Consequentemente, A apoia as medidas de discriminação, enquanto B, não.

Por razões de cunho religioso, A se opõe à prática do aborto. A atitude de B é que a mulher deve gozar da liberdade de decidir o que fará com seu corpo. Ambos estão de acordo na crença de que o teor de um projeto de lei é permitir a prática do aborto. Consequentemente, um considera o projeto indesejável, o outro, precisamente o contrário.

3. Desacordo (divergência) de atitude
Exemplo:

A e B fazem uma viagem juntos. A se interessa por arte e não por esporte; B, o contrário. Um e outro desejam fazer coisas distintas durante a viagem.

Nesse caso há divergência de atitudes entre A e B – um não partilha da atitude do outro. Entretanto, não há entre eles conflito de atitudes relativamente ao mesmo objeto. Na mesma situação A e B estão submetidos a interesses divergentes. As crenças que são relevantes para A (que os museus estejam abertos, o que é exibido nos teatros, etc.) são, por isso, irrelevantes para B, e vice-versa. Aqui não podemos falar, portanto, de acordo nem de desacordo de crença. Todavia, os casos desse tipo podem facilmente se transformar em casos do tipo 2. Se A e B estiverem interessados ambos tanto em esporte quanto em arte, mas se suas predileções são diferentes, existe um conflito de atitudes de preferência. Este conflito é típico em política, na qual os partidos estão de acordo nas considerações relevantes, mas divergem quanto ao *peso* delas. Assim ocorre, por exemplo, quando dois partidos concordam em que tanto a segurança militar quanto o bem-estar social são objetivos desejáveis, mas atribuem peso diverso a cada um deles e, em virtude disto, adotam pontos de vista diferentes a respeito do orçamento para a defesa.

b) Devemos examinar agora a questão das possibilidades que tem *B* de converter *A* ao seu ponto de vista. Não se trata de um processo lógico cujo objetivo seja provar a verdade de uma asserção. O ponto de vista de *A* não é uma asserção, mas um fato psíquico. Os fatos como tais (diferentemente das asserções acerca dos fatos) não são *verdadeiros* nem *falsos*, não são *corretos* nem *incorretos*, não são passíveis de serem provados ou refutados. Contudo, os fatos podem mudar e podem ser alterados por ação do empenho humano. Toda a atividade técnica visa a modificar os fatos da maneira desejada. Mas, a relação entre a intervenção técnica e o resultado obtido é uma relação fatual de causa e efeito, uma relação causal, e não uma relação lógica entre premissas e conclusão.

Segue-se daí, portanto, que todos os métodos para lograr acordos práticos são intervenções técnicas que se propõem a influir de forma causal sobre a outra parte visando a alterar seu ponto de vista. Isto vale, inclusive, se *B* empregar argumentos racionais, porque o objetivo e a intenção destes argumentos não são provar *per se* a verdade de uma asserção, mas sim exercer influência sobre os fatos psíquicos nos quais consiste a crença sustentada por *A*.

O ponto de vista de *A* numa dada situação é determinado, como vimos, pela ação conjunta de certas atitudes e certas crenças relevantes para a decisão que encara. Podemos chamar essas crenças que desempenham um papel na formação da ponto de vista de *A* de *crenças operativas*. A tarefa de *B*, segundo as circunstâncias, pode consistir em influenciar nas crenças operativas de *A* (tipo *1*), ou em suas atitudes (tipo *2*), ou em ambas (tipo *3*). Entretanto, seja qual for o caso, a intervenção direta não tem que ser necessariamente aplicada ao ponto no qual o resultado deverá ser atingido. Assim é em virtude da interação íntima, já examinada, que ocorre entre as crenças e as atitudes de uma pessoa.

Se *A*, por exemplo, se opõe a que os negros tenham acesso à educação superior porque crê que a inteligência destes não é adequada, *B* pode, é claro, atacar essa crença operativa diretamente, mencionando as estatísticas a respeito de inteligência e outros fatos. É possível, também, que a crença de *A* seja um preconceito ou tendenciosidade, dependente emocionalmente de uma atitude de aversão geral aos negros. Neste caso, *B* pode lograr o mesmo resultado e, inclusive, um resultado melhor, se tentar conseguir que *A* mude de atitude.

Se, ao contrário, o problema – como no tipo *2* – é mudar a atitude de *A*, isto pode ser logrado não só por influência direta, como também através das *crenças condicionantes*, as crenças que, sem ser operativas, na situação dada, condicionaram, em geral, a atitude de *A*.*

Assim, seja qual for o tipo de desacordo, a intervenção pode ser dirigida de forma imediata, em razão da conexão íntima entre crenças e atitudes, seja ao conjunto de crenças de *A*, seja ao conjunto de suas atitudes.

Daqui procede uma distinção fundamental entre os métodos utilizáveis para lograr o acordo prático: I) os métodos racionais, que buscam influir diretamente sobre o conjunto das crenças de *A* (e, desta maneira, de forma indireta, talvez também sobre o conjunto de suas atitudes) e II) os métodos irracionais, que buscam influir diretamente sobre o conjunto de atitudes de *A* (e desta maneira, de forma indireta, talvez também sobre o conjunto de suas crenças).

I) Na prática, os métodos racionais assumem a forma da argumentação – aduzindo asserções para fundamentar um ponto de vista (a palavra *fundamentar* não é usada aqui em seu significado lógico). A função do argumento não é convencer o oponente de que o ponto de vista é *correto* (tal conceito carece de significado), mas convertê-lo, alterando suas crenças operativas ou suas atitudes condicionadas. Sobre esta base é impossível distinguir entre argumentos *válidos* e *inválidos*. Os argumentos numa dada situação são simplesmente eficazes ou não eficazes, e não é possível decidir de antemão quais deles são e quais não são. É preciso arriscar uma suposição quanto às crenças que, de fato, determinam a posição adversária.

A eficácia de um argumento não depende da verdade da asserção, mas sim do fato desta contar com a crença do oponente. Sabe-se de sobejo, por mais lamentável que isto seja, que muita propaganda eficaz emprega asserções mendazes. Se, por exemplo, se deseja suscitar ou fortalecer uma atitude de antipatia em relação aos judeus, talvez não baste dar expressão emocional a tal atitude. Pode-se obter um efeito muito mais vigoroso se, simultaneamente, a propaganda emocional for reforçada pela menção de qualidades perniciosas e desagradáveis dos judeus, por exemplo, que devoram crianças em suas cerimônias religiosas, que são a causa dos desastres que assolam o país, que estão sempre prontos a ludibriar todo homem honesto, etc. Se existir já um certo preconceito contra os judeus, tais afirmações se difundirão facilmente e serão eficazes, a despeito de sua falsidade.

É claro que a pessoa que utiliza argumentos mendazes corre o risco de ver sua mentira ser revelada pelos outros. O valor de verdade do argumento, como

---

* A edição inglesa registra a *atitude de B* e não a *atitude de A*, equívoco corrigido na tradução espanhola de Genaro Carrió e nesta à luz do original e da coerência. *(N.T.)*

tal, está obviamente sujeito à crítica e ao exame usuais, mediante a documentação dos fatos, o recurso à experiência e a prova científica. Nos assuntos públicos, a discussão, em função disso, desempenha um grande papel, ao contestar e neutralizar a agitação baseada na mentira. Quando a informação não sofre restrição e há liberdade de expressão, a verdade, a longo prazo, prevalece. As coisas são diferentes nos países nos quais o Governo controla os meios de informação e comunicação. É marca trágica e funesta de nosso tempo que, em tais condições, virtualmente não há limites para a mendacidade, com o que a propaganda pode ser disseminada objetivando envenenar os espíritos dos seres humanos e transformá-los em instrumentos dóceis da política do poder.*

A argumentação pode seguir diversas táticas, segundo as linhas seguintes:

a) Com relação à função da crença dentro do ponto de vista do oponente, a argumentação pode dirigir seu ataque contra as crenças que supomos que atuam de forma operativa, ou contra as crenças que supomos ter uma influência condicionante sobre as atitudes do oponente.

Na primeira alternativa, busca-se uma mudança de opinião capaz de influir, diretamente, no ponto de vista do oponente. As crenças operativas podem sê-lo com respeito a atitudes que já se fizeram manifestas no ponto de vista de *A* (ver mais adiante o exemplo 1); ou também com respeito às atitudes que *B* supõe que são latentes em *A* (exs. 2 e 3), o que tem muita importância na argumentação corrente. Com frequência não "temos consciência" de todas as nossas atitudes nas deliberações que nos levam a adotar um ponto de vista. Na discussão, nosso oponente, ao trazer à baila novas considerações, tenta apelar para atitudes latentes que não tiveram oportunidade de produzir efeito. Em um ou outro caso, as asserções argumentativas podem buscar lançar luz sobre o conteúdo direto da medida em discussão (ex. 2), ou também sobre os efeitos que a medida pode acarretar (exs. 1 e 3).

---

* Na sua dependência de alusão a fatos históricos, este texto de Ross é atingido por um anacronismo compreensível e inevitável, do ponto de vista do leitor contemporâneo que adentra o século XXI. Não esqueçamos que Ross escreve estas linhas na Europa do pós-guerra, ainda assombrada pelo fantasma do totalitarismo nazifascista, para cujo crescimento muito contribuiu o Ministério da Propaganda do *Terceiro Reich*. Fosse Ross ainda vivo, ficaria, por certo, pasmo diante dos sofisticadíssimos recursos tecnológicos de que o poder hoje faz uso para manipular mentes humanas de "cidadãos" relativamente *instruídos* das classes médias, anestesiadamente destituídos de qualquer agudeza de senso crítico, e para condenar à imbecilização contínua colossais contingentes de mentes propositalmente excluídas da educação básica e do mais ínfimo estímulo à possibilidade do exercício intelectual. Ocioso dizer que não me refiro exclusivamente a regimes totalitaristas, mas também e, principalmente, às "democracias" capitalistas. *(N.T.)*

Na segunda alternativa, isto é, quando o argumento se dirige às crenças condicionantes, busca-se uma mudança de opinião capaz de influir diretamente no ponto de vista do oponente mediante uma alteração em suas atitudes (exs. 4, 5 e 6).

b) Com respeito ao meios empregados para alterar as crenças do oponente, a argumentação pode procurar provar diretamente a verdade teórica das crenças que deseja que o oponente aceite, buscando apoio no testemunho da experiência, nas conclusões científicas e nas exigências da lógica (ex. 1); ou então pode tentar indiretamente suscitar uma dúvida no espírito do oponente, abrindo os seus olhos para a possibilidade de que as crenças que sustenta podem ser explicadas psicologicamente como preconceitos ditados por certas atitudes (ex. 6). Desta maneira, o oponente pode ser levado a uma reflexão crítica que, por sua vez, o conduza a uma revisão de suas crenças e, com isso – se suas crenças operativas ou condicionantes estiverem em jogo – a uma mudança de seu ponto de vista.

c) Finalmente, as táticas de argumentação podem variar segundo o propósito de destruir determinadas crenças ou suprir crenças novas, ou ambos.

Na sequência são dados alguns exemplos, em parte inspirados por Stevenson.

1) A: Oponho-me à participação da Dinamarca no Tratado do Atlântico Norte. Esta participação aumenta o risco da Dinamarca ser arrastada para um conflito entre as grandes potências.

B: Isto não é verdade. O tratado, pelo contrário, diminuirá esse risco (e logo *B* expressa a usual argumentação teórica em suporte de sua asserção).

Nesse caso, *B* ataca as crenças operativas de *A* acerca dos efeitos de uma certa medida. Não só deseja destruir as crenças de *A*, como também proporcionar-lhe crenças novas.

2) A: Sou a favor da projetada reforma tributária. É preferível que haja aumento dos impostos do que o governo continuar a levantar mais empréstimos.

B: Isto pode ser verdade. Mas você considerou que o projeto tributa importantes artigos de primeira necessidade e reduz a renda isenta de imposto a um mínimo?

A: Não havia me dado conta disso. Tenho que estudar melhor o projeto.

Nessa argumentação *B* ataca a posição de *A* lançando mais luz sobre o conteúdo direto da medida em questão. Sua afirmação se propõe a fornecer a *A* crenças operativas que visam a despertar atitudes latentes nele.

3) A: Penso que é bom restringir o crédito na situação atual, o que afastará o perigo da inflação.

B: É possível, mas, por outro lado, as restrições ao crédito produzirão desemprego.

A: Ah! Isso mostra outro aspecto do problema.

Aqui *B* quer fazer *A* ver alguns efeitos que a medida pode acarretar, com a esperança de que isso despertará uma atitude latente.

4) *A:* As relações sexuais fora do casamento são pecaminosas e inadmissíveis.

B: Pense por um momento qual foi a origem de sua atitude. Trata-se de uma tradição que você herdou de outras pessoas, que por sua vez, a herdaram de outras; surgiu da necessidade de dar um *status* social seguro às crianças. Naqueles tempos não se conheciam métodos de controle da natalidade dignos de confiança. Utilizando-se os meios disponíveis hoje em dia já não existe a mesma conexão entre as relações sexuais fora do casamento e a prole ilegítima. Devemos nos libertar do jugo da tradição e olhar o problema à luz de uma nova moral.

A argumentação de *B* é, em parte, do mesmo tipo que em 1) e 3), na medida em que quer lançar luz sobre as consequências da questão examinada. A novidade está em que, além disso, se empenha em enfraquecer o ponto de vista de *A*, conscientizando-o da origem psicológica e sociológica de sua atitude, na esperança de que uma compreensão disso, como crença condicionante, debilitará sua fé na validade absoluta de seu ponto de vista. Aqueles que nunca consideraram seriamente como suas atitudes morais se acham condicionadas pela história, estão inclinados a interpretá-las em termos religioso-metafísicos; é a voz de Deus ou a lei da natureza que lhes fala por meio de sua consciência. Um ataque direto às suas crenças religioso-metafísicas amiúde será em vão, para isto bastando que a argumentação epistemológica necessária seja tao complicada que poucos pudessem captá-la. Melhores resultados serão obtidos, assim, deixando de um lado a posição metafísica e pondo à descoberto a origem histórica da moral. Embora isso não conteste, logicamente, a asserção metafísica, pode abalar a crença nela, como fato psicológico. No capítulo anterior (parágrafo 59) eu mesmo usei essas táticas em minha crítica ao direito natural e terei oportunidade de usá-las novamente ao examinar a consciência jurídica.[6]

5) *A:* Sou a favor de leis que estabeleçam um controle mais rigoroso dos preços. Reduzirão os exorbitantes aumentos de preço praticados no comércio.

---

6. Gostaria de acrescentar que neste livro e em outros formulei também uma crítica epistemológica da metafísica moral.

B: Penso que sua opinião sobre os homens de negócios é errada. Eles desempenham uma importante função social e na maioria dos casos são pessoas que vivem modestamente.

A: Bem, talvez eu esteja equivocado a respeito deles.

Nessa argumentação *B* não toca nas crenças operativas de *A* referentes ao controle de preços e seus efeitos, mas sim dirige sua artilharia às crenças de *A* que, presumivelmente, condicionam sua suposta atitude de geral antipatia em relação aos homens de negócios.*

6) *A:* Em minha opinião, um imposto para os aparelhos de rádio é uma tolice. Não é o rádio, por acaso, um meio de difusão da cultura?

B: Diga-me, você não é detentor de uma grande quantidade de ações de uma fábrica de aparelhos de rádio?

A: Sou.

B: Ah, agora posso entender melhor seu ponto de vista.

Esse exemplo mostra como *B*, ao evidenciar os interesses de *A*, e ao sugerir que influem no ponto de vista de *A*, tenta levar *A* a um autoexame crítico que poderá, talvez, se traduzir numa mudança de ponto de vista. Mesmo que não tenha êxito, a argumentação de *B* – num debate público – será suficiente para desacreditar o ponto de vista de *A* aos olhos dos outros.

II) Os métodos irracionais podem ser considerados como a contrapartida dos métodos racionais. Abrangem todas as técnicas para converter um oponente, exceto a argumentação (enunciado de asserções). É quase impossível encontrar um termo aceito para designar o oposto de *argumentação*. Prefiro usar a palavra *persuasão*.

A técnica de persuasão se baseia no fato psicológico fundamental de que as emoções (atitudes emotivas e volitivas) podem ser transmitidas tal como as crenças. Mas, enquanto a comunicação das crenças (*pensamentos*) depende sempre do uso de uma linguagem,[7] a transmissão das emoções se vale de outros meios: gestos, conduta, mímica, humor, etc.; e quando são usados termos linguísticos, estes funcionam de maneira diferente do uso na comunicação de pensamentos, não tendo, então, a função de símbolos, não se referindo a um objeto, mas sendo, sim, expoentes diretos das emoções experimentadas. Têm, podemos também dizê-lo, carga emocional e não significado descritivo.

---

* Entenda-se por *homens de negócios* preferivelmente *comerciantes*. (*N.T.*)
7. Linguagem ordinária, linguagem de signos matemáticos, sinais ou algum outro sistema com função de símbolo.

No parágrafo 2 ressaltamos que a linguagem é usada para outras coisas além da expressão de crenças (asserções). As exclamações e as ordens não têm significado descritivo, mas expressam uma emoção e, mediante persuasão sugestiva, provocam emoções correspondentes nos outros. Exemplos: uma concentração de pessoas prorrompe em gritos ou exclama: "Viva o rei!". Alguém brada "Abaixo!" para um orador. Um homem exclama: "Olhe!" Uma mãe diz: "Você não deve fazer isso", "Vai em frente, então", etc. Grito "Ai!" quando me queimo. Exclamo "Que bonito!", "Espero que ele venha", etc.

A função emotiva da linguagem não se restringe a frases que, como as mencionadas, estão gramaticalmente no modo imperativo ou desiderativo. Muitas frases que estão gramaticalmente no modo indicativo carecem de conteúdo descritivo e têm exclusivamente uma carga emocional. Isto ocorre, obviamente, quando em tom de ordem digo a uma criança: " Agora vai comer o seu jantar". Mas o mesmo se aplica aos enunciados morais, mesmo que sejam tomados por muitas pessoas como asserções verdadeiras de uma *validade* ou *retidão* morais ("é seu dever...", "é injusto...", "é imoral...").

Mas temos que ir além. A função emotiva da linguagem não se limita às expressões que não têm significado descritivo. Tal como ressaltamos anteriormente no parágrafo 71, muitas palavras têm, ao mesmo tempo, significado descritivo e carga emocional. Isto é particularmente importante porque essa fusão abre caminho para a persuasão insinuada sob a roupagem de uma argumentação aparentemente racional. Nestes casos, a carga emocional será, contudo, instável e dependerá, em grande medida, da ênfase, disposição e de outros fatores independentes da própria palavra.

Algumas palavras ou expressões reluzem como joias ("Nossa augusta pátria") e outras cheiram mal ("o monopólio plutocrático capitalista"). Há palavras que apresentam muitos graus distintos de calor e frio e que exibem sutis diferenças nas nuanças de valor quando se trata de elogiar e de censurar, de expressar respeito e desprezo, aprovação e reprovação, admiração e desdém, amor e ódio. Adequam-se muito bem para servirem de meios de persuasão e, com frequência, são especialmente úteis precisamente porque a função de persuasão está associada à função descritiva. Tais palavras são aceitas mais facilmente, sem que o ouvinte chegue a descobrir que foi objeto de persuasão.

As metáforas desempenham um papel importante. Em virtude de seu significado descritivo fluido, mas muito insinuante, são eminentemente adequadas para a persuasão sugestiva ("a massa cinzenta do povo"; "o rebanho da

Igreja", "os lacaios do capitalismo", "*padre* como maneira de designar um sacerdote"). Toda a poesia lírica se vale de metáforas e a função prática de persuasão que cumprem é particularmente clara nos hinos e nos cantos patrióticos. A metáfora, a melodia e a magnitude do coro se combinam aqui para produzir um poderoso estimulante nacional, enquanto o conteúdo descritivo das palavras é completamente esquecido.

É uma tarefa divertida e gratificante analisar um texto relativamente à função persuasiva das palavras,[8] tal como fizeram Albert e Elisabeth Lee com as falas de rádio do padre Coughlin. Os discursos religiosos, patrióticos e políticos, é claro, são apropriadíssimos para essa análise. Seria um erro, entretanto, crer que a função da persuasão se limita unicamente a esses casos. Sempre que usamos a linguagem no nosso cotidiano ordinário, utilizamos, consciente ou inconscientemente, os valores emocionais das palavras.

A persuasão através da linguagem tem especial interesse para nossos problemas em virtude de sua similitude externa, que pode ser maior ou menor, com uma argumentação racional.

Acresça-se a isso que, como salientamos, há também formas de persuasão que não estão ligadas à linguagem. O grito *fogo!* num teatro gera pânico não só pela própria exclamação, como também pelo tom e o gesto, e pela excitação que sucede ao grito. Uma marcha de protesto, uma procissão fúnebre, o tremular de bandeiras, o hastear de uma bandeira, o aplauso, o repicar de sinos, o pranto de uma mulher, etc., todos estes e muitos outros fenômenos não linguísticos cumprem, cada um a sua maneira, sua função própria de transmitir emoção, que pode ser utilizada com fins de persuasão. A integração religiosa e política de uma comunidade é obtida, em grande medida, por meio de cerimônias, cuja função é fortalecer e estimular a unidade emocional do grupo. Algo similar ocorre nos diversos tipos de fraternidades. O efeito ideológico ligado a um sistema de sanções efetivamente aplicado (o ordenamento jurídico), constitui uma forma particularmente importante de persuasão.

Embora esses métodos não linguísticos de persuasão sejam, em si, muito interessantes, não me estenderei mais acerca deles porque seu estudo não tem importância para nossos problemas.

---

8. *The Fine Art of Propaganda* (1939). *Cf.* Charles L. Stevenson, *Ethics and Language* (1944), 249 e segs.

§ 73. CIÊNCIA E PRODUÇÃO POLÍTICA

Após esse exame dos métodos de superação dos desacordos práticos, voltamos agora ao problema do papel que cabe atribuir à ciência em relação a isso. Trata-se do mesmo problema que surge quando nos perguntamos se a ciência pode dirigir a atividade humana, ou quando tentamos averiguar que relação há entre a ciência e a política,* no sentido mais amplo desta última expressão.

Nosso ponto de partida é que a *tarefa* da ciência consiste unicamente em estar a serviço da argumentação racional suprindo-lhe asserções cientificamente sustentáveis e excluindo, mediante discriminação crítica, as que não são capazes de resistir a um teste científico. A persuasão se coloca necessariamente fora do âmbito da ciência – seja por ocorrer de forma ostensiva, ao decidir com base numa atitude e dar-lhe expressão, seja por ocorrer ocultamente, ao utilizar a carga emocional das palavras.

Visto que a palavra *tarefa* tem, simultaneamente, um significado descritivo e um significado emotivo, esse enunciado sobre a tarefa da ciência requer uma explicação mais rigorosa e uma definição mais precisa.

Em primeiro lugar, o enunciado é uma asserção teórica de caráter semântico. Significa que se por *ciência* entendemos algo assim como um conhecimento sistematicamente desenvolvido e metodicamente comprovado, as atitudes emocionais e sua expressão ficam claramente fora do âmbito da ciência. Mas essa asserção semântica, está claro, não diz que os cientistas não podem ou que lhes é vedado expressar atitudes práticas. Simplesmente quer dizer que esse aspecto de sua atividade não pode ser descrito como *ciência*, na medida em que usamos esta palavra com o significado que indicamos há pouco.

Em segundo lugar, o enunciado é formulado também com a intenção de expressar uma atitude moral, uma ética profissional para cientistas, a ideia da objetividade ou pureza da ciência, o que significa uma exigência dirigida, em nome da honestidade, aos cientistas, para que, se adentram o campo das atitudes e de sua expressão, destaquem com a maior clareza possível[9] os limites que separam aquela parte de sua atividade que pode reclamar a autoridade e a validade objetiva da ciência e da verdade e aquela outra parte que não pode

---

* No sentido do inglês *policy*. (N.T.)
9. Os limites nunca podem ser traçados com absoluta precisão.

pretendê-lo.[10] Se não se fizer essa distinção, o homem de ciência usurpará, em benefício de suas atitudes subjetivas, uma autoridade que estas não têm o direito de reivindicar. Não se trata simplesmente de um ato desonesto em si mesmo – a longo prazo o prestígio e a autoridade da ciência se ressentirão.[11]

Com base na mesma atitude, a asserção semântica mencionada se eleva à posição de uma exigência moral: aquela parte do labor do cientista que não é de natureza teórica não deveria ser designada com o nome de *ciência* porque isto contribui para suprimir o limite.

Por outro lado, não se deve entender o enunciado como se pressupusesse uma atitude moral geral, contrária ao uso de métodos irracionais com o propósito da persuasão. Não podemos imaginar uma comunidade humana que não conheça a persuasão. Toda a educação e a preparação moral se valem dela e a eficiência do direito depende, em alto grau, de seu poder ideologicamente sugestivo. Julgados à luz dos ideais humanistas, os métodos racionais não são em si melhores nem piores que os irracionais. Ambos podem ser empregados igualmente a serviço do bem e do mal. Qualquer apreciação a respeito deles deve levar em conta o espírito no qual são usados e as circunstâncias nas quais são postos em prática. *Propaganda* é o nome odioso que recebe uma argumentação feita sem respeitar a verdade, isto é, que emprega mentiras ou distorções, ou ocultando porções da verdade e recorrendo àquelas emoções que de um ponto de vista humanista são menos admiráveis: ambição pelo poder, ódio, temor, inveja, vaidade. *Regimentação* é o nome odioso que recebe a persuasão que não respeita a autonomia moral do ser humano. Por outro lado, *informação* é a denominação elogiosa que recebe uma argumentação que respeita a verdade, e *educação* a designação de uma persuasão emocional em harmonia com os ideais humanistas.

À parte aquelas tendências metafísico-filosóficas que ainda creem na capacidade da ciência de captar uma *retidão* (*rightness*) *a priori*, podemos afirmar que o princípio da pureza da ciência é hoje geralmente reconhecido. Se, contudo, continua ensejando polêmicas, é porque: *a)* em parte, a despeito da adesão ao princípio, com frequência ele é objeto de contradição na prática e *b)* em parte, há divergências quanto às conclusões metodológicas que são extraídas do princípio.

---

10. Ao enfatizar que estou expressando uma atitude, creio que neste caso satisfiz a exigência moral.
11. A última frase do parágrafo expressa uma asserção que condiciona minha atitude.

a) Em relação ao primeiro ponto, é um fato que a exigência de pureza é muito mais difícil de observar nas ciências sociais do que nas ciências naturais. Isto se deve à circunstância de que o cientista do social, numa medida muito superior que o cientista da natureza, está comprometido emocionalmente com respeito ao tema de seu trabalho. Nossa emoções mais fortes são aquelas que estão dirigidas às circunstâncias de nossos semelhantes. Uma pessoa cujo trabalho se refere a isso, é, ela mesma, parte do tema que se ocupa, numa medida muito maior do que uma pessoa dedicada ao estudo dos fenômenos naturais. Por esta razão, é muito mais difícil libertar as ciências sociais do *pensamento pleno de desejo* e da ideologia. Se alguns matemáticos experimentaram uma incisiva preferência pelos círculos e outros, pelos quadrados, ou se alguns físicos a experimentaram pela luz e outros, pelo som, é concebível que nesses campos se faria sentir, também, uma inclinação semelhante ao preconceito ideológico.

Essas circunstâncias explicam o fato de que as ciências sociais foram, e, majoritariamente ainda são, uma mescla infeliz de ciência e política. No domínio do direito constitucional, Hans Kelsen demonstrou com infatigável empenho de que modo grandes setores dele foram escritos para defender os interesses de um regime existente. De maneira magistral, ele pôs a nu as manipulações e as imposturas que as atitudes políticas empregam, consciente ou inconscientemente, para se disfarçar de ciência, tentando se atribuir, assim, de forma enganosa, a autoridade que o nome de ciência confere. Em relação à economia, Gunnar Myrdal, em sua obra já clássica, *The Political Element in the Development of Economic Theory* mostrou, numa brilhante análise, como as atitudes políticas afetam secretamente os conceitos fundamentais e a elaboração da teoria econômica. No conceito de valor, na teoria dos preços e do juro, nas ideias de *bem-estar público, harmonia de interesses, proporção, equilíbrio, estabilidade,* nas ideias de *funcionamento natural, liberdade, administração econômica* e em muitas outras partes elementares da teoria econômica, deslizam ocultos componentes de atitude, que conferem à doutrina um direcionamento político, ao mesmo tempo que essa doutrina é oferecida como uma descrição objetiva e científica da realidade. Numa obra posterior, Myrdal demonstrou que na sociologia as coisas ocorrem de maneira semelhante.[12]

b) É um bom sinal, uma prova de maior entendimento epistemológico e de um respeito mais vivo ao ideal de uma ciência pura o fato de recentemente ter-se experimentado, em muitas áreas das ciências sociais, uma poderosa reação

---

12. Gunnar Myrdal, *An American Dilemma* (1944), 1045 e segs.

contra a retrógrada influência da política sobre a teoria. Max Weber foi o pioneiro e muitos outros seguiram seus passos. Esta mesma reação, entretanto, explica, talvez, porque muitos estudiosos têm tirado conclusões metodológicas excessivas da ideia de pureza da ciência. Na obra de Kelsen, em alguns jovens juristas suecos e em muitos proeminentes sociólogos norte-americanos, por exemplo, encontramos a exigência metodológica de que a ciência se atenha estritamente aos fatos e à sua explicação teórica, e se abstenha de toda tentativa de converter o conhecimento teórico em diretriz para os esforços práticos; este aspecto deve ser deixado aos políticos. O lema é: a ciência é uma coisa, a política, outra.[13]

Myrdal demonstrou brilhantemente que esse idealismo em busca da objetividade, que se afigura tão atraente, excede-se em suas pretensões.[14] Em primeiro lugar, a exigência ideal não pode realizar seu propósito. Em segundo lugar, na medida em que pudesse realizá-lo impediria toda cooperação frutífera entre a teoria e a prática.

No tocante ao primeiro ponto, Myrdal mostra que o perigo ideológico não consiste tanto na formulação ostensiva de conclusões práticas extraídas da teoria, como nas atitudes ocultas que estão implícitas nos conceitos empregados. A maior parte da terminologia é tomada de empréstimo da linguagem cotidiana e tem uma carga emocional. É, na realidade, impossível que o cientista social se eleve acima do meio social em que vive e liberte seu espírito de toda inclinação emocional. A ideia de *ater-se aos fatos* a todo custo é, por conseguinte, uma ilusão e, tampouco, necessária à pureza da ciência. Essa exigência é satisfeita uma vez que as atitudes ocultas são trazidas à luz do dia como pressupostos explícitos. As conclusões adquirem então um caráter hipotético-objetivo: são sustentadas sob a condição de que se aceite um determinado conjunto de atitudes.

A outra objeção de Myrdal tem, talvez, um peso ainda maior. Se a ciência realmente tivesse de se abster de toda formulação prática de seus resultados, poderíamos, então, imaginar uma compilação de todo o conhecimento teórico, da qual o político teria que extrair, por si mesmo, o que necessitasse. Com frequência, porém, simplesmente não o encontraria. O conhecimento especial que é necessário para a solução de problemas práticos específicos só é alcançado em vista desses precisos problemas. Para produzir o conhecimento técnico requerido, a investigação teórica tem que ser organizada, planejada e levada a cabo sob o norteamento dos problemas práticos.

---

13. *Cf. Myrdal, op. cit.*, p. 1041 e segs.
14. *Loc. cit.*

Pode-se juntar, a fim de complementar a linha de pensamento de Myrdal, que esse estado de coisas já é bem conhecido nas ciências naturais. As ciências técnicas ou aplicadas – as ciências da medicina, agricultura, construção de pontes, etc. – não consistem tão só em uma adequada seleção e coordenação dos resultados das ciências básicas; são ramos específicos da ciência, cuja investigação é organizada em vista de objetivos práticos específicos. Seria inconcebível que um médico obtivesse sua instrução de uma seleção adequada das ciências básicas (química, biologia, fisiologia, etc.). A medicina é uma ciência específica no sentido de que, à luz do conhecimento geral das ciências básicas, investiga por iniciativa própria fatos e leis científicos, segundo sua relevância operativa para uma atitude fundamental, a saber, que é importante preservar e promover a vida e a saúde do ser humano. Do mesmo modo, a física nuclear é organizada em relação com a atitude de que é desejável utilizar a energia atômica para a construção, entre outras coisas, de bombas.

Não ocorrerá a ninguém questionar, por essas razões, a pureza científica das ciências naturais aplicadas. O cientista não decide por si mesmo a atitude; a premissa valorativa que rege sua investigação não é sua. O cientista nuclear não afirma o valor de produzir bombas atômicas, como tampouco o estudante de ciências médicas afirma o valor de preservar e salvar a vida humana. Sua ciência é puramente objetiva e hipotética; tomados estes fins como dados, o conhecimento resultante é operativo com respeito a eles. A premissa hipotética afeta a pureza da ciência tanto como a afeta a escolha que o estudioso sempre tem que fazer antes de pôr-se a trabalhar num ramo da ciência em lugar de fazê-lo em outro.*

---

* Alberto de Santos Dumont teria se consumido em angústia quando soube que o aeroplano começava a ser utilizado com fins bélicos para destruir obras e vidas humanas. Essa tradicional postura de isenção do cientista exato quanto aos tipos de uso que se farão do fruto de suas pesquisas e de seus inventos (quando não encomendados) e esse amoralismo tão útil e, segundo muitos, até necessário à objetividade e elevada eficiência do labor científico (neutro e independente de ideologias, valoração moral e autorreflexão), tudo em nome de uma *pureza* da ciência, deixando a classe científica pairando nas alturas, comodamente apartada do moral, ou seja, da responsabilidade pelas consequências de suas obras, dispensada de emitir juízos de valor sobre a pragmaticidade de suas criações, sempre atraíram para os cientistas (das ciências ditas exatas), e com justiça, a acusação de que, essencialmente e em ultima instância, não passam de serviçais do poder político e do poder econômico. A propósito, já há muito aprendemos a desconfiar da palavra *pureza*. A afirmação de Ross de que "ciência é uma coisa, política, outra", a despeito de ser conceitualmente óbvia, não tem nenhuma aplicação legítima na prática, a menos que a relação entre cientistas exatos e poder político não fosse de subordinação dos primeiros ao segundo. O possível argumento de que não compete ao cientista das *ciências naturais aplicadas* opinar a respeito do tipo de emprego da sua obra faz dele um *gênio alienado e manipulado* além de, inevitavelmente nos lembrar da fábula trágica do Victor Frankenstein de Mary Shelley. *(N.T.)*

A escolha da premissa é determinada pelo desejo de que os resultados da ciência aplicada tenham um valor operativo em relação com atitudes práticas. O estudioso, portanto, só aceita de forma hipotética os objetivos vigentes. A ciência da agricultura é motivada pelo fato de que as pessoas trabalham na agricultura e querem obter o maior proveito econômico possível. A ciência da engenharia é motivada pelo desejo de ser capaz de resolver problemas técnicos diversos. É claro que nada impede o desenvolvimento de uma ciência aplicada referente à construção de pirâmides de vidro. É evidente que se ela não se desenvolveu até hoje, é porque não se experimentou um desejo prático correspondente. Tal ciência seria desprovida de relevância operativa.

Cabe-nos, agora, indagar se é possível aplicar às ciências sociais pontos de vista metodológicos semelhantes. Isto significaria que o cientista social aceita hipoteticamente, da mesma maneira impessoal, as atitudes políticas vigentes nos círculos que detêm o poder na comunidade, ou seja, que tal como seus colegas das ciências naturais aplicadas, põe seu conhecimento à disposição de objetivos dados, sem adotar, por si, nenhuma atitude com relação a eles. Em princípio, essa indagação pode ser respondida na afirmativa, embora haja algumas diferenças vitais que fazem com que o sonho corrente de que as ciências sociais cheguem, algum dia, a constituir uma *engenharia social* tenha que continuar sendo um sonho.

Uma dessas diferenças é que enquanto é possível fixar as disciplinas das ciências naturais aplicadas em objetivos relativamente unívocos[15] – eficiência na agricultura, na fabricação de bombas atômicas, na construção de pontes – não ocorre o mesmo com as ciências sociais aplicadas. Não existe um objetivo correspondente, relativamente simples, em política. As tentativas de elaborar um sob a forma de *bem-estar da comunidade, saúde social* e coisas semelhantes, são ilusórias. A tarefa política terá sempre como referência uma multiplicidade de atitudes, que não constituem um sistema, mas sim um conglomerado. Analisando uma situação específica, descobriremos uma grande variedade de componentes de desejo que não refletem simplesmente os interesses de diferentes

---

15. O contraste não é absoluto. Também as ciências naturais aplicadas operam, em alguma medida, com objetivos incomensuráveis. Um receptor de rádio não pode possuir, simultaneamente, um máximo de seletividade e um máximo de qualidade de reprodução; um motor não pode ter, ao mesmo tempo, um máximo de velocidade e um máximo de potência. O contraste é, entretanto, significativo. A inevitável escolha entre diversas possibilidades técnicas, indispensáveis numa situação específica, geralmente não terá caráter político e será aceita pelo interessado como uma solução técnica para suas necessidades.

grupos sociais, mas também uma diversidade de desejos e necessidades dentro do mesmo grupo. Não há uma simples *necessidade política*, um simples *objetivo político* que possam ser definidos e isolados como o são os objetivos técnicos. A tarefa política é sempre uma tarefa de integração, um ajuste de considerações incomensuráveis. Há problemas de maximização e problemas de distribuição; considerações de economia, de política partidária e de estratégia militar; considerações sobre emprego e desemprego, inflação, balança comercial; considerações a curto e longo prazo, ideais culturais e sociais, o desejo de segurança em matéria de política exterior, etc. Tudo isso reflete uma multiplicidade de atitudes que têm que ser pesadas e ajustadas. A decisão política, portanto, tem sempre o caráter de uma resolução, não de uma solução (como a solução de um problema técnico).

Ademais, as atividades políticas, com frequência, não apresentam clareza. São incertas e nebulosas. Nossas atitudes são condicionadas por nossas crenças. Se estas últimas são incertas e nebulosas (como o são, por certo, com respeito a conexões sociais enormemente complicadas), também o serão as atitudes. Não possuímos conhecimento suficiente dos fatos sociais e de sua correlação para saber aquilo que queremos. Ninguém pensou no pleno emprego como objetivo enquanto as crises econômicas foram consideradas fenômenos naturais inevitáveis. Por isso, o papel da teoria não é puramente técnico. Deve nos orientar, também, no que tange ao próprio objetivo; deve esclarecer e precisar as atitudes políticas corrigindo e complementando as crenças condicionantes; ou indicar os objetivos que proporiam aqueles que detêm o poder, se tivessem uma concepção mais adequada da realidade do que a que realmente têm.[16]

As diferenças que ressaltamos explicam porque a ciência social aplicada tem que começar e terminar distintamente das ciências naturais.

Tem que começar de outra maneira porque não encontra suas premissas no mesmo estado de elaboração e clarificação que as ciências naturais. O primeiro passo, portanto, deverá ser estudar e tabular as atitudes políticas fatuais, tal como se expressam nos interesses, simpatias, aspirações e ideologias dos distintos grupos influentes. Mas, isto não passa de matéria-prima a ser elaborada. É preciso investigar se os diversos objetivos são compatíveis entre si ou exigem um contrabalanceamento recíproco; é preciso examinar se estão condicionados por uma inadequada concepção da realidade, que reclama ser corrigida à luz

---

16. O contraste tampouco é absoluto neste ponto. O desejo de construir automóveis não surge enquanto não existe um certo conhecimento de tecnologia.

de um conhecimento melhor e mais completo. Só depois disto, o cientista do social alcança o ponto no qual pode formular suas premissas hipotéticas, a lista de considerações e objetivos políticos que haverão de determinar a direção de suas investigações e de suas conclusões práticas. Mesmo quando o problema assim descrito possa ser, em princípio, colocado e resolvido como um problema objetivo, científico, estará circundado, entretanto, por tantas dificuldades e incertezas que, na prática, as opiniões e preferências pessoais participarão inevitavelmente da elaboração da lista de objetivos. Na ciência social aplicada as pressuposições emocionais não podem ser objetivadas na mesma medida que nas ciências naturais. Dificilmente o cientista social deixará de ser, em algum grau, também um reformador social.

Talvez ainda mais importante seja frisar que a ciência social aplicada deve terminar também de outra maneira: jamais pode ser racionalmente concludente como o é a ciência natural, isto é, dar uma solução inequívoca aos problemas da ação. Neste contexto não aludimos a defeitos nas crenças operativas que se devem aos presentes hiatos hoje existentes nas ciências sociais. Referimo-nos aqui a uma questão de princípio, que continuaria sendo válida ainda quando conhecêssemos cabalmente os fatos e mecanismos da vida de uma comunidade. O fator decisivo é o fato das considerações múltiplas. Nunca será possível elaborar diretivas técnicas sobre o pleno emprego do mesmo modo que se pode suprir diretivas para a fabricação de bombas atômicas. O problema prático do emprego e desemprego não pode ser isolado do contexto social. Os métodos de intervenção variam com o contexto e devem ser avaliados com base na totalidade das considerações e não meramente por sua eficácia no combate do desemprego. Mesmo após haver feito a mais exaustiva coleta de todos os fatos e suas correlações, sempre haverá um salto a ser dado, o que significa que todas as considerações são levadas em conta e pesadas numa *resolução*, isto é, num ato irracional. A ciência social jamais pode pretender uma *solução*, quer dizer, uma diretiva que brote inequivocamente do objetivo dado em conexão com o conhecimento técnico.

Relativamente a isso apresenta-se um especial problema metodológico, a saber, se o cientista social deve empreender, por si mesmo, esse salto, se deve realizar essa ponderação de considerações que se traduz numa resolução, ou se deve limitar-se a dispor as considerações sobre a mesa e deixar que os homens de ação retirem as conclusões práticas (o problema é agudo no atual debate sobre metodologia jurídica – ver parágrafo 79).

É óbvio que a atividade de que estamos falando não é de natureza científica. Todavia, da ideia de pureza da ciência não podemos inferir que tal atividade não deva ser efetivada por um cientista. É mister simplesmente enfatizar que o cientista não atuaria ali como representante da ciência. Ademais, o teórico goza de melhor posição que o prático para empreender a ponderação visto ser ele o detentor de conhecimento direto e amplo dos fatos relevantes e de suas implicações. Mesmo que forneça esta informação ao prático, esta não proporcionará a este último a mesma compreensão das diversas considerações e possibilidades. Pensemos na relação paralela entre um médico e seu paciente. Por exemplo, um médico pode dar a um paciente um conselho preciso sobre cirurgia e sua opinião pode ser considerada obrigatória pelo paciente, pois este entende que o médico está em melhor posição para apreciar as possibilidades à luz dos interesses do próprio enfermo. Mas a ponderação das considerações pode ser tão pouco decisiva que o médico prefira informar ao paciente, com maior amplitude, para que este decida.

Acho, portanto, que é compatível com a ideia da pureza da ciência e que é, inclusive, conveniente, que seja o teórico quem empreenda o salto irracional e faça conhecer o resultado sob forma de instruções ao prático. As instruções do teórico, certamente, jamais podem eximir o prático da resolução final e da responsabilidade final. Para esclarecer isto voltemos ao exemplo das instruções do médico ao paciente. O conselho do médico se baseia na atitude geral referente à preservação da vida e da saúde, em conexão com seu conhecimento profissional. Mas, para o paciente pode haver outras considerações que são também determinativas. Do mesmo modo, as diretivas que fornece a economia aplicada estão determinadas com base no conhecimento do economista das condições econômicas, enquanto é perfeitamente concebível que o político responsável necessite aplicar também outros critérios, por exemplo, aqueles que se referem à estratégia militar e a tática da luta partidária. É, sem dúvida, desejável uma racionalização do comércio varejista com base em critérios puramente econômicos. Todavia, muitos políticos se opõem a essa ideia porque, por fundamentos ideológicos, ou em função de táticas partidárias, julgam vantajoso continuar tendo uma classe de pequenos comerciantes independentes. Apesar dos bons argumentos econômicos, Bismarck era contrário à liberdade industrial porque via um perigo para o Estado no crescimento de uma indústria em grande escala. A socialização do comércio na Rússia foi levada a cabo não tanto por razões econômicas, como por razões políticas: para desenvolver o movimento cooperativo na agricultura e, com isso, a coerência do novo Estado.

Esses exemplos podem ser generalizados da maneira seguinte: o prático responsável, situado no meio de uma situação real de ação, deve levar em conta todas as atitudes e considerações que possam se originar das circunstâncias operativas. Sua política é *integral*. O teórico nunca se acha igualmente *in medias res*. Suas premissas hipotéticas de atitude são estilizadas e simplificadas. As condições operativas e as considerações condicionadas por elas que invoca, estão restritas ao campo de visão próprio de sua profissão particular. Suas observações são abstratas, suas conclusões políticas, *diferenciais*.

Isso explica porque todos os especialistas do mundo jamais tornarão o político, desnecessário. A tarefa irredutível que cabe a este é a integração das políticas diferenciais de todo o conjunto de especialistas. O especialista vê as coisas profissionalmente com um único olho. O político devia ter também olhos na nuca. A ideia platônica de que os cientistas* são os convocados para governar o Estado se funda na falsa ideia intelectualista de que para realizar a ação correta basta possuir o conhecimento correto. Nos Estados Unidos de hoje essa ideia perdura no sonho de que as ciências sociais alcançarão um dia tal fastígio de perfeição que os cientistas sociais, os técnicos sociais e os mecânicos sociais tornarão os políticos supérfluos e controlarão o Estado com a mesma eficiência prática que exibem seus colegas das ciências naturais quando constroem uma fábrica de automóveis.[17]

Do lado oposto, Hans J. Morgenthau, *Scientific Man v. Power Politics* (1946) apresentou uma crítica aguda à crença racionalista na capacidade da ciência para resolver problemas sociais e exercer controle da vida social por engenharia

---

* Ross comete aqui uma impropriedade cultural visto que a figura e conceito do governante-sábio ou governante-filósofo (*arístos*, o possuidor da maior soma de virtudes ou excelências – sabedoria, senso de justiça, temperança, coragem e riqueza moderada) não correspondem suficientemente ao conceito moderno de *cientista*, mesmo se considerarmos o conceito intercambiável de *sábio* (o francês *sage* evoluindo para *savant* e o inglês *scholar*). O *sábio*, platonicamente falando nesse contexto, não é apenas aquele que *tem conhecimento* para fazer (o *intelectualmente capaz*), mas sim o mais *conjuntamente virtuoso*. O *arístos* (como acima indicado) é muito mais do que o máximo detentor de conhecimento intelectual, habilidades correlatas e carisma (qualidades tão comuns nos políticos). Se assim fosse, os indiscutíveis governantes, soberanos e líderes políticos de todos os tempos (de Alexandre e Napoleão a Bill Clinton) teriam sido capazes de assegurar efetivo bem-estar em todos os aspectos a todos os súditos ou cidadãos das comunidades que governaram (ou governa) sem uma única exceção, mesmo do mais humilde dos membros da sociedade. Ademais, a distinção estrutural e funcional entre sábio e político (tão perceptível e flagrante na realidade moderna) era bastante vaga no mundo grego e certamente ausente no platonismo. Ver *A República* e *As Leis*, de Platão, constantes nesta mesma série *Clássicos Edipro*. (N.T.)

17. Com relação ao problema do papel do jurista como técnico social, os representantes típicos e mais influentes de um racionalismo vigoroso são Harold D. Lasswell e Myres S. McDougall. Ver seu trabalho conjunto "Legal Education and Public Policy" em Lasswell *The Analysis of Political Behaviour* (1947), 21 e segs. e Myres S. McDougall "The Law School of the Future", *Yale L. J.* (1947), 1345.

social. Concordo com este ponto de vista, mas não com a argumentação do autor, pois Morgenthau começa por ressaltar a visão de que as ciências sociais não são capazes de prever com certeza o curso da vida social, estando limitadas a um cálculo de tendências prováveis (*op. cit.*, 126 e segs., 151). Mesmo que isto fosse verdadeiro, dificilmente seria decisivo. O ponto relativo de incerteza não explica a diferença fundamental que distingue os problemas sociais dos problemas das ciências naturais aplicadas. Como é explicado no texto, a diferença decisiva deve ser buscada nas pressuposições emocionais. O que é especificamente político é a integração de múltiplas considerações. Cada uma destas pode ser baseada em conhecimento científico mas a integração em si é um ato irracional além do domínio da ciência causal; procura produzir acordos práticos influindo sobre o ponto de vista de um oponente por meio da argumentação e da persuasão. Dentro dessa estrutura desempenham um papel as asserções racionais, argumentativas, baseadas na experiência comum ou no conhecimento científico. Mas sua função não é provar uma verdade, mas convencer um oponente, isto é, convertê-lo ao ponto de vista próprio.

§ 74. DISCUSSÃO

Durante séculos a teoria política tem marchado sob o estandarte do absolutismo filosófico e do racionalismo. O problema da ação política tem sido considerado um problema relacionado com a discussão política, como uma maneira de determinar, à luz de princípios racionais, qual é a ação *correta*. Este absolutismo e racionalismo caracterizaram não só a teoria como também a prática, não só filósofos como também os políticos, juristas e os leigos. As ideologias políticas têm sido proclamadas e aceitas como verdades racionais, e a argumentação de política jurídica tem assumido a forma de deduções a partir das verdades eternas da justiça e do direito natural.

Provavelmente, sob essa roupagem metafísica sempre estiveram ocultos pensamentos mais ou menos imperfeitos baseados numa concepção operativa da realidade sobre uma base empírica. Somente nos tempos modernos – nas últimas gerações – tentou-se seriamente dar à discussão política uma base científica. Entretanto, a essas tentativas faltou suporte metódico numa teoria básica da natureza da argumentação prática, de sua função e de sua mecânica.

Parece-me que a teoria delineada neste capítulo constitui uma primeira tentativa fragmentária nessa direção. Baseia-se no ponto de vista fundamental de que a discussão política não se dá no plano da lógica: não se trata de provar verdades – ela se dá no plano psicológico-técnico.

Nada há de novo sob o sol. No que se relaciona a Morgenthau, a tese aqui sustentada significa o reconhecimento de uma disciplina que desempenhou um papel considerável na antiguidade clássica, mas que desde os dias de Descartes foi totalmente esquecida: a retórica. Para os gregos, a retórica era diferente do estudo da oratória e mais importante que esta. Tal como se depreende dos *Tópicos* e da *Retórica* de Aristóteles, era um estudo amplo da técnica que se deve empregar para obter-se o apoio dos outros, mediante uma ação adequada sobre seus pensamentos e espíritos. E este é o objetivo do político prático e político teórico. Isto, contrariamente ao que os racionalistas apresentam, nada tem a ver com o cinismo. Essa técnica só se torna cínica se for exercida sem o respeito à verdade e os ideais humanistas de nossa civilização. A tarefa da ciência é, precisamente, fomentar a argumentação política com o maior respeito possível pela verdade.

Charles L. Stevenson e Ch. Perelman,[18] entre outros, contribuíram para a fundamentação de uma nova retórica.

---

18. Ver Charles L. Stevenson, *Ethics and Language* (1944): Ch. Perelman, "Réflexions sur la justice", *Revue de l'Institut de Sociologie*, nº 2/1951 (Bruxelas); "Raison éternelle, raison historique", *Actes du VI Congrès des Sociétés de Philosophie de Langue Française* (1952), 347; Ch. Perelman e L. Olbrechts-Tyteca, *Rhétorique et Philosophie* (1952).

Capítulo XV
O Domínio e a Tarefa da Política Jurídica

§ 75. Delimitação entre a política jurídica e as outras políticas

Se partirmos de uma teoria idealista do direito, não será difícil estabelecer qual é a tarefa específica da política jurídica, que é o que a distingue das outras políticas. O direito tem o seu objetivo em si mesmo: aperfeiçoar a ideia de justiça a ele inerente. A política jurídica é a doutrina que ensina como atingir esse objetivo, o qual distingue a política jurídica da política do bem-estar, da política cultural e da política do poder, que são determinadas com base em objetivos diferentes: econômicos, culturais e políticos. É possível também adotar o ponto de vista de que a política jurídica é um ramo específico da política cultural, aquele ramo que está encerrado na ideia cultural específica do direito.

Se rejeitarmos, em contrapartida, tal como fizemos, a concepção de uma ideia específica do direito que confere a este um valor absoluto por si mesmo, e, em lugar disso, considerarmos o direito positivo como uma técnica social ou como um instrumento para atingir objetivos sociais de qualquer tipo (econômicos, culturais e políticos), então a questão se tornará mais complexa.

Parece, portanto, que o ponto de partida será que a política jurídica não é determinada por um objetivo específico, mas por uma técnica específica: abarca todos os problemas práticos que surgem do uso, para o atingimento de objetivos sociais, da técnica do direito, em particular da legislação.

Assim definida, entretanto, a política jurídica ocuparia um domínio muito maior do que aquele que em geral se considera como legítimo campo de ação do jurista.

Um orçamento do Estado, impostos, taxas e empréstimos governamentais são fixados, impostos e aumentados mediante sanção legislativa. A despeito disso, os problemas que se enquadram nesses rubros não são considerados próprios da política jurídica, mas questões que pertencem à política financeira e à esfera da competência dos economistas. Do mesmo modo, os problemas do regramento das relações entre as classes sociais (em particular, o regramento das condições de trabalho, da previdência social e do apoio aos necessitados) pertencem à política social, por mais que tais medidas sejam levadas a cabo por meio da legislação; os problemas de câmbio e das restrições à importação e à exportação pertencem à política comercial; os problemas de preços, produção e distribuição, à política industrial e da produção; os problemas educativos, religiosos, etc. à política cultural; os tratados, à política exterior; as questões militares, à política de defesa nacional, e assim sucessivamente.

Deixando de lado questões puramente linguísticas de formulação, a orientação exclusiva nestes e noutros problemas políticos tem que ser proporcionada, naturalmente, pelos especialistas nos respectivos campos (economistas, educadores, militares e especialistas em política exterior), e não pelos juristas.

Qual é, então, o lugar reservado à específica política jurídica como esfera de competência dos juristas? Talvez pudéssemos pensar que tal esfera compreende, por exemplo, os contratos, a responsabilidade extracontratual, seguros, registros, casamento, a maioridade, a herança, a legislação penal e outros temas que, por tradição, constituem o território principal dos juristas. Quando se aceita, todavia, que tampouco nessas esferas o direito existe por si mesmo, mas que tem que ser valorado segundo sua função em relação a objetivos e atitudes que se acham fora do direito, parece, então, que inclusive esses problemas de política devem competir aos diversos especialistas não jurídicos. Por exemplo, não está, por acaso, a regulamentação da responsabilidade extracontratual e a dos seguros estreitamente ligadas aos problemas econômicos? Ou se pode opinar acerca de uma lei de regulamentação das compras por cotas, sem considerar a importância desse sistema para a produção e o investimento?

Dessas reflexões conclui-se que a natureza da política jurídica não pode ser buscada num objetivo específico; tal como, por exemplo, a ciência da medicina, a ciência da agricultura ou a ciência da construção de pontes, estão organizadas em relação a um objetivo específico. Se é para a política jurídica ser uma disciplina com conteúdo próprio, a posição terá que ser a inversa. Sua natureza particular tem que se achar condicionada por um corpo particular de conhecimentos, que é relevante logo que a técnica do direito seja empregada para a solução de problemas sociais, independentemente do objetivo destes. Este corpo especial de conhecimentos só pode ser buscado no conhecimento sociológico-jurídico que versa sobre a conexão causal entre a função normativa do direito e a conduta humana ou, também poderíamos dizer, que versa sobre as possibilidades de influir na ação humana mediante o aparato das sanções jurídicas. A política jurídica é sociologia jurídica aplicada ou técnica jurídica. Creio que esse ponto de vista pode lançar luz sobre as questões que colocamos. Não há problemas de legislação que sejam especificamente problemas político-jurídicos, ainda que todo problema de legislação tenha um aspecto político-jurídico. Entretanto, em situações diferentes, esse aspecto político-jurídico pode desempenhar papéis muito diversos, com o resultado de, às vezes, passar ele despercebido e, às vezes, ser considerado o único aspecto do problema.

Se, por exemplo, é necessário que sejam aprovadas medidas político-financeiras tais como um novo imposto, o estabelecimento de poupança obrigatória ou o aumento de certas taxas, o interesse não se centra no problema técnico-jurídico (isto é, o primeiro elo da corrente causal, a saber, entre a aprovação da norma e seu cumprimento), mas nos efeitos ulteriores vinculados à inflação, à balança comercial, ao emprego e o desemprego, etc. Os problemas político-jurídicos têm importância secundária; permanecem no fundo ou são passados por alto, porque apontam objetivos temporários e em transformação – o que é usualmente entendido por política no sentido mais estrito.

Ao contrário, os problemas técnico-jurídicos são predominantes quando são consideradas instituições profundamente enraizadas na estrutura econômica e ideologia relativamente permanentes da comunidade, tais como a propriedade, os contratos e o casamento. Precisamente porque as atitudes ideológicas e os objetivos que se encontram por trás dessas instituições são experimentados pela tradição como uma coisa quase óbvia e não problemática, situada muito acima do político em sentido estrito, tais atitudes e objetivos não atraem a atenção. Não são discutidos e dificilmente são experimentados de forma consciente. Todo o esforço espiritual se concentra nas questões técnico-jurídicas: como devem ser formuladas as normas jurídicas para estimular aquela conduta que melhor se harmonize com as atitudes e objetivos pressupostos. O jurista e o especialista em política jurídica encontram aqui sua tarefa. A questão se torna político-jurídica na medida em que não é política em sentido estrito.

O contraste não é absoluto. É uma questão de graus de diferença e estados de transição. Ainda assim, a intervenção política mais efêmera tem seu aspecto político-jurídico. Em torno da cambiante legislação tributária e seus problemas puramente político-financeiros, com o desenrolar do tempo se acumula todo um conjunto de problemas técnico-jurídicos que focalizam a direta relação sociológico-jurídica entre norma e conduta. Desenvolve-se um direito tributário. De maneira similar, desenvolve-se um direito administrativo, um direito social, etc. Por outro lado, mesmo as instituições mais centrais não são colocadas acima da transformação política e da reconsideração com critério político. Juntamente com a evolução dinâmica de uma comunidade se produz também uma transformação em seu fundamento ideológico. O direito dos contratos e da propriedade experimentou variações fundamentais no período transcorrido entre o zênite do liberalismo e a atual legislação social. Essa evolução trouxe seus próprios problemas e conflitos, os quais ultrapassam o campo técnico-jurídico até atingir os efeitos sociais de amplo alcance da legislação, apreciados em relação com os interesses encontrados dos diversos grupos dentro da comunidade.

Tampouco se deve entender que o contraste significa que o jurista deve limitar-se estritamente aos problemas técnico-jurídicos, à verdadeira política jurídica, deixando todas as demais questões aos outros especialistas. Ocorre frequentemente o jurista, dedicado a problemas *de lege ferenda* numa esfera que tem caráter predominantemente técnico, se ocupar do grupo de problemas como um todo, quer dizer, também daqueles aspectos que pressupõem familiaridade com temas econômicos ou outros que não são de caráter sociológico-jurídico. Um relatório sobre um projeto de modificação da regulamentação das compras por cotas, preparado por um jurista, incluirá, por exemplo, uma investigação das funções econômicas desse método comercial e da estrutura econômica e hábitos do comércio varejista. Nessa medida, o jurista não se apresenta como especialista a título próprio, mas toma em empréstimo o seu conhecimento alhures. Nada há de mau nisto, desde que o faça com discernimento e tato. Entretanto, o perigo de diletantismo é óbvio se o jurista, em lugar de confiar em outros especialistas, se atribuir capacidade para ter domínio sobre problemas que estão fora de seu campo profissional.

Os diferentes papéis que desempenha o conhecimento jurídico especialista se refletem na composição das comissões que se costuma nomear para produzir relatórios sobre reformas legislativas. O papel do jurista em tais situações é, com frequência, duplo. Por um lado, é um especialista em seu campo específico, o da sociologia jurídica; por outro lado, ele é quem, amiúde, depois que os especialistas fizeram conhecer sua opinião, pesa e estima todas as considerações e alcança a formulação que integra de melhor maneira todos os componentes motivadores. Tal como se disse anteriormente, essa atividade não é de natureza teórica, mas prática. A política jurídica, nessa medida, é uma arte, uma habilidade prática, na qual o valor do resultado é medido por ser, de fato, aceito pelos outros, particularmente por aqueles que detêm o poder, como a decisão que melhor harmoniza todas as atitudes dominantes e as crenças operativas. O jurista está profissionalmente treinado nessa arte e, em tal medida, sua tarefa consiste em ser árbitro dos especialistas. Isto é demonstrado na prática pelo fato de que se costuma confiar a advogados a presidência de comissões integradas por diversos especialistas.

Consequentemente, a política jurídica abrange, na prática, os seguintes elementos: *1)* os problemas especificamente técnico-jurídicos de natureza sociológico-jurídica (política jurídica em sentido próprio); *2)* os outros problemas políticos estreitamente ligados àqueles na prática, que por sua índole, pertencem, na realidade, ao campo profissional de outros especialistas, e a respeito dos quais o jurista aparece, portanto, como um "especialista de segunda mão"; *3)* a atividade de pesar considerações e decidir como árbitro dos especialistas; e *4)* a formulação linguística da decisão (a qual, que se diga de passagem, dificilmente pode ser separada da própria decisão), numa linguagem jurídica aceitável e que se harmoniza com o corpo de normas existente.[1]

§ 76. POLÍTICA JURÍDICA *DE LEGE FERENDA* E *DE SENTENTIA FERENDA*

Até agora a política jurídica foi principalmente considerada como política legislativa. Entretanto, o direito não é criado unicamente pelo legislador. Vimos (capítulo IV) que toda administração da justiça contém um ponto de decisão que transcende a atividade intelectual. A decisão judicial, contudo, é menos livre do que a decisão legislativa. A autoridade que administra o direito, em particular o juiz, se sente obrigada pelas palavras da lei e as outras fontes do direito. Todavia, estas sempre deixam espaço para a interpretação, e a norma jurídica concreta na qual se traduz a decisão é sempre criação no sentido de que não é uma mera derivação lógica de regras dadas.

Com base nesses fundamentos, a política jurídica não só cumpre o papel de guia para o legislador, como também o de guia para as autoridades que administram o direito, em particular, os juízes. Essa forma de política jurídica é a que aparece na contribuição que a doutrina faz à interpretação. Demonstrou-se antes de que maneira especial as considerações jurídicas teóricas se confundem

---

1. No parágrafo 83, *in fine*, é mencionado um possível quinto campo para a política jurídica.

com as considerações jurídicas políticas. De acordo com as premissas de atitude adotadas, a interpretação doutrinária pode ser uma asserção teórico-jurídica sobre a maneira como terão que reagir os tribunais com toda probabilidade, ou um conselho jurídico-político que indica ao juiz como este deve reagir.

§ 77. O FUNDAMENTO TEÓRICO DA POLÍTICA JURÍDICA

Toda política (*policy*) cientificamente fundamentada (tecnologia) é teoria aplicada e, em função disto assoma a questão: qual conhecimento teórico é o que encontra aplicação na política jurídica?

No que tange à política jurídica em sentido estrito, o conhecimento que encontra aplicação aqui é o conhecimento sociológico-jurídico da conexão causal entre a aprovação das normas e a conduta humana; ou o conhecimento de como é possível influir na conduta humana por meio da maquinaria jurídica, a qual é, por sua vez, determinada pelas normas. O conhecimento relevante para a política jurídica em sentido estrito lida com problemas tais como, por exemplo, os seguintes: que influência tem a formulação de normas relativas a danos e prejuízos sobre a cautela que as pessoas observam em várias situações? Que papel desempenham, em relação a isso, as facilidades para obtenção de um seguro que cubra esse risco de responsabilidade? Que importância têm as normas que regram as hipotecas e outras instituições de garantia, com respeito ao crédito e o comércio? Qual é a influência do sistema compra/aluguel sobre as disponibilidades financeiras das pessoas e em que medida constitui uma tentação para atos criminosos?

Em princípio, a resposta para perguntas desse tipo é teoricamente baseada na sociologia jurídica. Entretanto, hoje em dia não existe uma sociologia jurídica que seja uma ciência sistemática, apoiada em investigações metódicas; em todo caso, tal disciplina está apenas engatinhando. O jurista opera com conhecimentos obtidos da experiência comum da vida, complementados por dados estatísticos mais ou menos fortuitos.

Isso explica porque no raciocínio político-jurídico a conjetura e o cálculo vago substituem o conhecimento exato. O enunciado que se segue, tomado de um relatório sobre a responsabilidade por danos, é um exemplo típico da imprecisão que com frequência temos de aceitar, inclusive em problemas de fundamental importância no âmbito da sociologia jurídica.

É muito provável que a adoção de uma regra jurídica no sentido de que a indenização por danos seja paga pela pessoa que os causou com sua conduta irresponsável, contribuirá para manter a atitude geral de que é mister proceder com cuidado em relação aos outros.
Ademais, é concebível que a medida (um seguro geral de responsabilidade) se traduzirá num perigoso relaxamento do cuidado ordinário. Mesmo no atual estado do direito, no qual o seguro de responsabilidade é normalmente voluntário e, portanto, nem todos o contratam, muitas pessoas opinam que o seguro resultou num relaxamento da cautela. Outros, contudo, sustentam que o seguro só influi sobre o cautela numa medida bastante modesta, e não é fácil descobrir quem tem razão.[2]

Com frequência o político jurídico não exibe tanta honestidade e circunspecção, atribuindo, sim, a suposições imprecisas uma certeza que estas não têm o direito de reclamar.

Construir uma sociologia jurídica científica é uma tarefa urgente e difícil. Teria que ser formada, primeiramente, por uma parte básica geral que, a partir de um sistema jurídico particular e de um meio social específico, estudasse a mecânica geral de motivos por meio dos quais o direito influi na conduta dos seres humanos; e, em seguida, por uma parte técnica ou aplicada que, tendo em vista problemas práticos, estudasse correlações concretas. Algumas tentativas nessa direção foram realizadas, particularmente nos Estados Unidos. Enquanto esta tarefa não for cumprida, o político jurídico terá que seguir com um conhecimento nebuloso e parcial derivado da experiência ordinária e da familiaridade profissional com os fenômenos do direito em ação.

Quanto à política jurídica em sentido amplo, é ocioso salientar que, para obter o conhecimento indispensável, o jurista tem que recorrer aos ramos da ciência, particularmente a economia, que são relevantes aos fins do cálculo dos efeitos de maior alcance de certas medidas legislativas. Em geral, será conveniente que consulte especialistas do campo particular, posto que é perigoso informar-se apenas em livros num campo profissional no qual não é especializado.

Finalmente, a atividade de ponderar considerações e formular a decisão não se baseia em conhecimentos teóricos, mas sim numa habilidade que precisa

---

2. Transcrito a partir de um relatório dinamarquês referente à responsabilidade por danos (1950).

ser desenvolvida via treinamento, e para a qual a familiaridade com a tradição jurídica e a substância do direito são, é claro, importantes.

§ 78. A TAREFA DA POLÍTICA JURÍDICA: ENUNCIAÇÃO DAS PREMISSAS

Tal como se disse no capítulo anterior, o princípio de pureza da ciência requer que toda diretiva política expresse os objetivos e atitudes que são aceitos como as premissas hipotéticas que guiam as investigações teóricas e as conclusões práticas. Além disso, se a diretiva política tiver que ser aceita por aqueles a quem aponta, essas premissas emocionais deverão ser eleitas com objetividade. Devem ser escolhidas não em razão de que o próprio investigador partilha dessas atitudes, mas porque são, realmente, entretidas (ou com melhor conhecimento seriam entretidas) por aqueles que têm o poder para agir. Somente desta maneira pode a objetividade da ciência política ser preservada. Suas proposições assumirão em princípio a seguinte forma: se se pressupõem tais e tais objetivos e atitudes, tais e tais crenças sobre os fatos e sua correlação são operativos e conduzem a tais e tais instruções práticas.

A primeira tarefa da política jurídica será, portanto, estudar os objetivos e atitudes que, de fato, predominam nos grupos sociais influentes e determinantes para os órgãos legislativos. Como já salientamos, ao aludir a esses objetivos e atitudes, não nos referimos a generalidades tais como o *bem-estar da comunidade* ou o *bem comum*, mas aos resultados concretos, efetivos, da ideologia e interesses comuns predominantes, ou ao interesse resultante dos interesses encontrados dos diversos grupos.

Cabe perguntar se é possível chegar por essa via a uma série de premissas de atitude que sejam, em alguma medida, inequívocas. Não há, afinal, tantos conjuntos de atitudes quanto indivíduos, atitudes que variam segundo a estrutura mental de cada pessoa, seu credo e seus interesses particulares? A resposta é que uma comunidade não seria uma comunidade, não seria concebível como tal se não houvesse um amplo corpo de credo e vontade compartilhados, de ideologia e interesses comuns. É este corpo que chamamos de unidade de uma cultura e de uma nação. É claro que essa unidade não é absoluta. Dentro de sua estrutura existem muitas divergências práticas. As exigências dos diversos grupos sociais são conflitantes. As ideologias opostas se chocam entre si. Mas, numa grande medida, esses conflitos obedecem a concepções divergentes de realidade (parágrafo 72) e não exteriorizam nenhum desacordo com respeito a atitudes fundamentais. Se o desacordo for mais profundo, as pessoas não se sentirão parte de uma nação (minorias nacionais, religiosas, políticas).

A exigência programática estabelecida aqui tem que ser encarada com reservas. Os fatos psicológicos sociais não são mecanicamente tangíveis. Não podem ser coletados, descritos e catalogados da mesma maneira que a flora e a fauna de um país. Em alguma medida serão sempre fluidos. Certa interpretação e estilização são inevitáveis e, com isso, certa subjetividade.

Nos problemas de política no sentido mais estrito deve-se estudar as diversas ideologias e plataformas políticas e se analisar os interesses dos diversos grupos sociais. Em algumas situações surgirá um conjunto de objetivos que, se pode dizer, tem o apoio preponderante das forças que dominam o poder político, e portanto, são aceitáveis como premissas de atitude. Em outras situações, o quadro será menos claro, podendo ser mais prudente operar com premissas alternativas.

Em questões de política jurídica em sentido estrito, é preciso buscar as premissas em nível mais elevado, na tradição cultural, no corpo de ideias compartilhadas relativamente permanentes. Uma das formas mais importantes de se revelar essa tradição é a legislação prévia e a tradição política como um todo. Entretanto, essa tradição pode ter se tornado retrógrada relativamente às mudanças culturais, pode haver um *atraso cultural.* O problema da política jurídica é um problema de ajuste. Aponta para uma mudança nas condições existentes, nunca para uma reformulação radical do direito a partir de seus fundamentos em direção do espaço vazio sem fundo histórico.

A exigência programática deve também ser qualificada no sentido de que nenhuma investigação político jurídica pode ser requerida *começando* por um resumo completo de todas as atitudes hipoteticamente aceitas. As atitudes e considerações relevantes para um problema legislativo se revelaram, com frequência, somente por meio da investigação dos efeitos causais de uma lei proposta. O que se denomina *consideração* é precisamente a combinação orgânica de uma crença operativa e uma atitude de valoração. A consideração, por exemplo, da *segurança comercial* expressa, ao mesmo tempo, a crença operativa de que a medida judicial em pauta tem efeitos nessa direção e que a *segurança comercial* é digna de proteção.

O espírito com que se empreende a investigação é decisivo; que o investigador seja consciente de que suas diretivas político-jurídicas devem ser necessariamente baseadas não só em fatos, como também em atitudes pressupostas; que seja consciente de que essas premissas emocionais devem ser eleitas de forma objetiva, não como a expressão de seu próprio credo e vontade. Quanto mais estiver imbuído desse espírito, mais será natural para ele dar conta plenamente do fundamento de atitude de sua política.

Mas, mesmo considerada com essas reservas, não se pode, em geral, dizer que a literatura atual satisfaça a exigência metodológica. Entretanto, encontramos, às vezes, representantes do ponto de vista ingênuo, segundo o qual é cientificamente possível descobrir diretamente, a partir da *natureza do caso* a solução mais vantajosa, isto é, aquela que produz *as melhores relações entre os homens* ou *os efeitos mais benéficos para a humanidade*. Este ponto de vista não percebe que toda política tem, necessariamente, suas raízes em atitudes que ultrapassam o conhecimento. A ideia que talvez predomina é que o jurista dedicado à política jurídica, sem se deter na reflexão sobre o método, valora espontaneamente o direito com base nas atitudes sociais que inspiram o próprio jurista, sentindo ao mesmo tempo, de forma mais ou menos consciente, que ele é que tem autoridade para expressar a cultura jurídica da nação. Às vezes, essa ideia se combina com uma forte crença no valor da consciência e da tradição jurídicas. O resultado é uma crença romântica na função oracular do jurista como porta-voz da consciência jurídica da nação. A intuição ocupa o lugar da análise. Usualmente, o jurista não compreende que a consciência jurídica popular não é absoluta, mas sim o produto de um conjunto de atitudes, interesses e objetivos variáveis. Ou ainda, o jurista pode indagar sob a consciência jurídica, mas sem atingir tão profundamente as atitudes sociais concretas e efetivas. Em lugar disso, se prenderá ao conceito vazio de bem-estar ou *felicidade social*, como a única ideia norteadora suprema. O jurista pode, então, sob a aparência de uma cautelosa objetividade, preencher essa casca vazia com suas próprias aspirações pessoais de reforma social. Tanto num caso como no outro, o resultado é uma forma de política jurídica que é sermão e não ciência. O jurista se apresenta como um sumo sacerdote ou reformador social e não como um técnico social. As atitudes motivadoras não são introduzidas como hipótese, mas como postulados destituídos de qualquer *se* condicionante.

§ 79. A TAREFA DA POLÍTICA JURÍDICA: FORMULAÇÃO DE CONCLUSÕES

Tendo examinado as premissas emocionais, o próximo passo numa investigação político-jurídica é descrever os fatos sociais e definir as correlações causais sociais que são operativas em relação às premissas. Esta parte da investigação é puramente teórica e não dá origem a problemas específicos de método político-jurídico. Tal como se fez notar, esse segundo passo se confunde, amiúde, com o primeiro.

O terceiro e último elo da investigação político-jurídica é a formulação de conclusões sob forma de diretivas ao legislador ou ao juiz.

A palavra *conclusão* não deve nos conduzir a mal-entendidos. Enfatizou-se antes (parágrafos 71 e 73) que a relação entre os argumentos (crenças operativas) e a atitude (tal como a relação entre ambos e a decisão resultante, ou ação) não é lógica, mas exclusivamente fatual. É uma relação de causalidade psíquica. As diretivas práticas significam, em princípio, uma indicação sobre a maneira na qual se pode supor que o legislador (ou o juiz) atuará com base em suas atitudes, sob a suposição de que aceite as crenças operativas colocadas diante dele (mister lembrar aqui que isso pode incluir, também, o efeito de que os argumentos formulados podem alterar algumas das atitudes prévias do legislador que tenham estado condicionadas por crenças insustentáveis).

Dado que a relação entre os argumentos e a conclusão não tem caráter lógico, o terceiro nexo ou nexo final na política jurídica não tem caráter científico ou teórico, sendo a expressão de uma reação pessoal. Tem o caráter de uma decisão. Esse salto alógico distingue-se, ademais, pelo fato de que a decisão tem geralmente como causa o peso de considerações diferentes, mutuamente incomensuráveis.

Aqui surge a questão: não exigirá o princípio da pureza da ciência que o homem político jurídico se abstenha de dar esse salto e se limite a exibir sua argumentação diante do legislador e do juiz, deixando a estes a tarefa de tirar suas conclusão práticas? Já me ocupei desta questão em termos gerais (parágrafo 73) e afirmei que o princípio da pureza da ciência não é violado desde que se evidencie que essa parte da política jurídica não é de natureza científica. Na prática, isto significa que as diretivas devem ser apresentadas não como conclusões científicas, revestidas de autoridade, como leis cientificamente descobertas, mas como um conselho, uma recomendação. Deve se entender que sempre existe a possibilidade de que outra pessoa, ainda quando aceite os argumentos formulados e não invoque contra-argumentos, possa atuar de maneira distinta da recomendada, sem que isso justifique que se diga que tal pessoa agiu *equivocamente*. Simplesmente deu o salto irredutível de forma distinta, pesou as considerações relevantes de maneira diferente. Diante disso, toda argumentação cessa. A única coisa que se pode fazer é reformular os próprios argumentos e verificar se o oponente os entendeu bem. Se tal parece ser o caso, nada resta a fazer. Além disso, argumentei a favor da ideia de que também é desejável que o teórico complete a investigação por si mesmo, extraindo as conclusões práticas e formulando-as como recomendações.

Veremos agora que caminhos tem trilhado esse problema geral na discussão do método científico.

A partir do princípio da pureza da ciência (particularmente, da ciência do direito), Kelsen concluiu que a interpretação doutrinária deve se abster de valorar, escolher e decidir, isto é, deve abster-se de todo tipo de consideração pragmática sobre o propósito das normas jurídicas ou seus fundamentos sociológicos.[3] É certo, diz Kelsen, que a interpretação autêntica (entendendo por isso a interpretação do juiz ou de outra autoridade capacitada a ditar decisões obrigatórias) é motivada por considerações pragmáticas. A tarefa do jurista-escritor, contudo, consiste unicamente em descobrir por meio da análise linguística e lógica as diversas interpretações possíveis e evidenciar suas consequências práticas. Compete então ao juiz, e não ao autor de direito (que se pretende científico) escolher entre essas diferentes possibilidades. Desta maneira, e somente assim, o estudo do direito pode preservar sua pureza. A interpretação doutrinária prepara o caminho para a decisão da política prática ao expor os resultados de sua análise, mas não adota por si mesma uma posição política. De outro modo, a interpretação doutrinária degenera num dogmatismo no qual os postulados políticos são mascarados por uma falsa objetividade científica.

A isso devemos responder, em primeiro lugar, como foi explicado plenamente ao estudarmos a doutrina da interpretação (capítulo IV), que a ideia de uma interpretação puramente lógica, isenta de todo pragmatismo, é uma ilusão;[4] em segundo lugar, que tal como vimos nas páginas precedentes, a ideia da pureza das ciências não é prejudicada desde que se indique com clareza o limite entre a ciência e a política.

A doutrina de Kelsen sobre a interpretação é um bom exemplo da afirmação de Myrdal: não é possível realizar a ideia de pureza da ciência por meio da eliminação metodológica de todas as decisões valorativas e de todas as atitudes emocionais. A solução está em ser consciente acerca delas e apresentá-las como pressupostos explícitos; e, podemos acrescentar, que as conclusões práticas sejam expressas como recomendações e não como postulados.

---

3. Ver, por exemplo, Hans Kelsen, *The Law of the United Nations* (1950), prefácio.
4. Num exame de Kelsen, *op. cit.* (*Jus Gentium*, II, 1950, 250 e segs.), mencionei exemplos a fim de mostrar como Kelsen em sua interpretação do *Charter* das Nações Unidas não consegue deixar de cair nas pressuposições pragmáticas ocultas.

Finalmente, desejaria confessar que não foi confortavelmente que assumi essa posição contrária a Kelsen. A ideia da pureza da ciência é a pedra fundamental do *ethos* profissional do homem de ciência. Creio nela com a maior firmeza e me sinto satisfeito toda vez que alguém a defende atacando a corrupção da ciência resultante da não adesão a essa ideia. Contudo, não posso fechar os olhos diante do erro das exigências metodológicas que Kelsen e outros dela extraem. O erro repousa, pode-se dizer, numa confusão entre o que é verdade para a ciência como ideia e o que é verdade para a ciência como profissão. Não se pratica nenhuma violência contra a ideia se a profissão for em busca da ciência e da política de forma conjunta, desde que o limite ideal entre elas seja mantido com clareza.

Capítulo XVI
Possibilidade
da Política Jurídica:
Entre o Destino e a Utopia

§ 80. Os profetas do destino negam a possibilidade da política jurídica

Antes de desenvolver razoavelmente uma política jurídica que sirva de guia ao legislador e antes de poder formular exigências e dar conselhos aos outros, é mister satisfazer certos requisitos. São Francisco pregava aos pássaros, mas é provável que a maioria das pessoas julgue isso destituído de sentido. As comunidades primitivas creem que suas palavras têm poder sobre o vento, as condições atmosféricas, sobre as colheitas, a vida e a morte (magia). A maioria dos seres humanos, hoje, ainda crê que é possível influir no curso dos eventos terrenos por meio de invocações verbais dirigidas à divindade (oração). Além de empregar as ferramentas supridas pelas supremas conquistas técnicas da ciência, os exércitos modernos ainda praticam extensivamente a oração.*

De um ponto de vista científico, esses exemplos testemunham um gigantesco exagero do poder e alcance das palavras e da argumentação. Mas o

---

* Ross é um indivíduo e um cidadão que como intelectual expressa o sentimento geral que as pessoas do seu tempo (final da primeira metade do século XX) experimentavam diante das ciências naturais e exatas, na alvorada da tecnologia, o que resultou num movimento exacerbado a que convencionamos chamar, posteriormente, de *cientificismo*. Embora paradoxal, a despeito do colossal avanço efetivado por essas ciências na segunda metade do século XX, brindando a humanidade (principalmente as camadas economicamente favorecidas das sociedades) com proezas tecnológicas (*laser*, fibra óptica, o *chip*, a monumental revolução da informática, robótica, telefonia celular, clonagem, etc., etc.), a ciência não é mais objeto de culto e deslumbramento por parte da maioria das pessoas de algum senso crítico.

desacordo se refere mais à essência da natureza do que às condições nas quais as invocações verbais podem ser eficazes. As práticas mágicas e religiosas apoiam-se no pressuposto de que a natureza é animada e governada por um ser dotado de razão e vontade. A ciência prescindiu desse pressuposto. Parece haver unanimidade geral de que as invocações emocionais e a argumentação raciocinada só têm sentido diante de seres dotados de razão e vontade, não diante de coisas. Mas é preciso explicar o que se quer dizer com *vontade* relativamente a isso.

A filosofia tradicional metafísico-religiosa, que também se encontra por trás da teoria jurídica idealista, vincula a questão à liberdade metafísica da vontade, sua *independência com respeito à lei da causalidade* (indeterminismo). A esta independência se deve o absoluto abismo que há entre a natureza ou necessidade e a moral ou liberdade. Não tem sentido fazer exigências a uma pessoa cuja vontade não é livre. Se as ações dos seres humanos são determinadas pela necessidade, é inútil nos dirigir a eles e tentar fazê-los agir de maneira diferente da maneira que de fato agem e têm que agir.

Esse ponto de vista mostra uma incompreensão do significado da causalidade ou das correlações invariáveis. Confunde determinismo com fatalismo ou predestinação. Insere no determinismo uma necessidade fatal que é estranha ao pensamento científico. O determinismo nada tem a ver com o *inevitável*, como se pode apreciar melhor se refletirmos que o propósito de todas as ciências naturais aplicadas é, precisamente, mudar o curso dos eventos naturais por meio de uma adequada intervenção em conformidade com objetivos desejados. A necessidade da natureza depende sempre de circunstâncias condicionantes. Alterando-se estas, altera-se o curso da natureza. Esse curso só é inevitável se as circunstâncias condicionantes estiverem fora do alcance da influência humana. Assim, por exemplo, um eclipse do sol pode ser previsto sem reservas. Mas, quanto ao mais, o curso da natureza só pode ser objeto de previsão sob a condição de que não haja interferências com as circunstâncias condicionantes.

Por outro lado, especialmente em função do malogro das ciências humanas (a ciência social, no dizer de Ross) na obtenção de métodos e técnicas para a solução (ou minimização) de problemas sociais crônicos (pobreza extrema, analfabetismo, doenças *medievais*, prostituição infantojuvenil, drogas, etc. – a marginalização já convertida em exclusão social no terceiro mundo) e da inação ou ação medíocre e insensível das classes políticas (encarregadas da execução e implantação de tais métodos e técnicas), hoje ciência e religião, e *mesmo* ciência e magia não são mais considerados polos antagônicos e mutuamente excludentes de uma dicotomia inescapável. *(N.T.)*

Por isso, o determinismo na natureza não impede a intervenção guiada por um propósito, sendo, ao contrário, condição necessária para ela.[1] O mesmo vale para a técnica social, isto é, a possibilidade de intervenção, orientada por um propósito, para influir no curso da ação social. O determinismo como tal não impede isso, sendo ao contrário, condição disso. O pressuposto essencial da política considerada como uma técnica para influir na comunidade com a ajuda de métodos racionais não é, portanto, a existência de uma vontade livre, mas a hipótese de que a deliberação racional e a argumentação estão entre os fatores determinantes das ações dos seres humanos.

Com especial referência à política jurídica e à sua possibilidade, a questão decisiva, portanto, é se o direito é criado – e em que medida – pela *vontade* do legislador, entendida não como uma vontade metafísica livre, mas como a expressão de uma atividade consciente determinada por deliberação racional e argumentação; ou se o direito é criado – e em que medida – por um processo independente dessa vontade. Acerca deste assunto foram sustentados os mais variados pontos de vista ao longo das diversas épocas.

Uma concepção que desempenhou e prossegue desempenhando um papel importante, o historicismo, se baseia em visões metafísicas. Sua ideia fundamental é que o curso da história é determinado por uma necessidade fatal ou destino. A ideia da fatalidade é a velha concepção metafísico-religiosa de que os eventos caminham para uma meta predeterminada, com soberano desprezo pelos objetivos dos próprios sujeitos-agentes. Seu efeito contundente no drama trágico consiste no contraste entre a boa vontade e a necessidade inexorável, nas mãos da qual o ser humano é um joguete. A profecia dizia que Édipo mataria seu pai e desposaria sua mãe. Isto foi o que ocorreu apesar de tudo o que se fez para evitá-lo. O destino, a vontade dos deuses, não admitem interferências.

A necessidade fatal nada tem a ver com o determinismo. Ela é inevitável. A necessidade determinista, pelo contrário, é fundamento da intervenção orientadora da ciência aplicada. Falando metaforicamente, podemos dizer que enquanto as causas impulsionam os efeitos, o destino faz com que a meta futura predeterminada atraia os eventos. Mas, como pode estar determinada a meta futura da evolução e como pode ela, por sua vez, determinar o presente, a menos que se encontre estabelecida por uma vontade divina que também guia o curso dos eventos rumo a essa meta? A ideia do destino é assim a expressão de

---

1. Este último enunciado não é, de todo, correto. Ver K. R. Popper, *The Open Society and its Enemies* (1945), II, 81.

uma metafísica religiosa que está em conflito com a conformidade da natureza com as leis causais da ciência natural.

Tal é o caráter essencialmente diferente das previsões feitas com base num fundamento científico e daquelas que se fundam na crença de uma necessidade fatal ou destino. As previsões da ciência normalmente se fazem com a reserva de que ocorram certas circunstâncias condicionantes. Têm a forma de uma hipótese. Se existe esta ou aquela situação como ponto de partida, então esta ou aquela situação será a consequência. Apenas naqueles casos em que os fatores condicionantes estão fora do alcance do ser humano, a previsão pode assumir o caráter incondicional de uma profecia. Podemos prever que dentro de dois mil anos haverá um eclipse do sol, mas não como evoluirá amanhã uma enfermidade. Isto porque esta última depende também de nossa intervenção nos fatores condicionantes.

As previsões do historicismo, pelo contrário, têm sempre caráter profético, isto é, previsões do curso da história, sem considerar os esforços humanos e a despeito destes. A necessidade divina torna ineficaz toda deliberação, plano e propósito humanos, ou seja, toda política. Nossa crença de que podemos fazer algo é um sonho vão. Enquanto sonhamos esse sonho somos arrastados rumo a uma meta inevitável por forças sobre as quais não exercemos controle. Não passamos de marionetes. Um poder superior move os fios. O homem sábio que o compreendeu julga melhor submeter-se ao inevitável. Desta maneira pode minorar as dores que provoca o parto do futuro pelo presente. Pode auxiliar a evolução evitando inúteis atritos entre a vontade divina e a própria. De todas as maneiras, tanto o tolo como o sábio deterão seu esforço (atingirão o repouso) no ponto estabelecido.

A influência prática que essa crença no destino tem sobre o curso da conduta humana é notoriamente equívoca. Teoricamente, conduz à negação de toda política, à passividade completa ou o que se denomina *quietismo*. Na prática é diferente. A meta postulada, é claro, nasceu psicologicamente de certas atitudes sob forma de exigências, objetivos, aspirações. A crença de que esse objetivo será inevitavelmente alcançado cria em seus adeptos uma certeza da vitória e um fanatismo que não conhece concessões, estimulando-os a uma luta implacável. A argumentação e o compromisso são deixados de lado como inúteis. A inevitabilidade da meta justifica todos os meios. Este é o segredo da absoluta intolerância que mostra o comunismo ante qualquer outro sistema.[2]*

---

2. Porque o comunismo se apoia na filosofia econômica fatalista de Marx. *Cf.* parágrafo 82.

* Após distinguir com invulgar acuidade e rigor a *necessidade fatal* (a αναγκη dos gregos – em Platão, por exemplo – e o *maktub* dos árabes) da *necessidade determinista* (melhor, *determinismo*

A filosofia romântica alemã dos primeiros anos do século XIX se afastou do racionalismo da era precedente e se entregou a interpretações vagamente proféticas da natureza e da história como uma revelação de forças espirituais que evoluem e se movem para uma meta predeterminada. Só havia desprezo dirigido às ciências naturais objetivas e mecânicas, construídas sobre fundamentos empíricos e se desejava, em contrapartida, compreender a natureza *de dentro*, como um jogo de forças ou princípios que se desenvolvem em etapas sucessivas para formas cada vez mais elevadas de revelação da alma do universo.[3]

A história, também, foi considerada como uma revelação do absoluto. Schelling, em sua filosofia da história, retoma a ideia do destino. O indivíduo crê que tem liberdade de ação e, todavia, a necessidade governa a história. Entretanto, esta necessidade não é de tipo mecânico segundo leis causais, mas providência, destino. A história é o progresso de Deus através do mundo. Nela a raça humana evolui rumo ao seu destino. Schelling compara também a história com um drama no qual cada ator individual desempenha seu papel com

---

histórico – Ross nem sempre se preocupa em exprimir certos conceitos com precisão), o autor perpetra um erro incompreensível ao considerar *fatalista* o pensamento de Marx, que ele chama de *filosofia econômica*. Confunde manifestações particulares e concretas no tempo e no espaço (o comunismo de Lenine, de Trotsky, ou, especialmente de Stalin na Rússia, o comunismo de Mao Tsetung na China, etc.) baseadas em *interpretações* do materialismo histórico com o *próprio*, ou seja, a *filosofia da praxis* de Karl Marx. Ora, o determinismo para Marx está compreendido numa dimensão rigorosamente humana, sendo o conjunto de efeitos produzido *necessariamente* na história a partir das ações humanas empreendidas na arena econômica e no mundo político e material das relações conflitantes das classes sociais, onde (no seio do sistema capitalista analisado por Marx) ocorrem fenômenos concretos e carnais conceituados por ele como *detenção dos meios de produção, alienação, mais valia*, etc. É forçoso lembrar que antes de fixar os fundamentos de sua teoria *materialista*, Marx alijou radical e sumariamente todo o cortejo de conceitos da metafísica tradicional acompanhado do entulho teológico produzido a partir dela (isto é, de Platão a Hegel, passando pela patrística e a escolástica), o qual serviu de respaldo ideológico da exploração do homem pelo homem desde os tempos da escravatura oficial da antiguidade até o capitalismo industrial do século XIX com sua escravidão velada do proletariado (ver, por exemplo, *A Ideologia Alemã*). O futuro do homem é determinado *historicamente pelo próprio homem*. Isto não tem nada a ver, de modo algum e muito pelo contrário com o fatalismo religioso ou metafísico. *(N.T.)*

3. Schelling, por exemplo, ao explicar os diversos níveis de natureza inorgânica e orgânica, supunha que a natureza ordenadora ou invisível compreende três forças primárias: *gravidade, luz* e a *faixa ou princípio da vida*. A *gravidade*, a mais baixa das forças, não significa gravidade física, mas o *princípio de corporeidade*, o princípio que no mundo visível cria a matéria em seus diferentes compostos. Quando a luz – não a luz física mas o *princípio da alma* – se une à matéria atinge-se a uma novo nível no mundo inorgânico: o processo dinâmico, a matéria animada. Numa potência crescente essa união se desenvolve como magnetismo, eletricidade e processos químicos.

inteira liberdade, mas no qual, a despeito disso, emerge um resultado razoável da confusão, porque há um espírito que tudo inspira.[4] Hegel conduziu estas ideias ainda mais além. A essência íntima da existência é a razão, um espírito absoluto e a história é uma espécie de operação lógica gigantesca na qual Deus (ou a razão) pensa o seu caminho através de um processo dialético.[5]

Esse absurdo há muito foi esquecido no que se refere à ciência natural. Quem interpretaria hoje o átomo como a revelação de um princípio espiritual? Todavia, esse absurdo deixou marcas permanentes na ciência social e particularmente na filosofia do direito. Do romantismo alemão partem duas linhas de pensamento, as quais, cada uma a sua maneira, se apoiam na ideia da necessidade fatal da história e na impotência do legislador. Uma é a chamada escola histórica na ciência do direito, fundada por Savigny e Puchta, que manteve a metafísica espiritual tradicional. A outra é a filosofia materialista da história de Marx, que pôs *Hegel de cabeça para baixo* e deu ao absoluto uma interpretação materialista.

§ 81. A ESCOLA HISTÓRICA

A escola histórica foi uma reação contra o jusnaturalismo racionalista e sua crença no poder do legislador para reformar a comunidade e o direito de acordo com a razão.[6] Como parte do despertar nacional, em 1804 surgiu o desejo de um Código alemão que seria uma réplica do Código francês e um símbolo da unidade da nação. Tal tendência encontrou expressão num panfleto intitulado

---

O mundo orgânico emerge acima do anterior através do acréscimo da terceira força, o princípio ou faixa da vida. Neste mundo o princípio de gravidade se revela como reprodução, isto é, alimento, crescimento e propagação da espécie: o nível das plantas e das mulheres. Ao princípio da luz corresponde a *irritabilidade*, o nível dos animais e dos homens. Através do princípio da vida, finalmente, surge o fenômeno natural supremo, a *sensibilidade* ou o estágio do ser humano. Assim imagina Schelling o conjunto da natureza sobre vários níveis de desenvolvimento construído por forças internas e invisíveis que em sua unidade constituem a alma do universo. Ver *Schelling, Ideen zu einer Philosophie der Natur* (1797); *Erster Entwurf eines Systems der Naturphilosophie*; "Allgemeine Deduktion des dynamischen Prozesses oder der Kategorien der Physik", *Zeitschrift für spekulative Physik* (1800); *Von der Weltseele* (1800).

4. Para um estudo mais detalhado e documentado da filosofia da história de Schelling, ver Alf Ross, *Theorie der Rechtsquellen* (1929), cap. V, 10 e *Kritik der sogenannten praktischen Erkenntnis* (1933), cap. XII, 3.
5. Ver *Kritik der sogenannten praktischen Erkenntnis* (1933), cap. XII, 4.
6. *Cf.* Alf Ross, *Theorie der Rechtsquellen* (1929), cap. V, 2.

Über die Notwendigkeit eines allgemeinen bürgerlichen Rechts für Deutschland,* escrito com grande fervor pelo jurista de Heidelberg, A. F. J. Thibaut. Em resposta a isso nesse mesmo ano, Friedrich Carl von Savigny publicou seu famoso trabalho, *Vom Beruf unserer Zeit für Gesetzgebung und Rechtswissenschaft*,** no qual frisou o crescimento histórico-orgânico do direito e sua dependência da consciência ético-jurídica espontânea que prevalece na comunidade. Como a linguagem, o direito é um produto de forças anônimas e obscuras e não é criado por deliberação e por decisão arbitrária. A consciência ético-jurídica comum, popular, é a verdadeira fonte de todo direito. Num primeiro nível de desenvolvimento, ele se expressa diretamente no costume. Mais tarde, juntamente com um desenvolvimento cultural superior, surge uma classe especial, os juristas profissionais, cujo dever é interpretar e elaborar tecnicamente a consciência ético-jurídica do povo. A ciência do direito ocupa, então, o lugar do costume, como a forma mais importante de revelação do costume. O legislador não pode criar direito por meio de poder e ordens arbitrárias. Tal como um jardineiro que cuida do crescimento de uma planta, assim o legislador, com o auxílio dos estudos científicos, pode favorecer ao desenvolvimento natural do direito, mas não interferir nele. Se o legislador interpreta mal sua missão e tenta interferir arbitrariamente, seus esforços serão vãos e serão esmagados pelas forças do desenvolvimento. Uma codificação requer, se pretender constituir uma versão correta do direito vivo, um conhecimento jurídico altamente evoluído que, considerava Savigny, seus contemporâneos não possuíam. Ademais, se pretende ser definitiva, toda codificação se choca com o crescimento orgânico do direito e só pode ser justificada em períodos de decadência cultural.

Essa ideia básica foi depois elaborada mais profundamente e sistematizada por Puchta (*Das Gewohnheitsrecht*, 1828-1837). Foi ele quem introduziu o termo *Volksgeist* como designação de uma substância espiritual que se desenvolve num povo, e que é o fundamento primário de todo direito.

Um estudo superficial pode nos conduzir à opinião de que a ideia fundamental da escola histórica é uma teoria empírica sociológico-jurídica da subordinação do direito à comunidade, isto é, uma teoria que, talvez, sob forma um tanto exagerada, ressalta as restrições que pesam sobre a capacidade do legislador de criar direito. As referências de Savigny ao crescimento orgânico

---

* Sobre a necessidade de um Direito Civil geral para a Alemanha. *(N.T.)*
** Da Vocação do nosso Tempo para a Legislação e a Ciência do Direito. *(N.T.)*

do direito poderiam ser entendidas como alusivas a correlações causais observáveis, e o conceito de Puchta sobre o espírito do povo como uma expressão abreviada para um complexo causal, isto é, a expressão de uma soma total de características sociopsicológicas observáveis, influenciadas por circunstâncias condicionantes (clima, raça, tradição, história) e que influem, por sua vez, na criação do direito.

Entretanto, como tentei demonstrar alhures[7] com provas concretas, tal interpretação não é correta. A escola histórica deve ser entendida em função do clima espiritual de seu tempo; é filha do romantismo alemão. O *orgânico* nada tem a ver com a causalidade da natureza. Para o romantismo, *orgânico* era sempre uma palavra com carga emocional que se usava para designar as forças obscuras que animam todas as coisas vivas e tendem para uma meta, algo absoluto e irredutível, a primária e obscura força da vida, que é lei em si mesma e está acima da mecânica da causalidade. Do mesmo modo, o *espírito do povo** nada tem a ver com *l'esprit des lois* de Montesquieu e não é a designação de um complexo causal. É um princípio espiritual, uma essência espiritual absoluta e irredutível que se revela na vida de um povo, inclusive em sua vida jurídica, e que se desenvolve de conformidade com leis próprias rumo a uma meta imanente, como expressão do significado e missão divinos desse povo. Da mesma maneira, finalmente, a necessidade que trava a liberdade do legislador para criar direito não é a força das leis da natureza às quais deve se submeter todo técnico, mas sim uma necessidade fatal ou destino que expressa a dinâmica soberana do espírito do povo* e do direito. A evolução do direito não é determinada, mas predestinada. Só assim podemos compreender Savigny quando ele alude à missão histórica do legislador e à impotência deste se pretender deixar de cumpri-la.

É importante considerar que a escola histórica não foi simplesmente uma doutrina sobre a criação fatual do direito. Foi, ao mesmo tempo, uma forma oculta de direito natural (parágrafo 56). Historicismo não é apenas história. Sua ideia fundamental é que a história é também o critério do bem. O objetivo ou tendência imanente da realidade, é também o supremo valor. O princípio absoluto que se manifesta na história é também o bem absoluto. Estas ideias, que encontrarão a maturidade com Hegel, também se evidenciam na escola histórica. Diferem de Hegel em que o absoluto não é concebido como razão

---

7. Ross, *op. cit.*, cap. V.
* *Volksgeist*. (N.T.)

universal, mas um espírito nacional. A consciência ético-jurídica popular não se limita a ser a fonte da qual, de fato, surge o direito, mas é também a fonte da retidão ou validade do direito. A realidade é, ao mesmo tempo, validade absoluta, pois sua essência íntima é espírito.[8]

A escola histórica, portanto, representa não só uma filosofia jurídica fatalista, como também uma filosofia jusnaturalista. Por trás de seu cunho aparentemente apolítico se oculta uma atitude política, que dá auspícios aos juristas para que sejam os condutores de um desenvolvimento cuidadosamente reformador do direito, com base histórica. A consciência ético-jurídica popular é a fonte suprema do direito, mas os juristas, especialmente os professores, são seus intérpretes genuínos e porta-vozes, os guardiões da cultura jurídica da nação. O espírito do povo é o absoluto e o professor de direito, seu profeta. No decorrer do tempo essa tendência foi se tornando cada vez mais conservadora. Através de sua crença no valor especial da tradição jurídica, a escola histórica se direcionou para o pedantismo histórico-filológico e para o formalismo da jurisprudência de conceitos.

§ 82. O HISTORICISMO ECONÔMICO DE MARX

Marx foi aluno de Hegel. Entretanto, como é dito com frequência, colocou o sistema de Hegel de cabeça para baixo; fez das forças econômicas o absoluto na evolução e dos fenômenos espirituais um produto derivado.

O socialismo de Marx é um programa de ação. Possui profundas raízes emocionais em impulsos humanistas – na sua simpatia pelos oprimidos e na sua indignação diante das lamentáveis condições da classe operária na Inglaterra durante o primeiro período do industrialismo.[9] O programa não se reduz a um conjunto técnico de instruções sobre o modo de alcançar o poder e adquirir vantagens para que os papéis das classes se invertam. O socialismo é também uma luta pela justiça. O gozo capitalista da *mais valia* é considerado uma exploração do trabalhador. Depois do triunfo da revolução social não haverá uma nova exploração em substituição à anterior, mas sobrevirá a sociedade sem classes, com liberdade e igualdade de oportunidades para todos.

Ao mesmo tempo, Marx atacou desdenhosamente toda moralização. Julgava que sua missão era liberar o socialismo de seu fundo sentimental e

---

8. Para documentação, ver Ross, *op. cit.*, cap. V, 12.
9. Ver em *O Capital* a seção relativa ao efeito do progresso na posição da classe trabalhadora.

filantrópico e distanciá-lo, assim, da utopia, visando a aproximá-lo da ciência. Marx nutria o maior desprezo pelas *frases e ilusões recebidas da grande revolução* e pelos métodos bem-intencionados que os socialistas idealistas haviam concebido para a reforma da sociedade.[10]* *Die Arbeiterklasse hat keine Ideale zu erfüllen.*[11]** O socialismo científico tem que se basear na análise das correlações causais sociais e em previsões fundadas nas leis invariáveis do desenvolvimento da sociedade.

Esses são os elementos típicos do historicismo.[12] Como Hegel – a escola histórica e Comte – Marx se volta contra a razão subjetiva e suas ideias *a priori*. O *razoável*, a norma política, devem ser buscados na própria realidade objetiva, em sua tendência imanente de desenvolvimento. A partir daqui, ele avança para uma filosofia da história que interpreta a história como um curso de eventos encaminhados para uma meta predeterminada.

O socialismo de Marx é *científico* no mesmo sentido em que Comte chama sua política de *positiva*. Nem aquele nem esta têm nada a ver com a ciência. Marx não pensa como um cientista social que usa o conhecimento científico como fundamento de uma intervenção orientada por um propósito. Marx pensa como um profeta social que prevê o inevitável, que é também o bem. Sua *necessidade* não é científica e determinista, mas inevitável e fatal. Confunde determinismo com predestinação. Crê erroneamente que a possibilidade da previsão científica se funda no pressuposto de que o futuro existe como gérmen no passado, como se houvesse neste uma imagem remota daquele.

E por essa razão, a atitude de Marx em relação à política, em relação à intervenção humana orientada por um propósito é também típica do historicismo: a política é impotente, não passa de uma ilusão. O curso da história está predeterminado.*** Tudo quanto o ser humano pode fazer é eliminar do

---

10. Karl Marx e Friedrich Engels, *O Manifesto Comunista* (1848).
* *O Manifesto Comunista* consta nesta mesma série *Clássicos Edipro*. (N.T.)
11. Karl Marx, *Der Bürgerkrieg in Frankreich* (3ª ed.), 50.
** Em alemão no original: *A classe trabalhadora não tem nenhum ideal para satisfazer*. (N.T.)
12. *Cf.* a brilhante análise de Marx que faz K. R. Popper em *The Open Society and its Enemies* (1945), especialmente nos caps. XIII, XV e XXII.
*** As forças econômicas que determinam de forma inexorável a história são forças artificiais (de modo algum forças naturais ou transcendentes), ou seja, geradas pelo homem. O caráter e o conteúdo dessas forças são constituídos por ações humanas livres e independentes de qualquer poder ou fator extra-humanos. São ações concretas no tempo e no espaço, relativas e contingentes.

caminho da evolução seus piores obstáculos. "Mesmo quando uma sociedade tenha descoberto...", escreve Marx em *O Capital* "a lei natural que determina seu movimento... não pode saltar as fases naturais de sua evolução, nem afastá-las do mundo por um traço da caneta. Porém pode fazer isto: abreviar e diminuir as dores do parto."[13]* (Compare-se com a analogia de Savigny entre o legislador e o jardineiro que pode ajudar o crescimento orgânico da planta[14] e com a doutrina de Auguste Comte de que o político é capaz de eliminar pequenos desvios na curva da evolução.[15]

O historicismo interpreta tipicamente a história como se procedesse através de uma série de fases rumo a uma meta que, por estranho que pareça, pensou-se que seria alcançada no século XIX ou muito pouco depois. A interpretação da história de Marx é a mesma. Desde a era dourada do comunismo primitivo a evolução passou através de uma série de guerras de classes, nas quais uma classe exploradora ia deslocando outra. Atingiu-se agora o ponto no qual a classe explorada (o proletariado) já não pode se libertar da classe

---

A tentativa reducionista do autor de classificá-las como nova roupagem do *absoluto* nos parece infundada. Quanto à importante distinção entre determinismo e predestinação, entendemos que o único destino concebível no âmbito do pensamento de Marx é o destino para a sociedade humana determinado pelas forças econômicas promovidas e construídas pelo próprio homem. A necessidade ou inexorabilidade está no fato de ser impossível para o homem voltar atrás nas suas ações retornando no tempo. Essencialmente, trata-se do próprio princípio da causalidade das ciências exatas aplicado aos fenômenos socioeconômicos: *toda ação gera necessariamente um efeito que é irreversível pois é impossível desfazer a ação, só restando a possibilidade de proceder a novas ações* – se disparo um tiro à queima-roupa contra o coração, nada impedirá o efeito fatal ou necessário dessa ação que será a minha morte. É esta inflexibilidade que Marx vê nas forças econômicas. Finalmente, quanto à atividade política e a produção do direito, Marx não encara a primeira como ilusão, mas como amarrada e subordinada à economia (o que, aliás, é patente na atualidade nas democracias neoliberais ou de centro direita); quanto à segunda, concordamos com o autor de que não há, a rigor, criação de direito para o marxismo, sendo o sistema jurídico mera expressão constitucionalizada dos interesses e anseios da classe dominante. *(N.T.)*

13. Karl Marx, *O Capital*, 1864. Transcrito de Popper, *op. cit.*, II, 82.

* Embora seja impossível negar o aspecto profético e futurológico presente no marxismo, o único *"absoluto"* (aspas obrigatórias) que nele existe é o *império* inexorável das forças econômicas como causas determinantes dos fatos sociais. O marxismo é uma forma muito peculiar de humanismo, mas não deixa de ser humanismo vigoroso. À citação que Ross faz de Marx acresço a seguinte, encontrada em *A Sagrada Família – a crítica da crítica crítica*: "Se o homem é um produto das circunstâncias, humanizemos as circunstâncias."

14. Friedrich Carl von Savigny, *System des heutigen römischen Rechts I*, (1840), 40.

15. Auguste Comte, *Opuscules de philosophie sociale*, 1819-1822 (1883), 127. *Cf. Cours de philosophie positive IV* (2ª ed.k, 1864), 247, 285, 292.

exploradora (a burguesia) sem libertar, ao mesmo tempo e de forma definitiva, a sociedade inteira da exploração, opressão e luta de classes.[16]* Agora, ou num futuro próximo, quando a revolução social final tiver sido cumprida, surgirá a sociedade sem classes, o Estado desaparecerá e a verdadeira natureza humana será liberada e partejada.[17] A história prévia da humanidade chega ao seu fim, a queda do ser humano superada, o milênio se torna realidade.

Este não é o lugar para aprofundar nas teorias que Marx utiliza como fundamento de sua filosofia da história e de sua profecia. A título de esboço esquemático, podemos distinguir três níveis na elaboração de seu pensamento.

1) A concepção econômica da história

Esta doutrina sustenta que a chave da história, inclusive da história das ideias, deve ser buscada na relação do ser humano com o mundo material nas condições nas quais ocorre a produção econômica, isto é, na vida econômica e não na vida espiritual do ser humano. As condições da produção e seu desenvolvimento constituem o absoluto na história; tudo o mais daqui deriva.

2) A história como luta de classes

Esta é a doutrina da mecânica pela qual as condições de produção determinam a história. Como as ações humanas que constituem a história são diretamente motivadas por interesses e ideologia, é mister explicar como esses motivos provêm das condições de produção. O lugar que o indivíduo ocupa no processo de produção determina o seu pertencer a uma classe. Cada classe tem interesses econômicos que conflituam com os interesses de outras classes. Os interesses econômicos, por sua vez, determinam a ideologia aceita pela classe. A moral e o direito, as *verdades eternas* da filosofia e da religião não passam de uma *superestrutura ideológica*, variável de acordo com a estrutura econômica. As diferenças de classe econômica e ideológicas levam à guerra entre as classes. As armas mais importantes nesta luta são o Estado e a revolução. O Estado é o instrumento pelo meio do qual a classe governante mantém seu domínio sobre as classes oprimidas. A revolução é a rebelião das classes oprimidas para conquistar por meio da força o poder do governo.

---

16. Ver o prefácio de Friedrich Engels à edição alemã do *Manifesto Comunista* (1883).

* Ver também este prefácio de Friedrich Engels à edição alemã do *Manifesto Comunista* (1883) na edição histórica comemorativa dos 150 anos do Manifesto, Edipro, Bauru, SP, 1998. *(N.E.)*

17. Numa passagem bastante citada de Engels é declarado: "A peculiar união dos seres humanos para a vida em comunidade que antes se apresentava como algo imposto a eles, se torna agora sua própria e livre realização. Dá, assim, a humanidade, o salto do reino da necessidade ao reino da liberdade."

3) A revolução do proletariado e o estabelecimento da sociedade sem classes do socialismo
Esta é a doutrina do progresso da luta de classes. A luta de classes progride segundo um esquema dialético rumo a uma meta definitiva. O capitalismo conduz, por um lado, a uma contínua acumulação de riquezas e, por outro, a um empobrecimento sempre crescente do proletariado. Desse modo, e de forma gradual, as classes se reduzirão a duas: uma pequena burguesia dominante e um enorme proletariado empobrecido. Quando esta evolução atingir um limite, a crescente tensão entre as duas classes encontrará um escape na insurreição do proletariado, uma revolução social que terminará com a vitória dos muitos. Após um curto período de transição (a ditadura do proletariado como correlato dialético da ditadura da burguesia), a sociedade sem classes surgirá como a síntese final das diferenças superadas. Uma vez cessados o conflito e a guerra das classes, o Estado não terá mais razão de ser e desaparecerá. A humanidade viverá em liberdade e feliz. A história terá alcançado a sua meta.

A atitude de Marx frente ao problema do condicionamento social do direito e a possibilidade de uma política jurídica é fundamentalmente igual à da escola histórica: o direito não é criado arbitrariamente; o direito é um produto necessário da evolução. O legislador é, na realidade, impotente; é meramente o porta-voz da necessidade. Esta concordância entre o marxismo e a escola histórica é o simples resultado do fato de que as duas ideologias são sub-ramificações do mesmo ramo: uma filosofia do destino historicista e romântica. Todavia, no que toca à interpretação das forças que dirigem a evolução necessária do direito, as duas doutrinas apresentam enormes diferenças. Para a escola histórica essa forças são espirituais: o espírito do povo, ativo na consciência jurídica da nação, é a fonte de todo direito. Para o marxismo, ao contrário, as ideia do direito e instituições jurídicas são meras superestruturas ideológicas de interesses econômicos. Não existe uma consciência jurídica *nacional*. O que se intitula assim é a ideologia da classe dominante, que reflete seus interesses econômicos. As ideias eternas do direito e da justiça são ilusões. Todo o direito é um instrumento de poder nas mãos da classe governante para a exploração econômica das classes oprimidas.

§ 83. LIMITAÇÕES DA POLÍTICA JURÍDICA E ESTUDO DAS TENDÊNCIAS

Temos que rejeitar a negativa categórica que os filósofos do destino fazem com relação à possibilidade de uma política jurídica. Tal negativa é baseada em concepções metafísicas sobre predestinação, que nada têm a ver com o determinismo científico. A experiência não abona a tese de que as deliberações, a razão e a vontade humanas não estão entre os fatores que determinam o curso da evolução.

A filosofia do destino não é simplesmente falsa. Fomenta uma atitude conflitante com os ideais humanistas. A crença de que os poderes superiores, sejam espirituais ou econômicos, guiam o curso da evolução, conduz à passividade ou ao fanatismo que justifica todo crime para que se cumpra o inevitável. Aniquila a responsabilidade moral cujo fundamento é a consciência de que somos os senhores de nosso destino. Conduz, quando foram eliminadas a razão e a vontade, à veneração do poder, interpretado seja em forma conservadora, como expressão da sociedade existente e suas instituições tradicionais (Hegel, Savigny), seja em forma revolucionária, como a expressão da luta de classes e a rebelião que haverá de conduzir o proletariado à vitória (Marx).

As teorias que estudamos são produtos típicos da atitude metafísica e antirracionalista do romantismo alemão. Ademais, foram condicionadas negativamente pelo Estado liberal contemporâneo e suas oportunidades reais de controle e intervenção efetivos são bastante escassas. Frente às poderosas forças econômicas desencadeadas pela revolução industrial e a ruptura do feudalismo, a política do *laissez-faire* foi mais uma necessidade do que uma virtude, ou se fez dela uma virtude por necessidade. As experiências das poucas gerações passadas no sentido de uma intervenção legislativa orientada por um propósito, demonstraram a notória falsidade da afirmação da impotência do legislador e da política. Tornou-se óbvio que embora o aparato do governo não seja a lâmpada de Aladim, quem controla esse aparato domina forças poderosas capazes, para o bem ou para o mal, de dirigir decisivamente a vida material e espiritual do povo para uma meta planificada. Ninguém dirá hoje que o poder político é impotente. Os próprios governantes que herdaram a doutrina de Marx e a elevaram à posição de religião de Estado, têm demonstrado com mais vigor do que ninguém os usos que podem ser dados ao poder político.

No que concerne à consciência jurídica e cultural de um povo vimos como a propaganda eficiente (Alemanha nazista), ou a propaganda combinada com uma reconstrução radical das condições de produção (Rússia soviética) foram capazes de produzir alterações profundas na vida jurídica e cultural, que não podem ser explicadas pelo normal crescimento do espírito do povo.

No que tange à relação entre a política e a economia, não é possível restar mais nenhuma dúvida de que o poder político é o fundamental. Em última instância o poder político condiciona o poder econômico, e não o contrário. A crença de Marx de que a propriedade do capital é a base fundamental de todo poder, é a expressão de um respeito não crítico, que tem quase um sabor jusnaturalista, frente à propriedade como poder pré-estatal absolutamente válido. Marx não compreendeu que o poder do proprietário é só um reflexo da proteção que o Estado lhe concede por meio da polícia e dos tribunais e, por isso, algo que deriva do poder político; ou que mediante leis é possível regular e controlar o poder efetivo do proprietário até reduzi-lo ao papel de um funcionário público mais ou menos bem remunerado.

De todo modo, Savigny e Marx nos ensinaram algo de que não devemos nos esquecer. Se essas teorias forem despojadas de seu traje absoluto, dogmático e metafísico, aparecerá uma verdade relativa: a subordinação relativa do legislador diante de forças sociais que limitam seu poder formal soberano. Se se diz que o Parlamento britânico pode fazer tudo, menos transformar um homem em uma mulher, isto pode ser verdadeiro se for tomado como expressão de uma ideologia jurídica, porém é falso se lhe conferirmos uma interpretação sociológico-jurídica. O legislador não é como um Deus cuja palavra cria um mundo a partir do nada. A tarefa do legislador é motivar os seres humanos a certo comportamento desejado. A fonte de seu poder consiste na ideologia ou mito políticos que lhe conferem autoridade jurídica. Mas, ao lado desse acato formal à autoridade legítima, atuam muitas outras forças no espírito humano, entre elas tanto as forças cegas e irracionais que brotam da tradição, o costume e a consciência jurídica material, como as forças racionais, norteadas por um propósito, que surgem dos interesses econômicos e das relações de poder.[18] O poder político é, portanto, apenas um dos muitos componentes de força que estão entretecidos em dependência mútua numa rede de centros e de relações de poder. A liderança política é uma tentativa de integração que permite certa

---

18. *Cf.* R. M. MacIver, *The Web of Government* (1948).

tensão entre o poder político e outras forças sociais. Entretanto, se a tensão for excessiva, a tentativa fracassará.

O valor desses pontos de vista sociológico-jurídicos se faz claro se os contrapomos ao racionalismo abstrato não histórico, da época precedente, do qual um dos representantes típicos é Bentham.

Se o romantismo reverenciou as forças obscuras, instintivas e irracionais, a Bentham faltou toda a compreensão desse aspecto da natureza humana que se acha fora da razão.[19] Seu grande sonho foi um *pannomium*, uma clara e exaustiva codificação racional do direito,[20] que pusesse fim a todos os costumes[21] e à toda interpretação.[22] Bentham nunca refletiu sobre a possibilidade

---

19. Afirma Leslie Stephen, um dos maiores especialistas em Bentham: "Seria impossível traçar um quadro mais vívido do abstrato raciocinador cujos cálculos sobre os motivos humanos omitem toda referência à paixão e que imagina que todos os preconceitos podem ser conjurados mediante uns poucos atos de lógica." *The English Utilitarians* I (1900), 199.

20. O entusiasmo de Bentham pela codificação deve ser examinado considerando-se as condições do direito então predominantes. A *common law* inglesa, que se desenvolvera lentamente com base nas decisões judiciais, exibia ainda concepções medievo-feudais. O excesso de distinções escolásticas e de ficções, ininteligíveis para o senso comum, havia convertido o direito inglês da época de Bentham num perfeito tojal, um labirinto apropriado em alto grau para degradar o direito e fazer da administração de justiça um proveitoso negócio para "Juízes e Cia." Ver Leslie Stephen, *op. cit.*, p. 278, e John Stuart Mill, *Dissertations and Discussions* I (1859), 368 e segs. O direito sucessório inglês, por exemplo, é descrito por Bentham da seguinte maneira: "É tão complicado no que se refere à herança dos bens; admite distinções tão singulares; as prévias decisões que servem para regrá-lo, são tão sutis, que não apenas é impossível o simples bom senso presumi-las, como também difícil entendê-las. É um estudo tão profundo como o das ciências mais abstratas: só têm acesso a ele um pequeno número de privilegiados e, inclusive estes, tiveram que se subdividir pois nenhum jurista conhece o todo. Tal foi o fruto de um respeito excessivamente supersticioso à antiguidade." E quanto a *common law* em geral ele escreve: "São os juízes (como vimos) que produzem a *common law*. Sabeis como a fazem? Pois bem, tal como um homem elabora regras para seu cão. Quando vosso cão faz algo que vós não quereis que ele continue fazendo, esperais que o faça e depois o castigais por tê-lo feito. Assim é como elaborais regras para vosso cão, e assim é como os juízes fazem regras para vós e para mim." Ver Bentham, *Works*, publicação de John Bowring (1843) I, 323-324 e V, 235, *cf.* V, 442 e IX, 8.

21. Ver Bentham, *op. cit.*, I, 320: "Se o obscuro sistema chamado direito consuetudinário deixasse de ser tolerado e desaparecesse, e todo o direito fosse formulado por escrito; se as leis referentes a todos os indivíduos fossem reunidas num volume e as concernentes a certas classes formassem parte de coleções separadas... todo desvio delas seria perceptível, todo cidadão seria seu guardião; não haveria mistério para encobri-las, não haveria monopólio no que diz respeito à sua explicação, não haveria fraude ou chicana para eludi-las." *Cf.* III, 211; V, 439; IV, 503 e alhures.

22. Como outros adeptos racionalistas da codificação, Bentham concluiu desta ideia que doravante não se deveria permitir aos juízes interpretar o direito legislado. Ver Bentham, *op. cit.*, I, 325. Compare-se com isto Alf Ross, *Theorie der Rechtsquellen*, cap. III, 1, sobre Montesquieu e a codificação francesa.

de incorporar tal construção verbal à tradição cultural de um povo, aos seus costumes e preconceitos existentes. Ele mesmo elaborou o projeto de muitas grandes codificações que englobam o direito civil, o direito penal, o direito processual e o direito constitucional e confiava que os legisladores dos jovens Estados sul-americanos levassem aquela obra à prática.[23] Executou, também, o planejamento de codificações para a Rússia, a Espanha, Marrocos e a Baviera.[24] Dizia que poderia legislar para o Hindustão e sua própria paróquia com igual facilidade.[25]

Atualmente, tudo isso nos parece ingênuo e inteiramente utópico, já que sabemos que o direito depende de condições históricas e nacionais. Tal é o cerne da doutrina de Savigny.

Marx deu uma passo adiante. Ensinou-nos a olhar por trás da ideologia da consciência jurídica; a não considerá-la dogmaticamente como uma revelação de ideias eternamente válidas, mas sim a perguntar quais forças a condicionam e dirigem. Nesta medida Marx estava de acordo com Bentham (parágrafo 67). Mas, enquanto o último veria a consciência jurídica e moral como produtos de um único *princípio* evidente, Marx considera que as forças diretrizes são os interesses econômicos das classes sociais. A questão não é, na realidade, tão simples. Entretanto, se generalizarmos a ideia de Marx e dissermos que a consciência jurídica deriva dos interesses que se encontram por trás dela, provavelmente estaremos no caminho certo.

É possível sintetizar o exposto como segue: a política é possível porque o legislador não é impotente. As possibilidades da política jurídica são limitadas porque o legislador, tampouco, é todo-poderoso. Ele se defronta com forças sociais (em particular, a consciência jurídica, os interesses econômicos e as relações de poder) que não podem ser exorcizadas com meras palavras. Por outro lado, não há, tampouco, uma barreira permanente e infranqueável. A consciência jurídica e as forças econômicas são em si mesmas, numa certa medida, produtos da evolução do direito, da evolução da legislação contemplada em sua continuidade histórica. As diversas forças sociais – a ideologia política, a consciência jurídica e os fatores econômicos – operam juntos em interação mútua. As barreiras, portanto, não devem ser consideradas como

---

23. No que concerne aos planos de Bentham de legislar para o México e a Venezuela, ver Bentham, *op. cit.*, X, 433, 457-458; *cf.* Stephen, *op. cit.*, p. 220.
24. Stephen, *op. cit.*, I, 300. A respeito da correspondência de Bentham com o rei da Baviera, a quem enviou o projeto de uma Constituição, ver Bentham, *op. cit.*, X, 578 e segs.
25. Bentham, *op. cit.*, X, 292.

diques permanentes que fecham um canal. Representam um ponto de inércia na interação recíproca e podem ser comparadas com as margens de um rio, as quais estão determinadas pela erosão da corrente e seus depósitos e, ao mesmo tempo, determinam o curso da água.

Essa conclusão concorda que o legislador é um técnico social que através da mecânica do direito procura moldar a evolução social. A engenharia social se acha, por sua subordinação, fundamentalmente na mesma posição das demais engenharias. O engenheiro técnico tampouco dispõe de uma lâmpada de Aladim. Também ele está limitado pela resistência da matéria, pelas forças que sobre ela atuam.

Cabe indagar se a sociologia pode iluminar o legislador acerca das limitações da política jurídica numa dada situação.

Segundo o que vimos, tal esclarecimento, no melhor dos casos, pode indicar limitações mais elásticas determinadas pela plasticidade do material social e não bàrreiras permanentes e infranqueáveis.

Adquire aqui importância o estudo sociológico de tendências em evolução. O curso da história não está predestinado – não pode ser objeto de previsões que sejam independentes da intervenção determinada pelo conhecimento e a vontade do ser humano. Tampouco pode ser objeto de previsões científicas mediante a inclusão dessas intervenções no cálculo. As crenças futuras e as doutrinas científicas, em todos os casos, não podem ser calculadas de antemão, porque se pudessem sê-lo, já existiriam; por exemplo, a teoria da relatividade de Einstein teria existido como uma previsão antes que Einstein a tivesse elaborado. E como nossas crenças condicionam nossos objetivos e outras atitudes, estas, tampouco, podem, de antemão, ser calculadas.[26]

Por outro lado, há continuidade nas transformações operadas no conhecimento e nas atitudes dos seres humanos, donde que, partindo de dados determinados e projetando-se para um futuro próximo, é possível calcular tendências em evolução.

Tais cálculos, contudo, não são mais que probabilidades baseadas na pressuposição de que não ocorrerão mudanças substanciais nos conhecimentos e atitudes dados.

A determinação das tendências não deve ser confundida com a extrapolação mecânica de uma curva. A circunstância de que os preços durante

---

26. A fundamental imprevisibilidade da história deriva, ademais, do fato de que a própria previsão é um fator que influi sobre o curso da evolução. Ver parágrafo 9.

um certo tempo foram baixando não constitui em si[27] fundamento para estabelecer uma tendência de baixa dos preços, do mesmo modo que a circunstância de ter chovido durante um certo tempo não constitui em si[28] justificação para supor-se que continuará chovendo. O pensamento popular, amiúde, não vai além de tal extrapolação. Um estudo científico de tendências pressupõe uma análise profunda dos dados, em conexão com um conhecimento das correlações invariáveis que determinam a evolução. É possível, portanto, que um economista que conheça a teoria dos ciclos de negócios possa prever, com base na queda dos preços durante períodos de tempo bastante longos, uma tendência de alta. Este exemplo ilustra também que qualquer determinação de tendências depende do conhecimento sociológico da época e varia com um aumento desse conhecimento. Até recentemente (há poucos anos) os economistas consideravam que os ciclos econômicos eram inevitáveis e, portanto, previam uma tendência a movimentos contínuos, para cima e para baixo. Atualmente, graças a economistas como Myrdal e Keynes, possuímos o conhecimento necessário para conter tais movimentos de maneira eficiente por meio do equilíbrio do orçamento e outras medidas. A tendência cíclica com que se contara sempre anteriormente e que, ainda, parece ser um pressuposto dogmático na política da Rússia soviética frente aos Estados Unidos, já não é considerada do mesmo modo, devido ao nosso melhor conhecimento.

O estudo de tendências não deve ser confundido, tampouco, com a filosofia do destino. O estudo de tendências é relativo e empírico enquanto a filosofia do destino é absoluta e metafísica. O primeiro não se atribui significado normativo quanto à legislação e a política. Simplesmente esclarece o legislador acerca das condições nas quais deverá atuar, define sua tarefa e estabelece certos limites para a política possível. A missão do legislador é acomodar as tendências em consonância com seus propósitos. Os limites consistem na continuidade da evolução e em seu *momentum* de inércia.

Não nos propomos dizer em que medida, na etapa presente do desenvolvimento das ciências sociais, somos capazes de levar a cabo um estudo de tendências que possa nortear o legislador. As tentativas de um argumento raciocinado nessa direção, as quais aparecem nos relatórios legislativos, se

---

27. Embora possa sê-lo em conexão com uma teoria do comércio.
28. Embora possa sê-lo em conexão com uma teoria meteorológica no sentido de que o tempo (as condições atmosféricas) tem caráter periódico.

baseiam mais em impressões vagas do que no conhecimento científico. Nosso propósito foi indicar simplesmente uma tarefa científica que é fundamentalmente possível e que, na medida em que é suscetível de realização, acrescentará outro domínio ao âmbito do trabalho da política jurídica tal como delineado no parágrafo 75.

Capítulo XVII
O Papel da Consciência Jurídica na Política Jurídica

§ 84. Atitudes baseadas em necessidades (interesses)

A palavra *interesse* pode ser tomada em sentido amplo e em sentido estrito. O sentido amplo abrange todo estado de consciência que encerra uma atitude. Neste sentido estamos *interessados* em tudo aquilo a respeito do que experimentamos uma atitude positiva ou negativa. Por outro lado, quando dizemos que uma ação *nasce dos interesses de uma pessoa*, a palavra é tomada em sentido estrito. Com a palavra *interesse* se designa então uma classe particular de atitudes conhecida em psicologia como atitudes fundadas em necessidades. Sua contrapartida são as atitudes baseadas em sugestões. Entre estas, as atitudes morais têm importância especial para a política jurídica. Ainda que a divisão não seja exaustiva, nas páginas seguintes me referirei aos interesses (atitudes baseadas em necessidades) e às atitudes morais, como se fossem conceitos opostos.

As necessidades têm suas raízes num mecanismo biológico de autorregulação (necessidade em sentido biológico). Diversos estados biológicos que, em relação à função *normal do organismo podem ser denominados estados de carência*, estimulam o organismo a uma atividade que – pelo menos em conexão com certas experiências – é apropriada para fazer cessar o estado de carência, com cujo desaparecimento cessa também a atividade. Por exemplo, a carência de alimentos para um mecanismo biológico no qual desempenham um papel o estômago vazio e os sucos gástricos, estimula uma infatigável atividade de busca até que o animal encontre e consuma objetos adequados à alimentação. Os alimentos extinguem o estímulo biológico ativador e sobrévem um estado de repouso. Após algum tempo, o processo recomeça. Os objetos apropriados para extinguir o impulso – coisas materiais ou formas de energia (por exemplo, alimentos, ar, calor, luz) e atividades ou funções (por exemplo, movimentos ou reações de excreção corporal) – são conhecidos em psicologia como *satisfazedores*.

Fenomenologicamente, as necessidades aparecem no ser humano como experiências de necessidade, descontentamento, anseio relativamente a algo (necessidades em sentido psicológico). A atividade estimulada pela necessidade é experimentada como um esforço e a extinção do impulso que resulta da atividade como uma satisfação.

É improvável que o ser humano tenha uma consciência inata de quais são os objetos adequados à satisfação de uma determinada necessidade. A premência ou anseio é originariamente cega, um esforço desprovido de meta. Um bebê está intranquilo e chora porque necessita de alguma coisa: alimentos, fraldas limpas, ser aquecido ou refrescado. Entretanto, seus impulsos não têm uma *direção* particular e não há razão para supor que um bebê tenha alguma ideia do que é que necessita. Graças à ajuda de outros seres humanos, suas diversas necessidades são satisfeitas e à medida que sua consciência do que o cerca aumenta gradualmente, melhora sua capacidade para reconhecer os diversos *satisfazedores* que em situações distintas lhe foram fornecidos. Já não experimenta então a necessidade pura e simplesmente como descontentamento, como anseio cego, mas como uma premência ou anseio para este ou aquele objeto definido: sua mãe, sua mamadeira, seu chocalho. Seu esforço impulsivo não é mais desprovido de direção, mas um esforço orientado por um propósito, um esforço que aponta *satisfazedores* específicos. Assim, as experiências do indivíduo a respeito do que é que satisfaz suas necessidades fazem com que seu anseio não seja mais cego e transformam sua ação impulsiva, sem direção, num esforço orientado por um propósito, que busca um fim específico.

Se uma pessoa é consciente do objeto de sua necessidade, sua experiência dela em suas diversas fases (anseio, esforço, satisfação) possui o caráter de uma atitude para esse objeto. Esta atitude é, usualmente, denominada *interesse* (em sentido estrito).

É comum distinguir-se entre necessidades *corporais* e *espirituais*.

Ao primeiro grupo pertencem a necessidade de respirar, de abrigo, de água e de alimentos, de excreção, de higiene, de atividade sexual e de descanso.

O segundo grupo inclui a necessidade de estímulo ou distração, de expressão, de produção, de companhia, de amor ou cuidado, de segurança; a necessidade de possuir e juntar, de ajudar; também a necessidade de destruição, de autoafirmação, de autorrespeito, de justificação, de conhecimento, de harmonia, etc.

Os interesses não são necessariamente egoístas (interesses próprios). O interesse baseado na necessidade de ajudar é dirigido à satisfação de necessidades alheias. Nasce de um impulso de ajudar outros que estão necessitados e se funda em sentimentos de simpatia em relação a eles. O interesse altruísta tem caráter indireto: se remete a um interesse direto de outro, ou seja, a um interesse que é experimentado por alguém que não é a própria pessoa como um interesse direto ou um interesse próprio. Quando no campo do direito ou da moral falamos de um *equilíbrio de interesses* queremos dizer interesses próprios (autointeresses).

84.1. INTERESSES INDIVIDUAIS E COLETIVOS

Os interesses são experimentados por pessoas – não conhecemos outros centros de experiência – e, neste sentido, são individuais. Falar de interesses coletivos ou comunitários, no sentido de que é o grupo ou a comunidade que experimenta ou tem o interesse, carece de sentido. Devemos procurar outra maneira de atribuir a essas palavras um significado aceitável.

Imaginemos dois indivíduos, A e B, prisioneiros de uma mesma cela. Ambos querem fugir. Os dois têm, cada um de sua parte, interesse em sair da prisão. Nesta medida pode-se afirmar que seus interesses coincidem. Suponhamos, além disso, que a fuga requer necessariamente a cooperação dos dois. Cada um deles, portanto, tem interesse em ajudar o outro, não por razões altruístas, mas porque a fuga de cada um depende de uma cooperação que possibilita também a do outro. Nessa medida, pode-se dizer que seus interesses estão ligados. Finalmente, podemos imaginar que cada um sente tal impulso altruísta de ajudar o outro a ponto de levar a ambos a pensar na fuga, não como a fuga de A ou a de B, mas como a fuga comum, a fuga de (A + B). "Temos que tentar fugir", dizem. Em tal medida, podemos dizer que seus interesses são *comuns*.

Fica claro que o fato dos interesses coincidentes estarem também ligados depende unicamente de circunstâncias externas, no caso, uma situação fatual de solidariedade, que move A na direção de B, e reciprocamente, como instrumentos necessários para a satisfação de seus interesses egoístas. Que A e B sejam também conscientes da conexão mútua de interesses depende unicamente, portanto, de um conhecimento racional do estado fatual de solidariedade.

Por outro lado, que os interesses coincidentes sejam experimentados também como um interesse comum, depende de algo subjetivo, a saber, que cada uma das partes se identifique de tal maneira com as outras ou com o *todo*, que nasça em cada uma delas uma *consciência de grupo*. Isto significa que cada uma sente como se não estivesse agindo em seu próprio nome e em seu próprio interesse, mas como um *órgão* de um todo, de uma comunidade. Não é A quem planeja a fuga de A, nem B quem planeja a de B, mas (A + B) planeja a fuga de (A + B). Parece natural, então, falar de um interesse em escapar que não é atribuído singularmente a A nem a B, mas ao todo (A + B). É preciso ter presente, todavia, que a expressão *o interesse de (A + B) em fugir* é uma frase que não deve ser interpretada com base na analogia com a expressão *o interesse de A em fugir*. Isto porque não designa um interesse único experimentado por um sujeito comum (A + B), mas uma constelação de interesses individuais experimentados sob pressupostos emocionais dados. Atribuir o interesse a um todo supraindividual (um sujeito coletivo, uma comunidade) é usar uma expressão metafórica para a experiência individual de coparticipação de interesses.

Cabe perguntar se A pode experimentar a situação como uma coparticipação de interesses, sem que B o faça. É verdade, por certo, que A pode sentir simpatia por B e um impulso altruísta para ajudá-lo, sem que haja reciprocidade de sentimentos da parte de B. Por outro lado, a experiência de identificação e coparticipação pressupõe quase com certeza certa reciprocidade da parte do outro indivíduo.

A conexão de interesses (solidariedade fatual), já o dissemos, não é idêntica à comunidade de interesses (solidariedade emocional). É coisa distinta se poder considerar que o conhecimento da dependência mútua condiciona a atitude de coparticipação. Os interesses conectados talvez sejam experimentados mais facilmente como comuns do que os interesses coincidentes.

O que acabamos de indicar a respeito da situação de A e B na prisão pode ser generalizado e se aplicar à comunidade da vida humana na luta contra a natureza. À medida que a técnica de produção se transforma num aparato altamente organizado e ramificado, faz-se mais claro que todos dependem de todos numa solidariedade fatual. Ninguém se basta a si mesmo. O capital depende do trabalho e o trabalho do capital. A prosperidade da agricultura é condição para o bem-estar das indústrias urbanas e vice-versa. Uma crise de produção nos Estados Unidos seria ruinosa para a economia europeia e, reciprocamente, os Estados Unidos se beneficiam com uma Europa florescente. Os interesses humanos se acham extensivamente ligados e se traduzem numa cooperação que, por sua vez, aumenta a dependência mútua. Em certa medida são experimentados como interesses comuns atribuídos a uma coletividade.

As formas correspondentes de vida social podem ser denominadas *sociedade* e *comunidade*.¹

A distinção entre elas se baseia num sentimento de simpatia e de pertencer ao grupo, que faz com que o indivíduo se identifique com o grupo. O limite, portanto, é fluído. Com esta disposição, pode-se dizer que as empresas comerciais (e outras associações técnico-financeiras) e a cooperação entre Estados são exemplos de formas de vida social que têm, de modo predominante, caráter de *sociedade*; a nação, a família, os clubes e as comunidades religiosas são exemplos de grupos que têm, de modo predominante, caráter de *comunidade*.

Mostrar o fato da solidariedade, isto é, indicar em que medida os interesses humanos estão mutuamente ligados é uma tarefa teórica. Falar de *interesses comuns* ou *interesses comunitários* é algo mais; não é simplesmente uma asserção sobre a conexão fatual de interesses, mas também um meio de persuasão, uma forma de expressar uma atitude de sentimentos comuns que apela aos mesmos sentimentos em outras pessoas. Se digo, por exemplo, que numa dada situação a poupança é de interesse comum ou de interesse da comunidade, não só estou indicando certas relações econômicas que ligam nossos interesses como também estou fazendo um chamado ao *senso comunitário* ou ao *sentimento comunitário*. Isto significa apelar aos sentimentos de pertencer ao grupo, identidade, solidariedade e aos interesses altruístas a eles ligados, que lutam com os interesses egoístas que impulsionam o indivíduo a buscar sua própria vantagem às expensas do *todo*.²

Deve-se observar que nem todos os interesses de um indivíduo estão ligados aos interesses dos outros. Tampouco se pode dizer, em geral, que alguns interesses estão isolados e outros ligados. Em lugar disso, cada interesse tem um aspecto que está individualmente isolado e outro que está socialmente ligado.³ Se, por exemplo, pensamos no interesse de um indivíduo na posse de objetos materiais, este interesse se choca com os interesses conflitantes de outras pessoas. Esses interesses são coincidentes e ligados

---

1. O sociólogo alemão F. Tönnies foi quem cunhou estes termos, que são, contudo, usados aqui num sentido um tanto diferente daquele que lhes atribuiu Tönnies.
2. A tentativa de Duguit de derivar o direito objetivo (natural) do fato da solidariedade se baseia, podemos dizê-lo com brevidade, na errônea concepção de que a solidariedade como atitude emocional e ideal é substituída pela solidariedade como fato. *Cf.* parágrafo 57.
3. Há, por certo, algumas necessidades, tais como a necessidade de ar e de excreção corporal que não têm aspecto social, isto é, sua satisfação não depende da cooperação com os outros.

em um só aspecto: todos estão interessados que haja um ordenamento geral da propriedade que garanta a cada um segurança em certa posse limitada. Assim, a propriedade de A considerada individualmente – quer dizer, como seu interesse em dispor de certa fração de terra – é um interesse meramente individual, porém seu interesse (e o interesse de cada um dos outros) num ordenamento da propriedade que dê segurança à posse é um interesse social.[4] Introduzimos este termo para designar os interesses geralmente coincidentes e ligados, dentro de um grupo, no qual haja uma certa ordem social. Fazer uma hipóstase adicional dos interesses sociais (em que haja um ordenamento da propriedade) sustentados por *A*, *B*, *C*, etc., e falar de um interesse supraindividual atribuído à comunidade (o ordenamento ou regulamentação da propriedade como um interesse comunitário),[5] é, como já vimos, fazer uma metáfora cuja função consiste em apelar ao sentimento de simpatia e ao interesse altruísta, através do qual o indivíduo se identifica com o todo.

Isso deixa claro que toda tentativa de formular um catálogo de interesses *individuais* e *sociais* conflitantes e independentes está fadada ao fracasso. Trata-se de dois aspectos da mesma coisa, o específico e o geral. Se, por exemplo, incluímos entre os *interesses individuais* o interesse de A em possuir objetos materiais, em gozar de integridade pessoal, em casar-se e formar uma família, em celebrar acordos obrigatórios, etc., então a eles corresponderão os *interesses sociais* num ordenamento ou regulamentação geral da propriedade, da paz, do casamento e da família, dos contratos, etc.

Pela mesma razão é também impossível distinguir entre as esferas da vida dominadas por interesses individuais e esferas dominadas por interesses sociais.[6]

---

4. O uso do singular não indica que o interesse é atribuído a uma única parte interessada (a comunidade), mas que muitas partes interessadas têm um interesse de mesmo conteúdo.
5. O uso do singular aqui é para mostrar que o interesse – metaforicamente – é atribuído a uma única parte interessada, a comunidade.
6. Conclui-se daqui que com esta base é impossível distinguir entre direito público e direito privado. Considerado como um ordenamento geral, todo sistema jurídico protege interesses sociais (aqueles que, nessa medida, são chamados de interesses públicos; *cf.* o texto que se segue na imediata sequência). Considerado do ponto de vista da relação jurídica específica, todo sistema jurídico protege interesses individuais. *Cf.* parágrafo 46.

84.2. Interesses privados e públicos[7]

Essa distinção deriva logicamente da distinção entre os interesses individuais e sociais. Se o poder político da comunidade protege um interesse social por meio da legislação, se diz que esse interesse é *público*. O interesse individual, em contrapartida, é denominado *privado*. Os interesses públicos, pode-se dizer também, são interesses sociais protegidos pelo *Estado* como expressão dos órgãos politicamente organizados do poder da comunidade. Assim, os interesses sociais num ordenamento ou regulamentação da propriedade (da paz, do casamento, da defesa do país, etc.) são interesses públicos. A expressão se usa também para designar os interesses específicos individuais derivados detidos pelas autoridades públicas em conexão com a proteção dos interesses públicos no sentido geral. Por exemplo, se as forças armadas, como parte de seu trabalho em prol da defesa nacional, querem instalar uma linha de tiro numa certa área, este interesse individual também é denominado interesse público. Seria, todavia, conveniente, por razões de clareza, reservar a expressão *interesse público* para os interesses sociais, gerais (em nosso exemplo, a defesa nacional) e chamar os interesses individuais derivados (instalar uma linha de tiro) de *interesses do Estado*.

§ 85. ATITUDES MORAIS

Nem todas as ações humanas são *interessadas* (motivadas por uma necessidade). Isto se aplica não só aos reflexos (piscar, espirro) que ocorrem sem conhecimento e vontade, como também às formas de ação superiores e organizadas, as quais são conhecidas como atos de volição.

Entre as ações desinteressadas, as mais importantes são as ações sugeridas ou *persuadidas*. É um fato psicológico que sob certas circunstâncias meios adequados de persuasão podem transmitir atitudes e impulsos de ação a outras pessoas. Tal como vimos mais extensivamente anteriormente (parágrafo 72), os meios de persuasão podem ser linguísticos (ordens, petições, convites e outras exortações verbais, ou seja, palavras com uma carga emocional) ou

---

7. O problema dos interesses individuais, sociais, privados e públicos foi discutido principalmente por Ihering e Roscoe Pound (ver Julius Stone, *The Province and Function of Law* (1950), cap. XI, parágrs. 3 e 7; cap. XX, parágrs. 1-5; *cf.* cap. XXI e XXII), mas em minha opinião sem uma clarificação dos termos.

não linguísticos (o tom de voz, a expressão facial, o gesto). Comumente ambos os tipos são utilizados de forma simultânea. Quando os pais em tom imperativo dizem a uma criança "Não mexa!" ou quando o sargento dá aos seus homens a voz de comando "Marchem!", estas ordens desencadeiam impulsos espontâneos de não agir ou agir de uma maneira específica. Tais impulsos não nascem de uma necessidade e não expressam nenhum interesse da parte da pessoa que os obedece. Outra coisa é que a disposição de obediência da criança e do soldado pode ser cultivada, pois essa disposição tem suas raízes numa relação de dependência ou de poder entre as partes, que condicionam originariamente no dependente ou no subordinado um interesse de obedecer. Uma vez estabelecida a disposição (quando o poder se transformou em autoridade), pode-se omitir o apelo a um motivo de interesse, resultando a obediência do mesmo modo, não por temor, mas de forma espontânea. O impulso à ação surge automaticamente e com força compulsiva, ainda quando seja conflitante com fortes interesses. O propósito dos exercícios militares, com sua eterna repetição de ordens aparentemente sem sentido, é cultivar tal disposição permanente à obediência cega, que quando surgir a necessidade de combater, bastará uma ordem para que os soldados reajam espontaneamente como autômatos, em conflito com os poderosos motivos do instinto de autopreservação e do medo.

Os impulsos e atitudes particulares que são experimentados como *morais* têm também um caráter *desinteressado*, isto é, não baseado em necessidades. Isto se constata com clareza quando a moral é experimentada e interpretada como dever.[8] O que é característico da experiência do dever é, precisamente, que apreendemos nela um impulso para a ação que se apresenta como uma exigência independente de tudo que nossos desejos, inclinações e interesses nos sugerem. O imperativo do dever não busca sua justificação em nenhuma utilidade ou vantagem, não apela a nenhum interesse, apresentando-se com absoluta independência. Não é necessário que o dever esteja em conflito com nossas inclinações *naturais*, mas assume sua forma mais clara quando isso ocorre. É experimentado, então, se cumprimos com o nosso dever, como uma censura à nossa natureza *sensual*, nos sentimos impelidos por um motivo que

---

8. O mesmo ocorre também quando a moral é interpretada como consciência do valor ou do bem. Ver Alf Ross, *Kritik der sogenannten praktischen Erkenntnis* (1933), cap. III, 8. Uma análise mais profunda da experiência do dever será encontrada na *op. cit.*, cap. VII, 1 e 2.

nada tem a ver com nossas necessidades e interesses, por um motivo desinteressado, o puro sentido do dever.

As atitudes morais têm origem social, são inculcadas na pessoa pela persuasão sugestiva de seu meio. A peculiaridade da persuasão que cria a moralidade é que acontece nos primeiros anos da vida. Desde a infância, a criança cresce num meio social, representado primeiro pelos pais, irmãos e irmãs, mais tarde pelos colegas da escola e os professores. Neste meio a criança é constantemente submetida a um bombardeio de persuasões consoantes com a tradição cultural comum do grupo social, com a herança social. As persuasões consistem primeiramente em exortações verbais: "Não minta!", "Mantenha a palavra!", "Não jure!", "Não seja egoísta!", "É covardia bater em alguém menor que você!". Estas exortações são logo apoiadas por outros meios de persuasão que expressam aprovação e reprovação: elogio, censura, castigo, isolamento do grupo, privação de afeto e simpatia, etc. Desta maneira, a criança cresce no interior de uma ampla rede de regras convencionais que abrangem os aspectos mais variados da vida: regras de linguagem, de jogo, de intercâmbio social, de urbanidade e de *moralidade* em sentido estrito. Estas regras são sentidas como *morais*, isto é, *obrigatórias* na medida em que são suscetíveis de se chocar com o prazer e as inclinações pessoais.[9] Assim, por exemplo, as regras da gramática são experimentadas como puramente convencionais, enquanto o imperativo de não jurar adquire um tom moral.[10] As exigências de higiene e de urbanidade são experimentadas originalmente pela criança como exigências morais, mas pouco a pouco a conduta correspondente é inculcada até atingir um grau tal de automatismo que já não se deseja agir de maneira distinta. As regras perdem assim seu caráter moral.[11]

---

9. *Cf.* Ross, *op. cit.*, p. 422 e segs. À distinção entre normas convencionais e morais corresponde uma diferença na reação social frente às transgressões. A transgressão de uma norma convencional típica provoca assombro, ridículo e reserva. Uma pessoa que se apresenta vestida de forma imprópria cai no ridículo e não faz parte da boa sociedade. A transgressão a uma norma moral típica é recebida, ao contrário, com protestos de reprovação, que podem atingir a ira, a indignação e o horror.
10. Se alguém sentisse o desejo de conjugar mal um verbo, a norma gramatical presumivelmente teria para ele um tom moral.
11. As normas comuns referentes ao decoro no vestir são geralmente sentidas, portanto, como meramente convencionais. Só naqueles casos excepcionais nos quais a exigência é experimentada como uma carga em conflito com as preferências pessoais (por exemplo, a exigência de usar traje acadêmico em certas cerimônias da universidade), ela adquire o caráter de um dever moral.

Com o tempo o fator de sugestão (admoestação dos pais) pode desaparecer. A atitude moral será, então, acoplada diretamente à situação e à regra moral correspondente. O adulto ou o adolescente não lembra como os impulsos morais foram nele implantados. Apesar disso, vive estes impulsos plena e espontaneamente como uma força que reprime suas inclinações. Esta circunstância explica a *inexplicabilidade* que caracteriza a moral. Enquanto parece bastante *natural satisfazer nossas necessidades* há algo estranho no fato de que cumprimos nosso dever inclusive contra nossos interesses. Não parece que o dever possa ser atribuído à nossa *natureza*. Afigura-se óbvio, consequentemente, interpretar o impulso moral como expressão de uma específica *validade* sobrenatural que tem sua fonte em Deus ou na natureza racional, suprassensível, do ser humano, que nos fala através de nossa consciência.[12]

A distinção entre atitudes e impulsos interessados e desinteressados, entre interesse e moral, não se confunde com a distinção entre egoísmo e altruísmo. O interesse, como vimos, também pode ser altruísta. A diferença decisiva – na medida do que concerne a atitudes para uma regra de ação ou uma ordem social – é a diferença entre racionalidade e irracionalidade. Na sua forma original e não qualificada, o interesse é uma atitude frente a um *satisfazedor* (repulsor), isto é, um objeto cuja aquisição (eliminação) satisfaz a uma necessidade.

A atitude interessada frente a uma regra de ação, ou uma ordem social, é uma atitude derivada e condicionada pela crença de que a regra ou ordem pode satisfazer certas necessidades. O ponto de vista fundado no interesse está, pois, condicionado por certas crenças e, em tal medida, pode ser justificado por argumentação racional. A atitude moral (senso moral), ao contrário, é uma atitude direta e absoluta frente a uma norma de ação ou ordem social. É irracional no sentido de que expressa uma emoção e é inacessível à justificação e à argumentação.

A força motivadora desses dois tipos de atitude varia de uma pessoa para outra segundo certas crenças condicionantes sobre a natureza e a origem do senso moral. De acordo com a maneira na qual o indivíduo reage ao senso moral, podemos distinguir dois tipos principais: *a atitude moral dogmática e a atitude moral cética*.

---

12. Na filosofia metafísica esta interpretação deu origem ao dualismo entre o *ser humano como ser natural* sujeito à lei universal da causalidade e o *ser humano como ser dotado de razão*, uma pessoa moral cuja vontade é livre. Jamais fui capaz de compreender como essas concepções opostas, entre as quais oscila a filosofia prática de Kant, podem ser conciliadas.

Uma atitude moral dogmática é caracterizada por um sentimento de reverência diante da voz que vem de nossos corações. Ninguém exprimiu com maior beleza do que Kant o sentimento de profundo temor ante a majestade sublime da lei moral. Kant escreveu as famosas palavras: *"Zwei Dinge erfüllen das Gemüt mit immer neuer und zunehmender Bewunderung und Ehrfurcht, je öfter und anhaltender sich das Nachdenken damit beschäftigt: der bestirnte Himmel über mir und das moralische Gesetz in mir.*[13] (Duas coisas locupletam meu coração com renovada e crescente admiração e temor quanto mais nelas medito: o céu estrelado acima de mim e a lei moral no meu interior). Esta atitude se baseava, decerto, em crenças religiosas ou filosófico-metafísicas sobre a natureza e origem da consciência.[14] A voz que provém de nossos corações é interpretada como revelação de uma validade absoluta *a priori*, que é atribuída a Deus ou à natureza racional suprassensível do ser humano, que o coloca acima do mundo da necessidade.

A atitude moral cética, em contrapartida, desconfia das atitudes emocionais que confrontam diretamente certas normas de ação e exige que estejam justificadas pelo interesse. Esta atitude se baseia na crença de que o senso moral é um fenômeno empírico e psíquico como os demais. A consciência em meu coração não é incompreensível e sublime. Não me fala da vontade de Deus ou das leis categóricas da razão, mas simplesmente dos preconceitos que foram inculcados em mim desde o berçário. Tais preconceitos são, por sua vez, o produto de tradições sociais herdadas. As atitudes morais têm originariamente suas raízes em necessidades sociais. Entretanto, estas se respaldam, em parte, em concepções mágicas, religiosas e outras concepções falhas, acerca da realidade física e social; e, em parte, em condições que imperam na comunidade, que podem ter se alterado posteriormente, de modo que a moralidade herdada já não serve mais aos interesses que a originaram. Por estas razões, o senso moral não pode ter pretensão a um respeito cego. No melhor dos casos, pode ser considerado como uma indicação *prima facie* de que uma certa conduta serve a determinados interesse sociais. É imperioso que seja nossa tarefa, se for possível que seja levada a cabo,[15] examinar essa hipótese e racionalizar nossa atitude emocional por meio de uma análise do problema da ação, à luz de nossos interesses e de uma adequada concepção da realidade.

---

13. Immanuel Kant, *Kritik der praktischen Vernunft* (1788), seção final (*Beschluss*).
14. Kant negou que a consciência moral pudesse ser explicada em termos de história e psicologia.
15. *Cf.* parágrafo 87.

Como sucede nos problemas práticos, não é possível provar a retidão da atitude que se adota a não ser discutindo unicamente as crenças que a condicionam. O cético moral pode, em apoio de sua atitude, denunciar a interpretação metafísica da consciência moral por considerá-la tão insustentável, arbitrária e fantástica como todas as outras metafísicas (parágrafo 58); pode apresentar uma explicação psicológica da razão porque o impulso metafísico é tão poderoso na esfera da moral (parágrafo 59); e pode fazer referência às obras modernas que explicaram a origem e a evolução do senso moral em termos de sociologia, história e psicologia.[16]

Se esses argumentos são aceitos e se é dispersada assim a névoa metafísica, o resultado psicológico será indubitavelmente a demolição da cega reverência do dogmatismo moral frente à consciência moral. Não posso conceber que seja possível aceitar uma versão científica, isto é, relativista, histórica e psicológica do senso moral, como um fenômeno empírico entre outros e, ao mesmo tempo, manter uma atitude de respeito submisso e obediência absoluta aos seus comandos.

§ 86. O PAPEL DA CONSCIÊNCIA JURÍDICA NA POLÍTICA JURÍDICA: TRÊS POSTULADOS FUNDAMENTAIS

As observações feitas nos dois parágrafos anteriores sobre o interesse e o senso moral podem ser aplicadas às considerações práticas e à consciência jurídica como fatores da política jurídica.

As *considerações práticas* (considerações de interesse, considerações de utilidade) são a expressão de uma valoração das regras jurídicas com base em argumentos racionais acerca da relevância das regras para interesses pressupostos.

A consciência jurídica, como o senso moral, é uma atitude desinteressada de aprovação ou reprovação frente a uma norma social. Difere do senso moral em que, distintamente deste, não aponta a relação direta entre ser humano e ser humano, mas sim o regramento social, organizado, da vida da comunidade. A consciência jurídica se dirige à ordem social. Decide com base em atitudes em questões do tipo das seguintes: se os criminosos devem ser punidos

---

16. Ver, por exemplo, Edward Westermarck, *The Origin and Development of the Moral Ideas*, I-II (1924-26).

em relação a sua culpa, se o aborto deve ser permitido, se as mulheres devem ter o mesmo *status* jurídico dos homens, se os trabalhadores devem ter direito de se reunir em sindicatos, se o casamento pode ser dissolvido pelo divórcio e sob que condições, etc. Em certa medida, a consciência jurídica é determinada pelo próprio ordenamento jurídico existente e, por sua vez, exerce influência sobre este último.

Podemos enunciar agora os três seguintes postulados fundamentais, relativos ao papel que cabe atribuir à consciência jurídica em questões legislativas competitivamente às considerações práticas.

1) A consciência jurídica do próprio homem político jurídico não deve ser considerada como a medida da *retidão (correção)* de uma norma.

Este postulado praticamente dispensa justificação adicional. Fica claro que qualquer ideia que conceba a consciência jurídica como revelação de princípios de validade absoluta sobre a *retidão* do direito nos traz de volta às concepções metafísicas que temos rejeitado de maneira reiterada.

2) A consciência jurídica que de fato predomina nos círculos dos governos não deve fazer parte dos pressupostos impessoais de atitude do homem político. Nos parágrafos 73 e 78 se estabelece (como uma exigência metodológica que resulta do princípio de pureza da ciência) que o investigador social, à semelhança do técnico das ciências naturais, deve aceitar como hipótese as atitudes políticas de fato existentes nos círculos predominantes da comunidade. Pareceria inferir-se disso que deve aceitar, também, as atitudes especiais expressas na consciência jurídica.

É mister lembrar, todavia, que as atitudes existentes são apenas a matéria-prima que deverá ser elaborada. Em particular, será necessário averiguar se as atitudes estão condicionadas por uma concepção inadequada da realidade e necessitam, por isso, correção à luz de um conhecimento científico mais adequado. Isto vale, em especial, para a consciência jurídica. Os pontos de vista aqui aplicáveis são análogos aos que se referem ao dogmatismo moral e ao ceticismo moral (parágrafo 85). Quando se percebe que a consciência jurídica não é uma revelação de uma validade sobrenatural, de princípios eternos de justiça ou da vontade de Deus, mas simplesmente um fato psíquico entre outros; quando se vê que é um produto da história resultante de um jogo de forças que inclui poderosos interesses de grupo, instintos primitivos e ideias tradicionais mágicas e religiosas; quando se comprova que se bem que tal consciência jurídica muda com as condições em mutação da comunidade (parágrafo 87), com frequência se retarda por trás da evolução da comunidade, em virtude da inércia da tradição, quando compreendemos tudo isto com clareza, a consciência jurídica perde sua força motivadora. Não se pode, então, deixar de se indagar, por que ao nos ocuparmos dos problemas sociais, permitimos que nos domine essa emoção que, de forma irracional, nos ata ao passado. Queremos desafiar a consciência jurídica e averiguar se pode ser justificada como uma soma total da experiência de gerações sobre o que está a serviço de certos interesses sociais. A consciência jurídica só deve ser reconhecida como indicação *prima facie* de necessidades sociais. É imperioso que se exija que sua atitude irracional seja substituída, na maior medida possível, por uma análise racional com base de determinados interesses e por um conhecimento racional dos efeitos das medidas legislativas em discussão.

Poder-se-ia dizer aqui, novamente, que essa atitude cética diante da consciência jurídica expressa um ponto de vista, não uma verdade científica, mas um ponto de vista que se nos impõe uma vez que compreendamos e aceitemos as crenças sobre a natureza da consciência jurídica. Estas crenças podem ser defendidas e justificadas como verdades objetivas.

Além disso, independentemente dessa atitude cética ser compartilhada ou não, o apelo à consciência jurídica está fora do âmbito da política jurídica científica. A tarefa desta, como sustentamos anteriormente (parágrafo 73) deve consistir em orientar a argumentação racional, suprindo-a com asserções cientificamente sustentáveis. Mas o apelo à consciência jurídica – se o considerarmos como uma atitude motivadora e não como uma circunstância fatual (ver terceiro postulado na sequência) – não é um argumento, mas um meio direto de persuasão. O apelo à consciência jurídica faz cessar toda argumentação racional e só pode ser neutralizado por meio da expressão emocional de uma consciência jurídica divergente. Há lugar somente para uma argumentação racional quando a consciência jurídica deixa de ser aceita como motivação em si mesma, e se exige que seja posta à prova e justificada à luz de considerações práticas (interesses).

A justaposição de considerações práticas e consciência jurídica, comum na argumentação de política jurídica, é uma mistura metodicamente impossível de argumentação racional e persuasão irracional.[17] O caráter absurdo desta mistura permanece oculto porque uma mão invisível parece governá-la com tal sabedoria que o apelo à consciência jurídica sempre concorda com a argumentação prática. Mas, qual seria a posição se as duas abordagens levassem a

---

17. As coisas são diferentes quando a consciência jurídica é considerada como circunstância fatual. *Cf.* o terceiro postulado e o parágrafo seguinte.